기조부터 **활용까지,**
3D 프린터의 모든 것

3D 프린터

101

지은이 안상준 ghiip203@snu.ac.kr

3D 프린터를 직접 제작하며 온갖 고생을 다한 끝에 본의 아니게 3D 프린터 전문가가 되었다. 다행히 지금은 3D 프린터를 이용한 자유로운 창작 활동을 즐기고 있으며, 그동안의 경험과 지식을 다른 입문자들과 공유하고자 이 책을 쓰기 시작했다. 최근에는 4D 프린팅, 소프트 로보틱스 응용 등 3D 프린팅 기술을 바탕으로 한 제조 혁신에 관심을 두고 있다.

3D 프린터 101 : 기초부터 활용까지, 3D 프린터의 모든 것(개정판)

초판 1쇄 발행 2017년 3월 2일
개정판 1쇄 발행 2018년 7월 15일
개정판 5쇄 발행 2022년 6월 10일

지은이 안상준 / **펴낸이** 김태헌
펴낸곳 한빛미디어(주) / **주소** 서울시 서대문구 연희로2길 62 한빛미디어㈜ IT출판사업부
전화 02-325-5544 / **팩스** 02-336-7124
등록 1999년 6월 24일 제10-1779호 / **ISBN** 979-11-6224-079-3   93000

총괄 전정아 / **책임편집** 이미향 / **기획·편집** 송성근 / **진행** 장하은
디자인 이아란 / **전산편집** 이은미
영업 김형진, 김진불, 조유미 / **마케팅** 박상용, 송경석, 한종진, 이행은, 고광일, 성화정 / **제작** 박성우, 김정우

이 책에 대한 의견이나 오탈자 및 잘못된 내용에 대한 수정 정보는 한빛미디어(주)의 홈페이지나 아래 이메일로
알려주십시오. 잘못된 책은 구입하신 서점에서 교환해 드립니다. 책값은 뒤표지에 표시되어 있습니다.
한빛미디어 홈페이지 www.hanbit.co.kr / **이메일** ask@hanbit.co.kr

지금 하지 않으면 할 수 없는 일이 있습니다.
책으로 펴내고 싶은 아이디어나 원고를 메일(writer@hanbit.co.kr)로 보내주세요.
한빛미디어(주)는 여러분의 소중한 경험과 지식을 기다리고 있습니다.

Project DIY

기초부터 **활용**까지,
3D 프린터의 모든 것 개정판

3D 프린터

101

안상준 지음

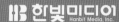
한빛미디어
Hanbit Media, Inc.

이미 3D 프린터는 공학도뿐 아니라 자신의 아이디어를 하드웨어로 구현하고자 하는 일반 메이커에게도 큰 혜택을 가져다 주고 있다. 예전엔 전문가만 할 수 있었던 많은 일을, 이제는 3D 프린터를 이용해 창의적인 아이디어를 저렴하고 쉽게 구현해볼 수 있다는 장점은 메이커에게 참으로 의미 있게 다가오는 것이다. 저가형 3D 프린터의 대중적인 보급은 이러한 가능성을 열어준 반면, 3D 프린터를 사용하면서 직면하는 많은 문제에 대한 정보는 파편화되어 있고 체계적인 설명서가 부재하여 3D 프린터 교육은 단발적인 수업이나 개개인의 자가 학습에 기대야 하는 것이 현실이었다.

이러한 상황에서 『3D 프린터 101』을 접하게 된 것을 기쁨으로 생각한다. 이 책의 가장 큰 미덕은 실제로 프린터를 사용하면서 겪을 수 있는 거의 모든 문제에 대한 해답을 제공한다는 데 있다. 특히 저가형 3D 프린터를 실제로 처음 사용해 보는 사람이라면 기대와는 달리 많은 문제에 직면하게 되고 쉽게 좌절감을 느낄 수도 있을 것이다. 이 책은 3D 프린터 사용자에게 도움이 될 만한 지식은 거의 다 망라하다시피 하고 있어 "3D 프린팅 백과사전"이라고 해도 과언이 아니다.

무엇보다 3D 프린터를 공부하는 한 명의 학생으로서 자신의 경험과 지식을 다른 사람과 나누려는 노력이 교수의 입장에서 흐뭇하고 자랑스럽게 느껴진다. 『3D 프린터 101』이 공학도와 예비 창업자, 메이커와 일반인에 이르기까지 3D 프린터를 필요로 하는 모든 사람을 위한 좋은 지침서가 되어줄 것을 기대한다.

서울대학교 기계항공공학부 조규진 교수

국내에서 오픈크리에이터즈 커뮤니티를 만들고 3D 프린터 조립 워크숍을 진행하면서, FFF 방식의 3D 프린터를 처음으로 만들어 보급했던 때가 생각난다.

지금이야 오픈크리에이터즈가 국내의 대표적인 3D 프린터 제조사로 자리매김했고 커뮤니티의 규모도 커졌지만, 그때 당시만 해도 3D 프린팅에 입문하고자 하는 여느 사람들과 비슷한 수준이었으므로 3D 프린터에서 문제가 발생했을 때 비슷한 문제를 겪었던 사람들의 게시물을 찾거나 질문 글을 올리고 답변을 구할 수밖에 없었다. 쉽지 않았다. 각 부품이나 기술에 대한 용어가 통일되어 있지도 않았고 심지어 알려지지 않은 경우가 많아서, 원하는 자료를 검색하기도 힘들었다. 설사 답변이 오더라도 검증된 해결 방안이 아니어서 결국 모든 부분에서 모험을 해야만 했다.

사실 지금도 마찬가지다. 여전히 수많은 정보가 정리되지 않은 채, 동일한 질문과 답변을 담은 게시물이 연일 반복해 올라오고 있다. 이러한 현상의 원인은 관련된 정보가 정리되어 있지 않고 난잡하게 섞여 있기 때문이다. 3D 프린터를 다뤄 봤던 사람이라면 공감할 것이다.

『3D 프린터 101』은 이를 해결하기 위한 시도다. 이 책은 현재까지 발전되어 온 3D 프린팅과 관련된 용어 및 지식을 상세히 설명하고, 기초 지식부터 고급 활용에 이르는 실질적인 정보를 체계적으로 담은 최초의 안내서이다. 기초부터 다루고 있는 만큼 입문자에게 특히 유용하며, 프린터를 다루는 과정에서 생기는 문제에 대한 솔루션을 종류별로 정리해 실제 사용자에게도 좋은 정보를 제공한다. 그 누구도 쉽게 엄두를 내지 못했기에 의미가 크다. 이 책이 3D 프린팅에 입문하는 입문자의 진입 장벽을 낮추고, 기존 사용자의 3D 프린터 활용 폭을 넓힐 수 있을 것으로 기대한다.

오픈크리에이터즈 강민혁 대표

자작 3D프린터는 DIY에 대한 개념이 대중에 알려지기 시작한 2011년 즈음 국내에 소개된 이후로, 지금은 누구나 즐길 수 있는 하나의 취미로 자리 잡았다. 직접 만든 장치로 세상에서 유일무이한 제품을 만드는 재미를 선사한다는 점에서, 자작 3D프린터는 아주 독특한 매력을 선사한다.

3D 프린터가 보급된 것은 2007년 영국에서 시작된 3D프린터 오픈소스 프로젝트인 렙랩(RepRap) 덕분이다. 이 프로젝트 덕택에 참여자들은 공개되어 있는 오픈소스를 발전시킬 수 있게 되었고, 어디서든 구할 수 있는 표준화된 부품을 사용해 저렴한 비용으로 직접 3D프린터를 만들어 사용할 수 있게 되었다. 이로 인해 오랫동안 산업계에서만 사용되던 장비가 대중적으로 보급될 수 있었다.

우리나라에도 렙랩 모델이 소개되면서 많은 보급이 이뤄졌다. 한 가지 아쉬운 것은, 사용자를 위해 일목요연하게 정리된 정보가 지금까지 없었다는 점이다. 실제로 렙랩 프로젝트의 공식 웹사이트는 영어를 기준으로 하고 있어서, 일반 사용자가 접근하기에는 다소의 제약이 있다.

이러한 현실을 고려할 때, 입문자의 목마름을 조금 더 해소시켜 줄 수 있는 단비 같은 책이 출간되어 반가울 따름이다. 『3D 프린터 101』은 특정 온도에서 녹고, 온도가 식으면 굳는 성질의 플라스틱을 원료로 사용하는 용융 압출 조형 방식(FE, FFF, FDM 등)의 보급형 렙랩 3D프린터를 중심으로 소개하고 있다. 이 책은 이러한 조형 방식을 비롯한 3D 프린터에 관심을 갖고 있는 모든 이들의 좋은 가이드가 되어 줄 것이다.

자이지스트(XYZist) 김수민 대표

지금은 이렇게 책까지 집필하게 되었지만, 3D 프린터 키트를 처음 구매했던 당시에는 정말 고생을 많이 했다. 키트를 처음 받은 날부터 그럭저럭 봐 줄 만한 직육면체 하나를 출력하기까지 3개월이 넘게 걸렸다면 믿겠는가? 돌이켜 보면 상태가 유독 엉망이었던 키트와, 그보다 더 엉망이었던 내 손재주가 만들어낸 일이었지만, 그 당시에는 너무나도 힘든 여정이었다. 제대로 된 사전 지식 없이 3D 프린터 조립에 뛰어드는 것은 이토록 위험한 일이다.

하지만 그렇게 길을 잃고 헤맸던 덕분에 이 책이 탄생하게 되었다. 수없이 많은 시행착오를 거쳐 문제를 하나씩 해결해 나가며 일지를 남겼다. 해결의 실마리를 찾기 위해 국내외 사용자들이 커뮤니티에 공유한 수백, 수천 건의 정보를 조사하고 정리하면서 일지에 점점 살이 붙기 시작했다. 그러는 동안 많은 사람이 3D 프린터에 입문했고, 동일한 문제를 겪었으며, 커뮤니티에 올라온 질문에도 비슷한 답변이 달렸다. 3D 프린팅에 대한 실용적인 정보는 여전히 충분하지 않았고, 체계화는 더더욱 되어 있지 않았다. 비싼 돈을 내고도 창작 활동을 즐기기는커녕 고생만 잔뜩 해야 한다는 점이, 사람들이 3D 프린터를 즐길 수 없게 만드는 가장 큰 원인이라는 생각이 들었다.

그래서 이 책, 『3D 프린터 101』을 쓰기 시작했다. 일지를 다듬고 보충함으로써 이 책의 세 번째 파트를 먼저 완성했고, 지난 3년간 3D 프린터를 배워 나갔던 과정을 되새기면서 필요한 모든 정보를 체계적으로 정리했다. 3D 프린터를 전혀 몰랐던 사람도 이 책을 읽으면 3D 프린터를 자유자재로 다룰 수 있게끔 기본적인 지식을 자세하게 설명하는 한편, 고급 정보와 노하우도 최대한 담을 수 있도록 노력했다.

책을 쓰는 과정은 생각보다 훨씬 어렵고 힘들었다. 누구나 내용을 이해할 수 있도록 문장을 쉽게 풀어 쓰면서도 너무 길고 복잡하지 않게 다듬어야 했고, 기술적으로 틀린 부분은 없는지 몇 번이고 조사를 반복했다. 책을 쓰는 와중에 새로운 문제를 겪기도 했다. 가장 큰 문제는 분량을 줄이는 것이었다. 지금도 제법 두껍지만, 이것은 지금보다 1.5배는 많았던 첫 원고의 내용을 추리고 추린 결과물이라는 점을 알아주었으면 한다. 이 책에서 못다 한 이야기는 언젠가 꼭 다른 곳에서 풀어 보고 싶다.

이런 노력이 헛되지는 않았는지, 많은 독자들에게 책이 읽힌 끝에 이렇게 개정판까지 출간하게 되었다. 〈2017년 한국과학창의재단 우수 과학도서〉로 선정되는 분에 넘치는 영광도 있었다. 무엇보다도, 누군가에게 내 책이 읽힌다는 행복, 누군가에게 내 책이 도움이 된다는 기쁨은 무엇과도 바꿀 수 없는 소중한 경험이었다. 종종 커뮤니티에 들를 때마다 새로운 입문자들에게 이 책을 망설임 없이 추천해 주시는 고마운 분들을 만나곤 한다. 다소 부끄러울 정도로 책을 높이 평가해 주시는 후기들도 큰 힘이 된다. 이렇게 많은 분들의 격려가 없었다면 개정판까지 낼 생각을 하지 못했을 것이다.

이 자리를 빌려 감사의 말씀을 드릴 분들이 많다. 먼저 과분할 정도의 추천사를 보내 주신 자이지스트의 김수민 대표님과 오픈크리에이터즈의 강민혁 대표님께 깊이 감사드린다. 우리나라의 3D 프린터 생태계를 이끌어 온 두 분에게 추천사를 받을 수 있어 진심으로 기쁜 마음이다. 특히 개정판에 이르러서는 서울대학교 기계항공공학부의 조규진 교수님께서 추천사를 보내주시는 영광을 누릴 수 있었다. 이제 갓 대학원생이 된 나를 이끌어 주실 존경하는 지도교수님께 추천사를 받을 수 있어 진심으로 감사드리는 마음이다.

또한 집필에 필요한 자료를 아낌없이 제공해 주신 분들께도 감사드린다. 메카솔루션의 정동화 대표님, 제페토의 배병철 대표님, 메이킹툴의 배상현 대표님, 신도리코의 이정훈 과장님, 이희성 계장님, K.Clone 사, 박정준 님, 강은창 님, 박상호 님, 김재훈 님께 감사를 드린다. 이분들 덕택에 책의 내용이 더욱 풍성해질 수 있었다.

여러 친구들에게도 감사를 표하고 싶다. 아쉽게도 이번 개정에는 함께하지 못했지만, 이 책을 처음 출판할 때 공저자로서 함께해 주었던 재학이에게 감사의 마음을 전한다. 처음부터 집필을 혼자 해야 했다면 이 책이 지금과 같지는 않았을 것이다. 같은 3D 프린터 사용자로서 책을 쓰는 데 많은 도움을 준 민성이, 주환이, 우진이, 진혁이 형, 그 외 연세대학교 기계공학과 동아리 로보인의 여러 친구들에게도 감사의 말을 전한다. 특히 힘든 군복무 중에도 조언과 격려를 아끼지 않은 내 친구 병엽이에게 진심으로 감사한다. 싸지방 구석에 앉아 딱딱하고 어렵기만 한 초고를 읽으며 독자의 시선에서 조언해 준 그의 고생 덕분에 원고가 그나마 사람냄새 나는 글로 거듭날 수 있었다.

이 책이 세상에 나올 수 있었던 것은 전적으로 한빛미디어 덕분이다. 부족한 글을 관심 있게 봐주시고 출판할 수 있도록 도와주신 송성근 팀장님, 정희 과장님, 길고 복잡한 원고를 잘 다듬어 멋진 책으로 만들어 주신 홍혜은 에디터 님을 비롯한 한빛미디어 관계자 분들께 고개 숙여 감사드린다.

끝으로 부모님께도 감사의 말씀을 꼭 드리고 싶다. 근 3년 동안 거실의 대부분을 3D 프린터와 여러 가지 너저분한 도구로 점령하고 있는 아들을 너그럽게 이해해 주셨을 뿐 아니라, 책이 출판되는 마지막 순간까지 항상 믿어 주시고 격려해 주신 덕에 이 책을 끝까지 쓸 수 있었다. 부모님의 기대에 부응해 이 책이 널리 읽히기를 바라는 마음이다.

2018년 안상준

서문

이 책의 독자

3D 프린팅의 세계에 방문한 것을 환영한다. 이 책은 3D 프린터를 이용한 개인 제작에 관심이 있는 모든 사람들을 위해 쓰여졌다.

만약 3D 프린터에 대해 접해 본 적이 없다면 이 책을 처음부터 끝까지 빠짐없이 읽어보기 바란다. 이 책은 3D 프린팅에 입문하는 어느 누구도 길을 헤매는 일이 없도록 어떠한 사전 지식도 전제하지 않고 쓰여졌다.

이미 3D 프린터를 어느 정도 알고 있는 사람도 이 책을 통해 새로운 지식을 얻을 수 있을 것이다. 특히 키트 조립 과정에 대해 이해하고 3D 프린터를 직접 만들어보고 싶은 사람, 3D 프린터를 이미 가지고 있지만 이런저런 문제로 잘 다루지 못하고 있는 사람들에게는 이 책의 중반부가 많은 도움이 될 것이다.

책의 마지막 부분에 이르면 3D 프린터를 업그레이드하거나 활용하기 위한 몇 가지 실험적인 주제를 다루게 될 것이다. 이 책이 숙련된 사용자들을 위한 소통과 발전의 장으로서도 제 역할을 다할 수 있었으면 한다.

책을 읽고 직접 도전해 보면서 즐거운 3D 프린팅 시간을 보낼 수 있길 바란다.

이 책의 내용

이 책은 모두 세 개의 파트와 여덟 개의 장으로 구성되어 있다. 첫 번째 파트인 '3D 프린터 입문하기'는 1장과 2장, 두 번째 파트인 '3D 프린터 해부하기'는 3장부터 5장, 마지막 파트인 '3D 프린터 활용하기'는 6~8장으로 구성되어 있다.

첫 번째 파트는 '3D 프린터 입문하기'다. 이 파트는 3D 프린터라는 새로운 기술에 아직 충분히 익숙지 않은 사람을 위한 출발점이다. 3D 프린터에 대한 기본적인 지식과 함께, 3D 프린터를 구입하기 전에 고민해야 할 내용을 다루고 있다.

1장

이 책의 주제인 3D 프린터에 대해 소개한다. 3D 프린팅 기술이 어떻게 발전해 왔는지 간략히 살펴보고, 다섯 가지 대표적인 3D 프린팅 방식에 대해 알아본다.

2장

3D 프린터의 세계에 진정으로 입문하려면 여러분과 가까운 곳에 3D 프린터를 한 대 두고 있어야 할 것이다. 이 장에서는 3D 프린터를 구매하기 전에 여러분들이 알아두어야 할 중요한 정보와 선택 기준에 대해서 알아본다.

두 번째 파트는 '3D 프린터 해부하기'다. 여기에서는 제목 그대로 3D 프린터의 구성 요소를 하드웨어와 소프트웨어로 나누어 낱낱이 해부해 볼 것이다. 이를 통해 3D 프린터를 직접 제작하고 활용하는 데 필요한 모든 정보를 얻을 수 있을 것이다.

3장

먼저 3D 프린터의 하드웨어를 구성하는 주요 부품에 무엇이 있는지 알아보고, 각 파트의 작동 방식에 대해서 설명한다.

4장

어떤 제품을 구매할지 고민하는 사람들을 위해 대표적인 3D 프린터 키트들을 소개한다. 이들 키트의 조립 과정을 살펴보면서 3D 프린터의 구조와, 조립에 도움이 되는 기본적인 노하우에 대해 알아본다.

5장

하드웨어 다음에는 소프트웨어다. 3D 프린터를 제어하기 위한 호스트 소프트웨어와 펌웨어에 대해 설명한다.

마지막으로 세 번째 파트인 '3D 프린터 활용하기'에서는 3D 프린터를 이용해 실제로 무언가를 만들어 본다. 3D 프린팅 과정과 출력 노하우, 자가 수리 방법, 3D 프린팅 창작물 소개에 이르기까지 3D 프린터를 활용하는 데 도움이 되는 모든 정보를 담았다.

6장

3D 프린터를 이용한 출력 과정을 살펴보고, 출력 품질을 높이기 위한 여러 가지 노하우들을 제공한다.

7장

3D 프린터는 아직 완벽한 기계가 아니다. 이 장에서는 3D 프린터에서 발생할 수 있는 여러 가지 문제들과 그 해결 방법에 대해서 알아본다.

8장

고급 사용자를 위한 3D 프린터 업그레이드 방법을 설명하고, 3D 프린터로 만들 수 있는 다양한 창작물을 소개한다.

끝으로 책 말미에는 몇 가지 추가 정보를 정리한 부록이 수록돼 있다. 부록 A의 '용어 사전'에는 책에서 사용된 주요 용어와 그에 대한 해설을 수록했다. 부디 범람하는 용어의 홍수에 휩쓸리는 일이 없길 바란다. 부록 B의 '부품 구매'에서는 3D 프린터나 부품을 쉽게 구매할 수 있도록 간단한 정보를 정리했다. 마지막으로 부록 C의 '참고 및 인용 자료'에는 이 책을 쓰면서 인용한 자료의 출처를 정리해 두었다.

저자와 함께하기

책에서 고쳐야 할 점을 발견했거나 궁금한 것이 있다면 아래 메일 주소로 보내 주기 바란다.

- **안상준**: ghiip203@snu.ac.kr

목차

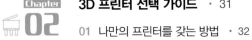

목차

Chapter
∞05

3D 프린터 해부하기: 소프트웨어 · 175

01

3D 프린터
입문하기

이 장은 아직 3D 프린터라는 물건 자체에 생소한 사람들을 위한 장이다. 만약 여러분이 이미 3D 프린터의 정의와 다양한 3D 프린팅 방식들에 대해서 잘 이해하고 있다면 바로 다음 장으로 넘어가도 좋다. 아니라면 이 장을 통해서 3D 프린터에 익숙해지는 시간을 가지도록 하자. 여기서는 3D 프린팅이 무엇이며 어떻게 발전되어 왔는지, 3D 프린터로 할 수 있는 일들은 무엇인지 차례대로 소개할 것이다.

01 | 3D 프린팅이란?

3D 프린팅(3D Printing)이란 무엇일까? 사전적으로 말하면, 컴퓨터에 저장되어 있는 디지털 데이터를 바탕으로 3차원의 입체 조형물을 만드는 기술의 총칭이다. 그런데 내 경험상 이렇게 이야기하는 것만으로는 좀처럼 감이 오지 않는 경우가 많았다. 그래서 나는 종종 이를 2D 프린터, 이른바 종이 프린터와 비교해서 설명하곤 한다. 지금까지 우리가 알고 있는 프린터란 컴퓨터로 작성한 문서나 그림을 그대로 종이 위에 그려내는 기계였다. 반면에 3D 프린터는 3차원 데이터를 입체로 만들어낸다.

즉, 2D 프린터가 어떤 물건을 찍은 사진을 인쇄할 때, 3D 프린터는 그 물건 자체를 만들수 있다는 뜻이다. 어떤가? 신기하지 않은가? 더더욱 놀라운 것은 그 범위에 아무런 제한이 없다는 것이다. 작은 컵부터 시작해서 엔진 부품과 5층 집, 맞춤옷이나 음식, 인공 장기에 이르기까지 3D 프린터로 만들 수 없는 것은 이 세상에 없다고 봐도 좋다. 재료 면에서도 한계가 없다! 플라스틱을 사용했던 초창기의 3D 프린팅은 발전에 발전을 거듭하여, 오늘날 종이, 목재, 금속과 콘크리트, 식재료와 심지어 세포에 이르기까지 생각할 수 있는 모든 재료를 소재로 사용한다.

이제 또 다른 의문이 생겨날 것이다. 지금 우리가 쓰고 있는 컵이나 자전거, 건물이나 자동차는 어떻게 만들어진 것인가? 그 방법과 3D 프린팅은 도대체 어떻게 다른 것인가? 3D 프린팅과 기존 생산 방식의 가장 큰 차이점은 재료를 더해가며(Add) 물체를 만든다는 점이다. 전통적인 제조업에서는 금형을 제작해 주물을 찍어내고 이를 용접하는 형태로 제품을 만든다. 이를 주조 또는 사출 성형이라고 한다. 이 밖에도 덩어리로 된 재료를 깎아가면서 형상을 만드는 절삭이라는 가공 방식도 있다. 이러한 방식들은 대량 생산에 적합하다. 금형만 있으면 형상과 치수가 동일한 제품을 수천 개씩 빠르게 만들 수 있기 때문이다. 그러나 소량 생산에는 수지가 맞지 않는데, 이는 하나하나 금형을 제작하고 공정을 갖춰야 해서 초기 비용이 많이 들기 때문이다. 예를 들어, 특별한 모양의 수저 하나를 공장에서 주문 제작하려면 수십만 원이 들 수도 있다.

반면 3D 프린팅에서는 특수 고분자 덩어리나 가루, 액체 등을 뿜어내 재료를 층층이 쌓으면서 완제품을 만든다. 이는 마치 탑을 만드는 것과 같다. 탑을 세울 때는 먼저 벽돌을 차곡차곡 쌓아 1층을 만들고, 그 위에 다시 새로운 층을 쌓아 올린다. 3D 프린팅도 마찬가지다. 차이점이라면 재료로 수십 개의 벽돌 대신 플라스틱 수지나 금속 분말 등을 사용한다는 점, 한 층의 두께가 1mm 이하로 세밀하다는 점 정도다. 이를 전문 용어로 **적층 가공**(Additive Manufacturing, 또는 첨가 가공)이라고 한다. 기존의 제조 공법과 비교했을 때, 이러한 방식의 가장 큰 장점은 다품종 소량 생산에 있다. 초기 비용이 들지 않기 때문에 모양이 제각각인 제품을 마음껏 만들 수 있다. 예를 들어, 공장에서는 같은 모양의 수저를 수천 개씩 생산하지만, 3D 프린터로는 수천 개의 다른 디자인의 수저를 만들 수 있다.

기존 공법으로 만들기 힘든 형상도 3D 프린팅으로는 얼마든지 만들 수 있다. 예를 들어, 항아리를 만든다고 가정해 보자. 절삭 가공으로 만들면 항아리 속을 전부 파내야 하는데 날을 안에 넣기가 힘들다. 그렇다고 사출 성형 가공으로 만들면 완성한 후에 금형에서 떼어내기가 어렵다. 이것이 항아리를 여전히 물레를 돌려 진흙으로 모양을 빚고 가마에 굽는 전통 방식으로 생산하는 이유다. 3D 프린팅의 장점은 이 외에도 많다. 모델링만 수정하면 간단하게 모양을 바꿀 수 있다는 점 또한 큰 장점이다. 특히 시제품을 제작할 때 3D 프린팅은 아주 유용하다. 값싸고 성형하기 쉬운 재료로 똑같이 생긴 시제품을 만들어 보면 실제 상품에 어떤 문제점이 있는지 알 수 있다. 어떤 상품이든 출시되기 전에는 문제점을 찾고 수정하는 단계를 거치기 마련이다. 그런데 매번 수정할 때마다 시제품을 다시 만들어야 한다고 생각해 보자. 기존 공법으로는 매번 금형을 새로 만들어야 하겠지만, 3D 프린팅으로는 간단히 해결된다. 모델링을 약간 수정하고 출력 버튼을 누르기만 하면 끝이다.

무엇보다도, 3D 프린팅의 가장 큰 장점은 개인의 창의성을 무한하게 발휘할 수 있게 한다는 점이다. 3D 프린터는 누구나 원하는 조형물을 직접 만들어 볼 수 있게 한 최초의 도구다. 아마 여러분도 나무젓가락을 접착제로 엮어 고무줄 총을 만들거나, 찰흙을 주물럭거리고 굳혀서 조각을 만들어 본 경험이 있을 것이다. 지금까지 우리가 무언가를 직접 만들어 볼 수 있는 수단은 이 정도뿐이었다. 적어도, 3D 프린팅 기술이 대중에 보급되기 전까지는 그랬다. 그러나 지금은 다르다. 3D 프린팅 기술이 세상에 등장한 지도 벌써 30년이 넘었다. 내가 보기엔 여전히 충분하다고 말하기 어려운 수준이지만, 일반 대중으로의 보급은 상당히 이뤄졌다. 이제 우리도 이 위대한 기술의 혜택을 같이 누려 볼 때가 되었다. 3D 프린팅은 여러분의 넘치는 열정과 재능, 창의력을 이 세상에 구체화시킬 수 있는 동반자다.

02 | 3D 프린터의 역사

4차 산업혁명을 이끌 신기술로서 주목받는 것과는 달리, 3D 프린팅 기술의 역사는 생각보다 훨씬 오래되었다. 최초의 3D 프린터는 1980년대에 개발되었으며, 재료를 더해가며 만든다는 개념에서 적층 가공 장비라는 이름으로 불렸다. 쾌속 조형(Rapid prototyping) 장비로도 알려졌는데, 주로 시제품을 빠르게 제작하는 데 사용되었기 때문이다.

1981년, 나고야 현립 공업 연구소의 코다마 히데오는 광경화성 액상수지를 사용한 3D 플라스틱 모델의 AM 생산 방식을 발명했다. 이 방식은 두 가지로 나뉘는데, 하나는 마스크(Mask)를 통해 부분적으로 가리는 방식이고, 또 다른 하나는 2차원 평면 상에서 움직이는 광섬유를 통해 자외선을 액상수지에 쪼여 경화하는 방식이다.

한편 1984년에는 3D 시스템즈 사가 설립되었으며, 척 헐(Chuck Hull 또는 Charles W. Hull)에 의해 최초의 광경화 방식 프린터가 개발되었다. 이어 1988년에는 스캇 크럼프에 의해 **FDM 방식**(Fused Deposition Modeling, 용융 적층 모델링)이 개발되었으며, 이를 기반으로 오늘날 3D 프린터 제조 시장을 선도하는 스트라타시스 사가 1989년 설립되었다. FDM 방식은 합성수지를 실 형태로 가공한 재료(필라멘트)를 고온에서 녹여 분사하는 공법으로, 이 책에서 다룰 핵심 주제이기도 하다.

2000년대에 들어서자 3D 프린팅 기술은 본격적으로 세상의 주목을 받기 시작했다. 2012년 세계경제포럼(WEF)은 미래 10대 기술을 발표하면서 3D 프린터를 두 번째로 소개했으며, 2013년 오바마 대통령은 집권 2기 첫 국정 연설에서 3D 프린팅을 차세대 제조업 혁명의 대표 주자로 거론하기도 했다. 3D 프린팅은 재료와 가공 방식, 용도의 측면에서 눈부신 발전을 거듭했다. 단순히 산업용 샘플을 출력하는 정도에 불과했던 과거와는 달리, 시계·신발·휴대전화 케이스·자동차 등의 부속품을 생산하기에 이르렀다.

다른 기술 분야와의 접목도 활발하게 이뤄지고 있다. 최근 NASA에서는 금속 3D 프린팅 기술을 이용해 로켓 노즐을 제작한 바 있으며, 의학 분야에서는 수술 전에 수술 부위를 미리 3D 프린팅으로 제작해 의료 협진에 사용하거나, 장기세포를 배양하는 데 사용하기도 했다. 최근에는 제3세계의 사지가 결손된 이들을 위해 3D 프린팅으로 제작한 의수와 의족을 저가로 공급하는 캠페인이 이뤄지고 있으며, 건설 분야에서도 입지를 넓히는 중이다.

그림 1-1 **렙랩 커뮤니티의 마크**

물론 3D 프린팅 기술이 한동안 다른 산업기술과 마찬가지로 전문 분야에서만 이용되어 온 것도 사실이다. 하지만, 2004년 시작된 **렙랩(RepRap) 운동**이 이러한 흐름을 바꿔 놓았고, 3D 프린터를 개인이 활용할 수 있게 되는 계기를 만들었다.

렙랩 운동은 영국 바스 대학의 아드리안 보이어(Adrian Bowyer) 교수의 아이디어로 시작되었다. 렙랩은 'Replicating Rapid-prototyper'의 약자로, '신속한 프로토타입 복제기'를 뜻한다. 렙랩의 주요 지향점 중 하나가 '3D 프린터로 또 다른 3D 프린터를 만드는 것', 즉 자가복제이기 때문이다. 렙랩의 프린터들은 몇 가지 구성 요소를 제외하고는 모든 부품을 3D 프린터로 생산할 수 있도록 설계되었다. 따라서 저가에 이 기술을 손에 넣을 수 있게 되었을 뿐만 아니라, 개발과 유지 보수도 매우 쉬워졌다. 또한 렙랩은 이러한 기술들을 **오픈소스(Open source)**로 공개하는 것을 지향한다. 보이어 교수는 자신의 프로젝트를 진행하면서 자신의 모든 성과를 무료로 배포했다. 누구나 자유롭게 렙랩 커뮤니티에 가입할 수 있으며, 무료로 모든 지식을 공유하고 개발에 참여할 수 있다.

오픈소스란?

오픈소스란 소스 코드나 설계도를 누구나 열람할 수 있도록 공개할 뿐 아니라, 이를 바탕으로 한 2차 창작을 허용하는 배포 방식을 말한다. 그러나 독점권만 없을 뿐 저작권은 엄연히 존재하며 상업적 용도의 사용, 공개 정도, 강제성 등에 따라 GPL, Apache 등 다양한 라이선스 규약을 따라야 한다. 대표적인 GPL 규약의 경우 오픈소스로 공개된 소스 코드의 일부를 사용하면 파생된 프로그램도 무조건 공개해야 하는 강제성이 부여된다.

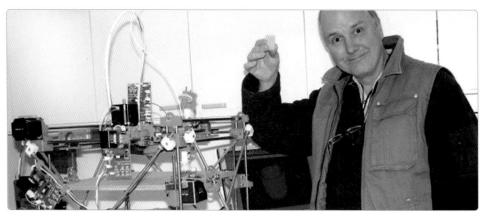

그림 1-2 렙랩의 첫 실현작인 다윈 프린터와 아드리안 보이어 박사

이와 같은 개발 환경 속에서 짧은 시간 동안 수많은 전설적인 모델들이 탄생했다. 렙랩은 진화론으로 유명한 찰스 다윈(Charles Robert Darwin)이나 그레고어 멘델(Gregor Johann Mendel) 등 유명한 과학자의 이름을 따 모델명을 붙였다. 렙랩의 첫 실현작인 **'다윈(Darwin)'**이나, 오늘날까지 널리 사용되고 있는 **'멘델(Reprap Mendel)'** 등이 대표적이다. 렙랩 운동은 폭발적인 반향을 일으켰는데, 2011년까지 보급된 개인용 프린터

약 23,000대 중 60%가 렙랩의 것이었으며,1 렙랩 운동의 영향으로 개인용 프린터를 전문적으로 취급하는 회사들이 여럿 설립되기도 했다.

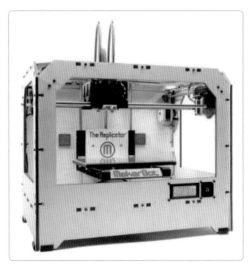

그림 1-3 메이커봇 리플리케이터

대표적인 예가 2009년 초에 설립된 메이커봇이다. 메이커봇은 개인용 3D 프린터 시장의 대표 주자라고 할 수 있다. 메이커봇은 저가의 개인용 3D 프린터를 공급하는 업체로서 급격하게 발전하였으며, 메이커봇의 대표작인 **'리플리케이터**(Replicator)'는 타임지가 선정한 '역사상 가장 영향력 있는 가젯 50위' 중 49위로 꼽히기도 했다. 타임지는 선정 이유를 "메이커봇 리플리케이터는 최초도 아니고 최고의 컨슈머 레벨 3D 프린터도 아니지만, 2천 달러 이하의 가격 덕분에 최초로 3D 프린팅 기술을 널리 퍼트린 모델"이라고 밝혔다. 메이커봇의 또다른 업적은 3D 모델링 파일 공유 커뮤니티인 **싱기버스**(https://www.thingiverse.com/)를 설립한 것이다. 싱기버스는 2015년 10월을 기준으로 100만 업로드를 달성했으며, 메이커봇은 2016년 4월에 세계 최초로 10만 대의 3D 프린터를 판매한 회사가 되었다.

------

1 참고자료: IRS Global 편집부 저, 『3D 프린팅(프린터, 소재) 시장, 기술 전망과 국내외 참여업체 사업전략』(IRS Global, 2013년),
101p

한국의 3D 프린터 생태계에 관해 이야기할 때는 **오픈크리에이터즈**(http://opencreators. com/)를 빼놓을 수 없다. 오픈크리에이터즈는 2012년 5월 강민혁, 최종언 대표가 창업한 스타트업이다. 그들은 2013년에 국내 최초로 오픈소스 기반의 NP-Mendel 키트를 개발 및 판매하였다. 이 키트는 렙랩 사의 멘델 프린터를 국내에서 구할 수 있는 부품으로 만들 수 있도록 개량한 것이다. 이어 2014년에 출시된 '아몬드(ALMOND)'는 렙랩 키트들이 막 보급되고 있던 국내 시장에 충격을 던졌으며, 레드닷 디자인 어워드를 수상하며 많은 인기를 끌었다. 이후에는 보급형 프린터, 마네킹을 출시하였다. 아몬드는 완제품이지만, 마네킹은 반조립 방식을 채택하고 있다. 기본적으로 사용자가 조립하는 키트 형식을 취하되, 조립 난이도가 가장 높은 갠트리 부분만 기조립된 상태로 판매하는 것이다. 케이스를 비롯한 나머지 부분은 잘 짜여진 매뉴얼을 참고하여 쉽게 조립할 수 있으므로 보다 저렴한 가격에 판매가 가능하면서도 사용하기 어렵지 않은 좋은 모델이라고 할 수 있다. 또한 오픈크리에이터즈 카페(http://cafe.naver.com/makerfac)를 개설해 많은 3D 프린터 사용자들이 의견을 활발하게 공유할 수 있도록 했으며, 현재 이 커뮤니티는 국내 최대의 3D 프린터 커뮤니티로 자리잡았다.

그림 1-4 오픈크리에이터즈에서 개발한 아몬드(왼쪽)와 마네킹(오른쪽)

03 | 다양한 3D 프린팅 방식

이제 3D 프린터가 무엇인지 조금 감이 왔을 것이다. 그다음 순서는 여러 가지 3D 프린팅 방식들을 둘러보는 것이다. 같은 3D 프린터라고 해서 작동 방식까지 같은 것은 아니기 때문이다.

FDM 방식

FDM 방식(용융 적층 모델링)은 3D 프린팅의 가장 기본적인 방식으로, 이 책의 핵심 주제이기도 하다. Fused Deposition Modeling의 약자인 이 용어는 스트라타시스 사에 상표권이 있으므로, 렙랩에서는 법적인 분쟁을 방지하기 위해 **FFF 방식**(Fused Filament Fabrication, 열가소성 수지 압출 적층 방식)이라는 용어를 사용한다. 이 두 가지 용어는 같은 방식, 즉 뜨거운 노즐을 통해 원료를 녹여 압출(Extrusion)하는 방식을 가리킨다.

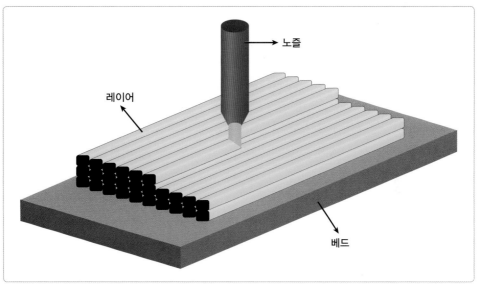

그림 1-5 *FFF 방식의 작동 원리. FFF 방식의 기본은 원료를 녹여 사출해 형상을 쌓아 나가는 것이다.*

FFF 방식의 작동 방식은 글루 건과 비슷하다. FFF 방식에서는 열가소성, 즉 열을 가하면 부드럽게 변하는 수지를 실 형태로 가공해 사용하는데, 이를 **필라멘트**(Filament)라고 한다. 공급 장치에 의해 **노즐**(Nozzle)로 전달된 필라멘트는 여기서 얇게 녹여져 사출된다. 이때 노즐이 부착되어 있는 가열 장치를 **핫엔드**(Hot end) 또는 **프린터헤드**(Printer head)라고 하고, 공급 장치는 **콜드엔드**(Cold end)라고 하며, 이들을 모두 합해 **익스트루더**(Extruder)라고 한다.2 노즐이 2차원으로 움직이면 사출되는 재료로 하나의 평면 그림, 즉 **레이어**(Layer)를 **베드**(Bed) 위에 그릴 수 있다. 3차원적인 형상을 만들기 위해서는 그 위에 새로운 레이어를 쌓아야 하고, 이를 위해 프린터헤드를 올리거나 베드를 내린다. 이러한 과정을 반복하여 원하는 형상을 얻는 것이 FFF 방식이다.

그림 1-6 *대표적인 FFF 3D 프린터인 메이커봇 '리플리케이터'*

FFF 방식은 개인 사용자에게 가장 적합한 3D 프린팅 방식으로 평가되고 있다. 무엇보다 가장 큰 장점은 쉽다는 점으로 다른 방식에 비해 작동 원리를 이해하기 쉽고, 사용법도 간단하다. 별도의 보호 장비나 가공 장비가 필요한 다른 방식과는 달리 초보자도 쉽게 다룰 수 있다. 특히, 특허권이 이미 만료된 기술로 3D 프린팅 방식 중에서는 가장 널리 보급된 방식이기도 하다. 2011년 조사에 의하면 3D 프린터 중 70% 이상의 모델이 이 방식을

---

2 갑자기 여러 개의 전문 용어가 등장했지만, 너무 당황하지 않아도 된다. 여기서는 단지 이러한 용어들의 존재를 알리려는 것뿐이며, 자세한 설명은 뒤에서 제공될 것이다.

채용하고 있다.3 렙랩의 핵심 기술 역시 FFF 방식이다. 물론 작동 방식이 단순하다는 것은 그만큼 한계가 있다는 뜻이기도 하다. FFF 방식은 3D 프린팅 산업에서 기본적인 방식으로 통하는데, 이는 출력 시간이 오래 걸리며 정밀도가 떨어지기 때문이다.

SLA 방식

SLA 방식(Stereo Lithography Apparatus, 광경화성 수지 조형 방식)은 가장 오래된 3D 프린팅 방식이다. 1984년 척 헐이 특허를 낸 등록상표이나, 모든 광경화성 수지 조형 방식에 일반적으로 사용하는 용어이기도 하다. 소재로는 **레진**(Resin)이라고 부르는 액상의 광경화성 수지(Photopolymer, 포토폴리머)를 사용한다.

SLA 방식의 작동 원리는 다음과 같다. 레진이 담겨 있는 수조에 프린트베드가 잠겨 있고, 그 위로 UV(Ultra Violet, 자외선) 레이저를 쏜다. 레이저가 레진에 닿으면 광경화(Curing) 작용에 의해 레진이 굳어지며 레이어가 만들어진다. 레이저의 방향은 반사경을 이용한 스캔 시스템으로 조절할 수 있다. 레이어가 완성되면 베드가 하강하고, 레진이 그 위에 균등하게 도포될 수 있도록 추가로 공급된다. 이러한 과정을 반복하면 형상이 완성되며, 레진의 소재에 따라 추가로 세척과 경화 작업이 필요한 경우도 있다.

---

3 참고자료: IRS Global 편집부 저, 『3D 프린팅(프린터, 소재) 시장, 기술 전망과 국내외 참여업체 사업전략』(IRS Global, 2013년), 161p

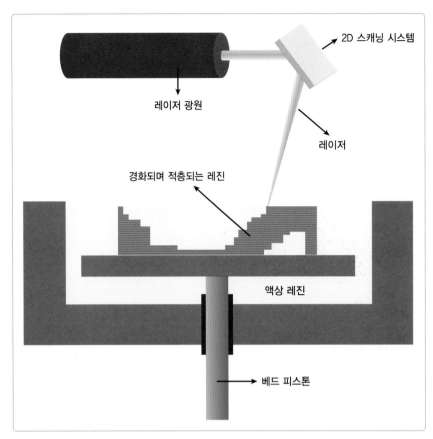

레이저 광원

2D 스캐닝 시스템

레이저

경화되며 적층되는 레진

액상 레진

베드 피스톤

그림 1-7 *SLA 방식의 작동 원리*

SLA 방식은 정밀도가 높다는 것이 가장 큰 장점이다. FFF 방식에서 가장 정밀한 노즐은 직경이 0.2mm이지만, 레이저는 그것보다 훨씬 얇게 가공할 수 있기 때문에 정밀도를 크게 높일 수 있다. 출력 표면의 상태도 매우 우수하다. 또한, 가동되는 기계적인 부분은 수직축 하나뿐이기 때문에 고장 날 염려도 적다. 참고로 SLA 방식의 특허는 2014년에 만료된 바 있으며, 이에 따라 SLA 방식이 FFF 방식처럼 대중적으로 보급될 수 있을지 귀추가 주목되고 있다.

다만, 현재 시점에서 볼 때 SLA 방식 프린터는 개인용으로 상당히 부적합하다. 아직까지는 기계나 재료의 가격이 비싼 것이 큰 장애물이다. SLA 방식은 레진 도포 기술과 스캔 미러 시스템의 제작이 까다롭기 때문에 아직 DIY 키트가 충분히 보급되지 않았다. 다행히 2016

년 기준으로 SLA 방식 프린터의 완제품 가격은 고성능 FFF 방식 프린터와 큰 차이가 없는 수준까지 떨어졌다. 하지만, 소재로 사용하는 레진의 가격은 여전히 인하될 기미가 보이지 않는다. 게다가 레진은 보관이 어려운 데다 악취가 심하고, 심지어 유해하기까지 하다.

> **주의** 레진을 취급할 때는 충분히 주의를 기울여야 한다. 경화된 후의 출력물은 그다지 유해하지 않지만, 출력물 표면에 액체 상태로 남은 레진은 독성 물질이나 마찬가지다. 따라서 SLA 방식의 프린터는 환기가 잘 되는 곳에서 사용해야 하며, 레진을 취급할 때는 방독 마스크와 니트릴 보호 장갑을 착용해야 한다.

그림 1-8 데스크탑 SLA 방식 프린터, 'Form 1'

그림 1-9 SLA 출력

그림 1-10 *SLA 방식은 정밀하다. 사진의 동전은 1센트*

DLP 방식

DLP 방식(Digital Light Processing)은 UV 레이저가 선을 그리며 움직이는 SLA 방식과 달리, 영상 프로젝터와 유사하게4 자외선 램프와 조광 장치를 이용해 카메라 플래시를 터뜨리듯 단번에 한 층 전체를 경화시킨다. 따라서 출력 속도가 매우 빠르며, 고가의 레이저 스캐닝 기술이 필요 없기 때문에 SLA 방식에 비해 저렴한 편이다. 나머지 장단점은 SLA 방식과 비슷하다. 마찬가지로 레진의 유해성에 주의해야 한다.

---

4 실제로 일반 영상 프로젝터를 약간 개조해 DLP 방식 프린터를 제작하기도 한다.

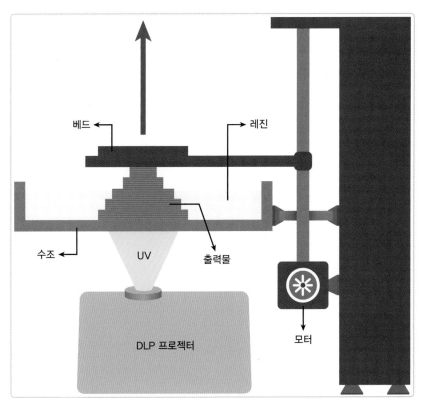

베드

레진

수조

UV

출력물

DLP 프로젝터

모터

그림 1-11 *DLP 방식의 작동 원리*

그림 1-12 오픈소스 *DLP 프린터, 'B9Creator'*

그림 1-13 *DLP 출력 중인 천수관음보살*

SLS 방식

SLS 방식(Selective Laser Sintering, 선택적 레이저 소결 방식)은 롤러를 이용해 분말 형태의 재료를 베드에 얇게 깐 다음, 레이저로 선택된 부분을 녹이고 굳히는 과정을 반복하는 방식이다. 이러한 소결 과정을 통해 분말 재료가 서로 결합되어 레이어가 만들어진다. 소결되지 않은 분말은 그대로 남으므로 재사용할 수 있다. SLS 방식에서는 소결되지 않은 분말이 서포트 역할을 하기 때문에 별도의 서포트가 필요 없으며, 따라서 표면 품질이 매우 좋다.

> **TIP** 참고로 레이저로 재료를 가열하여 결합시키기만 하는 SLS 방식과 달리, 재료를 완전히 녹여서 붙이는 경우는 SLM(Selective Laser Melting) 방식이라고도 부른다. 이 경우 재료를 완전히 융해시키므로 에너지 소모량은 크나 물성이 좋아진다.

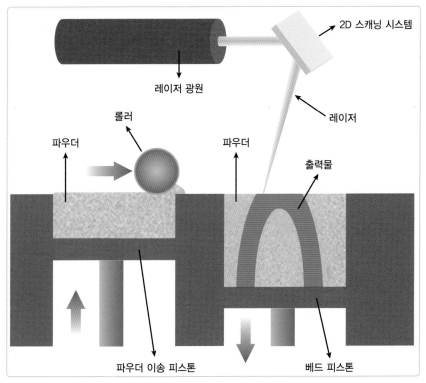

그림 1-14 *SLS 방식의 작동 원리*

SLS 방식의 가장 큰 장점은 분말 형태의 재료를 사용하므로 소재의 선택 범위가 넓다는 점이다. 이 방식에서는 분말 입자를 균일하게 할 수만 있다면 어떤 재료든 사용 가능하다. 레이저의 출력을 재료에 따라 다르게 설정하기만 하면 된다. 그러나 분말 재료를 사용하는 것에는 여러 가지 단점이 존재한다. 먼저 분말 덩어리에서 출력물을 떼어내기 전에 완전하고 균등하게 냉각시키는 과정을 거쳐야 하는데, 이 과정에 시간이 꽤 걸린다. 분말을 털어내기 위해 붓, 흡입기, 분사기 등을 사용해야 하는 점 또한 단점 중 하나다. 가장 큰 단점은 미세 입자가 발생한다는 점이다. 일반적으로 발생하는 분말 입자의 크기는 20~100μm으로 꽤 미세하며, 출력 중에는 이보다 작은 **초미세 입자(UFP)**가 방출되기도 한다. 이러한 미세 입자는 인체에 유해하므로 절대 흡입해선 안 되며, 따라서 분말이 날리지 않도록 챔버나 흡입 장치 같은 시설이 필요하다. 작업 시에는 보호 마스크와 별도의 후처리 부스를 같이 사용하는 것이 좋다. 명심하라. 호흡기에 들어가는 순간 플라스틱은 발암물질이 된다.

초미세 입자란 입자의 지름이 2.5㎛ 이하인 미세먼지의 한 종류다. 흡입 시 폐나 뇌 등으로 흡수될 수 있으며, 인체에 해로운 영향을 미칠 수 있다.

그림 1-15 대표적인 SLS 방식 프린터 중 하나인 3D 시스템즈 사의 ProX SLS 500

그림 1-16 SLS 방식으로 출력한 후 출력물을 떼어내는 과정

SLS 방식은 가공 속도가 상당히 느린 편으로, 정밀도가 높은 대신 출력 비용이 비싸고 프린터 자체의 가격도 최대 수억 원에 달한다. 2014년에 이르러 관련 기술의 특허가 만료되면서 가격 인하의 기미가 보이긴 하지만, 앞서 설명한 기술적인 문제들 때문에 개인 사용자에게는 매우 부적합하다.

잉크젯 방식

이 방식은 **3DP 방식**(3 Dimensional Printing)이라고도 부르지만, 범위가 너무 포괄적인 데다가 이 책에서 다루는 '3D 프린팅'이라는 용어와 구분하기가 어려워 잘 쓰이지 않는다. 과거에는 이 방식의 대표주자였던 지-코퍼레이션(Z-corperation) 사의 이름을 따 지코프(Z-corp) 방식이라고도 불렀으며,5 이 방식의 기반 기술에서 이름을 따 **잉크젯 방식**(Inkjet)이라고 부르는 경우가 많다. 여기서는 이 용어를 사용하기로 한다.

그림 1-17 *조색 가능하다는 것이 잉크젯 방식의 장점이다.*

잉크젯 방식은 널리 사용되고 있는 잉크젯 종이 프린터와 원리가 비슷하다. 잉크젯 종이 프린터에서는 종이 위에 잉크를 분사하지만, 여기에서는 분말 재료 위에 액체 형태의 접착제를 분사하여 재료를 경화시킨다. 상대적으로 빠른 조형이 가능하며, 접착제와 컬러 용액을 분사 가능하므로 색을 입힐 수 있다. 단, 출력물의 내구성은 접착제에 의존하게 되므로 상

---

5 참고자료: 플로리안 호르쉬, 『누구나 즐길 수 있는 3D 프린팅』(메카피아, 2014년), 131p

당히 약한 편이며, 분말을 사용한다는 점에 있어서는 SLS 방식과 같은 단점을 공유한다. 잉크젯 방식 프린터는 기본적으로 크기가 상당히 큰 편인 데다 가격 역시 수천만 원을 호가하므로 개인용으로는 적합하지 않다.

폴리젯 방식

SLA 방식과 잉크젯 방식을 섞은 듯한 새로운 방식도 있다. **폴리젯(Polyjet)** 방식이 바로 그것이다. 이 방식에서는 헤드에서 분사한 레진을 즉시 UV 램프로 경화시키면서 적층해 나간다. 수조 전체를 한 종류의 레진으로 채워야 하는 SLA 또는 DLP에 비해 여러 가지 재료와 색상을 동시에 사용할 수 있다는 이점이 있으며, 잉크젯 방식보다 매끄럽고 정교한 출력 방식이다. 출력물의 표면 조도는 매우 높은 편이지만, 서포트 제거가 번거로운 것이 흠이다. 이스라엘의 오브젯 사에서 2001년에 발표했고, 현재는 스트라타시스 사에서 인수했다. 고가의 산업용 장비로 주로 판매되고 있으며, 재료 가격도 매우 비싼 편이므로 일반 사용자가 접하기는 어렵다.

그림 1-18 *스트라타시스 사의 'Objet 1000'*

그림 1-19 폴리젯 방식으로 출력한 결과물. 복잡한 형상을 높은 정밀도와 다양한 색상으로 구현했다.

지금까지 여섯 가지 3D 프린팅 방식에 대해서 간단히 살펴보았다. 각각의 방식 모두 나름대로의 장단점을 가지고 있으며, 앞으로도 충분히 발전할 가능성이 있는 기술이다. 만약 여러분에게 3D 프린터가 필요하다면 이 중에서 어떤 방식을 선택하는 것이 좋을까? 사용 환경이나 목적에 따라서 달라지겠지만, 자신만의 프린터를 집에 두고 사용하고 싶다면 FFF(FDM) 방식이 가장 적절한 선택이 될 것이다. FFF 방식의 프린터는 프린터 자체의 가격뿐 아니라 소재의 가격도 저렴하며, 제작과 운용이 쉬운 편으로 이제는 전문가층을 넘어서 일반 사용자들에게도 보급되고 있다. 물론 출력 성능 면에서는 다른 방식에 비해 한계가 있다고는 하지만, 오픈소스라는 강점에 힘입어 개량과 발전이 지속적으로 이뤄지고 있다. 물론 최근에는 SLA, DLP 방식의 3D 프린터 역시 데스크탑 시장에 점점 보급되고 있다. 그러나 이들이 개인용 프린터로서 자리잡기는 쉽지 않을 전망이다. 프린터의 가격, 출력 비용과 난이도, 그리고 환경적인 문제 등 아직 해결해야 할 숙제가 남아 있기 때문이다.

같은 FFF 방식이라 할지라도 형태나 구동 방식 등에 따라 다양한 종류가 있다. 그중에서 자신에게 알맞은 프린터를 선택하기란 어려운 일이 될 수 있다. 따라서 다음 장에서는 여러분이 자신에게 가장 적합한 3D 프린터를 선택할 수 있도록 도와줄 여러 가지 정보와 팁들을 종합적으로 소개할 것이다. 그 내용을 바탕으로 충분히 시간을 들여서 신중하게 선택할 수 있기를 바란다.

04 | 3D 프린터로 무엇을 할 수 있을까?

현재 3D 프린터는 다양한 분야에서 활용되고 있다. 이번에는 본격적으로 3D 프린터에 대해 배우기 전에, 실제로 3D 프린터의 활용 분야가 과연 어디까지인지를 보여 주는 몇 가지 활용 사례를 간단히 살펴보자. 이를 통해서 여러분이 3D 프린터의 무한한 가능성을 체감할 수 있기를 바란다.

그림 1-20 *FFF 방식 프린터로 출력한 웅장한 성. 이 책을 마저 읽고 나면 얼마든지 이런 것을 만들 수 있다.*

그림 1-21 3D 프린터로 만든 실물 크기의 다스 베이더. 매년 3D 프린팅 관련 이벤트에는 이처럼 멋진 출력물이 선을 보인다.

그림 1-22 영국의 스타트업 로봇 바이크(Robot Bike)에서 티타늄을 원료로 제작한 맞춤형 산악 자전거

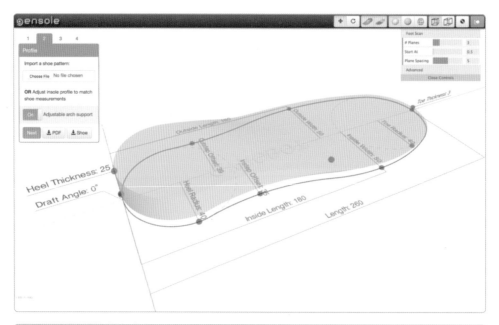

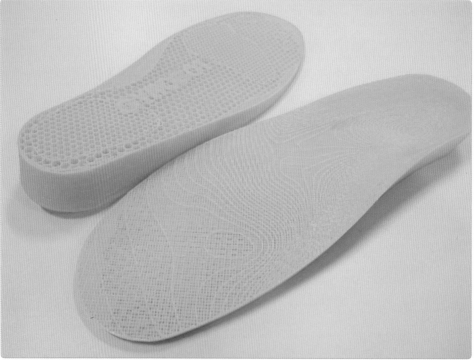

그림 1-23 영국의 개발자 스티브 우드(Steve Wood)가 개발한 무료 맞춤형 깔창 제작 서비스. 자신의 발에 맞는 깔창을 직접 디자인해 출력할 수 있다.

그림 1-24 델타 봇 형태의 건축용 3D 프린터. 이를 이용하면 수천 달러에 불과한 비용으로 여러 채의 집을 뚝딱 만들어 낼 수 있다.

그림 1-25 3D 프린팅으로 만든 세계 최초의 건물. 사무실 용도로 제작된 이 건물은 두바이에 위치해 있으며, 단 17일만에 완공되었다. 사실 건축 분야에서 3D 프린팅이 활약하리라는 사실은 이미 예견돼 있었다. 인건비와 재료비 절감, 자유로운 조형 방식 등 건축 업계에 필요한 많은 장점을 갖고 있기 때문이다.

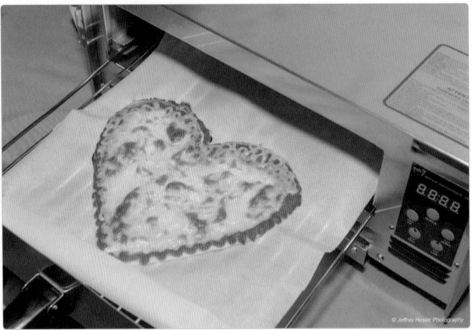

© Jeffrey Hosier Photography

그림 1-26 식품 산업에도 3D 프린팅 기술이 도입되고 있다. 사진은 3D 프린터로 피자를 만들고 있는 모습이다. 물론 전문 파티셰가 만든 것보다 맛있지는 않지만, 소비자가 원하는 모양 그대로 예쁘게 꾸밀 수 있어 매력적이다.

그림 1-27 초콜릿 3D 프린터는 이미 상용화 단계에 이르러 있다.

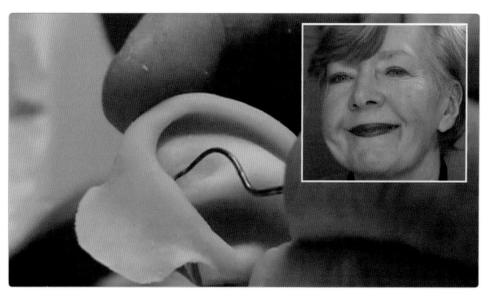

그림 1-28 3D 프린팅된 실리콘 귀와 청각을 되찾은 감동에 눈물을 흘리고 있는 콜린 머레이(Colleen Murray). 개인 맞춤형의 치료가 필요한 의료 분야에서도 3D 프린터는 무한에 가까운 가능성을 지니고 있다.

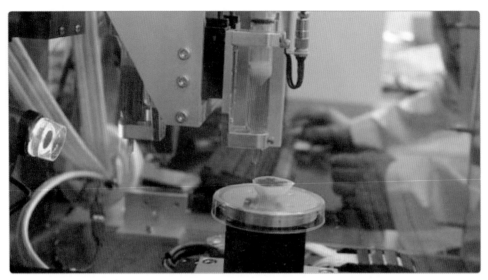

그림 1-29 3D 프린팅 중인 심장 세포 유기체. 인공 장기에 대한 연구도 활발하게 이뤄지고 있다. 방광, 연골, 심장판막 등 한 가지 세포로 이뤄진 장기는 벌써 3D 프린팅이 적용된 임상 실험이 진행되고 있다.

3D 프린터
선택 가이드

이제부터는 본격적인 3D 프린팅 입문이 시작된다. 이 장에서
는 우선 3D 프린터를 구매하기 전에 알아둬야 할 기본적인 지
식과, 결정에 도움이 되는 몇 가지 기준에 대해 살펴볼 것이다.

여러분은 어떤 3D 프린터를 가지고 싶은가? 가격이 저렴한 것? 아니면 디자인이 세련된 것? 당장은 생각나는 게 없을 수도 있고, 이미 자신이 구입할 프린터를 마음 속으로 정해놓은 독자도 있겠지만, 우선은 이 장을 마저 읽어주기 바란다. 사전에 생각해야 할 핵심 사항에 대해 충분히 알지 못한 상태에서 무작정 프린터를 구입하는 것은 현명한 선택이 아니기 때문이다. 나도 처음에는 그랬다. 막연하게 3D 프린터에 흥미가 생겼고, 직접 3D 프린터를 만들어 보고 싶다는 생각 정도만 있었을 뿐이었다. 이러한 무지의 대가는 결코 작지 않았는데, 실제로 온갖 고생을 겪으며 쌓인 지식들을 정리하다 보니 이 책이 탄생하게 되었을 정도다. 적절한 지식이 없는 상태에서 3D 프린터를 다루는 것은 프린터와 사용자 양쪽에게 모두 좋지 않다.

01 | 나만의 프린터를 갖는 방법

완제품 구입

완제품을 바로 구입하는 것은 가장 쉽고 빠르게 3D 프린팅을 즐길 수 있는 방법이다. 사용자가 추가로 작업할 필요 없이 바로 사용할 수 있도록 준비되고 완성된 3D 프린터를 구매하는 것이다. 안정성 높은 익스트루더와 정밀한 오토 레벨링 장치, 그리고 편리하고 기능적인 베드 도포재의 개발로 인해 상용 3D 프린터의 사용자 편의성은 날이 갈수록 높아지고 있다. 높은 완성도와 견고함, 그리고 유용한 보조 기능을 가진 프린터를 원하는 사람들에게는 완제품 구입이 가장 좋은 선택이 될 것이다.

그러나 완제품 구입에 있어서 가장 큰 문제는 가격이 매우 비싸다는 것이다. 가령, 메이커봇 사의 '리플리케이터 2'는 300만 원에 달하는 고가를 자랑한다. 얼티메이커 사의 '얼티메이커 3'은 최고의 3D 프린터 중 하나로 손꼽히지만, 가격 역시 손꼽을 정도로 비싸다. 어느 업체를 살펴봐도 완 제품 프린터 구매에는 최소한 100만 원 이상의 지출을 각오해야 한다. 눈이 높은 사람들은 '쓸만한' 프린터의 최소 가격을 150만 원으로 보기도 한다. 물론 100만 원 이하로 구매할 수 있는 완제품 프린터도 있다. 메이저 회사들에서 간혹 출력 크기가 작은 제품이 저렴하게 판매되는 경우도 있지만, 오픈소스 기반으로 업체가 소량을 조립해서 판매하는 제품들이 대다수이다. 하지만 이들은 대개 사용 편의성 면에서 키트와 큰 차이가 없다. 특히 가격이 지나치게 저렴한 경우는 주의가 필요한데, 가격 절감을 위해서 성능을 희생했을 가능성이 있기 때문이다.

그렇다면 완제품을 구입하기만 하면 모든 걱정에서 해방될 수 있을까? 마치 종이 프린터를 다루듯이, 전원을 켜고 원하는 파일을 선택하기만 하면 아무 조형이나 자유롭게 만들어낼 수 있을까? 아쉽지만, 3D 프린터에서 진정한 **플러그-앤-프린트(Plug-and-Print)**가 구현될 날은 아직도 멀고 멀다.

여러분에게 한 가지 경고하고 싶은 것이 있다. 3D 프린터를 종이 프린터와 동일시해서는 안 된다. 출력 버튼을 누르기만 하면 언제든지 수십 장, 수백 장의 프린트를 뽑아내는 종이 프린터와 달리, 3D 프린터는 세밀한 조정과 주기적인 정비를 필요로 한다. 특히 출력 품질에 관련된 부분은 제대로 A/S가 제공되지 않는 경우가 많기 때문에, 완성도 높은 제품이 아니라면 이러한 문제들은 결국 사용자 스스로 해결해야 한다. 뿐만 아니라 고장의 위험도 생각해 봐야 한다. 이와 같은 출력 품질 개선과 각종 문제 해결에 관한 노하우가 이 책에서 주로 다루게 될 내용이기도 하다.

키트 조립

3D 프린팅의 세계에서는 굳이 이미 완성된 프린터만을 고집할 필요가 없다. 3D 프린터를 조립하기 위한 모든 부속품과 조립 매뉴얼을 갖추고 있는 키트를 구입해서 직접 조립할 수도 있다. 렙랩 프로젝트의 영향을 받은 저가의 키트들부터 시작해서, 450만 원에 달하는 얼티메이커2까지, 다양한 제품의 키트를 찾아볼 수 있다.

물론 완제품을 구매하는 것에 비해서 훨씬 많은 노력을 들여야 하며, 제작 후에도 꾸준하게 조정하고 점검하는 시간을 가져야 한다. 첫 번째 볼트를 조일 때부터, 마지막으로 프린터를 작동시키기에 이르기까지의 긴 여정은 수시로 여러분의 인내심을 시험할 것이다. 키트에 불량품이 포함되어 있거나, 매뉴얼이 부실한 경우에는 문제가 더더욱 심각해진다. 그럼에도 불구하고 키트 구매가 충분히 매력적인 대안인 것은 다음과 같은 이유 때문이다.

우선, 프린터 구매 비용이 저렴하다. 대부분의 데스크탑 3D 프린터는 100만 원 이상의 가격을 자랑한다. 아직 3D 프린팅의 세계에 제대로 입문해 보지도 않은 상태에서 첫 시작부터 이렇게 많은 돈을 투자하는 것은 분명히 부담스러운 일일 것이다. 그러나 키트를 구매하면 훨씬 저렴한 비용으로 3D 프린터를 가질 수 있다. 내가 3D 프린팅에 막 입문했던 2013년 즈음에는 주로 중국의 업체들이 판매하는 키트를 40만 원 전후에 구입할 수 있었으며, 그 가격은 시간이 지날수록 계속 하락하고 있다. 한편 국내에도 3D 프린터 키트 또는 조립품을 판매하는 업체들이 여럿 생기고 있다.

프린터 키트의 매력은 단순히 저렴한 가격에만 있지 않다. 완제품 구매는 분명히 가장 쉽게 3D 프린터를 손에 넣는 방법이지만, 때때로는 쉬운 길보다는 어려운 길로 돌아가는 것이 좋은 경험이 될 수 있다. 키트를 직접 조립해 보는 것은 3D 프린터의 구조와 작동 원리를 이해하는 데 많은 도움이 된다. 만약 여러분이 단순히 출력물을 보고 즐기는 정도가 아니라, 3D 프린팅 그 자체에 많은 관심을 가지고 프린터라는 하나의 기계와 친숙해지고 싶다면 키트를 구입하여 조립해 보는 것을 추천한다. 뿐만 아니라, 조립을 통해 배운 지식은 보다 높은 품질의 출력물을 뽑아내는 데 요긴하게 쓰일 수 있다. 얼핏 보기에, 저렴한 키트를 사용자가 스스로 조립한 프린터가 고가의 완제품보다 출력 품질이 떨어질 것이라고 착각하기 쉽다. 그러나 진실은 조금 다르다. 조정만 잘 한다면 20만 원짜리 키트가 100만 원짜리 완제품보다 더 좋은 품질의 출력물을 뽑아낼 수도 있다. 반대로, 고급 완제품을 구매하더라도 사용자의 실력에 따라 출력물 품질이 떨어질 수 있다. 직접 그 프린터를 만들어 본 사람과, 그렇지 않은 사람의 차이는 생각보다 훨씬 크다.

이 책은 기본적으로 3D 프린터 키트 사용자에게 가장 잘 맞는 책이라고 할 수 있을 것이다. 저자 역시 키트 조립을 시작으로 3D 프린팅에 입문했기 때문이다. 키트에서 시작해 완제품과 자작 프린터에 이르기까지 저자는 3D 프린팅의 세계에서 나름대로 다양한 경험을 해왔지만, 그 출발점이자 뿌리는 키트 조립이라고 할 수 있고, 따라서 이 책에도 키트 사용에 관한 많은 경험과 지식이 녹아 있다.

그렇다면 어떤 키트를 사는 것이 좋을까? 이 분야의 대표 주자인 렙랩 커뮤니티에서는 몇 가지 훌륭한 모델들을 공개하고 있다. 또한 렙랩 프로젝트의 영향을 많이 받은 얼티메이커 사를 비롯해 몇몇 전문적인 제조 회사들도 자사의 제품을 키트로 판매하고 있다. 그러나 같은 모델이더라도 이를 조금씩 변형한 키트들이 상당수 판매되고 있기 때문에 구매 전에 주의 깊게 살펴보는 것이 좋다. 몇 가지 유명한 키트는 주목할 만한 개선이 이루어진 경우도 있지만, 반대로 몇몇 키트들은 제대로 조립하기 어려울 정도로 불량이 심한 경우도 있기 때문이다. 처음이라 할지라도 겁먹지 말자. 뒷장에서 키트 조립이 처음인 사람들을 위한 자세한 가이드가 제공될 것이다.

직접 제작

키트 조립의 손맛에 만족할 수 없다면, 프린터를 직접 설계하고, 부품을 구입해서 자작 프린터를 만드는 것도 충분히 가능하다. 이 경우 사용자는 프린터의 구동 방식부터 예상 출력 성능과 각종 부품의 종류에 이르기까지 프린터의 모든 것을 스스로 결정할 수 있다. 완제품은 물론이고 키트에서조차 사용자가 자기 마음대로 출력 성능을 조절하고 구성품을 변경하기는 상당히 어렵다. 결국엔 프린터를 통째로 뜯어고치다시피 개조하거나, 현재의 성능에 만족하고 쓰는 수밖에 없다. 이런 점에서, 하나부터 열까지 자신이 원하는 바를 구현할 수 있다는 점은 자작 프린터의 가장 큰 매력이다. 세상 어디에도 없는 나만의 프린터를 가지게 된다는 자부심은 덤이다.

하지만, 이러한 장점을 만끽하려면 사용자가 적절한 자격을 갖추고 있어야 한다. 3D 프린터 설계를 위해서는 3D CAD 프로그램을 웬만큼 다룰 줄 알아야 하며, 3D 프린터의 작동 방식과 구성 요소에 매우 해박해야 한다. 자작 프린터는 결코 키트보다 저렴하지 않으며, 완제품 가격을 능가하는 경우도 얼마든지 있다. 가끔 3D 프린팅에 이제 막 입문하는 사람들이 프린터를 직접 만들어 보겠다는 야심을 불태우는 경우가 있다. 물론 자신만의 프린터를 가진다는 것은 매력적이고 멋진 일임은 분명하다. 하지만 3D 프린터, 아니 어떤 기계가 되었든지 그것을 직접 만든다는 것은 상상 이상으로 어렵고 힘든 여정이다. 인내심을 가지고 키트 조립에서부터 시작해서, 먼저 3D 프린터와 친숙해지는 시간을 가져 볼 것을 추천한다.

출력 대행

3D 프린팅한 출력물을 얻기 위해서 굳이 3D 프린터를 직접 소유해야 할 필요는 없다. 출력 대행 서비스를 이용해도 된다. 3D 프린팅한 제품은 필요하지만, 3D 프린터를 직접 구매해서 출력하기는 아까운 경우에는 출력 대행 서비스를 적극 활용하라. 고작 조형 한두 개를 만들자고 비싼 가격의 3D 프린터를 살 수는 없지 않은가?

출력 대행 서비스의 가장 큰 장점은 소재와 색상, 출력 방식 등을 자유롭게 선택할 수 있다는 것에 있다. 앞서 언급했던 가공 과정에서의 유해성을 비롯해, 일반 가정에서 사용하기에 부적합하게 느껴지는 여러 가지 단점들은 출력 대행을 이용하면 문제가 되지 않는다. 또한 대부분의 업체가 표면을 연마하고 빈틈을 메꿔 주거나 광택 처리를 하는 등의 후가공 서비스를 제공한다는 것도 이점이다. 때문에, 3D 프린터를 이미 보유하고 있더라도 경우에 따라서는 출력 대행 서비스를 이용하는 것이 품질과 비용 면에서 저렴할 수 있다.

3D 프린터가 상용화된 이래 상당히 많은 수의 출력 대행 업체들이 등장한 바 있다. 예를 들면 2012년에 뉴욕에 개업한 한 3D 프린팅 대행 업체는 50대의 프린터를 보유하고 매년 최대 500만 건의 모델을 제작한 바 있다. 이 정도면 가히 3D 프린팅 공장이라고 해도 과언이 아니다. 이러한 업체 중에는 세계 시장에서 활동하며 세계 각지에 출력물을 배송하는 국제적인 플랫폼도 존재하는데, 아이.마테리얼라이즈(http://i.materialise.com)나 쉐이프웨이즈(http://www.shapeways.com) 등이 유명하다. 국내에서도 여러 커뮤니티를 통해 출력 대행 서비스 업체를 쉽게 찾아볼 수 있다.

그렇다면 출력 대행 서비스는 어떤 과정으로 이루어질까? 복사 업체를 생각해 보면 간단히 이해할 수 있다. 출력할 문서 파일을 업체에 보내 주고, 출력 용지나 컬러/흑백 여부 등을 결정하면 업체는 몇 일이나 심지어 몇 시간 안에 의뢰 내용을 출력해서 주문자에게 배송할 것이다. 이렇게 하면 집에 종이 프린터가 없는 사람도 얼마든지 수백 장의 프린트를 손에 쥘 수 있다.

3D 프린팅 대행 업체도 이와 마찬가지다. 업체에 보내야 할 파일이 문서 파일에서 3D 모델 소스로 바뀌는 것뿐이다. 구매자가 3D 모델 소스를 제공하는 것이 일반적이지만, 주문자의 요구사항에 맞춰 업체 측에서 직접 디자인까지 해 주는 경우도 있다. 대행 업체는 모델링의 출력 가능 여부를 검토하고, 소요 기간과 비용을 산정한다. 구매자와 업체 간에 조율이 끝나면 3D 프린팅이 시작되고, 구매자는 최소한 몇 주 이내에 주문한 조형을 배송받을 수 있을 것이다. 대행 업체를 선택할 때는 업체에서 제공하는 소재 종류와 색상, 후가공 서비스, 최대 출력 크기, 배송 시간, 비용 산정 방식 등을 면밀히 확인해 봐야 한다. 또한 모델링에 대한 검토 및 수정 과정은 별도의 서비스 이용 요금을 요구하는 경우가 많으므로, 사용자가 사전에 모델링할 때 쉽게 출력 가능하도록 만들어 두면 좋을 것이다.

한편 3D 프린터 공유 서비스를 통해 3D 프린터를 직접 사용해 보거나 관련 교육을 받아 볼 수도 있다. 메이커 스페이스(Maker space)는 디지털 제작장비를 활용하여 개인의 아이디어를 실제로 구현해 볼 수 있도록 돕는 것을 목표로 하는 자유로운 공유 공간이다. 팹랩 서울을 시작으로 무한상상실, 셀프제작소 등 다양한 메이커 스페이스가 국내에도 운영되고 있다. 메이커 스페이스에서는 3D 프린터뿐만 아니라 CNC, 레이저 커터 등 다양한 제작 장비를 구비하고 있으며, 무료 또는 저렴한 가격에 이용할 수 있다. 장비 사용 교육이나 창작 활동 등 여러 가지 관련 프로그램도 운영되고 있어 초보자도 이용할 수 있다. 메이크올에서 제공하는 메이커 스페이스 맵(https://goo.gl/hjYBF3)이나, 과천과학관 무한상상실에서 제작한 **메이커들을 위한 지도**(https://goo.gl/EYprHD)를 통해 어떤 곳이 자신이 원하는 장비와 교육 프로그램을 갖추고 있는지 쉽게 확인할 수 있다. 장비를 이용하기 위해서는 사전에 예약을 해야 하거나, 교육을 수료해야 하는 경우도 있으므로 사전에 이용 절차를 확인하고 상담을 받는 것이 좋다.

02 | 선택 기준

앞 장을 통해 어떤 방법으로 3D 프린터를 구매할지 결정했다면, 이제는 제품들을 비교할 차례다. 어떤 쇼핑이나 그렇듯이, 3D 프린터 구매에 있어서도 현명한 선택을 위해서 살펴봐야 할 기준들이 몇 가지 있다.

익스트루더

FFF 방식의 3D 프린터의 출력 과정을 극단적으로 요약하면, '**익스트루더**(Extruder)를 통해 필라멘트를 압출하여 형상을 만드는 과정**'이라고 할 수 있다. 여기에서 한 가지 사실을 유추할 수 있다. 바로 익스트루더의 중요성이다. 출력에 영향을 미치는 요인은 여러 가지가 있으나, 그중 가장 핵심적인 역할을 하는 것이 바로 익스트루더다.

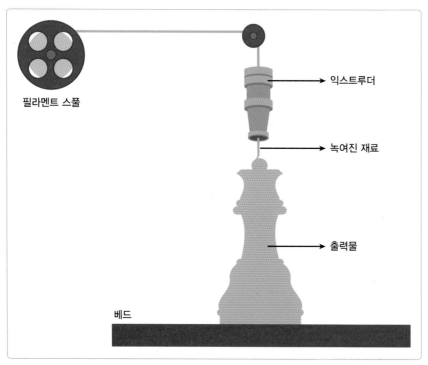

그림 2-1 *FFF 방식의 가장 기본적인 작동 방식. 필라멘트는 익스트루더(헤드)를 거쳐 압출된다.*

여기에서는 익스트루더의 구조와 압출 방식, 부가 기능에 대해서 살펴볼 것이다. 3D 프린터 사용자라면 기본적으로 익스트루더의 종류와 작동 방식을 반드시 이해하고 있어야 한다. 프린터를 구입하든 직접 만들든, 예외는 없다.

익스트루더란?

익스트루더가 필라멘트를 압출하는 과정은 크게 두 단계로 나뉜다. 첫 번째 단계는 필라멘트가 익스트루더로 공급되는 단계고, 두 번째 단계는 그 안에서 녹여져서 노즐을 통해 빠져나오는 단계다.

따라서 익스트루더 역시 두 부분으로 나누는 것이 자연스럽다. 바로 필라멘트 공급 장치인 콜드엔드(Cold end)와 필라멘트 용융 사출 장치인 핫엔드(Hot end)이다.

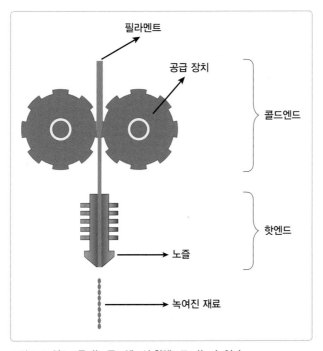

그림 2-2 익스트루더는 콜드엔드와 핫엔드로 나눌 수 있다.

핫엔드 대신 **프린터헤드**(Printerhead, 또는 헤드)라는 용어를 사용하기도 한다. 두 용어가 가리키는 대상은 크게 다르지 않다. 그러나 핫엔드라는 용어는 말 그대로 익스트루더의 '뜨거운 부분'임을 강조하는 반면, **헤드**는 핫엔드와 이송 장치, 그리고 경우에 따라 콜드엔드까지 실제 프린터에서 이동하는 부분을 통칭할 때 사용되는 경향이 있다.

> **TIP** 온라인 커뮤니티에서는 핫엔드를 익스트루더라고 부르고 익스트루더를 헤드라고 부르는 경우가 종종 있다. 콜드엔드의 역할에 대해 혼란스러워 하는 경우도 많다. 헷갈려서는 안 된다. **익스트루더는, 필라멘트를 녹여서 사출하는 장치인 핫엔드와 필라멘트 공급 장치인 콜드엔드를 모두 포괄해서 부르는 용어이다.**[1]

그렇다고 핫엔드와 필라멘트 공급 장치가 항상 붙어 다니는 것은 아니다. 핫엔드만 움직이고, 콜드엔드는 한참 떨어진 곳에 고정되어 있는 경우도 있다. 이처럼 헤드와 공급 장치가 서로 붙어 있는 구조를 **직결식**(Direct)이라고 부르고, 떨어져 있는 구조를 **보우덴 방식**(Bowden)이라고 부른다. 지금부터 이 두 가지 방식에 대해 살펴보도록 하자.

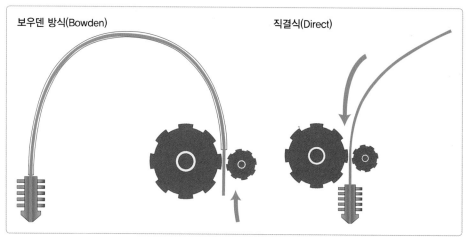

그림 2-3 **보우덴 방식과 직결식**

---

1 참고자료: 플로리안 호르쉬, 『누구나 즐길 수 있는 3D 프린팅』(메카피아, 2014년), 183p

직결식 익스트루더

직결식 익스트루더(Direct extruder)란, 헤드와 필라멘트 공급 장치가 결합된 채로 움직이는 방식을 말한다. FFF 방식 프린터가 본래 채용하고 있던 방식이기도 하고, 많은 프린터들이 직결식 익스트루더를 장착하고 있다.

이 방식의 가장 큰 장점은 콜드엔드와 핫엔드 사이의 간격이 짧다는 점이다. 즉, 필라멘트 공급 거리가 짧아지기 때문에 안정적인 원료 공급이 가능하다. 필라멘트 공급 거리가 길어질수록 공급량 조절이 어려워지는데, 직결식 익스트루더는 이러한 문제들로부터 상당히 자유롭다. 필라멘트의 공급량 조절은 무척 중요하다. 정확히 필요한 만큼 일정하게 핫엔드로 공급되어야 하기 때문이다. 공급량이 너무 많아도, 너무 부족해도 출력물의 품질이 떨어질 수 있다. 또한 필라멘트 교체가 매우 쉽고 다루기 편하다는 것도 장점이다.

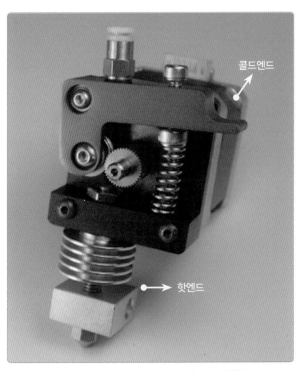

그림 2-4 **직결식 익스트루더의 한 예** 용융 사출 장치인 핫엔드와 공급 장치인 콜드엔드가 붙어 있는 구조이다.

한편 콜드엔드가 핫엔드와 결합되어 있는 형태 때문에 생기는 단점도 있다. 우선 콜드엔드와 핫엔드, 그리고 이들을 움직일 이송 구조가 서로 튼튼하게 결합되어야 하므로 전체적인 프린터헤드의 구조가 비대해지게 된다. 때문에 플랫폼에 따라서 원활한 사용이 어려운 경우도 있고, 출력 크기에도 영향이 있다. 그러나 가장 큰 문제는 헤드의 무게가 증가한다는 것이다. 무거운 헤드를 고속으로 움직이게 되면 방향을 전환할 때마다 관성에 의해 반동(Backlash)이 크게 발생한다. 이를 해결하기 위해서는 프린터 자체의 무게를 무겁게 하고 헤드의 이송 속도와 가속도를 낮춰야 한다.

보우덴 방식 익스트루더

직결식 익스트루더의 문제를 해결하고자 개발된 것이 보우덴 방식이다. 보우덴 방식 익스트루더는 필라멘트 공급 장치와 헤드가 분리되어 있으며, 필라멘트는 공급 장치와 헤드 사이에 연결된 튜브를 통해 공급된다. 이 방식은 얼티메이커 사에서 최초로 도입했다. 보우덴이라는 명칭은 필라멘트 공급 장치와 헤드가 튜브로 연결된 모습이 마치 자전거 브레이크에 흔히 사용하는 보우덴 케이블처럼 휘어졌다고 해서 붙은 이름이다.[2]

보우덴 방식은 움직이는 부분이 가벼운 핫엔드뿐이기 때문에 진동 제어와 고속 출력에 유리하다. 그러나 결정적인 단점도 있다. 바로 공급 장치와 헤드 사이의 거리가 수십 cm 이상이기 때문에 필라멘트 공급을 제어하는 것이 어렵다는 점이다. 주된 원인은 테플론 튜브다. 필라멘트가 공급 장치에서 압출되어 튜브를 지나는 동안, 튜브의 영향으로 인해 필라멘트가 제대로 전달되지 못하는 것이다. 튜브의 길이가 길수록, 또는 필라멘트의 탄성이 떨어질수록 영향을 크게 받는다. 특히 **플렉시블 PLA(Flexible PLA)**와 같은 몇몇 특수한 필라멘트들은 공급 거리가 길 경우 공급 도중에 부러지거나 변형될 수 있어 보우덴 방식에서는 사용이 거의 불가능하다.

----

2 참고자료: 플로리안 호르쉬, 『누구나 즐길 수 있는 3D 프린팅』(메카피아, 2014년), 186p

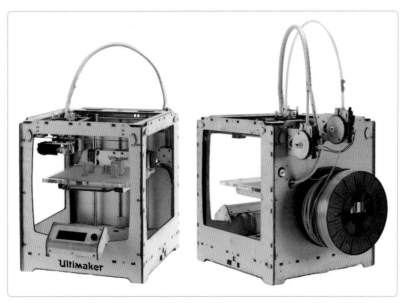

그림 2-5 보우덴 방식을 채용한 얼티메이커

알맞은 익스트루더 선택하기

직결식 익스트루더는 필라멘트 공급이 안정적이어서 다루기 쉬운 대신, 무거운 콜드엔드를 같이 움직여야 하므로 출력 속도가 느리다. 반면에 보우덴 방식 익스트루더는 핫엔드만 움직이므로 출력 속도가 빠르지만, 필라멘트 공급을 제어하기가 어렵다. 이처럼 직결식 익스트루더와 보우덴 익스트루더의 장단점이 각각 상반되기 때문에, 프린터를 구매할 때는 이 부분을 주의 깊게 살펴봐야 한다.

어느 쪽이 낫다고는 단정지을 수는 없지만, 키트를 사용한다면 초보자에게는 직결식 익스트루더를 권한다. 보우덴 방식은 초심자가 다루기에는 다소 까다로울 수 있다. 물론 보우덴 익스트루더를 잘 다룰 수만 있다면, 직결식보다 빠르면서도 안정적인 출력이 가능하므로 도전해 보는 것도 좋다.

표 2-1 *직결식 익스트루더와 보우덴 방식 익스트루더의 비교*

기준	직결식 익스트루더	보우덴 방식 익스트루더
필라멘트 공급 방식	주로 다이렉트 드라이브	주로 기어드 익스트루더
필라멘트 공급 제어	안정적이고 쉬움	불안정하고 어려움
출력 속도	느림	빠름
안정성	진동 큼	진동 작음
정비성	쉬움	어려움
사용 재료	제한 없음	플렉시블 소재 사용 어려움
범용성	낮음 (플랫폼에 따라 사용 어려움)	높음 (대부분의 FFF 방식 프린터에 적용 가능)

XYZ축 운동 방식

지금까지 익스트루더의 종류와 구조에 대해서 알아보았다. 한 가지 알아둬야 할 사실은, 익스트루더는 말 그대로 압출 장치에 불과하다는 것이다. 필라멘트를 압출하는 익스트루더(정확히는 헤드)와 형상이 출력되는 베드를 3차원으로 운동시켜야만 비로소 3차원 형상을 출력할 수 있다. 그러나 이들을 어떻게 움직일 것인가? 헤드를 전후좌우로 움직이고, 베드를 위아래로 움직일 것인가? 아니면 그 반대로 할 것인가? 모터는 몇 개를 사용할 것인가? 다양한 경우의 수가 있을 것이다. 3D 프린터의 구조는 이러한 기계적 방식에 따라 완전히 달라지며, 이것이 프린터의 종류를 구분하는 주된 기준이 된다.

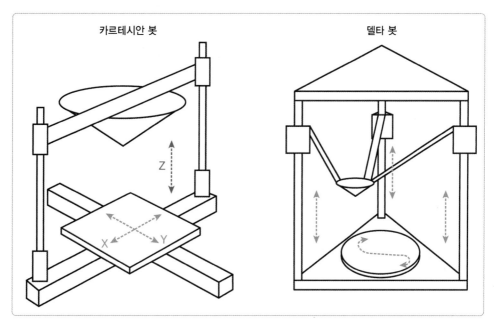

카르테시안 봇

델타 봇

그림 2-6 카르테시안 봇과 델타 봇

카르테시안 봇

카르테시안 봇(Cartesian bot, 직교 좌표형)은, 이름 그대로 X/Y/Z 직교 좌표계를 바탕으로 상대 운동을 수행하는 프린터를 총칭한다. 직관적이고도 정확한 움직임으로 좌표계를 따라 이동하므로 구조가 복잡한 출력물을 출력하는 데 유리하다는 장점이 있다. 카르테시안 봇에서는 헤드와 베드가 전후좌우(X, Y축) 또는 상하(Z축) 방향으로 운동한다. 움직일 구조물은 2개인데 움직일 방향이 3곳이므로, 헤드와 베드를 각각 어느 축으로 움직일 것이냐에 따라서 다시 XZ-Y 방식과 XY-Z 방식으로 나뉜다.

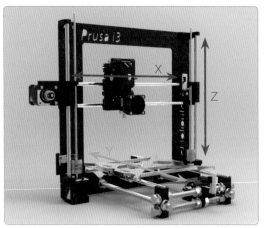
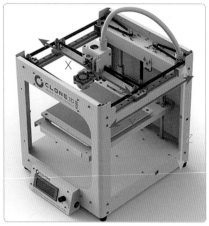

그림 2-7 멘델 방식의 *Prusa i3*(왼쪽)와 *Core-XY* 방식의 *K200*(오른쪽). 헤드의 이동은 붉은색으로, 베드의 이동은 하늘색으로 표시했다.

XZ-Y 방식 또는 멘델 방식: 베드의 Y축 운동 & 헤드의 X, Z축 운동

XZ-Y 방식은 베드는 Y축(또는 X축) 방향으로 움직이고, 헤드는 나머지 2축 방향으로 움직이는 구조이다. 각각의 축에는 1개 또는 2개의 전담 모터가 배치된다. 이처럼 기계적인 구조가 간단하므로 쉽게 만들 수 있다는 장점이 있다. 또한 모터의 협동 없이 각 축이 독립적으로 움직이므로 이송 속도가 빠른 편이다.

이 방식의 시초가 바로 렙랩 프로젝트이다. 구조가 간단해진 덕분에 전문 제조사 외에는 만들 수 없었던 3D 프린터를 개인이 직접 제작하는 것이 가능해졌다. 3D 프린터 DIY 의 길이 열린 것이다. 렙랩의 '멘델 시리즈'가 대표적이며, 이 때문에 XZ-Y 방식을 **멘델 (Mendel) 방식**이라고 부르기도 한다. 주로 저가형 프린터들이 이 방식을 채용하고 있으며, 작동 구조를 한눈에 볼 수 있기 때문에 교육용으로도 많이 판매되고 있다. 뿐만 아니라 주요 구성품이 외부에 노출되어 있으며 쉽게 접근 가능하기 때문에, 다른 방식에 비해서 부품의 수리 또는 교체가 용이하다.

그러나 한계 또한 많다. 베드가 Y축 방향으로 움직이기 때문이다. 앞서 X, Y축의 평면 운동으로 단면 하나를 만들고, Z축 방향으로 움직인 후에 다음 단면을 만든다고 설명한 바 있다. 이 말은 Z축 방향 운동은 한 번 움직이면 한동안 고정된 상태로 있지만, X, Y축 방향은 단면을 채우는 과정에서 수십 번씩 움직인다는 의미다. 결국 베드의 움직임이 많아지므로 출력물이 영향을 받기가 쉽다. 게다가 넓은 베드가 전후로 움직여야 하므로 출력 크기에 비해서 프린터가 많은 용적을 차지하게 된다. 이와 같은 단점에도 불구하고 저렴한 가격에 힘입어 가장 사용자가 많은 방식이기도 하며, 이들에 의해 지속적으로 개량이 이뤄지고 있다는 점은 고무적이다.

XY-Z 방식: 베드의 Z축 상하 운동 & 헤드의 XY축 운동

XY-Z 방식은 가장 고전적인 형태라고 할 수 있는데, 헤드가 X, Y축 운동을 모두 수행한다. 출력이 진행됨에 따라 베드가 아래로 내려가면서 Z축 운동을 수행하는 구조로 되어 있다. 보통 벨트로 연결된 모터 2개의 평면 협동을 통해 헤드를 X, Y 방향으로 움직인다. 이 방식에서는 X, Y축이 분리되어 있는 멘델 방식의 프린터와는 달리 X, Y축이 하나의 벨트로 전부 연결되어 있다. 이 벨트와 연결된 두 모터에 의한 이동량의 합이 X축 변위가 되고 이동량의 차가 Y축 변위가 된다. 이러한 구조를 **갠트리**(Gantry)라고 부르는데, 이 방식의 가장 특징적인 부분이기 때문에 XY-Z 방식을 갠트리 방식이라고도 부른다.

세부적인 구성 방식에 따라서 **Core-XY** 방식과 **H-BOT** 방식으로 구분하기도 한다. 이 두 가지 방식은 매우 유사하나, H-BOT에서 있던 장력의 비대칭 문제를 해결한 것이 Core-XY라고 볼 수 있다. 이러한 두 방식 사이의 차이는 그림 2-8에서 확인할 수 있다. 먼저 H-BOT 방식에서는 1개의 벨트를 사용해 전체 구조를 연결한다. 이 때문에 헤드가 움직일 때 힘이 연결된 벨트 쪽에만 쏠리면서 뒤틀림이 생길 수 있다. 대신 벨트가 하나이므로 조립이 수월하다. 반면, Core-XY 방식에서는 2개의 벨트를 사용한다. 2열의 벨트 전부가 균일한 힘으로 프린터헤드를 움직일 수 있으므로 보다 안정적이다. 그러나 두 벨트의 장력이 완벽히 같지 않으면 원을 제대로 그릴 수 없으므로 조립이 까다롭다.

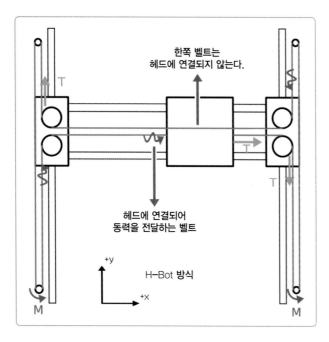

한쪽 벨트는
헤드에 연결되지 않는다.

T

헤드에 연결되어
동력을 전달하는 벨트

+y

H-Bot 방식

+x

M   M

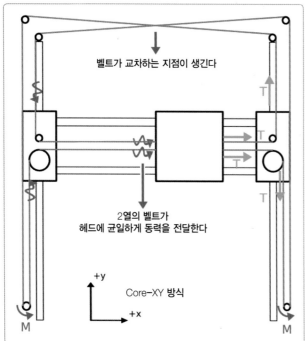

벨트가 교차하는 지점이 생긴다

T

T

T

2열의 벨트가
헤드에 균일하게 동력을 전달한다

+y

Core-XY 방식

+x

M   M

그림 2-8 *H–BOT과 Core–XY 비교*

얼티메이킹 방식

한편 프린터헤드가 XY축 운동을 한다는 점에서는 XY-Z 방식과 동일하지만, 구동 방식은 사뭇 다른 **얼티메이킹 방식(Ultimaking)**도 있다. **얼티메이커** 사의 대표 제품인 '얼티메이커'는 프린터헤드를 중심으로 X축과 Y축이 교차하는 형태를 하고 있다. 멘델 방식에서처럼 모터 2개가 X축과 Y축을 따로 움직이는 것은 동일하나, 이처럼 2축으로 단단히 고정되어 있으므로 진동이 적고 고속 출력이 가능하다. 가벼운 헤드와 안정적인 구조의 결합으로 출력 속도를 300mm/s까지 끌어올리며 가장 안정적인 구조임을 증명한 바 있다.[3]

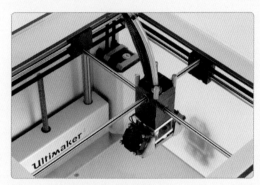

그림 2-9 얼티메이커의 독특한 교차 구조

이와 같은 XY-Z 방식은 항상 모터 2개가 프린터헤드를 제어하게 되므로, 축 운동을 할 때 모터 하나의 출력만 사용할 수 있는 다른 방식들에 비해 강한 가속력을 가진다. 또한 멘델 방식과는 달리 프린터의 전체 구조가 직육면체 형태를 하고 있으므로 공간 효율성이 높다. 베드가 Z축 방향으로만 움직이므로, 베드가 Y축 운동을 하는 멘델 방식에서처럼 이송을 위한 여유 면적이 필요 없기 때문이다. 상용 3D 프린터 업계를 주도하는 유명한 제조사들의 프린터는 대부분 이 방식을 취하고 있다. 메이커봇 사와 얼티메이커 사의 프린터들이 주로 채용하고 있으며, 이외에도 3D 시스템즈 사의 '큐브 프로', XYZ프린팅 사의 '다빈치' 등이 있다. 국내에서는 오픈크리에이터즈의 '아몬드'와 '마네킹', 하이비젼시스템 사의 '큐비콘 시리즈' 등이 이 방식을 사용한다.

----

3 참고자료: 플로리안 호르쉬, 『누구나 즐길 수 있는 3D 프린팅』(메카피아, 2014년), 191p

그러나 몇 가지 단점도 있다. 우선, 헤드의 2차원 운동이 일어나므로 멘델 방식에 비해서 제작 과정이 복잡하고 기술적인 장벽이 높다. 특히 모터 간의 정밀한 협동을 이끌어 내기 위해서는 벨트의 장력을 조절하는 것이 중요하다. 또한 프린터 본체의 진동이 비교적 큰 데다가 베드가 Z축 상하 운동을 하기 때문에, 출력 과정에서 베드가 앞으로 처지는 문제가 종종 생긴다. 접촉 지점이 Z축에서 멀리 떨어져 있을수록, 출력 높이가 높을수록 이러한 문제가 심하며, 출력 품질에도 좋지 않은 영향을 미친다. 다만, 이러한 단점들은 어디까지나 직접 프린터를 제작하는 사람들에게 해당하는 것이고, 완제품을 사용할 경우에는 큰 문제가 되지 않는다. 제조사에서도 충분한 고려하에 제품을 생산하기 때문이다.

델타 봇

델타 봇(Delta bot)은 직교 좌표계를 사용하지 않는 대신, 3개 모터의 공간 협동을 통해 XYZ 공간을 구현한다. 실제 산업현장에서도 작은 물건들을 짧은 거리로, 정밀하게 이동시킬 때 주로 사용되는 델타 로봇의 구조를 그대로 따와 3D 프린터의 구동계에 적용한 것이다.

그림 2-10 산업 현장에서 사용하는 델타 로봇

델타 봇의 구조를 살펴보면 마치 삼발이를 뒤집은 듯한 모양을 하고 있다. 이 3개의 방향축을 따라 캐리지가 움직이면서 3개의 위치 정보가 주어지며, 이를 바탕으로 공간 상에서의 물체의 좌표를 확정할 수 있는 것이다. 이를 역산하면, 공간 상에서 물체를 특정한 좌표로 보내기 위한 모터 3개의 이송값을 알 수 있다. 잘 이해하기 어렵다면 델타 봇 계산기(http://www.thinkyhead.com/_delta/)를 이용해 직접 시뮬레이션해 보는 것도 좋다.

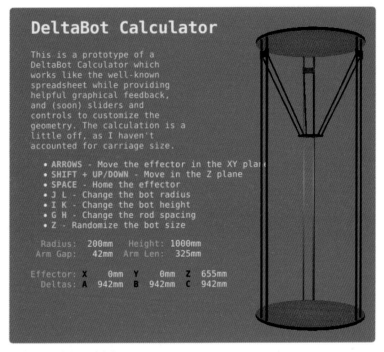

그림 2-11 *델타 봇 계산기*

이와 같은 델타 로봇의 이론은 1980년대 레이몬드 클레벨(Reymond Clavel) 교수에 의해 정립되었다. 이를 기반으로 2012년 중반 로스토크 출신의 요한 로콜(Johann Rocholl)에 의해 만들어진 '**로스토크**(Rostock)' 프린터가 유명하며, 이에 기초하여 '**코셀(Kossel)**' 시리즈 등이 개발되었다.

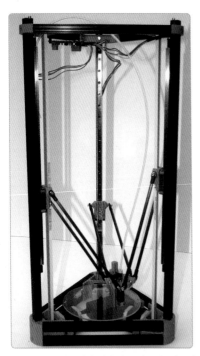

그림 2-12 대표적인 델타 봇으로 꼽히는 '코셀'

델타 봇의 가장 큰 특징은 프린터헤드가 X/Y/Z축 운동을 모두 수행하며 베드는 고정되어 있다는 점이다. 베드가 고정되어 있어 출력물이 전혀 움직이지 않으므로 안정적인 출력이 가능하다. 또한 항상 3개의 모터가 동시에 운동을 수행하므로 강한 힘으로 헤드를 움직일 수 있다. 따라서 가장 안정적이고 빠른 속도로 출력이 가능하다. 이러한 장점은 높이가 높은 물체를 출력할 때 특히 빛을 발한다. 출력물이 구형이거나, 바닥의 단면적에 비해 높이가 높은 꽃병, 도자기 형태의 제품을 출력하기에도 적합하다. 또한 같은 출력 부피 대비 차지하는 수평 면적이 가장 적어 공간 효율성이 높다. 그 밖에도 움직임이 재미있을 뿐 아니라, 미래지향적인 디자인으로 인해 많은 관심을 받고 있다.

하지만 단점도 있다. 모든 3D 프린터가 그렇겠지만, 특히 델타 봇은 특히 조립 정밀도의 영향을 많이 받는다. 이를테면 벨트의 장력이 균일하지 않거나 축 정렬이 어긋날 경우에 헤드가 흔들리는 문제가 발생할 수 있다. 세밀한 조절이 굉장히 까다롭기 때문에 가장 제작 난이도가 높다. 뿐만 아니라 직교 좌표계의 값을 모터 이송값으로 환산했을 때, 그 결과를 근사값으로밖에 처리하지 못하므로 정밀도가 떨어진다. 이러한 이유 때문에 카르테시안 봇에 비해서는 덜 보급되어 있다.

이상으로 멘델 방식(XZ-Y 방식), XY-Z 방식, 델타 봇의 세 가지 상대 운동 방식에 대해서 알아보았다. 표 2-2는 지금까지의 내용을 간단히 정리한 것이다.

표 2-2 *XYZ축 상대 운동 구현 방식 비교*

특징	XZ-Y 방식	XY-Z 방식	델타 봇
분류	카르테시안 봇		델타 봇
운동 방식	헤드의 X, Z축 운동 베드의 Y축 운동	헤드의 X, Y축 운동 베드의 Z축 운동	헤드의 3축 운동 베드 고정
출력 속도	비교적 빠름	비교적 느림	빠름
출력 품질	낮음	높음	높음
안정성	낮음	높음	높음
가격	저렴함	비쌈	비쌈
공간 효율	낮음	높음	보통
정비성	구조 간단함	구조 복잡함	정비가 까다로움
대표 기종	프루사 시리즈 등	얼티메이커 시리즈 등	로스토크, 코셀 등

프레임 및 부품 소재

프린터의 바디 프레임(Body frame)과 주요 부품의 소재로 무엇을 사용하는지도 눈여겨보아야 한다. 바디 프레임이란, 말 그대로 프린터의 전체적인 구조를 구성하는 뼈대를 일컫는다. 여기에는 MDF 합판이나 아크릴, 목재 등 값싼 소재부터, 특별히 가공된 금속판에 이르기까지 다양한 소재가 사용된다. 특히 렙랩 기반의 프린터들은 자가 복제 기능을 갖추어, 자신의 부품을 직접 출력하는 것도 가능하다.

이쯤에서 프레임에 쓰이는 소재의 종류와 특징에 대해 간략히 알아보자.

- **MDF 합판**: 저렴한 가격 때문에 흔히 사용되는 소재이다. 정밀 부품보다는 주로 바디 프레임이나 챔버를 구성하는 데 쓰인다. 그러나 온도와 습도 변화에 영향을 많이 받을 수 있어 별로 좋은 소재는 아니다.

- **아크릴 또는 PC**: 습도와 온도 문제로부터 자유로우며, 가격 역시 저렴한 편이다. 목재에 비해서는 튼튼하지만, 볼트를 지나치게 조일 경우 깨짐이 발생할 수 있다. 또한 메인 프레임으로 대형의 아크릴판을 사용하는 경우, 두께가 충분하지 않으면 프레임이 휘거나 하는 등의 문제가 발생할 수 있다. 부품으로 사용하는 데는 큰 문제가 없다. 아크릴보다 가격이 저렴하고 내열성이 뛰어난 PC 역시 챔버의 소재로 종종 사용된다.

- **금속제 프레임**: 충분한 예산이 있을 경우 최고의 선택이 될 수 있다. 대체로 알루미늄 판재나 프로파일 등을 사용하며, 충분한 강도와 정밀도를 갖추었을 뿐 아니라, 그 무게 역시 진동 대책으로 작용하여 출력 품질 향상에 기여할 수 있다. 그러나 다른 소재에 비해서 비싸고, 전문적인 가공이 필요하다. 또한 부품으로 사용할 경우 구동부의 무게가 무거워진다는 단점이 있다.

- **출력 부품**: 커스터마이징이 매우 쉽다는 것이 가장 큰 장점이다. 작동하는 프린터만 있다면 자신에게 필요한 부품을 언제든지 출력할 수 있기 때문이다. 이 때문에 3D 프린터의 부품으로 널리 사용된다. 한편 가장 저렴하게 부품을 조달할 수 있는 방법이기도 하다. 그러나 CNC 등으로 정밀 가공된 다른 소재의 부품에 비하면 정밀도가 떨어지고, 강도 역시 충분하지 않은 경우가 많다. 또한 출력에 사용한 소재에 따라 내열성이 낮은 편이다.

부품의 소재 자체가 3D 프린터에서 특별히 중요한 요인은 아니다. 하지만 프린터의 안정성과 내구성을 생각했을 때 보통 출력물보다는 아크릴, 아크릴보다는 금속재가 더 선호된다. 특히 알루미늄 프로파일은 알루미늄을 직소퍼즐과 유사한 형태로 사출한 금속재로, 각종 구조물을 만드는 데 널리 사용된다. 3D 프린터를 자작하는 사람들도 알루미늄 프로파일을 애용하는데, 알루미늄 판재를 별도로 가공하는 것보다 단가가 훨씬 저렴하기 때문이다. 3D 프린터를 만들 경우 보통 2020, 3030 규격을 사용한다. 각각 단면이 20×20, $30 \times 30mm$임을 뜻한다.

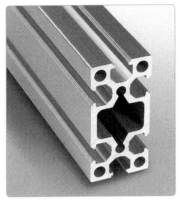

그림 2-13 *다양한 알루미늄 프로파일들*

출력 성능

출력 크기

출력 크기(Build volume)란 3D 프린터가 한 번에 출력할 수 있는 출력물의 최대 크기를 말한다. 출력물은 3차원 입체이므로, 이때 크기라 함은 당연히 전체 부피를 가리킨다. 이는 사용 가능한 베드의 면적(X, Y)과, 베드와 노즐 사이의 높이 차(Z)에 의해서 결정된다.

보통 프린터의 최대 출력 크기는 X×Y×Z가 200×200×200mm 정도이다. 물론 이론적으로는 프린터 본체를 더 크게 만들기만 하면 얼마든지 출력 크기를 늘릴 수 있다. 그러나 제작 비용이 크게 증가하기 때문에, 실제 300mm 이상의 크기를 갖는 것은 대부분 산업용 프린터로 출시되는 수백만 원 대의 제품들이다. 따라서 프린터의 최대 출력 크기가 200×200×200mm 전후라면 개인용 프린터로는 충분한 사양이라고 할 수 있다.

> **TIP** 종종 출력 크기를 베드의 전체 면적(X, Y)과 프린터가 구동 가능한 최대 높이(Z)를 기준으로 표기하는 제조사도 있다. 그러나 출력물이 이와 같은 최대 범위를 충족하는 경우는 좀처럼 없다. 실제로 안정적으로 출력 가능한 크기는 모든 축에서 최대 범위보다 약 10~20mm는 작다고 보는 것이 좋다.

출력 속도

출력 속도(Print speed)란 헤드와 베드가 움직이는 속도를 의미한다. 출력 속도에는 방향 전환을 위한 가속과 감속 과정이 함께 고려되어 있으며, 뒤에서 더 설명하겠지만 출력 중 특정 부분에서의 속도를 높이거나 낮추는 과정 또한 포함되어 있다.

어떤 작업에서든 작업 속도가 빠를수록 작업 시간은 감소한다. 여러분은 아마 이러한 속도와 시간의 반비례 관계에 익숙할 것이다. 그러나 3D 프린터에서는 출력 속도와 출력 시간이 꼭 정확하게 반비례 관계를 이룬다고는 할 수 없다. 출력 속도를 두 배로 빠르게 한다고 해서 출력 시간이 절반이 되는 것은 아니라는 것이다. 출력 과정에서 수없이 방향 전환을 할 때마다 감속, 가속에 시간이 소요되기 때문이다.

오히려 출력 속도를 빠르게 할수록 출력 품질이 떨어지는 문제가 발생할 수도 있다. 이러한 현상은 자연스러운 것이다. 헤드와 베드가 빠르게 움직이면 움직일수록 압출 성형의 정확도가 떨어질 뿐만 아니라 진동이 커지게 되기 때문이다. 여기에서 프린터의 진짜 성능이 결정된다. 안정적인 이송 장치와 견고한 익스트루더를 갖춘 프린터는 상대적으로 높은 속도에서도 출력물의 품질을 안정적으로 유지할 수 있다.

그렇다면 출력 속도는 어느 정도가 적절할까? 잘 조립된 프린터는 100mm/s가 넘는 속도에서도 안정적으로 작동한다. 하지만 그런 프린터조차도 실제로는 80mm/s 이하의 속도를 사용하는 경우가 많다. 출력 속도의 기준이 명확하게 세워져 있지는 않지만, 보통 20~40mm/s 정도를 느린 속도, 40~60mm/s 정도를 중간 속도로 본다. 그 이상의 속도는 많은 프린터에서 '지나치게 빠르다'.

이 정도의 속도가 실제로 어느 정도인지 감이 잘 오지 않을 것이다. 대략, 40mm/s의 속도로 종이컵 정도 크기를 출력하는 데 세 시간 정도 걸린다(출력 시간은 출력 속도 외에도 다른 몇 가지 요소에 의해 달라진다. 이에 대해서는 이후의 장에서 다룬다). 어떤가? 생각했던 것보다 느려서 불만족스러운가? 나도 처음 프린터를 작동할 때, 별것 아닌 작은 출력물을 뽑는 데 1시간이 넘게 걸리는 것을 보고 낙심했던 적이 있다. 하지만 조금만 다르게 생각해 보자. 이 책을 읽고 있는 여러분 가운데, 몇 가지 공구를 이용해서 손으로 플라스틱 소재를 가공, 조형이 가능한 사람은 거의 없을 것이다. 만약 가능하다고 하더라도, 얼마나 정확하고 빠르게 만들 수 있을지는 장담하기 어렵다. 전문 설비를 갖춘 공장에서는 찍어내듯이 생산이 가능하겠지만, 일반인들은 이러한 산업용 장비에 접근하기가 매우 어렵다. 따라서 3D 프린터는 여전히 메이커들에게 의미가 크다.

출력 품질

의아하게 생각할지도 모르겠지만, 수백만 원대의 고가 제품이 아닌 이상 FFF 방식을 사용하는 3D 프린터 사이에서는 지표로 삼을 만큼 뚜렷한 품질 차이가 없다는 것이 중론이다. 여러 대의 프린터를 사용해 본 유저들은 대개 "가격보다는 얼마나 잘 관리하고 사용하는가의 차이일 뿐"이라고 말한다.

그 이유에 대해서는 차차 알아가기로 하고, 여기서는 두 가지 용어만 먼저 설명하고 넘어가도록 하자.

- **레이어 높이(Layer thickness)**: 여러 개의 레이어를 적층하며 가공하는 3D 프린팅에서, 레이어 한 층의 두께를 말한다. 레이어 높이는 노즐의 직경과 밀접하게 연관되며, 노즐은 쉽게 교체가 가능하므로 사실 프린터의 고유 성능은 아니다.
- **위치 정밀도(Positioning Accuracy)**: 헤드와 베드를 얼마나 정밀하게 움직일 수 있는가를 나타내는 지표다. 이는 각 구동축에서 이동 가능한 최소 거리와 연관이 있다.

사용 필라멘트

"우리 프린터는 26가지 색상의 PLA 필라멘트를 자유롭게 사용할 수 있다"라는 식의 홍보를 종종 보곤 한다. 사실은 허위 광고나 마찬가지다. PLA는 가장 다루기 쉬운 출력 소재로, FFF 방식 프린터라면 당연히 모든 종류의 PLA 필라멘트를 사용할 수 있어야 하기 때문이다. 물론 가끔씩 히팅 베드의 유무나 익스트루더의 종류 등과 같은 차이점으로 인해 사용하기 어려운 소재도 있다(6장에서 다양한 필라멘트를 소개할 것이다).

한편 반드시 자사의 제품과 호환되도록 만들어진 전용 필라멘트만을 사용해야 하는 경우도 있다. 3D 시스템즈 사의 '큐비파이', XYZ프린팅 사의 '다빈치' 등이 대표적이다. 이러한 프린터에서는 전용 필라멘트 이외의 다른 필라멘트는 사용할 수 없을 뿐 아니라, 이 전용 필라멘트를 다른 프린터에 사용하는 것도 불가능한 경우가 많다. 특히 일반적인 필라멘트에 비해 비싼 가격 탓에 유지 비용이 늘어나는 것이 가장 큰 단점이다. 다양한 재료와 색상을 사용할 수 없다는 불만도 만만치 않다.

물론 전용 필라멘트에도 단점만 있는 것은 아니다. 예를 들어 칩 퓨즈를 내장해 필라멘트 잔량을 확인하는 기능이나, 톱니가 나 있는 스틱 형태의 필라멘트를 사용함으로써 압출의 정밀도를 보정하는 기능이 있다. 특히 필라멘트를 간편하게 자동으로 교체해 주는 기능은 번거로운 작업이 부담스러운 초보자에게나, 대량의 반복 작업이 필요한 전문가에게나 반가운 편의 기능이다.

그림 2-14 신도리코 사의 '3DWOX' 시리즈 전용 필라멘트 카트리지(왼쪽). 이러한 전용 필라멘트의 가격은 대체로 비싸지만, 대신 카트리지를 삽입하기만 하면 필라멘트가 자동으로 교체되는 편의 기능을 제공한다.(오른쪽)

부가 기능

모든 전자제품이 그렇듯 3D 프린터에도 다양한 부가 기능들이 탑재되어 있다. 이번 절에서는 이러한 부가 기능에 대해서 살펴보자.

여기에서는 내가 생각하는 중요도를 별(★) 기호로 표시했다. 별이 세 개일 경우에는 "이 기능이 없다면 3D 프린터라고 할 수 없다"는 강력한 의사 표현이다. 반대로 별이 하나라면, 지금 당장은 그 장치에 대해서 신경 쓸 필요가 없다는 뜻이다.

SD 카드 또는 와이파이를 이용한 데이터 송수신 기능(★★★)

SD 카드 또는 와이파이(Wi-Fi)를 이용한 데이터 전송 기능은 3D 프린터에 있어서 가장 중요한 기능이다. 초창기의 몇몇 프린터들은 이러한 기능 없이, 프린터 구동을 위한 모든 데이터를 컴퓨터에서 USB로 연결해 전송해야만 했다. 시간이 매우 오래 걸리는 3D 프린팅을 위해 컴퓨터를 옆에 두고 계속 켜놓을 수는 없는 노릇이므로, 이러한 기능은 필수라고 할 수 있다.

LCD 컨트롤러(★★★)

LCD 컨트롤러(LCD controller)는 프린터의 정보와 각종 기능을 표시하는 LCD 화면과, 다이얼 또는 터치 패드와 같은 간단한 조작 장치로 구성되어 있다. 이것이 없다면 3D 프린터를 사용하기 위해서는 컴퓨터에 연결해서 조작해야 하는 처지에 빠질 것이다. 다행히도 대부분의 프린터에는 이미 LCD 컨트롤러가 갖춰져 있다.

히팅 베드(★★☆)

베드 중에서도 자체적으로 가열이 가능한 것을 **히팅 베드**(Heated bed)라고 한다. 대부분의 재료는 정도의 차이만 있을 뿐, 출력된 이후 **열수축**이 발생하게 된다. 열수축이란 온도의 변화에 따라 재료의 길이 및 부피가 줄어드는 현상을 말하는데, 이로 인해 출력물에 금이 가거나, 출력물이 베드에서 떨어져버리기도 한다. 이러한 현상을 **뒤틀림**(Warping)이라고 한다. PLA에서는 이러한 현상이 덜하지만, ABS와 같이 열수축이 심하게 일어나는 소재도 있다. 이를 방지하려면 히팅 베드를 사용해서 출력 중에 일정한 열을 가해야 한다. 이러한 **베드 안착** 문제는 3D 프린팅에서 매우 중요한 요소 중 하나다. 이처럼 다양한 재료를 사용하기 위해서는 히팅 베드가 있는 편이 낫다. 하지만 몇몇 저가의 프린터들은 원가 절감을 위해 히팅 베드를 빼버리기도 한다. 실제로 PLA만을 사용할 경우 히팅 베드가 없어도 출력에 큰 지장은 없다(출력 재료의 종류와 베드 안착 문제는 6장에서 다시 다룰 것이다).

챔버(★★☆)

챔버(Chamber)의 장점은 프린터(와 출력 공간)를 외부 공간과 격리시킬 수 있다는 데에 있다. 앞서 열수축 문제를 막기 위해 히팅 베드를 사용한다는 것을 언급했다. 그런데 출력이 진행될수록, 즉 출력물의 높이가 높아질수록 출력물의 위쪽 부분은 히팅 베드와 멀어지게 되므로 제대로 열을 받지 못하게 된다. 챔버는 출력 공간을 외부와 격리하여 출력 공간 전체의 온도를 일정하게 유지함으로써 이러한 문제를 해결해 준다.

출력 중 냄새가 밖으로 새어 나가지 않는다는 장점도 있다. 사용하는 필라멘트 소재에 따라서 출력 과정에서 불쾌한 냄새를 경험할 수 있으며, 때때로는 인체에 유해하기까지 하므로 이는 사용자의 사용 환경에 따라서 중요한 요소가 될 수 있을 것이다. 보다 안전하다는 점도 고려 대상이다. 3D 프린터는 180~240도의 높은 온도로 가열되는 노즐과, 상대적으로 낮은 온도지만 여전히 화상의 위험이 있을 수 있는 히팅 베드를 사용하며, 기계적인 위험도 있다. 밀폐형 구조는 다양한 안전사고의 위험으로부터 상대적으로 안전하며, 이러한 장점은 특히 어린 아이나 애완동물이 있는 가정에서 사용할 때 빛을 발한다.

완제품을 구매하려는 사용자라면 챔버가 포함된 밀폐형 프린터를 선택하는 것이 좋다. 하지만 3D 프린터뿐 아니라 DIY 경험이 적은 초보자라면 개방형 구조로 된 프린터를 선택하여 저렴하고 쉽게 3D 프린터 DIY에 입문해 보는 것도 좋다.

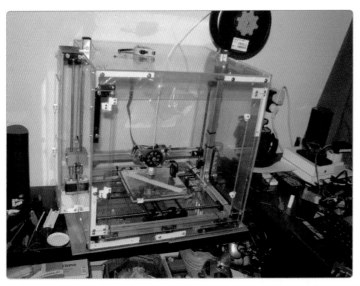

그림 2-15 멘델 방식 기반의 자작 프린터에 챔버를 씌운 모습. 왼쪽의 돌출부를 주목하라.

오토 레벨링(★★☆)

이 장치가 무엇인지 설명하기 전에, 한 가지 생소한 개념을 소개하고자 한다. 그것은 바로 베드 레벨링(Bed leveling), 또는 **레벨링**(Leveling)이다.

지금쯤이면 여러분 모두가 FFF 방식 3D 프린터의 작동 원리에 대해서 알고 있으리라 생각된다. 계속 반복하는 것이 지겹겠지만 한 번만 더 강조하면, "헤드에서 노즐을 통해 압출되는 필라멘트를 베드에 한 층씩 쌓아 올리는 과정을 통해 형상이 출력된다."

이러한 FFF 방식의 특성상 적층의 첫 시작이 매우 중요하다. 좋은 결과를 얻기 위해서는 헤드와 베드가 정확히 필요한 간격만큼 떨어져 있어야 한다(한 층의 높이와 같다). 그런데, 만약 베드가 기울어져 있다면 어떨까? 헤드와의 간격이 좁게 나오는 부분도, 넓게 나오는 부분도 생길 것이다. 좁은 부분에서는 필라멘트가 빠져나올 공간이 없어서 제대로 압출되지 못할 것이고, 반대로 넓은 부분에서는 압출된 필라멘트가 허공에 뜨게 될 것이다. 헤드 이송 장치의 수평이 맞지 않아도 같은 문제가 생긴다. 때문에 헤드와 베드가 항상 적절한 간격을 유지하도록 베드의 수평을 조절하는 작업이 필수적이며, 이를 레벨링이라고 한다.

레벨링은 상당히 까다로운 작업이다. 숙련자의 감에 많은 부분을 의존하는 데다, 30분씩이나 걸려서 레벨링을 완료했더라도 몇 주나 심지어 몇 시간 뒤면 간격이 다시 틀어질 수도 있다. 때문에 많은 프린터들은 **오토 레벨링**(Auto leveling) 방식을 채용하고 있다. 이 기능은 자동으로 베드와 헤드 사이의 간격을 측정하여 출력에 반영해 주므로 매우 간편하며, 사용자가 직접 레벨링 작업을 하는 것보다 훨씬 빠르다. 뿐만 아니라 다시 조정할 필요가 있더라도 다이얼을 몇 번 돌리기만 하면 된다. 이러한 장점 때문에 오토 레벨링 장치는 점점 더 많은 프린터에 보급되어가는 추세다(레벨링에 대해서는 6장의 260페이지에서 자세히 다룰 것이다).

필라멘트 스풀 홀더(★★☆)

3D 프린팅에는 적게는 수십 센티미터에서 많게는 수십 미터에 이르는 필라멘트를 사용한다. 필라멘트는 대부분 스풀(Spool, 감개)에 둘둘 감긴 형태로 판매된다. 스풀에서 필라멘트가 술술 풀릴 수 있어야 필라멘트 공급에 문제가 없는데, 이를 위해서는 홀더가 따로 있는 편이 좋다. 구조가 화장실의 휴지 걸이처럼 단순한 것도 있고, 필라멘트가 잘 돌아가도록 정교하게 설계된 것도 있다. 물론 스풀 홀더를 직접 만드는 것도 좋다.

사용 소프트웨어(★★★)

3D 프린터에 사용되는 소프트웨어는 크게 세 종류다. 프린터의 기본적인 제어를 담당하는 **펌웨어**(Firmware)와 PC를 통해 임의로 제어할 수 있도록 하는 **호스트 소프트웨어**(Host software), 그리고 3D 모델의 데이터를 출력 가능하도록 변환해 주는 **슬라이서**(Slicer)가 그것이다. 펌웨어와 호스트 소프트웨어의 경우, 제조사 측에서 소프트웨어를 공개하고 있는지, 추후에 임의로 편집하거나 새로 개발된 기능을 추가하는 등의 확장이 가능한지 확인해 보기 바란다. 간혹 소프트웨어를 공개하지 않는 업체도 있는데, 제조사 측에서 확실한 표준 설정과 사용법을 제공한다면 문제는 없다. 전용 슬라이서를 제공하는 제품들도 있지만, 그렇지 않은 경우는 범용 슬라이서를 사용하면 된다. 이들 소프트웨어에 대해서는 5장과 6장에서 다시 알아볼 것이다.

멀티 헤드(★☆☆)

멀티 헤드(Multi head)는 한 번의 출력에서 여러 종류의 필라멘트를 같이 사용하기 위한 장치다. 듀얼 노즐, 2-in-1 노즐, 듀얼 헤드(Dual head), 듀얼 익스트루더 등으로 불리기도 한다. 이 책에서는 이들 모두를 포괄하기 위해 멀티 헤드라는 용어를 선택했지만, 사실 명확하게 정해진 것은 없다. 아직 이러한 개념의 장치는 실험 단계에 있기 때문이다. 최근에는 멀티 헤드가 적용된 제품들이 여럿 출시되었지만, 아직 대중적인 활용에는 아직 시간이 걸릴 것으로 보인다. 새로운 기능에 관심이 간다면 8장의 384페이지를 참조하라.

공기 정화 장치(★☆☆)

3D 프린팅의 환경적인 위험성을 경고하는 연구들이 차례차례 발표되고 있다. FFF 방식 프린팅의 경우, 필라멘트를 녹이면서 발생하는 초미세 입자와 냄새가 그 주범이다. 비록 아직 명확한 국제적 기준이 정립되지도 않았고, 실제로 얼마나 인체에 위험한지도 밝혀지지 않았지만, 분명히 사용자가 주의해야 할 부분 중 하나다. 현재까지 확실하게 밝혀진 부분은 필라멘트를 녹이면 무조건 초미세 입자가 발생한다는 것뿐이다.

 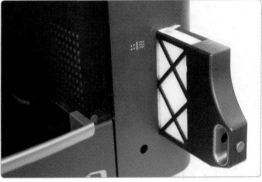

그림 2-16 미세먼지와 냄새 제거를 위한 큐비콘의 클린 필터(왼쪽)와 필터를 교체하는 모습(오른쪽).

현재로서는 챔버를 구성하거나 프린터 주변에 비닐을 둘러 프린터를 외부와 격리시키고, 출력 후에 충분히 환기를 시키는 것만이 방법이다. 여기서 더 나아가 챔버 안에 공기 정화 장치를 장착하여 미세먼지와 냄새를 제거함으로써 이 문제를 극복하려는 시도도 이루어지고 있다. 국내에서는 하이비젼 사의 '큐비콘' 시리즈가 최초로 이 방식을 채택한 프린터로 알려져 있다. 세계적으로도 이러한 방식을 도입한 프린터가 적지 않게 있음에도 불구하고, 확실한 공기 정화 대책이 널리 보급되기까지는 시간이 더 걸릴 것으로 보인다.

사용 환경

지금까지는 3D 프린터의 세계를 계속 살펴봤으니, 이번에는 그 프린터를 놓고 쓸 주변 환경을 잠시 둘러보도록 하자. 물론 3D 프린터 사용에 특별히 환경상의 제약이 있는 것은 아니다. 온도가 실온 정도로 유지되고, 수시로 환기가 가능한 공간이라면 어디에서든지 3D 프린팅을 할 수 있다.

다만 주의해야 할 것은 3D 프린팅 과정에서는 필연적으로 냄새와 분진이 발생한다는 점이다. 특히 냄새에 관해 민감한 사람들이 분명히 있다. 나 같은 경우에는 장기간의 3D 프린팅 경험으로 냄새가 적다고 알려진 PLA는 물론이고 ABS의 독한 냄새조차 태연하게 흡입할 지경이 되었지만, 여러분은 그러지 않길 바란다. 챔버가 달린 프린터를 사용하면 좋겠지만, 없더라도 수시로 환기를 해 주면 도움이 될 것이다.

아직 가장 중요한 한 가지가 남았다. 바로 가족의 존재다. 3D 프린터는 상당히 많은 냄새와 진동, 소음을 발생시키며, 차지하는 부피도 작지 않고, 늘어나는 전기료 역시 무시하지 못할 정도다. 3D 프린팅에 전혀 관심이 없는 사람의 입장에서 이러한 일들을 마냥 참아주기는 어려울 것이다. 3D 프린팅 커뮤니티에서는 가족에게 3D 프린터 사용을 금지당하거나 잔소리를 듣는 사람들의 하소연을 심심찮게 볼 수 있다. 다행히도 사랑하는 부모님은 내가 3D 프린터를 사용하는 것에 매우 관대하셨고, 사소한 선물 몇 가지에도 크게 흡족해 하셨지만, 여러분의 가족도 그러리라는 보장은 없다. 이에 대한 가장 확실한 해결책은 수시로 3D 프린팅으로 제작한 선물을 건네는 것이다. 이를 위해 8장에 몇 가지 예시를 소개해 놓았다.

A/S 정책과 사용자 커뮤니티

다른 모든 종류의 제품을 구입할 때처럼, 3D 프린터를 구입할 때에도 마찬가지로 제조사의 A/S 정책을 살펴봐야 한다. 몇 가지 간단한 고장은 사용자가 직접 해결하는 것이 가능하고, 또 그래야 하지만, 그렇다고 사용자가 모든 문제를 다 처리할 수 있는 것은 아니다. 가령 노즐이 완전히 막혀서 교체가 필요할 경우, 교체 부품을 무료로 제공하는 업체가 있는가 하면 방관하는 업체도 있다. 만약 부품이 파손되는 사고가 생길 경우 여러분이 스스로 해결하는 것은 거의 불가능하므로, 제조 업체의 A/S 정책은 중요한 판단 요소다. 같은 관점에서, 자작 프린터나 중고 프린터 등을 구매할 때는 신중해야 한다. 성능이 확실히 보장되어 있지 않고 A/S 여부가 불투명하기 때문이다.

사용자 커뮤니티가 얼마나 활성화되어 있는가 하는 것 역시 중요한 요소이다. 쇼핑을 신중하게 하는 사람들이 그렇듯이, 제품의 '사용기'나 '후기'를 보기 위해서만은 아니다. 그 제품을 먼저 써 본 사람들이 여러분의 3D 프린팅에 많은 도움을 줄 수 있기 때문이다. 가령 프린터의 포장을 벗기고 처음 출력한 결과물이 엉망이라면 여러분은 매우 화가 나서 제조사에 연락을 할 것이다. 하지만 프린터 자체의 문제가 아닌 이상 제조사에서는 별다른 도움을 주지 않는다. 이럴 때 여러분의 '선배'들에게 조언을 받으면 쉽게 문제를 해결할 수 있다. 특히 주요 3D 프린팅 커뮤니티는 지식과 정보의 보고로서, 다양한 3D 프린터의 활용과 문제 해결, 업그레이드에 관해 논하는 양질의 글을 많이 접할 수 있다. 내가 3D 프린팅을 즐기는 데 많은 도움을 얻었던 몇 군데 커뮤니티와 웹 사이트를 소개한다.

- **렙랩 포럼**: http://forums.reprap.org/
- **렙랩 위키**: http://reprap.org/
- **3DHUBS**: https://www.3dhubs.com/trends
- **3ders**: http://www.3ders.org
- **네이버 카페 오픈크리에이터즈**: http://cafe.naver.com/makerfac
- **자이지스트**: http://xyzist.com/
- **네이버 블로그 3D프린트뉴스**: http://blog.naver.com/restructurer

이 책에서 계속 반복해서 언급되고 있는 렙랩의 포럼과 위키는 3D 프린팅 입문자라면 누구나 한 번쯤 들어가 볼 필요가 있는 곳이다. 3DHUBS에서는 전 세계 3만 대 이상의 3D 프린터를 대상으로 한 사용자 리뷰를 바탕으로 작성된 3D 프린팅 트렌드 레포트를 매달 발간한다. 3ders에서는 시판되고 있거나 시판 예정인 모든 3D 프린터를 비교할 수 있어 유용하다.

만약 영어의 장벽이 부담스럽다면 국내 커뮤니티에 관심을 가져 보자. 네이버 카페 오픈크리에이터즈와 내써팝에서도 많은 사용자들과 교류할 수 있을 것이다. 누구든 3D 프린팅 기술을 잘 활용할 수 있도록 돕는 패스파인더를 목표하는 자이지스트(XYZist)와 같은 곳도 있다. 자이지스트는 오픈크리에이터즈와 더불어 한국 3D 프린터 시장을 이끌고 있는 주요 커뮤니티 중 하나로서, 수백 건에 달하는 3D 프린터 DB와 제품 리뷰, 3D 프린팅 노하우를 제공하고 있어 입문자에게 큰 도움이 된다. 이 밖에도 매주 최신 3D 프린팅 이슈를 선정해 소개하고 있는 '3D프린트뉴스'와 같은 블로그를 통해 3D 프린팅 생활에서 많은 영감을 얻을 수도 있다. '산이와 함께하는 3D프린터 이야기' 블로그를 운영하는 '산이아빠'님은 근 2년 넘게 블로그를 운영하며 Simplify3D 강좌와 사용 후기를 포함해 다양한 이야깃거리와 노하우를 공유하고 있다. 카카오톡 오픈채팅방(https://open.kakao.com/o/gUuuMJx)을 통해 실시간으로 자신의 노하우를 공유하거나 문제 해결에 도움을 받을 수도 있다.

PART
02

3D 프린터
해부하기

3D 프린터
해부하기:
구성 요소

이 장에서는 FFF 방식의 3D 프린터를 기구부와 제어 장치,
센서, 베드, 전원부, 익스트루더 등으로 나누어 살펴볼 것이다.
3D 프린터를 직접 만들고자 한다면, 프린터가 어떤 요소들로
구성되었으며, 어떤 원리로 작동하는지에 대해 꼭 이해하고 있
어야 한다. 그래야 프린터를 올바르게 조립하고, 문제가 생겼
을 때 효율적으로 해결할 수 있기 때문이다.

01 | 기구부

기구(Mechanism, 機構)란 기계 장치를 움직이기 위한 구조 또는 그것을 움직이는 과정을 뜻하는 말이다. 3D 프린터의 기구부는 동력을 제공하는 **스텝 모터**(Stepper motor)와, 그 동력을 이용해 프린터의 헤드와 베드 등을 움직이는 동력 전달 구조로 나누어 볼 수 있다.

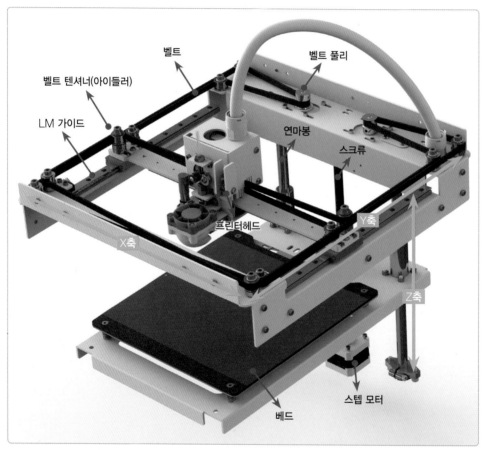

그림 3-1 *K.Clone 사의 K200 프린터 기구부*

스텝 모터

스텝 모터는 프린터의 각 축 운동을 위해 사용하는 기어다. 모터가 일정 각도씩 단계적으로 작동하기 때문에 이러한 이름이 붙었다. 3D 프린터에 가장 널리 쓰이는 것은 200 스텝(Step) 규격의 스텝 모터인데, 이는 스텝 모터가 한 바퀴 회전하기 위해서 200스텝만큼 회전해야 한다는 것을 의미한다. 따라서 이 모터의 최소 제어각도(Step angle)는 $\frac{360}{200}=1.8$도가 된다.

이는 다른 방식의 모터에 비하면 정밀한 편이지만, 3D 프린터에 그대로 사용하기에는 충분하지 않다. 이때 필요한 것이 **마이크로 스테핑(Micro Stepping)**이라는 기능이다. 이는 전류 공급을 조절해서 스텝 모터의 한 스텝을 더 작게 쪼개어 정밀도를 높이는 기술이다. 예컨대 널리 사용되는 A4988 모터 드라이버는 $\frac{1}{16}$까지 마이크로 스테핑이 가능하다. 따라서 최종적으로는 최소 제어각도가 $\frac{360}{200}\times\frac{1}{16}=0.1125$도가 되어, FFF 방식의 3D 프린터를 제어하는 데에는 충분한 수준이라고 할 수 있다.

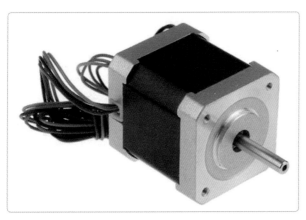

그림 3-2 *NEMA 17 규격의 스텝 모터*

최소 제어각도 외에도 스텝 모터의 크기를 기준으로 규격을 나누기도 한다. NEMA 규격은 스텝 모터의 크기를 설명하는 규격으로, 미국 기준 규격의 일종이다. 대부분의 3D 프린터에서는 주로 NEMA 17 규격의 스텝 모터를 사용힌다. NEMA 17은 스텝 모터를 고정하는 탭 사이의 거리가 31mm, 축 굵기는 5mm임을 뜻한다.

그러나 스텝 모터만으로는 3D 프린터를 작동시킬 수 없다. 프린터 이송 장치가 각 축 방향으로 움직이려면 스텝 모터 구동축의 회전운동을 직선운동으로 바꿔야 한다. 이를 위해서는 벨트 또는 스크류를 모터에 연결하여 사용하게 된다.

동력 전달 구조

프린터가 움직이려면 스텝 모터의 동력이 프린터의 이송 장치에 전달되어야 한다. 이러한 이송 장치의 동력 전달 구조는 크게 '벨트 전달 방식'과 '스크류(축) 전달 방식'의 두 가지로 나뉜다.

벨트 전달 방식

벨트 전달 방식은 FFF 방식의 프린터에 가장 많이 사용되는 방식이다. 이 방식은 스텝 모터에 연결된 **타이밍 풀리**(Timing pulley)와 **타이밍 벨트**(Timing belt)를 사용해 동력을 전달한다.

그림 3-3 *타이밍 벨트와 풀리*

타이밍 벨트는 표면에 아무런 장치가 없어 미끄러질 수 있는 일반 벨트와 달리, 표면에 톱니가 나 있어서 정밀하고 안정적인 동력 전달이 가능하다. 톱니의 크기와 형태에 따라 규격이 달라지는데, 3D 프린터에는 주로 GT2 타이밍 벨트를 사용한다.

타이밍 풀리는 스텝 모터의 축 회전을 벨트에 전달하기 위한 기어의 한 종류다. 타이밍 벨트와 동일한 규격의 홈이 있어서 미끄러짐 없이 동력을 전달한다. 벨트 전달 방식은 가장 효율적으로 동력을 전달할 수 있으며 이송 속도가 빠를 뿐 아니라, 급격한 방향 전환에 유리하다. 하지만 벨트의 장력을 적절하게 맞추지 않으면 동력 손실이나 진동이 생길 수 있다. 타이밍 풀리의 반대편에 **텐셔너**(Tensioner)를 장착하고 벨트를 당기거나 풀면서 장력을 조절하거나, 텐션 스프링(Tension spring)을 사용한다. 벨트의 회전 중심을 받치기 위한 **아이들러**(Idler)도 필요하다.

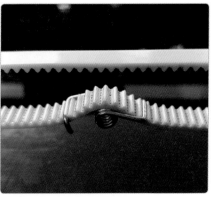

그림 3-4 *GT2 벨트 텐션 스프링(왼쪽)과 스프링을 벨트에 끼운 모습(오른쪽)*

스크류 전달 방식

이 방식은 모터와 축(스크류)을 커플링 등으로 연결하는 방식이다. 나사에 연결된 정밀도가 높아 직교 좌표계에서의 Z축 이송에 특히 적합하다. 이 방식에서 특히 중요한 것은 적절한 축을 선택하는 일이다. 한때 렙랩 기반의 오픈소스 프린터에서는 **전산 볼트**(Threaded rod)를 가장 많이 사용했다. 전산 볼트는 나사 머리 없이 볼트의 몸 부분만 길게 늘여놓은 봉 형태로 되어 있다. 저렴한 가격이 장점이며, 주로 사용되는 것은 M5 또는 M8 규격이다.

그림 3-5 *전산 볼트*

한 가지 알아야 할 것은, 전산 볼트가 동력 전달을 위해 제작된 부품이 아니기 때문에 쉽게 마모되고 휘어지거나 소음이 발생하는 등의 문제점이 있다는 것이다. 이러한 이유로 최근의 3D 프린터에는 전산 볼트 대신 **리드 스크류**(Lead screw)가 많이 쓰인다. 리드 스크류는 전산 볼트와 비슷하게 나사산이 뭉툭한 사다리꼴 형태를 하고 있다. 이러한 구조는 물림힘을 나사산에 넓게 분산시켜 이송 안정성을 높여 주며, 이송 속도 또한 빨라지게 하는 장점이 있다. 대신 전산 볼트에 비해 훨씬 비싸고 규격이 다양하므로, 구입 시에는 주의해야 한다.

> **TIP** 엄밀히 말해 리드 스크류는 정확한 명칭은 아니지만, 대중적으로 통용되는 명칭이다. 미국에서는 ACME Threaded rod라는 명칭을 주로 사용하고, 국내에서는 TM 로드(rod) 또는 TM 스크류라고 부르기도 한다.

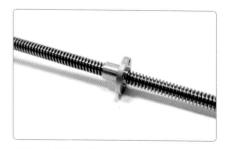

그림 3-6 *리드 스크류*

모터와 축을 연결하려면 **커플러**(Coupler)라는 부품이 필요하다. 커플러는 원통형의 부품인데, 원통의 한쪽 구멍에는 스텝 모터 구동축을 꽂고, 반대쪽에는 축을 연결한 다음 이를 측면에서 볼트로 고정시키는 것이다. 커플러 중에서도 특히 원통의 측면에 스프링과 같은 형상으로 홈이 파여 있는 커플러를 **플렉시블 커플러**(Flexible coupler)라고 부른다. 두 개의 축을 완벽히 평행하게 정렬하는 것은 매우 어려우며, 그만큼 정렬 오차가 발생하게 되는데, 플렉시블 커플러는 이름 그대로 커플러 자체가 어느 정도 형상이 변형되므로 이를 보상해 줄 수 있다. 따라서 일반 커플러보다 조금 더 안정적인 움직임이 가능하다.

그림 3-7 플렉시블 커플러. 가운데에 홈이 나 있어, 플렉시블이라는 이름대로 어느 정도의 형상 변형이 가능하다.

그림 3-8 플렉시블 커플러를 이용해 스텝 모터와 스크류를 연결한 모습

연마봉, 베어링, LM 가이드

벨트 전달 방식이나 스크류 전달 방식 모두 이송대를 지지할 별도의 구조가 필요하다. 이때 사용하는 것이 **연마봉**(Shaft, Round bar)이다. 보통 가격이 저렴하고 충분한 강도를 가지고 있는 8파이(직경 8mm) 연마봉을 사용하는데, 보다 견고하게 만들고 싶을 경우에는 10파이, 또는 12파이 규격을 사용하기도 한다. 열처리 과정을 거친 연마봉은 더 강도가 좋지만 가격이 비싸다. 연마봉 위에서는 축을 따라 직선으로 운동할 뿐 아니라 회전 또한 가능하므로, 두 개의 축을 같이 사용해야 한다. 또한 연마봉 위에서 움직이는 기구를 지지하고 마찰을 줄이기 위해 베어링과 같이 사용한다.

그림 3-9 **연마봉**

이제 **베어링**(Bearing)에 대해서 간단히 알아보자. 베어링이란 축을 따라 운동하는 기계를 지지하고 마찰을 줄여 주는 부품이다. **리니어 베어링**(Linear motion bearing)은 원통형의 구조에 베어링 볼이 들어 있는 볼베어링의 하나로, 3D 프린터의 기구부에 주로 사용한다. 리니어 베어링에 케이스를 씌운 모양의 **리니어 베어링 블록**(Linear slide bearing block)도 있다. 리니어 베어링에 비해 볼트를 사용해 안정적으로 고정할 수 있지만, 가격이 비싼 편이고 비교적 무겁다는 것이 단점이다. 리니어 베어링의 내경과 길이, 사용 개수는 3D 프린터의 축 이송 안정성을 좌우하는 중요한 요인이다. 베어링의 내경이 굵을수록, 길이가 길수록 안정적이다. 한편 베어링의 한쪽 면에 돌기가 있는 **플랜지 베어링**(Flange bearing)을 이용해 텐셔너와 아이들러를 만들기도 한다.

그림 3-10 순서대로 LM8UU 리니어 베어링과 SC8UU 리니어 베어링 블록, 그리고 F608 플랜지 베어링이다.

그림 3-11 베어링을 이용해 벨트 텐셔너를 만들 수도 있다.

베어링? 부싱?

베어링을 볼 베어링이라고도 하고, 부싱과 부쉬라고도 한다. 용어가 혼용되고 있으므로 이 분야를 처음 접하는 사람은 다소 혼란스러울 수 있다. 부쉬와 부싱은 같은 것을 뜻하며, 베어링과 부싱은 축에 쓰이는 부품이라는 공통점이 있다. 베어링은 베어링 볼이나 롤러가 내장되어 축을 지지하고 마찰을 줄이는 역할을 한다. 이 때문에 볼 베어링, 롤러 베어링이라고도 한다. 반면에 부싱은 원통형 부품으로, 베어링 볼이 없는 대신 내부에 밀봉된 윤활유가 마찰을 줄이는 역할을 한다. 베어링은 종종 볼이 빠지거나 파손되어 심한 소음과 진동을 유발하는 경우가 있는데, 부싱은 이러한 문제가 적다.

그림 3-12 부싱(왼쪽)과 베어링(오른쪽)

하지만 연마봉의 가장 큰 단점은 베어링과의 접촉에서 발생하는 소음과 유격이다. 축 정렬이 충분히 정확하지 않을 경우 베어링이 연마봉을 긁어 마모시킬 수 있으며, 그렇지 않더라도 종종 거슬리는 소음과 진동을 발생시킨다. 뿐만 아니라 베어링의 내경과 연마봉의 외경 사이에는 **공차**[1]가 있기 마련인데, 이 때문에 발생한 유격은 프린터의 안정성을 해치는 요인이다.

이러한 이유로 연마봉 대신 **LM 가이드**(Linear Motion Guide)를 사용하기도 한다. LM 가이드는 가이드 레일과 슬라이딩 블록으로 구성되며, 레이저 커팅기 등 매우 정밀한 선형 운동이 필요할 때 사용하는 부품이다. 베어링이 회전할 수 있는 연마봉에 비해 이름 그대로 1차원 선형 운동만 가능하다. 하지만 3D 프린터에 들어갈 수 있는 부품 중 가장 가격이 비싸기 때문에 연마봉에 비해서는 덜 쓰이는 편이다.

그림 3-13 *다양한 종류의 LM 가이드*

최근에는 프린터의 프레임을 알루미늄 프로파일로 튼튼하게 만드는 것이 선호되면서 롤러 방식, 또는 **V-slot 방식**도 많이 채용되고 있다. 홈이 V자로 커팅된 알루미늄 프로파일이

---

1 공차(公差, tolerance)란 기계 가공에서 치수대로 정확히 만드는 것이 어려우므로, 어느 정도의 오차를 허용하느냐 하는 범위를 말한다.

레일 역할을 하는 방식이다. V-slot 방식은 프레임을 알루미늄 프로파일로 만든 경우 별도의 기구부 구조를 추가할 필요가 없으므로, 전체 구조가 간단해지고 무게와 비용을 줄일 수 있다는 장점이 있다. 프로파일을 레일 삼아 작동하므로 연마봉과 베어링을 사용한 경우에 비해서 오히려 축 정렬이 잘 맞고 소음이 작다. 그러나 본래 고속 이송용으로 고안된 것이 아니기 때문에 이송 안정성과 내구성 측면에서 한계가 있다.

V-slot 방식을 채택한 프린터를 구매할 때는 기구부를 유심히 살펴보아야 한다. V-slot 이라는 이름대로 알루미늄 프로파일의 홈이 V자 모양으로 커팅되어 있어야 하며, 롤러는 홈과 면 접촉을 할 수 있도록 정밀하게 제작되어야 한다. 예를 들어 국내에서 판매되는 것들을 포함해서 대부분의 알루미늄 프로파일은 V-slot 방식에 적합하게 홈이 파여 있지 않은데, 이 홈 위에서 롤러를 움직이기 위해서 둥그런 형태의 POM 베어링을 사용한 경우가 종종 있다. 이러한 설계는 출력 품질을 크게 떨어트리는 요인이 될 수 있다.

그림 3-14 V-slot 전용 알루미늄 프로파일과 롤러를 사용한 경우(왼쪽)와 일반 프로파일에 POM 베어링을 사용한 경우(오른쪽).

프린터의 구동 방식에 따라 사용하는 부품들은 조금씩 달라진다. 카르테시안 봇의 경우 일반적으로 X, Y축에는 벨트를, Z축에는 스크류를 사용하고 연마봉으로 지지한다. 구조의 안정성을 높이기 위해 연마봉 대신 LM 가이드를 사용하는 경우도 있다. 반면에 델타 봇은 모든 축에 이송 방식을 사용하며, 연마봉이나 LM 가이드로 지지한다.

02 | 제어 장치

인간의 신체에 비유하면, 기구부는 3D 프린터의 기본적인 움직임을 가능하게 하는 손과 발에 해당하고, 제어 장치는 기구부에 명령을 내려 움직임을 컨트롤하는 뇌에 해당한다고 볼 수 있다. 제어 장치는 기구부뿐만 아니라 3D 프린터에 포함된 모든 전자부품을 전부 제어하는 부분이다. 크게 제어 보드와 모터 드라이버, LCD 컨트롤러, 그리고 센서 등으로 나눠볼 수 있다.

제어 보드

오픈소스 3D 프린터에 가장 많이 쓰이는 제어 보드는 **아두이노(Arduino)**다. 아두이노는 오픈소스로 제작된 제어 보드로, 다루기가 쉽고 저렴한 것이 장점이다. 특히 활용 범위가 무척 넓다. 각종 제품이나 연구 및 실험용 장비에 쓰이는 것은 물론 프로그래밍 교육용 도구로도 손색이 없다. 널리 쓰이는 만큼 관련 자료도 많이 축적되어 있다. 아두이노는 다양한 모델로 출시되어 있는데, 3D 프린터에는 RAMPS와 호환되는 **아두이노 메가 시리즈(Mega 2560, Mega ADK)**가 주로 사용된다.

> **TIP** 시중에서 구입할 수 있는 아두이노 중에는 저렴한 부품을 사용해 제작된 호환품(Compatible)도 있다. 정품과 호환품은 기능상의 차이가 크지 않으므로, 굳이 정품을 사용할 필요는 없다.

물론 아두이노만으로는 3D 프린터를 제어하기 어렵다. 주어진 핀의 개수도 적고, 전압 공급에도 문제가 있기 때문이다. 이 때문에 사용하는 것이 **RAMPS**이다. RAMPS는 'RepRap Arduino Mega Pololu Shield'의 약자로, 여기서 Shield는 아두이노 위에 끼워 사용할 수 있는 추가 기판을 의미한다. RAMPS는 3D 프린터의 모터 드라이버, LCD 컨트롤러, 그리고 각종 센서와 신호를 주고받는다. 또한 전원 장치로부터 전력을 공급받아 프린터의 각 전자 부품에 분할하여 **인가**하고, 모터 드라이버를 통해 스텝 모터를 제어하는 역할을 한다. 쉽게 말해, 3D 프린터의 모든 전자 부품은 RAMPS를 통해 제어된다고 보면 된다.

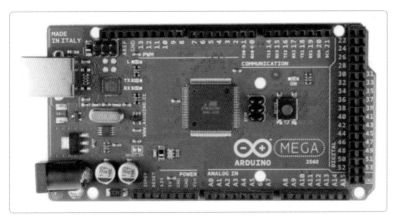

그림 3-15 아두이노 메가 2560

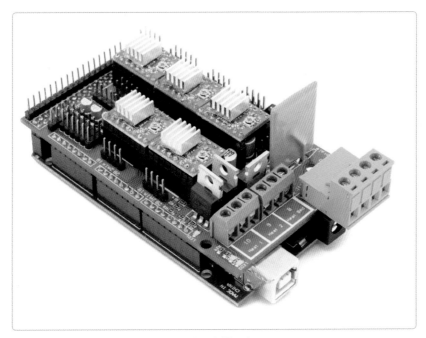

그림 3-16 RAMPS 1.4 보드를 아두이노 위에 연결한 모습

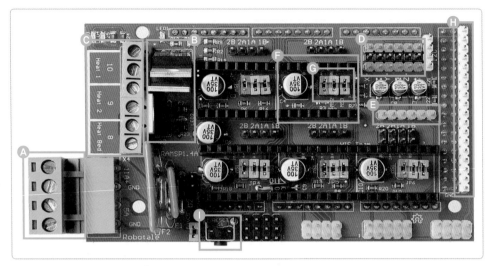

그림 3-17 *RAMPS 1.4 각부 기능*

RAMPS 보드의 주요 구성 요소는 다음과 같다(그림 3-17).

A. 파워 터미널(Terminal): 전원 공급 장치로부터 전원을 공급받는 부분이다. (+−)가 두 쌍씩 총 4개가 연결되며 큰 전류가 흐르므로 배선 방향이나 합선에 주의해야 한다.

B. 모스펫(MOSFET): 'Metal Oxide Silicon Field−Effect Transistor'의 약자로 고전압, 고전류를 견딜 수 있도록 설계된 트랜지스터다. 파워 터미널을 통해 공급된 전원을 프린터의 각 부품에 인가해 준다. 큰 전류가 흘러 발열이 심한 부품이므로 방열판을 부착하는 것이 좋다.

C. 모스펫 터미널: 모스펫으로 인가된 전원을 핫엔드, 쿨링 팬, 히팅 베드로 나눠 공급하는 부분이다. 마찬가지로 큰 전류가 흐르므로 주의해야 한다.

D. 엔드스탑 연결부: 엔드스탑을 연결하는 부분이다.

E. 온도 센서 연결부: 온도 센서를 연결하는 부분이다.

F. 모터 드라이버 연결부: 스텝 모터 드라이버를 연결하는 부분이다. RAMPS 1.4는 총 5개의 스텝 모터 드라이버를 연결할 수 있다.

G. 점퍼 연결부: 모터 드라이버의 마이크로 스테핑 설정을 위해 점퍼를 연결하는 부분이다. 최대 3개까지 점퍼를 꽂을 수 있으며, 점퍼의 개수와 위치에 따라서 마이크로 스테핑의 크기가 달라진다.

H. LCD 컨트롤러 연결부: LCD 컨트롤러 또는 SD카드 리더(SD Card Reader)가 연결되는 부분이다.

I. Reset 스위치: 소프트웨어 상의 오류가 발생했을 때 이 버튼을 누르면 아두이노가 재부팅되며, 프린터의 모든 작동이 멈춘다.

갑자기 복잡한 용어가 등장했다고 해서 당황할 필요는 없다. 뒤에서 하나씩 살펴볼 것이기 때문이다. 지금 당장은 이 정도만 이해할 수 있다면 충분하다. "RAMPS는 프린터의 주요 전자부품과 연결되어, 전원을 공급하고 제어하는 역할을 한다."

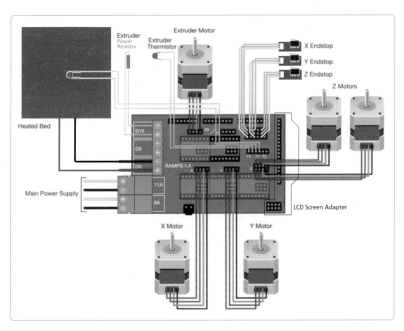

그림 3-18 *RAMPS의 실제 배선도 예시*

여러 가지 제어 보드

아두이노와 RAMPS의 조합 이외의 다른 조합도 얼마든지 가능하다. RAMPS 다음으로 많이 사용되는 제어 보드로는 Sanguinololu 보드와 RUMBA 보드가 있다. 그 밖에도 Alligator Board, Smoothieboard, Printrboard 등이 많이 쓰인다.

그림 3-19 *Sanguinololu* 보드

그림 3-20 *RUMBA* 보드

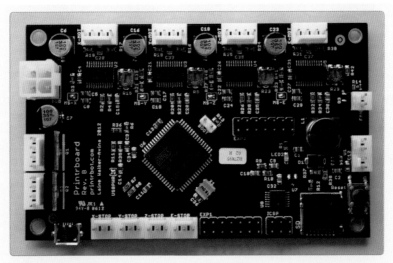

그림 3-21 *Printboard*

위에 소개한 보드는 모두 아두이노와 유사하거나 동일한 마이크로 프로세서를 탑재하고 있으며, RAMPS처럼 3D 프린터의 제어가 가능하다. 일부 보드 중에는 블루투스, Wi-Fi, LAN 연결 기능 등이 탑재된 경우도 있고, 전자부품의 결합이 간편하도록 핀이나 터미널 블럭 등이 추가된 경우도 있다. RAMPS와 달리 프로세서와 모터 드라이버를 내장하고 있는 경우가 많은데, 그 덕택에 크기가 작고 다루기 편하다는 장점이 있다.

하지만 대체로 RAMPS에 비해 기능 차이는 크지 않은 데 비해 가격이 비싼 편이다. 무엇보다 RAMPS는 모터 드라이버, 아두이노와 분리되어 있기 때문에 고장난 부품만 교체하면 되는 반면, 위 제어보드들은 프로세서와 모터 드라이버 등이 모두 한 보드에 있기 때문에 어느 부분이 고장 나면 전체를 버려야 한다는 단점이 있다. 이 때문에 오픈소스 3D 프린터 유저들이 가장 많이 사용하는 제어보드는 여전히 RAMPS와 아두이노다. 이 책에서도 RAMPS와 아두이노를 중점으로 설명을 이어 나갈 것이다.

스텝 모터 드라이버

모터를 처음 다루는 사람들이 저지르기 쉬운 실수 중 하나는 아두이노만으로 모터를 직접 구동하려고 하는 것이다. 즉, 모터의 전원을 아두이노에 직접 연결하는 것이다. 이는 아주 위험한 행동이다. 아두이노에 장착된 MCU는 500mA 이상의 큰 전류를 견디지 못하기 때문이다. 따라서 아두이노로는 제어만 하고, 전원은 별도의 장치를 통해 공급하는 것이 올바른 방법이다.

3D 프린터에서는 모터 드라이버 칩, 또는 칩이 포함된 별도의 보드를 사용해 스텝 모터를 제어한다. 모터 드라이버 칩에는 전원 공급을 제어하는 트랜지스터, 모터의 현재 속도와 전류 등을 파악하기 위한 간단한 연산회로 등이 조합되어 있다. 이를 사용하기 쉽도록 보드 형태로 만든 것이 바로 **스텝 모터 드라이버**(Stepstick Driver/Stepper motor driver)이다.

모터 드라이버는 파워 서플라이로부터 제어 보드(RAMPS)에 공급된 12~24V의 전원을 변환해서 스텝 모터에 공급한다. 스텝 모터마다 최적의 구동 전압과 전류값이 다르므로, 모터 드라이버에 장착된 **가변 저항**(Potentiometer)을 이용해 이를 조절할 수 있도록 설계된다. 모터 드라이버는 스텝 모터의 스텝 수를 계측해 전압을 공급한다. 예를 들어, 1mm를 움직이기 위해 스텝 모터가 80스텝 회전해야 하도록 설계된 기구부가 있다고 가정해 보자. 만일 2.5mm를 움직이라는 명령이 오면 80^{step}/mm×2.5mm=200스텝이 계측될 때까지 모터에 전원을 공급하는 것이 모터 드라이버이다.

그림 3-22 *A4988 모터 드라이버 위에 방열판(은색)을 부착한 모습*

오픈소스 3D 프린터에서는 흔히 Allegro MicroSystems 사의 A4988 모터 드라이버를 사용한다. A4988 모터 드라이버는 최대 16분주($\frac{1}{16}$)의 마이크로 스테핑이 가능하며, 이것은 RAMPS의 배선에 따라 결정된다.

그림 3-23 RAMPS에 점퍼를 연결한 모습

마이크로 스테핑의 크기는 **점퍼**(Jumper)의 개수에 의해 결정된다. 점퍼란, 회로에서 두 단자를 쉽게 결선하기 위한 부속품이다. 점퍼를 어느 위치에 몇 개나 연결하는가에 따라 마이크로 스테핑 크기를 결정할 수 있다. 가령 3개의 단자 모두에 점퍼를 연결하면 16분주의 마이크로 스테핑이 가능하다. 이러한 점퍼 배선도는 모터 드라이버의 종류에 따라 다르다. 간혹 이미 핀들이 결선된 상태로 제작된 보드도 있는데, 이때는 점퍼를 연결해도 변화가 없을 것이다.

표 3-1 A4988 드라이버를 사용할 때의 점퍼 배선도

점퍼 번호	1	2	3	Step size
결선 여부	No(점퍼 없음)	No	No	Full step
	Yes(점퍼 연결)	No	No	Half step
	No	Yes	No	$\frac{1}{4}$ step
	Yes	Yes	No	$\frac{1}{8}$ step
	Yes	Yes	Yes	$\frac{1}{16}$ step

그림 3-24 DRV8825 모터 드라이버

32분주까지 정밀 제어가 가능한 **DRV8825 모터 드라이버**를 사용하는 경우도 있다. 이를 사용하면 보다 정밀한 제어가 가능할 뿐 아니라 소음과 진동이 줄어든다. 그러나 A4988과 연결 방향이 반대이므로 장착 시 주의해야 한다.

모터 및 이를 제어하는 모터 드라이버는 1A 이상의 매우 큰 전류가 흐르는 부품이므로, 발열에도 항상 주의해야 한다. 모터 드라이버 칩 위에 **방열판**을 부착해 열을 분산, 방출하는 방열 조치가 필수적이다. 예컨대 A4988 모터 드라이버는 방열판이 없을 경우 최대 120도까지 올라가는데, 이 정도면 모터 드라이버가 충분히 타고도 남는 온도다. DRV8825는 방열판 없이는 아예 사용이 불가능할 정도다.

> **TIP**　모터 드라이버가 고장 날 경우에 대비해, 2~3개의 예비품을 미리 준비해 두는 것이 좋다. 모터 드라이버가 RAMPS 내에 포함되어 있지 않고 별도로 분리되어 있는 것은 열에 약하고 잘 망가지기 때문이다.

LCD 컨트롤러

LCD 컨트롤러는 보통 프린터의 정보가 표시되는 화면과 SD 카드 슬롯, 다이얼 스위치를 포함하고 있다. 최근에는 터치 패드를 적용한 LCD도 유행하는 것 같다. 이를 이용하면 컴퓨터 없이도 프린터를 조작할 수 있다.

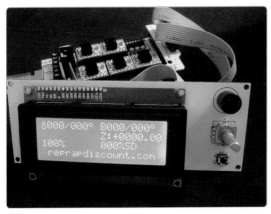

그림 3-25 렙랩 디스카운트에서 판매하는 다양한 LCD 컨트롤러

LCD는 노즐과 베드의 온도, 출력 속도와 시간, 출력 파일명 등 프린터의 정보를 화면에 표시한다. 화면이 크고 가로로 긴 LCD가 사용하기 편한데, 파일명이나 메뉴를 한눈에 보기 편하기 때문이다.

센서

3D 프린터에서는 **온도 센서**(Thermistor)와 **엔드스탑**(Endstop)의 두 가지 센서를 사용한다.

온도 센서

온도 센서는 핫엔드와 히팅 베드의 온도를 측정하고 제어하는 데 쓰인다. 온도 센서가 온도를 측정하는 방식은 열저항(Thermal Resister) 방식과 써모커플(Thermocouple) 방식으로 나뉘는데, 가장 주요한 차이는 극성의 유무와 추가 기판의 필요 여부이다. 열저항은 온도에 따라 물체의 저항이 강해지는 성질을 이용한 것이다. 히팅 블록 등에 열저항을 삽입한 다음 RAMPS에서 저항을 측정하면 온도를 역산할 수 있다.

반면, 써모커플은 온도에 따라 두 물체의 전기 전도성이 달라지는 성질을 이용한다. 0.1도 이하까지 정밀한 측정이 가능하고 반응성이 좋다는 장점이 있지만, 사용하기는 조금 까다롭다. 열저항의 기전력값을 RAMPS가 읽을 수 있도록 하려면 별도의 변환 보드가 필요한 데다가, 극성을 구분해 줘야 한다. 이러한 이유로 보통의 3D 프린터에는 열저항을 이용한 온도 센서가 주로 사용된다. 사용이 간편하며, 아주 정밀한 온도 조절이 필요하지는 않기 때문이다.

엔드스탑

3D 프린터 조립을 마친 뒤 이제 막 작동시켰다고 가정해 보자. 전원이 들어왔다고 해도 프린터는 헤드가 지금 어디에 있는지 알지 못한다. 사실은 헤드가 제대로 붙어 있는지조차 알 수 없다. 프린터가 하는 일은 단지 제어 장치에 입력된 명령에 따라, 헤드에 동력을 전달할 스텝 모터를 회전시키는 것뿐이기 때문이다.

모든 기계에서 기구부가 움직이려면 **원점**(Home), 또는 기준점(Datum)이 필요하다. 원점이 정해져야만 미리 입력된 값에 따른 원점으로부터의 최대 변위를 결정할 수 있기 때문이다. 그렇지 않으면 모터가 끊임없이 작동한 끝에 이송 장치가 반대편 끝에 충돌하게 될 것이다. 이러한 원점을 지정하는 과정을 **호밍**(Homing)이라고 하며, 이를 위해 사용하는 센서가 바로 엔드스탑이다. 엔드스탑은 리미트 스위치(Limit switch)라고도 부르며, 각 기구부의 한쪽 끝에 위치해 있다. 스텝 모터가 작동되면 이송 장치가 움직이며 엔드스탑이 있는 곳까지 다가오게 된다. 엔드스탑은 이를 감지하여 이송 장치가 기구부의 끝에 도달했음을 제어 장치에 알려준다. 그 지점이 바로 기구부의 원점이 된다.

엔드스탑의 종류는 구동 방식에 따라서 여러 가지로 나뉜다. 가장 흔하게 사용되는 것은 **메카니컬 엔드스탑**(Mechanical endstop)이다. 이것은 이름 그대로 눌렸을 때 작동하는 스위치 방식의 엔드스탑이다. 작동 원리가 간단한 데다 센서의 크기도 작아서 흔히 **마이크**

로 스위치(Micro switch)라고도 불린다. 가격이 저렴하고 제어 방식이 매우 단순하며 별도의 변환 회로를 필요로 하지 않는다는 장점이 있다. 반면에 정확도가 약간 떨어지는 것이 흠이다.

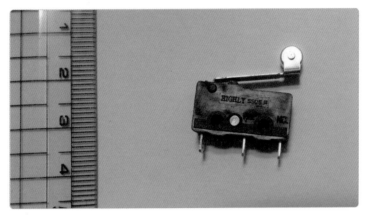

그림 3-26 마이크로 스위치

직접 물체와 접촉해야만 작동하는 접촉식 센서인 메카니컬 엔드스탑과 달리 센서와의 거리를 측정하는 비접촉식 센서도 자주 사용된다. 그중 **옵티컬 엔드스탑**(Optical endstop)은 빛을 감지하는 포토 다이오드(Photo Diode)를 이용한 센서다. ㄷ자 형태를 한 센서의 가운데에 빛을 가리는 장애물이 들어오는 것을 감지한다. 보통 프린터헤드나 베드 지지대 등에 종이, 돌기 등을 부착하여, 센서 사이를 지나가면 멈추도록 하는 방식으로 설치한다.

그림 3-27 옵티컬 엔드스탑

자기력을 이용한 **마그네틱 엔드스탑**(Magnetic endstop)도 종종 사용된다. 전도체에 자기장이 걸리게 되면 전압의 변화가 발생하는 홀 효과(Hall effect)를 이용하므로 **홀 센서**(Hall sensor)라고도 한다. 가변저항을 이용하여 쉽게 미세조정이 가능하므로, 3D 프린터에서는 주로 오토 레벨링 센서로 사용된다. 측정할 부분에 네오디뮴 자석을 부착해 자석의 접근을 감지한다.

그림 3-28 **홀 센서**

그러나 옵티컬, 또는 마그네틱 엔드스탑은 실제로 사용하는 데 있어서 불편한 점이 많다. 예를 들어 옵티컬 엔드스탑은 미세조정이 어려울 뿐만 아니라 측정 오차가 빈번하게 발생한다. 마그네틱 엔드스탑은 금속 부품에 의해 자력이 예상치 못하게 전달되면서 오작동을 일으키거나, 장시간 방치하면 자석의 자력이 약해져 오차가 발생하기도 한다.

이 때문에 **근접 센서**(Proximity sensor)를 많이 사용한다. 대표적인 근접 센서인 **유도성 근접 센서**(Inductive proximity sensor)는 금속의 표면을 감지한다. 내부의 코일에 흐르는 전류로 인해 감지하려는 표면에 맴돌이 전류가 유도되면, 자기력이 발생해 스위치를 작동시키는 방식이다. 금속탐지기와 원리가 같다. 따라서 금속이 아니면 감지가 불가능하며, 이 때문에 금속 근접 센서라고도 불린다.

이와 유사한 것으로는 **용량성 근접 센서**(Capacitive proximity sensor)가 있다. 금속이 아닌 플라스틱, 유리 등도 감지할 수 있으므로 베드 판의 선택 폭이 넓다. 측정 거리도 유도성 근접 센서보다 긴 편이다. 그러나 상대적으로 고가이며 반응 속도가 느리기 때문에 제어가 까다롭다. 두 센서는 서로 형상이 유사하므로, 구입할 때 잘 확인해야 한다.

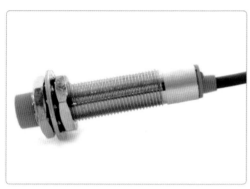 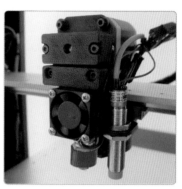

그림 3-29 *유도성 근접 센서*

이미 살펴봤듯이, 카르테시안 봇은 X, Y, Z축의 3개 구동축을 가지며, 따라서 엔드스탑도 3개가 필요하다. 일반적으로 정밀도가 조금 떨어져도 문제가 되지 않는 X축과 Y축에는 제어가 단순하고 저렴한 마이크로 스위치를 사용한다. 하지만 Z축 센서는 레벨링에 사용되는 만큼 높은 정밀도를 갖춰야 하므로 다른 센서를 사용하는 경우가 많다.

03 | 베드

베드(Bed)는 출력물이 안착되는 조형판과, 조형판을 움직이게 하는 이송 지지대를 합쳐 부르는 용어다. 전자를 **어퍼 플레이트**(Upper plate), 후자를 **로워 플레이트**(Lower plate)로 구분한다.[2]

출력물을 안착시키는 어퍼 플레이트는 이론적으로 평평하기만 하다면 어떤 판을 사용해

---

2 참고자료: IRS Global 편집부 저, 『3D 프린팅 시장, 기술 전망과 국내외 참여업체 사업전략』(IRS Global, 2013년), 205~206p

도 무방하다. 하지만 열수축을 방지하고 출력물의 안착을 돕기 위해서는 가열이 가능한 히팅 베드를 사용해 출력물을 가열해 주는 것이 좋다. 히팅 베드는 일반적으로 PCB(Printed Circuit Board, 회로기판)에 열선으로 된 고유한 회로 패턴이 내장된 구조로 되어 있다. 여기에 전원이 공급되면 저항에 의해 가열되는 원리이다(이외에도 다양한 종류의 히팅 베드가 존재한다. 더 자세한 정보는 http://reprap.org/wiki/Heated_bed를 참조한다).

보통 손상을 방지하기 위해 노즐이나 출력물과 직접 닿지 않도록 PCB 위로 베드 판을 덮는다. 베드 판은 PCB를 보호하는 한편 PCB에서 발생하는 열을 표면의 출력물에 고르게 전달하는 역할을 한다. 보통 3T 이상의 알루미늄 판을 사용하는데, 열전도율이 높아 히팅 베드를 통해 빠르게 가열할 수 있고 출력 종료 후 빠르게 식힐 수 있다. 강도도 충분하며, 가격도 비교적 저렴하기 때문에 널리 사용된다. 유리 판을 사용하는 경우도 많다. 유리는 열전도율이 낮아 가열에는 오래 걸리지만 한번 데워지면 잘 식지 않아 열수축을 막는 데 좋으며, 표면 강도가 높아 잘 긁히지 않는다. 오랜 시간 사용할 경우 약간의 휨이 발생할 수 있는 알루미늄에 비해 베드 표면의 평형을 맞추기에도 좋다. 하지만 반드시 내열유리를 사용해야 하며, 가격이 비싸고 무겁다는 단점이 있다. 이러한 어퍼 플레이트 위에는 베드 도포재를 붙여 출력물이 안정적으로 베드 위에 부착될 수 있도록 한다(베드 도포재의 종류는 6장에서 다룬다).

그림 3-30 히팅 베드 PCB

로워 플레이트는 어퍼 플레이트를 지지하는 역할을 한다. 베드가 특정 축 방향으로 움직여야 한다면 로워 플레이트에 구동 메커니즘이 연결된다.

04 | 전원부

그림 3-31 SMPS

SMPS(Switching Mode Power Supply), 또는 **파워 서플라이**라고 불리는 이 장치는 프린터의 전원 역할을 한다. 110V 또는 220V의 AC 전원을 공급받아 적절한 DC 전원으로 변환시킨 다음 3D 프린터에 인가하는 역할을 한다. 입력 전압을 변경할 수 있다는 이유로 이러한 이름이 붙었다. 자체적으로 입력 전압을 감지한 다음, 알아서 입력 전압에 맞도록 작동하는 제품도 있지만 측면부의 스위치를 조작해야 하는 제품이 대부분이다. 국내에서 사용할 경우 입력 전압은 당연히 220V이므로, 해당 제품이 이를 지원하는지 미리 확인해야 한다.

> **주의** SMPS의 입력 전압을 110V로 설정한 채로 220V 콘센트에 연결하지 않도록 한다. 펑 소리와 함께 누전 차단기가 내려가는 끔찍한 경험을 하게 될 수 있다.

SMPS를 구매할 때에는 전원 스위치가 포함된 케이블도 같이 구매하도록 한다. 사소해 보이지만 사실은 꽤나 중요한 요소다. 일반적으로 SMPS에는 전원 온/오프 스위치가 없기 때문이다. 프린터에 문제가 생겨서 급하게 종료시켜야 할 때에는 스위치를 내리는 것보다 좋은 방법이 없다.

이쯤에서 프린터의 전원 공급이 어떻게 이뤄지는지 간단히 알아보자.

SMPS의 출력 전압은 대부분 12V 혹은 24V이다. 제어 보드는 SMPS에서 입력받은 전원을 다시 12V 또는 24V로 출력해서 프린터를 작동시킨다. 따라서 SMPS의 출력 전압은 제어 보드의 입력 전압보다 커서는 안 된다. 예를 들어 RAMPS 1.4 버전의 경우 입력 전압은 24~35V까지, 출력 전압은 12V까지 지원한다. 스텝 모터와 센서처럼 12V보다 작은 정격 전압을 가지고 있는 경우, 제어 보드에서 적절히 변환해서 인가해 준다.

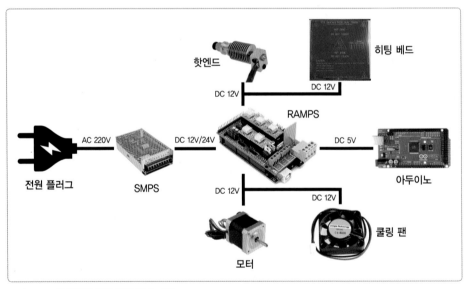

그림 3-32 *각 장치를 향한 전원 인가 과정*

SMPS 선택을 위한 소비 전력 계산하기

SMPS를 선택할 때는 출력 전압과 전류, 전력의 관계를 잘 알고 있어야 한다. 예를 들어, 제품명에 240-12라고 표기되어 있는 제품은 정격 전력이 240W, 정격 전압이 12V이다. 전력(P)과 전압(V), 전류(I) 간의 관계식 P=V×I에 의해서 이 제품은 20A의 정격 전류를 출력할 수 있음을 알 수 있다.

3D 프린터에서 가장 많은 전력을 사용하는 부품은 히팅 베드다. 가장 많이 쓰이는 MK2B(215×215mm) 히팅 베드의 경우 최대 130W 정도의 전력을 요구한다. 12V를 기준으로 11A가량의 전류를 필요로 하는 셈이다. 다음으로 큰 비중을 차지하는 부품은 핫엔드의 카트리지 히터로, 이것은 보통 60W 정도를 소모한다. 마지막으로 스텝 모터는 4V 전후의 정격 전압에서 보통 1.5A 정도를 사용하므로, 일반적으로 각 축의 구동에 4개, 익스트루더의 구동에 1개를 사용할 때 총 4V×1.5A×5=30W가 된다. 그 밖에도 LCD 컨트롤러, 쿨링 팬 등에서 약간의 전력을 더 소모한다. 이를 합하면 200W를 조금 넘는 셈이다.

정격 전류가 이때 계산된 필요량의 120% 정도인 제품을 사용하는 것이 좋다. 혹시나 사용량이 SMPS의 정격 전력을 초과할 경우 심한 발열 또는 화재가 일어날 수 있기 때문이다. 이 경우 요구되는 정격 전력은 240W 이상이다.

이와 같이 프린터에 필요한 전체 전력을 간단히 계산할 수 있다. 하지만 프린터가 사용하는 부품의 종류와 작동 환경에 따라 차이가 있으므로 각 부품의 제조사에 미리 문의하여 정확한 정보를 얻도록 한다.

프린터에 전원을 공급하고 제어하기 위해서는 SMPS와 제어 보드, 그리고 프린터의 각 전자부품들을 적절한 전선을 사용해 빠짐없이 연결해야 한다. 특히 SMPS에 연결하는 선들은 큰 전류가 흐르므로 1.5스퀘어(SQ) 이상의 굵은 전선을 사용하도록 한다.

> **TIP** 스퀘어(SQ)는 전선의 굵기를 나타내는 규격이다. 예를 들어 1.5스퀘어는 전선의 단면 넓이가 1.5mm²임을 뜻한다.

전선의 길이가 부족하거나, 소켓을 연결해야 할 때는 **납땜**을 하면 된다. 납땜한 후에는 반드시 **절연**(Insulation, 絶緣) 처리를 해야 합선을 방지할 수 있다. 절연이란 납땜한 부위가 노출되지 않도록 전기가 통하지 않는 물질로 감싸는 작업으로, **열수축 튜브**(Heatshrink Tube)를 사용하면 보다 깔끔한 절연이 가능하다. 이 튜브는 이름에서 추측할 수 있듯이 열에 노출되면 수축하는 특성을 가지고 있다. 납땜 전에 미리 적정량을 잘라 케이블에 끼워 두었다가, 납땜이 끝나면 납땜 부위로 옮겨서 끼운 후 인두로 눌러 주면 된다. 열수축 튜브 가 없을 경우에는 절연 테이프나 글루건 등을 활용한다.

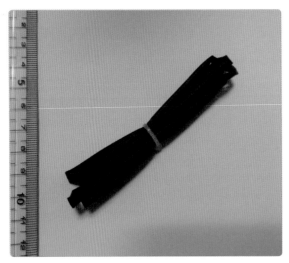

그림 3-33 **열수축 튜브**

05 | 익스트루더

앞서 익스트루더의 역할과 작동 원리, 종류에 대해서 소개한 바 있다. 여기서는 익스트루더 의 구성 요소들을 좀 더 자세히 살펴보도록 한다.

콜드엔드

먼저 **콜드엔드**(Cold end)에 대해서 살펴보자. 콜드엔드는 필라멘트를 핫엔드에 공급하는 역할을 맡고 있는 공급 장치다. 이름 그대로 익스트루더에서 '차가운' 부품에 해당한다.

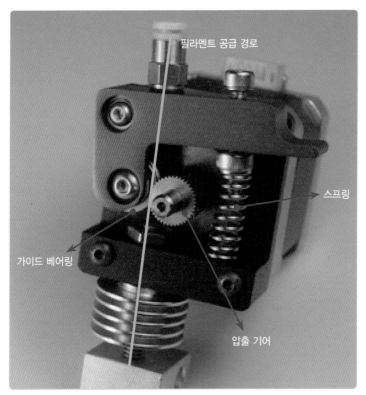

필라멘트 공급 경로

스프링

가이드 베어링

압출 기어

그림 3-34 필라멘트 공급 장치(콜드엔드)

압출 기어(Extruder/Filament drive gear)와 **가이드 베어링**(Guide bearing)이 맞물려 있고, 그 사이로 필라멘트가 통과한다. 이때 압출 기어와 가이드 베어링이 맞물리는 정도를 **스프링**의 장력으로 적절하게 조절해, 필라멘트에 가해지는 압력을 항상 일정하게 유지할 수 있어야 한다. 그렇지 않으면 필라멘트 공급이 불안정해지는 문제가 생기기 쉽다.

이러한 압출 기어의 종류에는 어떤 것들이 있을까? 그림 3-35와 같은 형태의 기어가 대표적이다. 압출력에 특별히 문제가 없고 저렴하기에 가장 흔하게 사용되지만, 종종 필라멘트가 미끄러지는 경우가 있다. 따라서 MK7 기어와 같이 개량된 형태의 기어를 쓰는 경우도 있다. 가운데의 홈을 따라 톱니가 나 있고, 그 사이로 필라멘트가 압출된다. 강한 압출력을 제공할 뿐 아니라 스프링을 이용한 장력 조절도 편하다는 장점이 있다(물론 그 밖에도 다양한 종류가 있다. http://reprap.org/wiki/Drive-gear를 참조한다).

그림 3-35 *가장 널리 사용되는 일반적인 형태의 압출 기어*

그림 3-36 *MK7 압출 기어*

이와 같은 기어들은 **다이렉트 드라이브**(Direct drive) 방식에 주로 사용된다. 이는 스텝 모터에 의해 회전하는 압출 기어가 바로 필라멘트를 압출한다는 뜻이다. 익스트루더가 차지하는 부피가 작고, 작동 방식이 단순한 만큼 다루기 쉽다. 대신에 매우 정교하고 얇은 레이어를 출력할 때에는 정확도가 떨어질 수 있다.

한편 보우덴 방식에서는 조금 다르다. 보우덴 방식에서 가장 중요한 것은 직결식에서보다 더 큰 힘으로 필라멘트를 밀어낼 수 있어야 한다는 점이다. 이 때문에 보우덴 방식에 사용하기 위한 익스트루더는 **기어드 익스트루더**(Geared extruder) 방식으로 설계된다. 이 방식에서는 다이렉트 드라이브처럼 스텝 모터에 바로 압출 기어를 연결하지 않는다. 대신 스텝 모터에 의해 회전하는 기어(drivng gear)가 다른 대형의 기어(driven gear)를 회전시킨다. 이때 두 기어 잇수의 비가 커질수록 익스트루더가 보다 강한 압출력을 낼 수 있다.

직접적으로 필라멘트를 압출하는 장치로는 원통 가운데에 홈이 나 있는 형태의 **홉 볼트** (Hobbed bolt)를 주로 사용한다. 긴 볼트의 가운데에 MK8 기어와 유사하게 톱니가 있는 홈을 낸 모양을 하고 있다. 홈의 형상이 필라멘트 압출의 품질을 좌우하므로, 가능하면 렙랩에서 검증된 제품을 사용하는 것이 좋다.

이러한 방식을 사용하는 대표적인 익스트루더는 웨이드의 기어드 익스트루더(Wade's geared extruder)가 있다. 전통적으로 그렉의 힌지 익스트루더(Greg's hinged extruder)도 인기가 높다.[3] 이를 통해 필라멘트를 충분히 강하고 정교하게 밀어낼 수 있지만, 익스트루더의 부피가 커진다는 단점이 있다. 또한 대체로 복잡한 구조를 하고 있으므로 필라멘트 교체가 까다롭다.

그림 3-37 웨이드 익스트루더에 사용된 M6 홉 볼트

3 http://goo.gl/Bs2DoK 참조. 몇 가지 익스트루더에 대한 비교가 수록돼 있다.

핫엔드

핫엔드의 구조

그림 3-38 노즐과 히팅 블록, 노즐목이 결합된 가열 장치(왼쪽). 오른쪽 위로는 핫엔드의 전체 모습이 나타나 있다.

핫엔드(Hotend)는 이름 그대로 익스트루더의 뜨거운 부분으로, 필라멘트를 가열해서 녹인 뒤 사출시키는 역할을 한다. 기능은 간단해 보여도 구조는 상당히 복잡한데, 이는 핫엔드의 설계가 3D 프린터의 출력 품질에 매우 큰 영향을 미치기 때문이다.

핫엔드의 구조는 필라멘트의 용융이 이뤄지는 '가열 장치'와, 콜드엔드와 연결되는 '결합 장치'의 두 부분으로 나뉜다. 핫엔드의 가열은 **히팅 블록**(Heating Block, Heated Box)에서 이뤄진다. 정확히는, 히팅 블록에 결합된 **카트리지 히터**(Cartridge Heater)가 가열됨에 따라 히팅 블록이 필라멘트에 열을 고르게 전달한다. 히팅 블록의 아래쪽에는 용융된 필라멘트를 가늘고 일정하게 사출하기 위한 통로인 노즐이 결합되어 있다. 노즐에는 압출 직경에 맞게 구멍이 뚫려 있는데, 보통 0.2~0.8mm 사이의 것을 사용한다. 가장 대중적으로 사용되는 직경은 0.4mm이다.

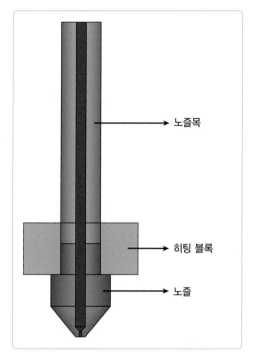

노즐목

히팅 블록

노즐

그림 3-39 *가열 장치의 기본적인 구조. 종종 직결식 익스트루더에서는 다른 부품 없이 이들만으로 핫엔드를 단출하게 구성하기도 한다.*

가열 장치 위로 결합되어 콜드엔드와 핫엔드를 연결하는 부품이 **노즐목**(Nozzle throat)과 **노즐 홀더**(Nozzle holder)이다. 이들은 필라멘트를 안정적으로 공급할 수 있도록 하는 가이드 역할도 겸한다. 분류하는 기준에 따라서는 노즐 홀더를 콜드엔드에 포함시키기도 한다. 왜냐하면 이들은 사실 뜨거워서는 안 되는 부품이기 때문이다.

핫엔드 최대의 적, 열팽창

열팽창은 핫엔드의 최대의 적이라고 할 수 있다. 핫엔드에서 실제로 '뜨거워야 하는' 부분은 히팅 블록과 노즐뿐이다. 이 부분의 온도를 필요한 만큼만 뜨겁게 유지하되, 다른 부분의 온도는 가능한 차갑게 유지해야 한다. 그 이유는 필라멘트의 압출 반응 속도 때문이다.

콜드엔드로부터 공급된 필라멘트는 핫엔드의 노즐목을 따라 삽입되고, 히팅 블록에서 가열되어 녹은 후 노즐을 통해 빠져나간다. 그런데 히팅 블록에서 발생한 열이 노즐목을 디고 올라오게 되므로, 열가소성인 필라멘트는 노즐목을 통과하는 과정에서 미리 가열되어 열팽창을 일으킨다. 이렇게 팽창한 필라멘트와 핫엔드의 내벽 사이에서 마찰이 발생하게 되고, 마찰이 심해질수록 필라멘트의 압출을 정밀하게 조절하기 어려워진다. 심할 경우에는 열팽창으로 인해 핫엔드 자체가 막혀 버릴 수도 있다.4

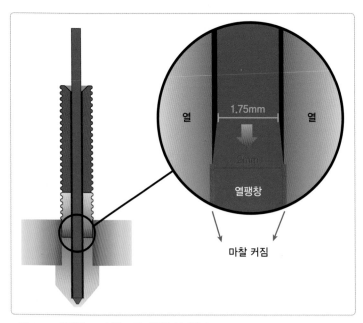

그림 3-40 **열팽창으로 인한 노즐 막힘을 설명한다.**

따라서 핫엔드에서 실제로 뜨거운 부분의 길이는 최소화되어야 한다. 이 명제를 실천하기 위해 수많은 방식들이 개발되었다.

그중 가장 널리 쓰이는 것은 **J-head 핫엔드**이다. 여기에는 노즐 홀더의 소재로 PEEK (Polyether-ether-ketone)가 쓰였는데, 이것은 열전도5가 적으면서도 녹는점이 높고, 고온에서도 충분히 단단함을 유지하는 것이 특징인 플라스틱이다. 단, 마찰계수가 높기 때

---

4 참고자료: http://wakalics.blogspot.com

5 열전도(Heat conduction, 熱傳導)는 열에너지가 고체 내부에서 고온부에서 저온부로 이동하는 현상을 말한다. https://goo.gl/4ffSy3을 참조한다.

문에 보통 PEEK로 된 관 안에 마찰계수가 낮은 PTFE(polytetrafluoroethylene, 테플론)로 된 튜브를 넣는다. 이러한 튜브를 **테플론 튜브(Teflon tube)**라고 한다. 이것은 필라멘트를 안정적으로 공급하는 보정 장치로서 중요한 역할을 하며, 익스트루더의 종류를 불문하고 널리 사용된다. 이렇게 가열 장치의 열이 노즐목 위쪽으로 전달되는 것을 막아 열팽창을 최소화할 수 있다.

J-head 핫엔드의 또 다른 특징은 사실상 일체형이기 때문에 핫엔드를 분해해서 정비하기가 어렵다는 점이다. 이론적으로 핫엔드에 사용되는 부품이 적을수록 용융 필라멘트의 누출이 없어 더 정밀하기 때문이다. 그러나 이것이 단점으로 작용하기도 한다. 물론 J-head 핫엔드는 그간의 사용 경험을 바탕으로 준수한 방열 성능을 갖추고 있기 때문에 열팽창 문제가 거의 없지만, 그럼에도 불구하고 노즐이나 노즐목이 막히는 경우에는 심하면 제품 자체를 완전히 교체해야 한다.

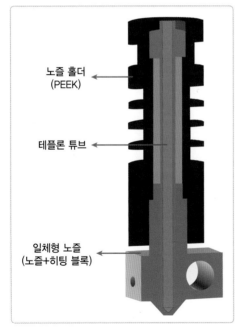

노즐 홀더
(PEEK)

테플론 튜브

일체형 노즐
(노즐+히팅 블록)

그림 3-41 *J-head 핫엔드의 구조도*

또한 고온에서 사용할 수 없다는 것도 단점이다. J-head 핫엔드에 사용된 PEEK 소재는

250도 이상의 고온에서는 급격하게 물러지는 특성이 있기 때문이다. 이 때문에 일부 특수한 필라멘트는 사용할 수 없다. 또한 그 이하의 온도더라도 장시간, 여러 번 가열을 반복하면 점차 물러지므로 수명에도 한계가 있다.

최근 출시된 프린터는 대부분 **풀 메탈 핫엔드**(Full metal hotend)를 채용하고 있다. 이 핫엔드는 이름 그대로 부품 전부가 금속으로 이루어져 있어서 내구성이 높고 300도 이상의 고온에서도 출력이 가능하다.[6] 앞서 소개한 J-head가 히팅 블록에서 올라오는 열 자체를 차단하여 고온인 영역을 최소화하는 데 집중했다면, 풀 메탈 핫엔드는 올라오는 열을 노즐 홀더를 통해 방출하는 방식을 취하고 있다. 이 부분을 **방열판**(Heat sink)이라고도 한다.

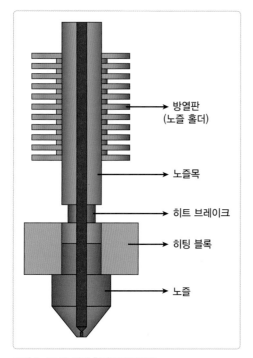

그림 3-42 **풀 메탈 핫엔드의 구조도**

---

6 참고자료: 플로리안 호르쉬, 『누구나 즐길 수 있는 3D 프린팅』(메카피아, 2014년), 186p

그림 3-43 풀 메탈 핫엔드의 노즐 홀더는 방열판 역할을 겸한다.

기본적으로 열전도율이 높은 금속을 소재로 사용했음에도 불구하고, 방열판으로 열을 방출하는 것만으로 충분히 낮은 온도를 유지할 수 있는 비결은 **히트 브레이크**(Heat break)에 있다. 히트 브레이크는 히팅 블록과 방열판을 연결하는 노즐목의 두께를 최대한 얇게 함으로써 접촉 면적에 비례하는 열전도율을 낮출 뿐 아니라, 히팅 블록과 방열판 사이에 거리를 둠으로써 열 전도를 줄이는 효과가 있다.

그러나 몇몇 저가의 복제품들은 히트 브레이크의 설계가 잘못되었거나, 아예 없는 경우도 있다. 풀 메탈 핫엔드에서 이것은 치명적인 문제가 된다. 히트 브레이크가 있더라도 노즐 홀더의 규격과 맞지 않으면 핫엔드를 완전히 조립했을 때 히팅 블록과 노즐 홀더가 거의 붙다시피 하는 경우도 있다. 이렇게 되면 히팅 블록의 열이 바로 노즐 홀더로 전달되므로, 심각한 열팽창 문제가 생길 수 있다. 반면에 히트 브레이크가 지나치게 얇은 경우, 핫엔드가 충격을 받았을 때 이 부분이 휘어질 수 있다.

그림 3-44 히트 브레이크가 적용된 노즐목과 히트 브레이크의 시뮬레이션 결과. 히트 브레이크의 위로는 열이 거의 전달되지 않는다.

이러한 구조를 채용한 대표적인 핫엔드가 E3D Online 사의 E3D V5와 V6 제품군이다. V5와 V6은 겉보기에는 유사하지만 몇 가지 차이점이 있다. 예를 들어 V6은 V5에 비해 크기가 작아졌는데, 이를 통해 헤드의 공간 낭비가 줄고 필라멘트 공급 거리가 단축되었다. 또한 하나의 테플론 튜브가 콜드엔드로부터 히트 브레이크까지 관통할 수 있도록 변경되었다. 제조사에서는 이를 바탕으로 플렉시블 필라멘트의 사용 편의성을 높였다고 강조하고 있다(https://goo.gl/uqwKbY 참조).

그림 3-45 왼쪽부터 E3D V6, V5

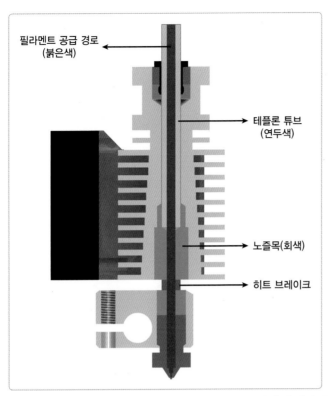

필라멘트 공급 경로
(붉은색)

테플론 튜브
(연두색)

노즐목(회색)

히트 브레이크

그림 3-46 E3D V6의 단면도. 전체 구간에서 필라멘트 공급 경로(붉은색)의 내경을 2mm로 일정하게 유지할 수 있도록 설계됐다.

한편 히트 브레이크가 적용됨에 따라, J-head 핫엔드나 풀 메탈 핫엔드와 같이 노즐 홀더를 사용해 핫엔드의 가열 장치와 콜드엔드를 떨어뜨려 놓을 필요성이 크게 감소했다. 이 때문에 히팅 블록과 노즐, 노즐목 정도만으로 핫엔드를 단출하게 구성하는 방식도 등장했다. 일명 **스텝스트루더**(Stepstruder)타입이다. 스텝 모터와 익스트루더의 합성어로, 메이커봇 사의 프린터들이 전통적으로 채택한 익스트루더의 명칭이기도 하다. 설계와 제작이 간단하고 필라멘트 공급 거리가 짧다는 것이 장점이다. 하지만 노즐목이 길면 필라멘트가 열팽창의 영향을 받을 가능성이 커지고, 반대로 노즐목이 짧으면 핫엔드의 열이 콜드엔드로 전달됨으로써 압출에 문제가 생길 수 있다. 이 방식을 채용한 핫엔드 중 가장 유명한 메이커봇의 MK7 스텝스트루더는 이 문제를 방지하기 위해 방열판을 같이 사용한다.

그림 3-47 Clone-S270의 익스트루더(왼쪽)와 메이커봇의 MK7 스텝스트루더(오른쪽)

쿨링 팬

지금까지 J-head 핫엔드, 풀 메탈 핫엔드, MK7 타입 핫엔드를 살펴봤다. 이처럼 구조적인 개선을 통해 열팽창을 최소화하려는 노력들이 이어지고 있지만, 문제를 완전히 해결하기 위해서는 한 가지 장치가 더 필요하다. 바로 **쿨링 팬**(Cooling fan)이다. 이 장치는 이름 그대로 바람으로 부품을 식혀 주는 작은 크기의 선풍기다. 3D 프린터에서는 주로 핫엔드를 식히는 데 사용하며, 제어 보드나 스텝 모터의 발열이 심한 경우에도 사용한다. 하나 명심할 것은, 어떤 구조의 핫엔드라도 쿨링 팬이 없다면 문제가 생길 수 있다는 점이다. 특히 풀 메탈 핫엔드는 그 원리상 쿨링 팬이 필수다. 아예 처음부터 방열판을 식히기 위한 목적의 쿨링 팬과 마운트를 장착하는 것이 좋다. 반면 J-head 핫엔드는 쿨링 팬이 필수는 아니지만, 같이 사용하면 도움이 된다.

그림 3-48 **쿨링 팬**

그림 3-49 *핫엔드에 30mm 쿨링 팬과 쿨링 팬 마운트를 장착한 모습*

쿨링 팬에는 한 가지 더 중요한 역할이 있는데, 바로 노즐을 통해 사출된 필라멘트를 식히는 것이다. 지금까지의 내용을 주의 깊게 읽었다면 이 말이 언뜻 이해가 되지 않을 수 있다. 기껏 뜨겁게 가열한 필라멘트를 왜 도로 식힌단 말인가? 그 이유는 뒤에서 다시 알아보도록 하자.

06 | 체결재와 작업 도구

다양한 체결재

체결(Locking, 締結)이란, 두 개 이상의 부품을 단단히 결합하는 것을 말한다. 앞에서 본 모든 부품을 서로 체결해 주기 위해서는 볼트, 너트, 와셔와 같은 다양한 체결재가 필요하다. 그런데 볼트의 종류가 다양하고 크기도 구분이 쉽지 않기 때문에 초보자는 다소 헷갈릴 수 있다. 국내에서는 mm 단위를 사용하는 M 규격이 주로 쓰인다. M3 볼트가 가장 많이 쓰이며, 이외에도 M4, M5, M8 등 다양한 볼트가 사용된다. 볼트의 지름은 볼트의 나사산 부분의 지름을 가리키며, 일반적으로 M자 뒤에 오는 숫자로 표기한다. M3 볼트는 지름이 3mm, M5 볼트는 5mm라는 뜻이다. 너트 또한 마찬가지로 내경의 지름, 맞는 볼트의 지름에 따라 M3 너트, M5 너트 등으로 표기한다. US 단위계를 사용하는 경우 $\frac{1}{2}$ 인치, $\frac{1}{8}$ 인치 등 인치 단위로 지름을 표기한다.

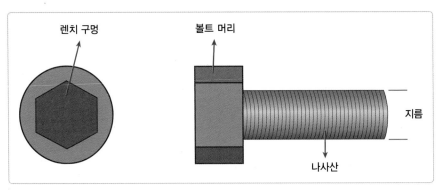

그림 3-50 **볼트 규격**

볼트의 길이를 호칭할 때는 머리를 제외한 나사산 부분만의 길이를 기준으로 한다. 머리의 형태는 육각, 십자, 일자, 둥근 머리, 접시 머리 등 매우 다양하므로 용도에 맞게 사용한다. 일반적으로 많이 쓰이는 것은 십자 볼트와, 육각형의 구멍이 파여 있는 렌치 볼트이다.

그림 3-51 **둥근머리 십자 볼트와 렌치 볼트**

이해되었는가? 따라서 여러분이 M3 20mm 렌치 볼트를 사용해야 한다면 나사산 부분의 길이가 20mm, 지름이 3mm이며 머리 부분에 육각형 홈이 파여 있는 볼트를 찾으면 될 것이다.

잠금 너트(Lock nut)와 **와셔**(Washer)에 대해서도 잠깐 살펴보자. 잠금 너트는 일반 너트와는 달리 한쪽 끝부분이 약간 튀어나온 형상을 하고 있다. 안쪽의 검은색 나일론 막이 잠금장치 역할을 해서, 한번 너트를 조이고 나면 쉽게 풀리지 않아 일반 너트에 비해 진동에 강하다. 이 때문에 나일론 너트라고도 불린다. 3D 프린터는 그 특성상 진동에 취약하므로, 작업이 좀 오래 걸리더라도 가급적 잠금 너트를 사용하는 것을 추천한다.

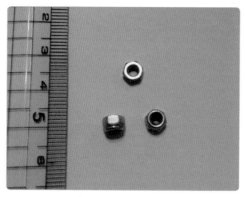

그림 3-52 *M3 잠금 너트(Lock Nut)*

그림 3-53 *왼쪽 그림의 위가 M3 평와셔이고 그 아래가 M8 스프링와셔다. 오른쪽의 스프링와셔는 약간 휘어진 형태를 하고 있다.*

와셔는 너트 또는 볼트 머리 아래에 놓여 압력을 분산시킴으로써 작업 표면을 보호한다. 얼핏 보기에는 없어도 그만일 것 같지만, 생각보다 매우 중요한 부품으로 볼트로 부품을 체결할 때 접촉 면적을 넓혀 주기 때문에 볼트 구멍 주변에 금이나 깨짐이 일어나는 것을 막는다. 부품 사이의 간격이 맞지 않을 때 와셔를 여러 개 끼워넣어 간격을 맞추는 용도로도 종종 쓰인다. **스프링와셔(Spring washer)**는 나선와셔라고도 부르며, 절단된 한쪽 끝이 나선형으로 약간 어긋나 있는 것이 특징이다. 스프링와셔는 나사가 풀리는 것을 방지하는 스프링 역할을 한다.

> 🔧 **TIP** 잠금 너트는 손으로는 돌릴 수 없고 렌치와 스패너를 이용해 강하게 조여야 한다. 스프링와셔를 사용할 때는 강하게 힘을 주어 어긋난 양끝이 서로 만날 때까지 볼트를 조여 주도록 한다.

작업을 하다 보면 **케이블 타이(Cable tie)**도 많이 사용하게 될 것이다. 타이 랩(Tie wrap), 또는 집 타이(Zip tie)라고도 불리는 홈이 나있는 플라스틱 줄로, 앞부분을 뒷부분의 홈에 끼워서 당기면 쉽사리 뒤로 빠지지 않는 특성을 이용해 물건을 묶는 용도로 많이 쓰인다. 특히 여러 다발의 케이블을 적절히 묶어서 정리하는 데 사용한다. 부품 간의 체결에도 사용할 수 있다.

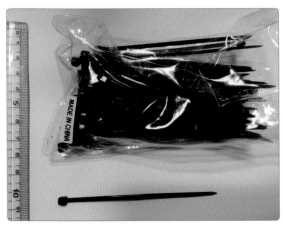

그림 3-54 *케이블 타이*

작업에 필요한 공구들

체결재의 종류가 다양한 만큼이나 다양한 것이 바로 공구다. 지금부터는 작업에 필요한 공구들에 대해 알아보도록 하자.

먼저 육각 렌치, 스패너, 십자 드라이버와 같은 기본적인 조립 공구가 필요할 것이다. 특히 큰 힘을 줄 수 있는 T형 렌치와, 렌치를 기울인 상태로 돌릴 수 있는 볼 렌치가 쓸모가 많을 것이다. 필요한 규격에 따라 적절히 조립 공구를 구비하도록 한다. 뿐만 아니라 결선 작업을 위한 인두와 땜납, 부품을 단단히 고정시키기 위한 글루 건과 순간 접착제까지 다양한 공구들을 3D 프린터 조립과 정비에 사용하게 된다. 이 참에 공구함 하나를 통째로 마련하는 것도 나쁘지 않은 선택이다.

조립 시에는 항상 버니어 캘리퍼스와 자를 활용해 치수를 정확히 맞출 수 있도록 노력하자. 버니어 캘리퍼스는 측정이 불편한 아날로그 방식보다는 디지털 화면에 숫자가 표시되는 종류를 사용하는 것이 더 편하다. 전문적인 정밀도가 요구되는 것은 아니기에 시중에 판매 중인 1~2만 원대의 저가 제품으로도 충분할 것이다. 직각자와 수평계를 함께 사용하면 더 정확한 조립이 가능하다. 수평계는 스마트폰 어플로 쉽게 대체할 수 있다. 니퍼(Plier) 역시 중요한 공구 중 하나인데, 케이블 타이나 전선 등을 잘라내거나 출력물을 다듬는 등 다방면으로 활약한다. 전선의 피복을 벗기는 데 쓰는 스트리퍼도 구비하도록 한다.

그 밖에도 여러분의 3D 프린팅을 매우 편하게 해 줄 몇 가지 공구들이 있다.

- 핀셋(Pincette) 또는 트위저(Tweezer)를 구비해 두면 출력 전에 노즐에서 흘러나오거나 바닥에 잘못 달라붙은 필라멘트 찌꺼기를 제거하는 데 매우 유용하다. 출력물의 서포트를 제거하는 데도 많은 도움이 된다.
- 스크래퍼(Scrapper, Palette knife) 또는 헤라는 프린팅 종료 후 출력물을 베드로부터 상처 없이 떼어내기 위한 필수 장비다.
- 디버링 툴과 공작 칼, 끌 등은 서포트와 같은 잔여물을 제거하는 데 매우 유용하다.
- 롱노우즈(Long-nose)를 사용하면 출력물 틈새에 붙은 서포트를 파쇄하여 제거하기 편하다.
- 샌딩 블럭과 사포를 사용해 출력물의 표면을 다듬을 수 있다.

마지막으로, **윤활제**(Lubricant)에 대해서 언급하지 않을 수 없다. 주기적으로 프린터의 기구부에 윤활제를 발라 주는 것은 3D 프린터 정비에서 대단히 중요한 사항이다. 또한 방청제라는 이름으로 시중에서 흔히 판매되는 제품을 함부로 사용해서는 안 된다. 녹 방지와 약간의 윤활 작용을 하기는 하지만, 연마제 성분이 포함되어 있어 베어링이나 스크류 등에 사용하기에는 부적합한 경우가 있기 때문이다. 상용 프린터를 사용하는 경우 프린터 제조사에서 특별한 종류의 윤활제를 사용했는지 확인해 보자. 서로 성분이 다른 것을 사용하면 엉켜서 굳는 등의 문제가 생길 수 있으므로, 제조사에서 권장하는 제품을 사용하도록 한다.

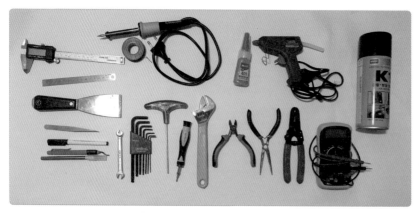

그림 3-55 *내가 3D 프린팅에 사용하는 공구들*

3D 프린터
해부하기:
제품과 구조

3D 프린터의 구조를 이해하는 것이야말로 3D 프린터 입문의 핵심 단계라고 할 수 있다. 이 장에서는 다양한 3D 프린터들을 통해서 3D 프린터의 하드웨어 구조와 작동 원리, 조립 과정을 살펴본다.

대부분의 키트에는 3D CAD 데이터 또는 실제 사진으로 구성된 조립 매뉴얼이 포함되어 있다. 매뉴얼과 제조사의 피드백이 충분하다면 그것을 참고하는 것만으로도 3D 프린터를 완성할 수 있다. 그러나 때때로 매뉴얼의 내용이 불충분한 경우도 있으며, 아예 없는 경우도 있다. 매뉴얼이 있다고 할지라도 초심자가 놓치기 쉬운 핵심적인 요소를 충분히 깊이 있게 설명해 주는 경우는 많지 않다. 조립 과정에 대한 이해 없이 제작한 프린터는 비록 겉 모습은 그럴듯하더라도, 실제 사용에서 많은 문제를 일으킬 수 있다. 저렴한 키트가 완제품보다 못한 성능을 내는 것은 키트 자체의 한계 때문이라기보다도, 조립할 때 놓친 부분이 주는 영향이 훨씬 크다고 봐야 한다.

앞서 2장에서는 여러 가지 프린터를 작동 방식에 따라 XZ-Y 방식, XY-Z 방식, 델타 봇으로 나누어 소개한 바 있다. 이어서 이 장에서는 각각의 방식에 대해 프린터가 어떤 구조로 되어 있는지, 작동 원리와 조립 시의 노하우에는 어떤 것이 있는지 살펴볼 것이다. 어떤 제품을 사용하든 기본적인 구조를 이해하고 있지 않으면 프린터를 잘 다룰 수 없다.

> **주의** 아쉽게도 여기서 모든 조립 과정을 상세하게 다룰 수는 없다. 실제 조립 시에는 반드시 제조사에서 제공하는 매뉴얼을 같이 봐야 한다.

01 | XZ-Y 방식

XZ-Y 방식, 또는 멘델 방식은 저렴한 가격과 낮은 조립 난이도 덕분에 가장 널리 보급된 방식이다. 3D 프린터를 사려고 100만 원이 넘는 모델들을 뒤적거리던 사람들에게 20만 원짜리 키트는 아주 매력적으로 다가오기 마련이다. 작동 구조가 직관적이고 단순하기 때문에 만들기 쉬운 편이기도 해서, 대부분의 3D 프린터 키트는 XZ-Y 방식을 사용하고 있다.

XZ-Y 방식의 제품

DIY 3D 프린터의 상징, 프루사 시리즈

그림 4-1 *프루사 시리즈의 아버지, 요세프 프루사*

XZ-Y 방식 프린터를 대표하는 **프루사 시리즈**는 DIY 3D 프린터 시장을 풍미하고 있는 역작이다. 프루사를 처음 만든 사람은 요세프 프루사(Josef Prusa)이다(그의 키트는 http://www.prusa3d.com/에서 판매되고 있다). XZ-Y 방식의 초기작이었던 '멘델'을 조립하면서 많은 어려움을 느꼈던 그는, 이를 대폭 개량해 조립 난이도를 낮춘 '프루사 멘델'을 처음으로 제작했다. 그 후속작이 바로 **프루사 멘델**(Prusa Mendel) i2이다(i2는 'Iteration 2'를 의미한다. 그림 4-2 참조). 이 모델은 2012년부터 대중적으로 보급되었는데, 특유의 안정적인 삼각형 프레임 덕분에 구조가 튼튼하다는 것이 장점이지만, 조립은 비교적 까다로운 편이다. 최초로 300달러 이하의 가격으로 판매되었던 저렴한 모델이라는 점에서 의미가 있으며, 이 모델보다 조립이 간편하도록 개선한 모델이 바로 후속작인 'Iteration 3', 즉 **프루사 i3**이다(그림 4-3 참조).

그림 4-2 프루사 i2

프루사 i3 모델은 렙랩 기반의 키트 중에서 가장 많이 판매된 모델로, 현 시점에서 사용자가 가장 많은 3D 프린터다. 가장 큰 장점은 조립이 쉽다는 점인데, 특히 Z축의 구조가 간단하다. 또한 i2보다 부품 수를 줄였기에 종종 200달러 아래로 판매되는 경우도 있을 정도로 저렴하다. 대신 그만큼 구조적으로 불안한 부분이 있는 것이 단점이다. 이 때문에 숙련된 사용자들은 프루사 i3의 구조 보강을 위해 다양한 개선책을 내놓고 있다. 렙랩에도 'Prusa i3 Rework'와 같이 몇 가지 개량된 버전이 공개돼 있다(http://www. reprap. org/wiki/Prusa_i3_Rework 참조).

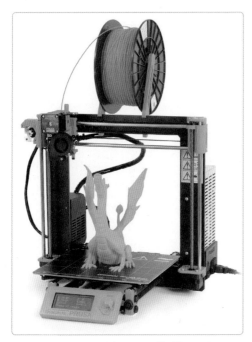

그림 4-3 요세프 프루사가 2016년 출시한 프루사 i3 MK2

한편 요세프 프루사는 프루사 i3의 단점들을 보완하고, 여러 가지 기능을 추가한 **프루사 i3 MK2**를 2016년 출시했다. 이 제품은 원조 개발자이기도 한 그의 고심이 묻어나는 역작이라고 할 수 있는데, 600~1000달러 정도로 키트로서는 가격이 비싼 것이 흠이지만, 키트라고 보기 어려울 정도의 안정성과 편의성, 출력 품질을 자랑한다. 추가 비용을 내면 완제품 형태로도 구매가 가능하지만, X/Y/Z축 자동 교정 기능을 지원하므로 키트를 직접 조립한 사람들도 품질에 큰 차이 없이 사용할 수 있다는 것이 특징이다. 또한 확장성이 높은 것도 큰 장점이다. 오픈소스 프린터의 상징답게 여러 종류의 슬라이서에서 기본 설정을 지원하는 것은 물론이고, 멀티 헤드를 사용하기 위한 전용 보드와 애드온을 추가로 구매할 수 있다. 뿐만 아니라 2017년경에 이어 출시된 '프루사 i3 MK2S'와 '프루사 i3 MK3'으로의 업그레이드 키트도 제공하고 있다.

그림 4-4 개선된 기구부와 자동 교정 기능을 바탕으로 최대 출력 크기를 가득 채운 프루사 i3 MK2. 이론적인 최대 크기를 실제로 출력하기는 쉽지 않다.

최저가 3D 프린터, Anet A8

오리지널 프루사뿐만 아니라, 비슷비슷한 변형 모델들이 중국의 저가 제조사들을 중심으로 다양하게 판매되고 있다. 특히 Anet 사[1]에서 내놓은 **Anet A8**은 해외 직구를 통해 20만 원대의 믿을 수 없을 정도로 저렴한 가격으로 구매할 수 있다. 그럼에도 불구하고 프루사 i3의 기본적인 구성을 충실히 따르고 있어 전 세계 사용자에게 큰 인기를 끌고 있다.

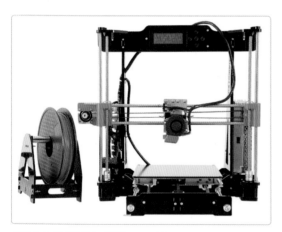

그림 4-5 최저가 3D 프린터, Anet A8

---

1 http://www.anet3d.com/

이처럼 사용자들이 많은 덕분에 다양한 사용 노하우와 업그레이드 아이디어를 접해 보기 쉬운 것이 Anet A8의 또 다른 장점이다. 대표적인 업그레이드 사례는 아크릴로 된 프레임을 알루미늄 프로파일로 대체하는 것으로, 사용자들은 이렇게 개조한 제품을 'AM8'으로 호칭한다(이 장과 8장에서 몇 가지 업그레이드 방법을 소개할 것이다. https://all3dp.com/1/anet-a8-upgrades-mods/를 참조해도 좋다). 그러나 업그레이드 요소가 많다는 것은, 바꿔 말하면 원하는 품질을 끌어내기까지 그만큼 손이 많이 간다는 뜻도 될 수 있다.

그림 4-6 Anet A8을 AM8로 개조한 모습

분명히, 3D 프린터를 직접 만들면서 배워 보고 싶은 입문자라면 Anet A8만큼 좋은 선택도 없을 것이다. 가장 저렴하게 3D 프린터를 구매할 수 있고, 혹시나 문제가 생기더라도 여러 커뮤니티를 통해서 쉽게 해결책을 찾을 수 있다. 여러 가지 업그레이드를 통해서 나날이 발전하는 프린터를 지켜보는 재미는 덤이다. 그 과정에서의 고생을 즐길 자신이 있다면 Anet A8에 한번 도전해 보자.

> 🔧 TIP Anet A8로 3D 프린터의 세계에 입문하는 사람이라면, 해외 직구 대신 Anet 사의 국내 총판인 '메카솔루션'(http://smartstore.naver.com/sondori)에서 구매할 것을 권장한다. 배송이 빠르고 A/S와 가이드북 등의 서비스를 받을 수 있으므로 초기 불량이나 고장이 발생했을 때 훨씬 부담이 적다.

제페토 프루사 아크릴

국내에서도 프루사 기반의 키트들이 여럿 개발, 판매되고 있다. 제페토(http://xepetto.com/)의 프루사 아크릴은[2] 이름에서 짐작할 수 있듯이 프루사 i3의 주요 부품을 대부분 두꺼운 아크릴로 대체한 것으로, 그만큼 구조적으로 튼튼한 것이 장점이다. 아크릴 기반의 키트 중에서는 가장 튼튼하다고 해도 과언이 아니다. 또한 Z축 기구부에 리드 스크류를 채택하였으며, 출력 부품과 케이블 타이를 거의 사용하지 않아 그만큼 내구성이 높고 출력이 안정적이다. 풀 메탈 핫엔드와 오토 레벨링을 추가하는 등 하드웨어와 편의성 측면에서 많은 개선이 이뤄졌다. 조립 과정이 상당히 까다로운 것이 단점이지만, 대신 수백 페이지 규모로 상세한 조립 매뉴얼이 제공된다. 키트 조립에서는 매뉴얼의 부실함 탓에 문제가 생기는 경우가 많다는 것을 생각하면, 전례없이 상세한 제페토 프루사 아크릴의 조립 매뉴얼은 분명히 초보자들에게 크게 환영받을 만한 요소다.

그림 4-7 *제페토 프루사 아크릴*

----

2 내써팜에서 판매되는 제품은 단종되었다.

XZ-Y 방식 완제품, 3DWOX 시리즈

대부분의 XZ-Y 방식 프린터는 키트로 판매되고 있지만, 완제품 형태로 판매되는 제품들도 드물게 있다. 조립에 어려움을 느끼는 초보자라면 가격은 비싸더라도 진입 장벽이 낮은 완제품을 사용해 보는 것도 좋을 것이다. 예를 들어 중국의 저가 프린터 제조사 완하오는 프루사 i3을 조립하여 완제품 형태로 출시한 '완하오 듀플리케이터 i3'을 판매하고 있다. 사무기기와 잉크 프린터로 유명한 신도리코는 XZ-Y 방식 완제품 **3DWOX 시리즈**를 출시하였는데, 2016년 개발한 '3DWOX DP200'에 이어 출력 품질과 사용자 편의성이 개선된 'DP201'을 선보였다. 이어서 2017년 말에는 멀티 헤드 기능을 지원하는 **3DWOX 2X**와, DP201의 보급형 모델이라고 할 수 있는 '3DWOX ECO'를 출시했다.

DP201에서 가장 눈에 띄는 점 중 하나는 플렉시블 베드다. 출력이 끝난 후 베드를 탈착하여 부드럽게 구부리면 출력물을 쉽게 떼어낼 수 있으므로 편리하고 안전하다. 플렉시블 베드는 DP201 외에도 3DWOX 시리즈 대부분에 탑재되어 있다. 그 밖에도 풀컬러 터치 스크린, 반자동 레벨링, 필라멘트 자동 공급 기능 등 다양한 사용자 편의 기능을 충실하게 갖추고 있으며, 익스트루더 교체와 같은 정비가 간편하다. 하지만 전용 필라멘트 카트리지를 사용하므로 사용할 수 있는 소재가 기본적인 PLA, ABS 등으로 제한되며, 유지 비용이 비싼 편이다. 제품마다 지원하는 재료에 차이가 있으므로 구매 전에 확인해 보는 것이 좋다.

그림 4-8 멘델 방식 완제품, DP201. 제품 전면과 상단의 투명한 창과 LED로 내표되는 미려한 디자인은 3DWOX 시리즈의 상징이라고 할 수 있다.

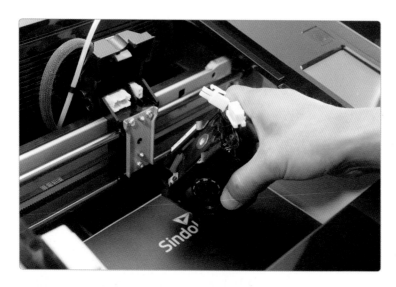

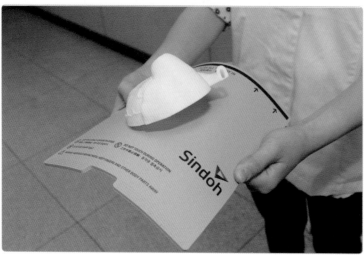

그림 4-9 3DWOX 시리즈는 프린터헤드 탈착이 간편하여 정비성이 높은 편이다(위). DP201의 플렉시블 베드를 구부려 출력물을 쉽게 떼어내는 모습(아래).

XZ-Y 방식 프린터의 구조

이제부터 프루사 i3을 기준으로 XZ-Y 방식 프린터의 구조와 작동 원리를 알아볼 것이다. 앞서 살펴본 것처럼 다양한 유사 제품들이 존재하지만, 프루사 i3의 기본적인 형태는 모두 동일하다.

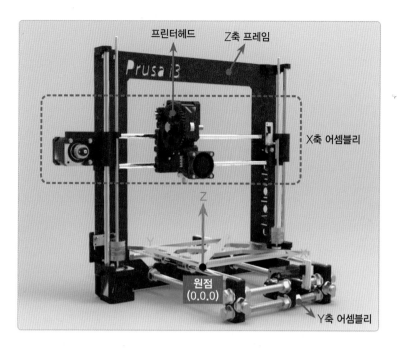

프린터헤드   Z축 프레임

X축 어셈블리

원점
(0.0.0)

Y축 어셈블리

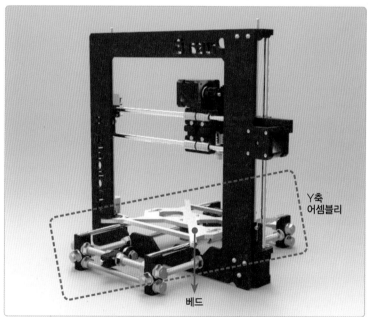

Y축
어셈블리

베드

그림 4-10 일반적인 프루사 i3의 구조

프루사 i3은 처음부터 쉬운 제작을 모토로 설계된 모델인 만큼 구조 또한 단순하다. 프루사 i3의 구조는 X, Y, Z축으로 나눌 수 있다. 프루사 i3의 Y축은 프린터 전체를 지지하는 바닥 프레임의 역할을 하며, 여기에는 베드를 Y축 방향으로 움직이는 메커니즘이 결합되어 있다. 프린터헤드는 X축 어셈블리 안에 포함되어 있으며 X축 방향으로 움직인다. 이 X축 어셈블리 전체가 Z축을 따라 이동함으로써 프린터헤드가 X, Z축 방향으로 움직일 수 있게 된다.

프레임

프루사 i3의 프레임은 단순한 구조로 되어 있다. 전산 볼트 여러 개로 직육면체 모양의 Y축 프레임을 만들고, 그 위에 사각형 판재를 세운다. Z축 방향의 연마봉과 스크류 등은 판재 위에 고정된다. 이러한 방식은 조립이 쉽다는 장점이 있지만, Z축 구조가 다소 불안정하다는 점이 지적되곤 한다. 때문에 Anet A8처럼 뒤에 박스 형태로 보강판을 대어 구조를 개선한 제품들도 있다. 이러한 구조가 없는 경우 직접 전산 볼트로 지지대를 만들어 사용하는 경우도 있다.

그림 4-11 Z축 프레임 뒤에 전산 볼트를 덧댄 모습(왼쪽)과 처음부터 Z축 보강판이 포함되어 있는 Anet A8(오른쪽). 프루사 i3 특유의 Z축 흔들림 문제를 줄일 수 있다.

반면 제페토 프루사 아크릴과 같이 여러 장의 아크릴 판재로 구성되어 보다 튼튼한 구조를 가지고 있는 제품도 있다. 아크릴의 두께도 8T(8mm)로 두꺼운 만큼 상당히 튼튼한 편이다. 프레임 곳곳에 규격에 맞춘 체결용 홈이 있어서 퍼즐을 맞추듯이 조립하는 방식으로, 조립 오차에 따른 프레임의 뒤틀림이 적다. 이 덕에 키트 기반의 제품임에도 불구하고 뛰어난 내구성을 자랑한다.

그림 4-12 *제페토 프루사 아크릴의 프레임 구조*

그림 4-13처럼 아크릴 부품 곳곳에 나 있는 체결용 홈과 돌기를 맞는 것끼리 끼워 맞춘 다음, M3 볼트와 너트로 조이면 매우 튼튼한 구조의 프레임이 완성된다. 그러나 기본적으로 아크릴 부품의 숫자가 많고 형상이 복잡한 탓에 구분하기가 쉽지 않을 수 있다.

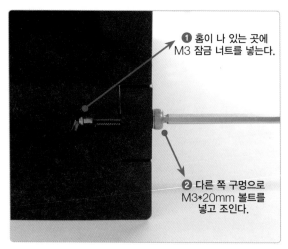

❶ 홈이 나 있는 곳에
M3 잠금 너트를 넣는다.

❷ 다른 쪽 구멍으로
M3*20mm 볼트를
넣고 조인다.

그림 4-13 *아크릴 부품의 체결 방법*

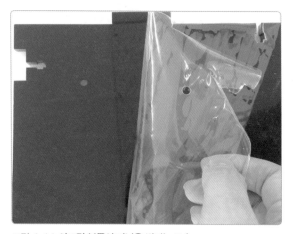

그림 4-14 *아크릴 부품의 비닐을 벗기는 모습*

> **TIP** 레이저 가공된 아크릴 부품에는 일반적으로 표면 보호용의 비닐이 붙어 있다. 미관상으로도
> 보기 좋지 않을 뿐 아니라, 비닐이 조립을 방해할 수도 있으므로 조립하기 전에 꼭 비닐을 벗
> 겨놓도록 하자.

아크릴 프레임 자체의 한계에 아쉬워하는 사람들은 주요 골조를 알루미늄 프로파일로 대체
하기도 한다. 앞서 소개한 바 있는, Anet A8의 업그레이드 버전인 AM8이 대표적인 사례

다. 싱기버스에 공개된 도면을 토대로 필요한 부품을 구매해 직접 개조하는 방식으로, 아크릴 프레임에 비해서 훨씬 안정적인 기구부가 출력 품질 향상에 큰 도움이 되기 때문에 많은 사용자들에게 인기를 얻고 있다(https://www.thingiverse.com/thing:2263216 참조). 최근에는 업그레이드용 부품만 따로 판매하는 경우도 있어 작업 난이도가 더 줄었다 (http://smartstore.naver.com/sondori/products/2617539175 참조). 알루미늄 프레임의 가격을 포함해도 30만 원이 채 안되는 저렴한 가격은 Anet A8만이 가능할 것이다. Anet A8을 조립했다면 어느 정도 감각이 생겼을 것이므로, 업그레이드에 필요한 출력 부품을 직접 출력해서 도전해 보자.

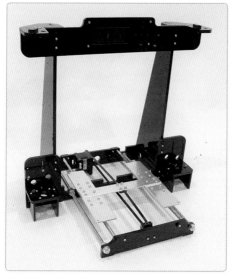 

그림 4-15 Anet A8의 아크릴 프레임(왼쪽)과 알루미늄 프로파일로 구성된 AM8 프레임(오른쪽)

한편 Creality사의 Cr-10S와 같이 처음부터 알루미늄 프로파일로 설계된 제품들도 있다. 반조립 상태로 배송되므로 조립이 간단하고, 튼튼한 프레임을 바탕으로 300×300×400mm의 큰 출력 크기를 안정적으로 지원하므로 대형 출력이나 출력 대행 서비스에도 유용하게 쓰인다. Anet 사에서도 유사한 구조의 Anet E12 등을 출시하였으며, Cr-10S에는 다소 못 미치는 성능이지만 훨씬 저렴하다는 점에서 차별화되는 제품이다.

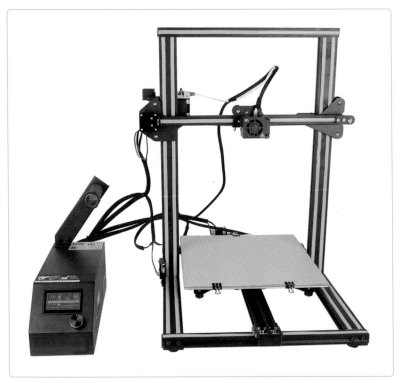

그림 4-16 튼튼한 구조와 큰 출력 크기로 많은 인기를 얻고 있는 Cr-10S

Y축

Y축 프레임은 Y축의 구동 메커니즘이 결합되는 곳이므로 튼튼하게 조립되어야 하며, 프린터 전체를 받치고 있는 부위인 만큼 수평도 잘 맞아야 한다. 그림 4-17에는 XZ-Y 방식의 Y축 기구부 구조의 한 예시가 나와 있다. Y축 프레임의 한쪽 끝에는 스텝 모터와 벨트풀리가 체결되어 있고, 반대쪽 끝에는 텐셔너가 위치해 있다. 벨트는 이들을 한 바퀴 감싼 다음 로워 플레이트의 벨트 고정부에 연결되며, 로워 플레이트와 체결된 리니어 베어링은 연마봉 위를 따라 움직이게 된다. 이 구조는 모든 XZ-Y 방식에서 동일하게 사용하는 기본적인 구조다.

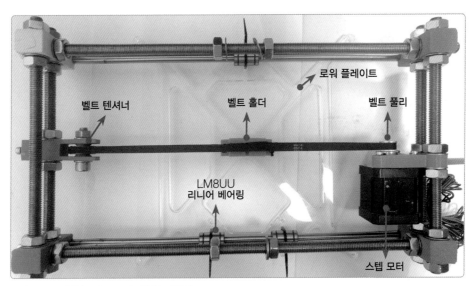

로워 플레이트

벨트 텐셔너   벨트 홀더   벨트 풀리

LM8UU
리니어 베어링

스텝 모터

그림 4-17 *프루사 i3 Rework의 Y축 기구부*

조립 시에는 전산 볼트에 너트와 와셔, 출력 부품을 차례로 삽입한 다음, 조립 간격을 맞춰 너트를 돌려 고정시킨다. 제대로 조립하면 무척 튼튼하지만, 여기에는 몇 가지 단점도 있다. 예컨대, 조립이 익숙치 않은 사람이라면 중간에 들어가야 할 너트 한두 개를 빠뜨린 채로 조립하는 실수를 하기 쉽다. 이렇게 되면 처음부터 다시 조립을 해야 하는 불 상사가 생긴다. 또한 매뉴얼에서 제시하는 조립 간격을 정확히 지키지 않으면 부품이 조금씩 어긋나 나중에 큰 문제로 발전할 수 있다. 그런데 문제는 별다른 표식도 없이 수평자에 의존해서 간격을 맞추기가 생각보다 까다롭다는 것이다. 때문에 Anet A8과 같은 최근의 키트들에서는 프레임을 전산 볼트와 아크릴 판재로 같이 구성하고, 체결용 홈들을 두어 간격을 맞추기 쉽게 하는 경우가 많다.

그림 4-18 Anet A8의 Y축

> TIP 출력 부품을 비롯한 플라스틱 부품을 체결할 때는 볼트나 너트를 너무 많이 돌려 부품이 깨지는 일이 없도록 주의한다. 와셔를 끼우는 것도 잊지 말아야 한다.

이제는 세부적인 부분을 조금 더 자세히 들여다보자. 많은 저가형 키트에서 흔하게 볼 수 있는 것 중 하나는 부품 체결용 케이블 타이다. 케이블 타이는 가격이 매우 저렴할 뿐 아니라 사용하기 쉽고 적당히 튼튼하다는 점에서 굉장히 유용하다.

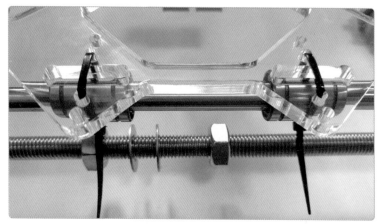

그림 4-19 프루사 i3 Rework의 로워 플레이트와 LM8UU 베어링이 케이블 타이로 체결된 모습

그러나 한 번의 출력에도 수백, 수천 번씩 움직이는 기구부를 케이블 타이만으로 고정하는 게 안정적으로 보이지 않을 수도 있다. 물론 이러한 방식에는 장점도 있다. 단단하게 고정되지 않는다는 것은 바꿔 말하면 그만큼 여유가 있다는 뜻이므로, 축 정렬이 약간 틀어졌더라도 그 오차를 충분히 보상해 줄 수 있기 때문이다.

> 🔌 TIP 케이블 타이는 조립 과정에서 발생하는 오차를 보상해 줄 수 있는 간단하고도 효과적인 수단이다. 롱노우즈나 펜치 등의 공구를 사용해 케이블 타이를 최대한 당기며 조여야 튼튼하게 결합된다.

그러나 케이블 타이의 고질적인 내구성 문제 때문에 최근에는 케이블 타이 대신 베어링 유닛과 볼트를 사용해서 체결하는 방식이 많이 사용된다. Anet A8에 사용된 SC8UU는 LM8UU 리니어 베어링과 내경이 같지만, 케이스가 씌워져 있어 M4 볼트로 고정할 수 있다. 잘 조립된다면 케이블 타이보다 훨씬 안정적이며, 가격도 그리 비싸지 않다. 제페토 프루사 아크릴 역시 SC8UU 베어링과 SK8 연마봉 서포트 등의 규격 부품을 사용하므로 구조가 튼튼하고 안정적이다.

그림 4-20 *제페토 프루사 아크릴에 사용되는 규격 부품들. 왼쪽부터 SC8UU, SHF8, SK8이다.*

그러나 볼트를 이용해 부품을 체결할 때는 서두르면 안 된다. 볼트를 아무렇게나 꽉 조여 고정시키면 축 정렬이 틀어져 진동과 소음의 원인이 될 수 있다. 가령, 여러 개의 볼트를 이용해 SC8UU를 로워 플레이트에 체결하는 경우에는 우선 볼트들을 가볍게 끼워놓기만 하도록 한다. 그런 다음 볼트를 한두 개씩 조여나가되, 볼트를 고정시킬 때마다 로워 플레이트를 손으로 살짝 밀어 앞뒤로 움직여 본다. 기구부를 손으로 가볍게 밀었을 때 부드럽게 잘 움직인다면 일단 충분하다. 그렇지 않고 뻑뻑하게 움직인다면 축 정렬이 잘못된 것이다.

> **TIP** 축을 평행하게 정렬하는 것은 모든 기계 조립의 핵심이다! 특히 볼트로 체결할 때는 볼트를 하나 하나씩 조여나가며 신중하게 작업한다.

그림 4-21 *제페토 프루사 아크릴의 벨트 풀리를 스텝 모터에 결합하는 과정*

한편, 키트의 종류와 관계없이 벨트 풀리를 스텝 모터의 회전축에 결합할 때는 방향에 주의해야 한다. 벨트 풀리는 측면에 삽입된 한두 개의 볼트를 이용해 고정한다. 스텝 모터의 회전축은 단면이 D자 형태로 깎인 모습을 하고 있는데, 이는 커플러나 기어의 체결을 안정적으로 하기 위함이다. 이를 D컷이라고 하며, 벨트 풀리의 볼트가 D컷 부분을 향하도록 삽입해야 단단히 고정된다.

> **TIP** 벨트 풀리나 압출 기어를 스텝 모터에 고정할 때에는 벨트 풀리의 한쪽 무두 볼트가 스텝 모터 회전축의 D컷된 평평한 부분에 고정될 수 있도록 삽입해야 한다.

벨트 전달 방식에서 가장 중요한 것은 벨트의 장력 조절이다. 이 작업은 3D 프린터 조립에서 상당히 까다로운 부분 중 하나다. 벨트가 너무 느슨하면 이송 정밀도가 떨어지고, 벨트를 너무 팽팽하게 조이면 진동이 심해지거나 제대로 작동하지 않을 수 있다. 벨트 장력이 적당한지 확인하고 싶다면 로워 플레이트를 손으로 잡고 빠르게 앞뒤로 움직여 보면 된다. 움직임이 부드럽지 않고 턱턱 끊긴다면 벨트의 장력이 너무 헐거운 것이다. 텐셔너를 이용해 장력을 조절하고, 부족하다면 벨트를 다시 풀러서 한두 칸 정도 여유롭게 고정한다.

> 📌 **TIP**　　벨트의 장력은 텐셔너나 벨트 스프링으로 조절할 수 있다.

X축과 Z축

베드를 움직이는 Y축을 다 조립했다면, 이제는 프린터헤드를 움직일 X축을 살펴볼 차례다. X축 어셈블리 전체는 Z축 방향으로만 이동한다. X축 어셈블리에는 프린터헤드가 같이 결합되어 있으며, 어셈블리에 포함된 X축 방향의 구동 메커니즘에 의해 X축 운동을 한다. 이로써 프린터헤드가 X축과 Z축 방향으로 운동할 수 있는 것이다. 그림 4-22는 Anet A8의 X축과 Z축 어셈블리를 보여주고 있다. X축 모터와 타이밍 벨트로 연결된 프린터헤드는 X축 방향으로 움직인다. X축 어셈블리 전체는 스크류에 의해서 Z축 방향으로 움직이게 된다.

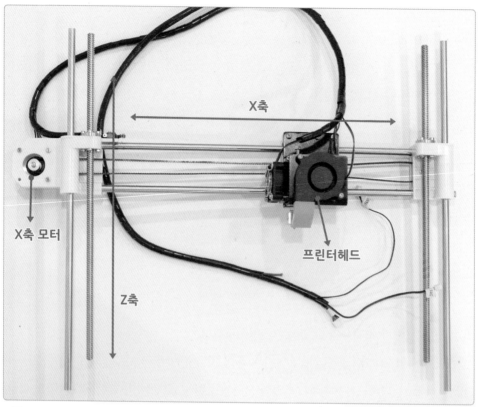

그림 4-22 *Anet A8의 X축과 Z축*

따라서 프루사 i3의 X축을 조립할 때는 X축 방향뿐만 아니라 Z축 방향의 정렬에도 신경써야 한다. 즉, 프루사 i3과 같은 구조에서는 X축과 Z축을 동시에 조립한다고 생각하는 것이 좋다. 그림 4-23은 X축을 조립하고 Z축과 결합한, 전형적인 프루사 i3의 조립 과정이다. 출력 부품에 억지끼워맞춤으로 연마봉을 고정시킨 단순한 구조로 되어 있기 때문에, 아예 이렇게 X축과 Z축을 한꺼번에 조립하면서 축 정렬을 맞춰나가는 것이다.

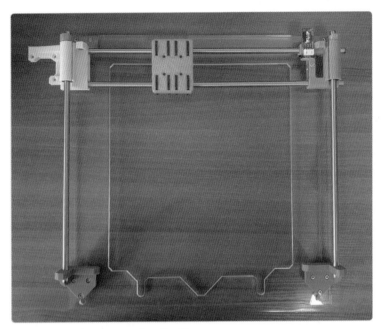

그림 4-23 *프루사 i3 Rework의 XZ축 조립*

Anet A8은 X축에 플라스틱 성형 부품을 사용하고, 억지끼워맞춤이 아닌 연마봉을 삽입한 다음 무두 볼트를 조여 고정하는 방식을 채택하고 있다. 따라서 Z축을 먼저 조립한 후에 X 축 연마봉과 부품들을 끼워넣어 X축을 완성하는 방법이 조금 더 편리하다. 간략한 조립 과 정이 그림 4-24에 나타나 있다. 먼저 프레임에 Z축 연마봉과 모터를 결합하고, 미리 조립 한 X축 왼편과 오른편 어셈블리를 삽입한다. 그 다음 X축 연마봉을 끼워넣는데, 이때 프린 터헤드를 결합할 SC8UU 베어링을 같이 삽입해 둔다. 마지막으로 Z축 스크류를 삽입하고, 커플링에 고정한다.

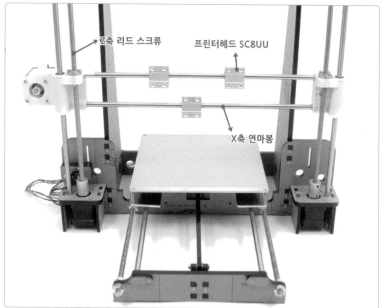

그림 4-24 Anet A8의 X축과 Z축 조립 과정

이때 주의해야 할 것은 X축 연마봉을 삽입하는 방법이다. X축 연마봉을 삽입할 때는 X축 왼편과 오른편의 삽입구에 있는 무두 볼트를 풀어준 상태에서, 연마봉을 최대한 깊게 삽입한 후 무두볼트를 다시 조여준다(그림 4-25 참조). X축 연마봉이 X축 왼편과 오른편 사이의 간격을 유지하는 역할도 하기 때문에 이 부분에서 무두볼트를 고정시키지 않거나, 연마봉을 끝까지 삽입하지 않는 등의 실수가 있으면 Z축의 정렬이 틀어지고 전체적인 출력 품질에 영향을 미치게 된다.

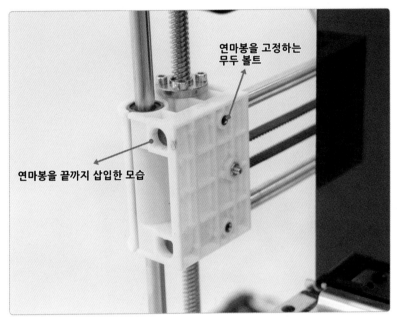

그림 4-25 *Anet A8의 X축 연마봉 조립*

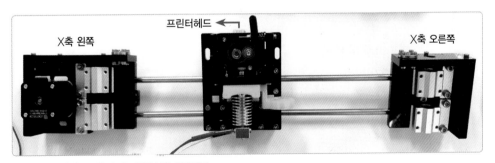

그림 4-26 *제페토 프루사 아크릴의 X축 어셈블리*

제페토 프루사 아크릴의 경우, 가장 조립이 까다로운 부분이 X축이다. 아크릴 부품과 베어링 등을 차례로 결합해 X축 어셈블리를 만들어야 하기 때문에 Anet A8과는 다르게 X축을 어느 정도 만들어 놓은 상태에서 Z축을 조립하게 된다.

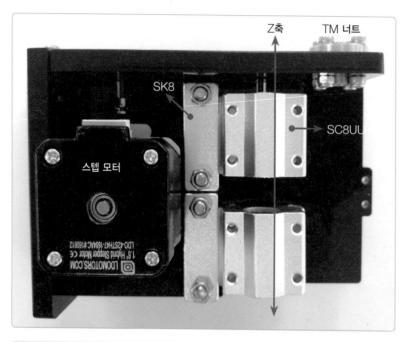

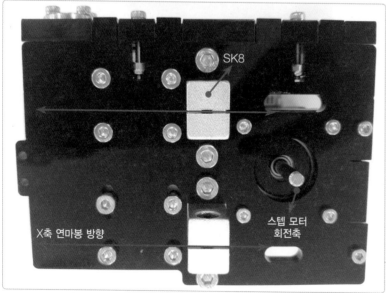

그림 4-27 *제페토 프루사 아크릴의 X축 왼쪽*

SK8 연마봉 서포트는 X축 방향 연마봉을 고정하는 역할을 한다. 가운데 홈에 연마봉을 삽입하고 볼트를 돌려 조임으로써 고정시킨다. SC8UU와 TM 너트는 Z축 방향을 향한다. TM 너트는 X축에 고정되어 있으며, 리드 스크류와 맞물려 스크류의 회전에 의해 X축 어셈블리를 Z축 방향으로 움직이는 역할을 한다. 체결 방향을 틀렸다가는 처음부터 다시 조립하는 불상사가 생길 수 있으니, 매뉴얼을 보면서 꼼꼼히 작업해야 한다.

그림 4-28 *제페토 프루사 아크릴에서의 리드 스크류 삽입 모습*

리드 스크류는 X축 어셈블리를 지지하고 Z축 방향으로 이송하는 역할을 한다. 초창기에는 저렴한 전산 볼트를 사용한 제품들도 있었지만, 리드 스크류가 이송 안정성이 높고 소음이 작으므로 최근에는 거의 대부분의 제품에 리드 스크류가 사용되고 있다.

그림 4-29 *커플러 고정*

리드 스크류나 전산 볼트를 커플러에 고정할 때는 스크류를 손으로 잡아당기지 않아도 자연스럽게 커플러의 구멍으로 삽입되게끔 스텝 모터의 위치를 약간씩 조정해야 한다. 이렇게 축을 정렬하는 작업이 끝나면 커플러의 무두 볼트를 조여 고정한다. 이때는 벨트 풀리와 마찬가지로 무두 볼트가 스텝 모터 회전축의 평평한 부분에 닿도록 해야 한다.

그림 4-30 *리드 스크류와 모터가 일체형으로 되어 있는 프루사 i3 MK2*

Z축 스크류와 연마봉의 축 정렬은 출력 품질에 적지 않은 영향을 미친다. 이 때문에 아예 모터의 구동축에 리드 스크류가 일체형으로 붙어 있는 스텝 모터를 사용하는 경우도 있다 (그림 4-30 참조). 커플링 불량으로 인한 문제를 예방할 수 있고 잘 조립했을 경우 출력 품질이 크게 향상된다. 그러나 부품 가격이 비싸서 쉽게 적용할 수 없고, 설계 단계에서부터 세심한 고려가 없으면 조립 시에 오히려 오차가 커지는 경우도 발생할 수 있다.

> **TIP** 축 정렬은 언제나 중요하지만, 스크류 방식에서는 특히 더 그렇다. Z축 스크류와 연마봉은 정확히 평행을 이루어야 한다. 플렉시블 커플러를 손가락 하나로 돌렸을 때 양쪽 모두 부드럽게 돌아간다면 큰 문제는 없다.

프린터헤드

이제 프린터헤드를 조립하면 프린터의 하드웨어는 완성된다. 프린터헤드는 앞서 3장에서 살펴본 대로 콜드엔드와 핫엔드로 구성되며, 이를 X축 방향으로 움직이기 위한 벨트와 베어링 등을 차례로 결합한 구조로 되어 있다. 여러 가지 부품이 좁은 곳에 유기적으로 체결되어야 하므로, 프린터헤드가 얼마나 잘 설계되고 조립되었는지가 중요한 요소다.

> **TIP** 프린터헤드를 미리 조립해도 되지만, X축과 Z축을 조립하다가 부품이 파손될 수 있으므로 그 후로 미루는 것이 좋다.

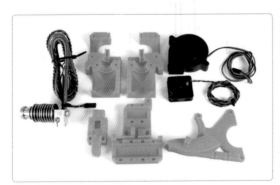 

그림 4-31 *프루사 i3 MK2의 프린터헤드*

프루사 i3 MK2는 전통적인 방식대로 여러 개의 출력 부품을 결합하여 만들어진다. 이런 방식은 비용 절감과 사용자들이 자유롭게 개조할 수 있다는 장점이 있지만, 출력 부품의 품질이 나쁠 경우 정밀도가 크게 떨어질 수 있다. 유명한 E3D V6 핫엔드를 기본적으로 탑재하였으며, 오토 레벨링을 위한 근접 센서와 직결식 익스트루더가 컴팩트하게 설계되어 있다.

한편 Anet A8의 프린터헤드는 금속 프레임을 사용하며, 스텝스트루더 타입으로 설계되어 공간을 적게 차지하고 조립 과정이 단순하다. 출력물을 냉각하기 위한 블로워 팬 1개와, 핫엔드로부터 올라오는 열을 식히기 위한 쿨링 팬 1개가 부착된다. 이 쿨링 팬이 익스트루더 전면을 가리는 구조이므로, 필라멘트를 교체할 때 불편함을 느끼는 사용자들은 쿨링 팬을 편하게 착탈할 수 있도록 그림 4-33처럼 개조하기도 한다.

그림 4-32 A8의 프린터헤드(왼쪽). 뒷면에는 프린터헤드를 움직이기 위한 베어링과 벨트가 결합된다(오른쪽).

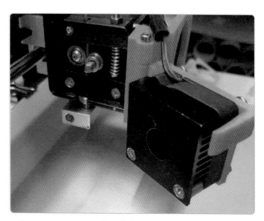

그림 4-33 Anet A8의 프린터헤드를 개조한 모습. 쿨링 팬을 여닫을 수 있도록 해서 필라멘트를 교체할 때 편리하다.

제페토 프루사 아크릴은 프린터헤드의 크기가 다소 크고 조립이 까다롭지만, 제대로만 조립할 수 있으면 튼튼한 구조와 여유로운 확장성을 겸비한 만큼 좋은 성능을 발휘할 것이다. E3D V5 핫엔드와 오토 레벨링 장치를 기본으로 채택하고 있는 것도 장점이다.

그림 4-34 *제페토 프루사 아크릴의 프린터헤드*

02 | XY-Z 방식

XY-Z 방식의 제품

XY-Z 방식을 채용한 프린터를 찾아보기는 어렵지 않다. 얼티메이커, 메이커봇, 조트랙스 등 세계적으로 인지도 높은 제조사들부터 시작해서 중국의 저가 프린터 제조사들에 이르기까지, 대부분의 완제품 3D 프린터는 XY-Z 방식을 사용하고 있다. 반면에 XY-Z 방식의 조립 키트는 앞서 소개한 XZ-Y 방식에 비해 그다지 많이 판매되고 있지 않다. 이는

XY-Z 방식 자체의 개발 및 조립 난이도가 높은데다 가격도 비싼 편이기 때문이다. 때문에 시중에 보급된 XY-Z 방식 3D 프린터의 대부분은 완제품이다.

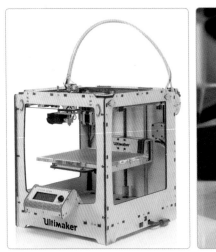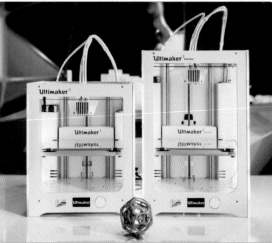

그림 4-35 3D 프린터 시장을 풍미하고 있는 얼티메이커 시리즈. 얼티메이커 오리지널(왼쪽)은 한때 키트로 판매되었다. 현재는 멀티 헤드를 적용한 얼티메이커 3과 3 Extended(오른쪽)가 완제품으로 판매되고 있다.

그림 4-36 XY-Z 방식 완제품 중 높은 가성비를 자랑하는 큐비콘 스타일

프루사 시리즈가 3D 프린터를 대중에 보급하는 데 혁혁한 공을 세운 것은 분명하지만, 아무래도 전통적인 XY-Z 방식에 비해서는 다소 안정성이 떨어지는 흠이 있었다. 이 때문에 XY-Z 방식 키트에 대한 메이커들의 수요는 꾸준히 존재해 왔으며, 최근 들어서야 이러한 기대에 부응해 국내외에서 몇몇 제품들이 출시되고 있다.

메이킹툴의 **코어 시리즈**도 그중 하나다. 200×200×200mm의 출력 공간을 가진 **코어 200**을 시작으로 출력 크기가 확대된 코어300, 코어500Z 등 다양한 제품들을 개발하고 있는 메이킹툴은 규모가 작은 편인 XY-Z 방식 키트 시장에서도 후발 주자에 속하지만, 그만큼 충실하게 개선된 제품을 선보였다. 출력 부품의 사용을 최소화하고 정밀 가공된 금속제 프레임으로 대체하여 내구성과 정밀도가 향상되었으며, 그럼에도 불구하고 가격이 저렴한 편이다. 국내에서 막 3D 프린터에 대한 KC 인증 이슈가 불거지기 시작했을 때, DIY 3D 프린터로서는 빠른 시기에 KC 인증을 취득하는 등 사용자 안전에도 주의를 기울이고 있다. 특히 조립 편의성에 대한 배려가 돋보이는 제품으로, 조립 과정에서 문제를 일으킬 수 있는 부분을 최소화한 덕에 초보자에게도 충분히 권할 만하다.

그림 4-37 *메이킹툴 코어 200*

XY-Z 방식 프린터의 구조

지금부터는 코어200을 기준으로 XY-Z 방식 프린터의 구조와 조립 방법에 대해서 알아보자. 코어200의 상세한 조립 매뉴얼과 사용 노하우는 메이킹툴 카페(http://cafe.naver.com/makingtool)에 공개되어 있다.

그림 4-38 **코어200의 내부 구조**

XY-Z 방식 프린터들은 대체로 구조가 비슷한 편이다. 크게 세 부분으로 나눌 수 있는데, 프레임과 갠트리, 그리고 Z축 이송대가 바로 그것이다. 먼저 프레임은 XZ-Y 방식보다 훨씬 높은 견고함이 요구되므로 아크릴 판재는 잘 쓰이지 않고, 대부분 프로파일을 이용해 제작된다. 제품의 외관에 보다 신경을 쓴 제품 중에는 금속제 케이스가 프레임을 겸하도록 설계된 것도 있다. 프린터의 상부에 고정되어 있는 **갠트리**(Gantry)는 헤드의 X, Y축 운동을 담당한다. Z축 이송대 위에 장착된 베드가 Z축으로 움직이며 3차원 운동이 구현된다.

프레임

코어200은 케이스가 프레임을 겸하는 구조로 되어 있어 조립이 간단하다. 매뉴얼에 수록된 조립 순서에 따라 조립하기만 하면 된다. 이와 같은 구조의 프린터들은 대부분 철판을 사용하고 있지만, 경우에 따라 MDF 합판 또는 아크릴 판으로 되어 있는 프린터도 드물지 않다. 당연히 철제 프레임이 더 내구성이 높고 튼튼하지만, 대신 가격이 비싼 편이고 소음이 심한 단점이 있다.

그림 4-39 프레임을 겸하는 코어200의 케이스. 여러 장의 철판을 나사로 체결하여 조립한다. 전면과 상부에는 아크릴 창이 있다.

갠트리

갠트리는 XY-Z 방식 전체의 핵심적인 아이덴티티라고 할 수 있다. 갠트리라는 용어는 공사장이나 항구에서 대형 화물 운송에 사용되는 고가 이송기를 뜻하는 말이지만, 3D 프린터에서는 XY-Z 방식에서 헤드를 움직이는 메커니즘 전체를 일컫는 용어다. XY-Z 방식을 Core-XY 방식 또는 H-Bot 방식 등으로 세부적으로 분류하는 것이 바로 이러한 갠트리의 구조적 차이에서 비롯된 것이다.[3]

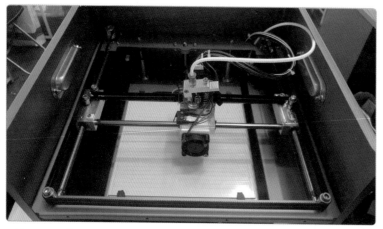

그림 4-40 **코어 200의 갠트리**

그림 4-41 **클론 K200의 갠트리와 Z축 이송대**

3 참고자료: http://reprap.org/wiki/Category:Mechanical_arrangement

그림 4-42 실제 갠트리 크레인

이 갠트리가 XY-Z 방식 프린터의 가장 큰 장점이자 단점이기도 하다. 단단하고 안정적인 갠트리는 고속 출력을 가능하게 하지만, 그만큼 구성이 복잡하고 부품이 많아 제작 난이도와 가격이 상승하게 되기 때문이다.

코어 시리즈는 Core-XY 방식을 채택하고 있다. Core-XY 방식의 갠트리는 상당히 복잡한 구조를 하고 있다. 상부 프레임을 겸하는 기본 골조 위에 스텝 모터와 베어링, 벨트 풀리 등이 체결되며, X축을 Y방향으로 움직일 Y캐리지 1쌍, 프린터헤드가 고정되는 X캐리지 1개로 구성된다. 갠트리 조립은 말하자면 벨트와의 싸움이라고 할 수 있다. Core-XY 방식의 특성상 2열의 벨트가 복잡하게 연결되므로 스텝 모터에 연결되는 벨트 풀리와 아이들러 역할을 하는 베어링들의 위치를 잘 맞춰야 하기 때문이다.

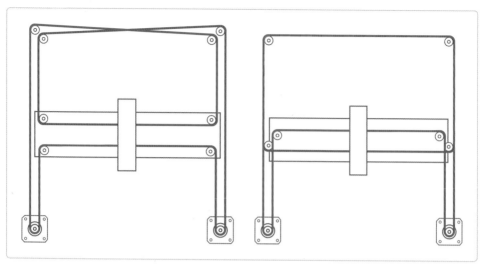

그림 4-43 벨트가 꼬이는 *Core-XY* 구조(왼쪽)와 꼬이지 않는 *Core-XY* 구조(오른쪽)

앞서 2장에서 살펴본 대로, Core-XY 방식은 기본적으로 벨트 2열이 모두 헤드에 연결되어 힘을 균일하게 전달한다는 특징을 가지고 있다. 그러나 같은 Core-XY 방식이더라도 나머지 연결 구조는 다소 다를 수 있다. 2열의 벨트가 X자 모양으로 교차되어 있는 형태가 보다 고전적인 방식이라면, 최근에는 벨트가 일렬로 배치되어 있는 프린터가 여럿 개발되고 있다(그림 4-43 참조).

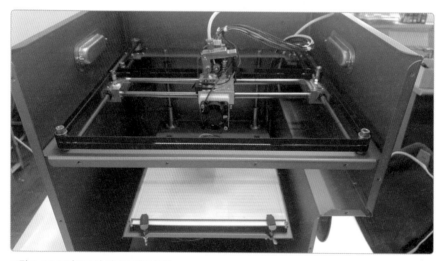

그림 4-44 코어200의 전면부 벨트 구조

Z축 이송대

Z축 이송대란 베드를 Z축 방향으로 이송하기 위한 메커니즘 전체를 가리킨다. 갠트리에 연결된 헤드가 X, Y축 방향으로 움직이며 레이어 하나를 그리면, 베드가 아래쪽으로 이동해 다음 레이어를 출력한다. 무거운 베드가 흔들림 없이 위아래로 움직여야 하므로 이송대의 지지 구조가 프린터의 출력 품질에 큰 영향을 미친다.

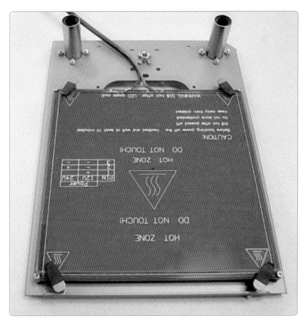

그림 4-45 코어 200의 Z축 이송대

그림 4-46 *2개의 연마봉과 리드 스크류로 지지되는 Z축 이송대*

대부분의 프린터에서 Z축 이송대는 연마봉으로 지지되며, 스크류 방식을 사용한다. 그런데 연마봉과 스크류가 모두 한쪽으로 몰려 있으면 반대편으로 처짐이 심해질 수 있다. 따라서 연마봉 2개를 앞뒤로 배치하는 경우도 있으며, LM8UU와 같은 단순한 리니어 베어링이 아니라 큰 토크를 견딜 수 있도록 설계된 LMK8LUU 리니어 베어링 등을 사용한다.

그림 4-47 *LMK8LUU 리니어 베어링*

별도의 고정용 프레임이 있어 볼트로 체결하는 구조이며, 베어링 길이 자체가 길어 이송대를 안정적으로 지지할 수 있다. 이 베어링을 단단히 고정해둬야 Z축이, 즉 베드가 앞으로 기울어지는 현상을 최소화할 수 있다.

그림 4-48 연마봉과 2개의 베어링으로 지지되는 구조

코어200은 연마봉과 스크류가 모두 뒤쪽에 위치해 있지만, 대신 LMK8LUU 베어링 2개를 위아래로 사용하여 안정성을 높였다. 뿐만 아니라 연마봉에 이미 탭 가공이 되어 있어서, 이를 고정하는 데 별도의 부품을 사용할 필요가 없다. 일반적으로 부품의 개수가 증가할수록 조립이 복잡해지고 정렬도 어려워진다는 점을 생각해 보면, 사용자를 세심하게 배려한 부분임을 알 수 있다.

조립 오차를 줄이기 위해서는 볼트를 체결할 때 신중해야 한다. 4개의 구멍이 있는 구조물을 조립할 때는 그중 2개를 대각선으로 먼저 체결하고 나머지를 조립하는 방법이 가장 문제가 적다(그림 4-49 참조).

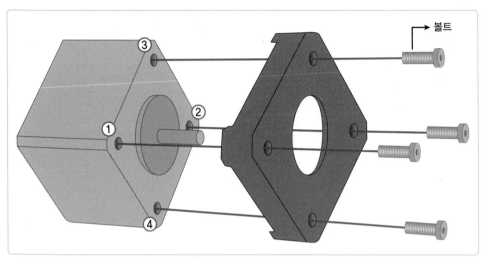

그림 4-49 볼트 체결 순서

갠트리와 Z축 이송대가 모두 완성되었다면 더 이상의 어려운 작업은 없다. 먼저 프레임에 Z축 이송대를 결합한 후, 갠트리가 결합된 상부 프레임을 위에 얹는다. 전면 프레임과 뚜껑을 덮으면 완성이다.

그림 4-50 *완성된 코어200*

03 | 델타 봇

델타 봇은 XZ-Y 방식이나 XY-Z 방식과 같은 카르테시안 봇에 비해 널리 보급된 방식은
아니다. 다른 방식보다도 사용자의 숙련도에 많은 영향을 받기 때문에 초보자에게 권하기
도 어렵다. 그럼에도 불구하고 델타 봇에게는 그만의 장점이 있다. 특히 내가 사랑해 마지
않는 장점은 공간 효율이 좋다는 것이다. 출력 크기가 같다면, 전체 프린터가 차지하는 공
간은 델타 봇이 가장 작다. 책상에 올려놓고 사용할 수 있는 진정한 데스크탑 프린터인 셈
이다. 뿐만 아니라, 높이가 높은 출력물을 만들고 싶다면 델타 봇을 사용하는 것이 가장 좋
은 선택이다. 보통 다른 방식에서는 높이가 100~300mm로 한정되는 경향이 있다. 그러
나 델타 봇은 구조상 높이를 얼마든지 높일 수 있기 때문에 높이가 300mm 이상인 제품들
도 어렵지 않게 찾아볼 수 있다.

이러한 장점들 때문에 델타 봇에 도전하는 사용자들도 많다. 그 대열에 합류하고 싶은 사람들을 위해 이 장을 준비했다.

델타 봇 제품

코셀과 로스토크

그림 4-51 **코셀**과 **로스토크**

델타 봇을 대표하는 두 가지 키트는 **코셀**과 **로스토크**다. 앞서 프루사 시리즈가 그랬듯이, 대부분의 델타 봇이 이들의 구조를 모방하고 있어 사실상 델타 봇 그 자체라고도 할 수 있다. 로스토크는 요한 로콜이 개발해 렙랩에 공개한 제품으로, 자신의 고향에서 이름을 따온 것이다. 로스토크는 여러 커뮤니티에서 많은 인기를 끌었으며, 이를 개량 또는 변형한 모델들이 여럿 공개되었다. 그중에서도 대표적인 제품이 코셀이다.

두 가지 방식에서 가장 큰 차이점은 Z축 이송 방식이다. 로스토크 방식은 전통적으로 Z축 이송대에 연마봉과 베어링을 사용하였으며, 코셀 방식은 알루미늄 프로파일을 세워 튼튼한 Z축 프레임을 만든 다음 이송 장치로 V-slot 방식 또는 LM 가이드를 사용한다. 가격 절감을 위해서 일반 롤러(풀리 방식)를 사용하기도 한다. 특히 저렴한 모델은 동력 전달을 타이밍 벨트로 하지 않고 와이어를 사용한 경우도 있었다. 이러한 방식은 출력 품질을 떨어트리는 요인이 되지만, 최근에는 3D 프린터 가격 자체가 많이 내려가면서 저가형 키트에서도 V-slot이나 LM 가이드를 채택한 경우를 흔하게 찾아볼 수 있다. 전반적으로 로스토크 방식이 조립이 더 간단하고 가격이 저렴한 반면, 구조가 튼튼하다는 이유로 코셀 방식을 더 선호하는 사람들도 있다.

애니큐빅 코셀

최근에는 중국의 저가 프린터 제조사들에서 로스토크 또는 코셀과 유사한 키트들이 많이 판매되고 있다. 그중에서도 애니큐빅 사의 **애니큐빅 코셀**은 3~40만 원대의 비교적 저렴한 가격과 준수한 품질으로 많은 사용자들에게 인기를 끌고 있다. 이름대로 코셀 방식을 채택하고 있으며, 프레임 전체가 플라스틱 성형 부품과 알루미늄 프로파일로 튼튼하게 구성된다. 코셀 키트는 대체로 알루미늄 프로파일의 조립이 까다로운 편인데, 이 제품은 프레임과 이펙터가 반조립된 상태로 출고되므로 조립할 때의 부담이 적은 편이다. 애니큐빅 코셀은 기구부에 어떤 방식을 사용했는가에 따라서 나뉘는데, 일반 풀리를 사용한 버전이 가장 흔한 편이고, 최근에는 LM 가이드를 채용하여 개선된 버전도 판매되고 있다. 애니큐빅 코셀은 해외 직구를 통해서 쉽게 찾아볼 수 있으며, 국내에서도 제페토 사를 통해서 구매할 수 있다.

그림 4-52 *애니큐빅 코셀*

Anet A4

최저가 3D 프린터의 대명사인 Anet 사에서도 **Anet A4**를 시작으로 델타 봇 제품을 내놓고 있다. Anet A4는 Z축 프레임을 연마봉이 겸하는 로스토크 방식을 채택하고 있어 조립이 간단한 편이며, 그럼에도 불구하고 튼튼한 상하부 프레임 덕분에 구조가 비교적 안정적이다. Anet 사의 제품답게 20만 원대에 불과한 저렴한 가격이 특징으로, 다른 델타 봇 키트의 가격이 부담스럽다면 충분히 도전해 볼 만하다.

그림 4-53 *Anet A4*

델타 봇의 구조

델타 봇의 구조는 카르테시안 봇에 비해 다소 직관적이지 않고 복잡하다. 본격적인 조립 과정으로 넘어가기 전에 델타 봇의 대략적인 구조와 특징에 대해 살펴보자.

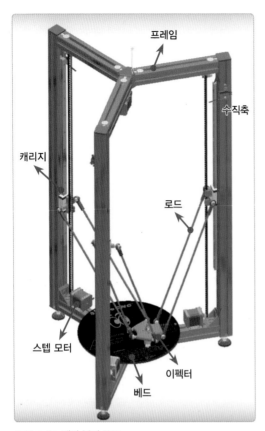

프레임

수직축

캐리지

로드

스텝 모터

이펙터

베드

그림 4-54 *델타 봇의 구조*

2장에서 설명한 바 있지만, 델타 봇은 X, Y, Z축의 직교 좌표계를 사용하지 않는다. 대신 3개의 수직 방향 구동축이 있으며, 구동축을 따라 운동하는 슬라이드 블록(Slide block), 또는 **캐리지**(Carriage)의 변위에 따라 좌표가 정해진다. 캐리지는 프로파일 또는 연마봉으로 된 Z축 이송대로 연결되며, 스텝 모터와 타이밍 벨트로 연결되어 동력을 전달받는다.

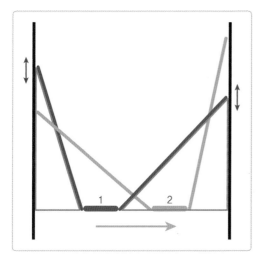

그림 4-55 델타 봇의 작동 메커니즘, 수직축의 이동이 수평 변위를 만들어낸다.

3개의 캐리지는 다시 대각선 방향의 축으로 프린터헤드와 연결된다. 이 축(로드)에는 주로 카본 파이프를 사용한다. 구동축이 3개이므로 이에 연결된 대각축 역시 3개이며, 하나의 대각축에 2개의 로드를 사용하므로, 길이가 동일한 총 6개의 로드가 캐리지와 프린터헤드 사이를 연결하는 셈이다. 이때 캐리지의 움직임에 따라 로드가 자유롭게 꺾일 수 있어야 하므로, 로드의 양끝에는 일종의 관절과 같이 2차원적으로 회전할 수 있는 **로드 엔드 베어링** (Rod end bearing)이 부착되어 있다.

그림 4-56 로드 엔드 베어링

로드의 반대쪽 끝에는 **이펙터**(Effector)가 연결된다. 바로 프린터헤드가 장착되는 부분이다. 대부분 무거운 콜드엔드를 따로 분리하는 보우덴 방식의 헤드를 탑재한다. 이와 같은 구조에 따라, 스텝 모터의 동력을 전달받은 캐리지의 움직임에 따라 프린터헤드가 3차원적으로 움직일 수 있게 된다. 베드는 바닥에 고정되어 있다.

> 🖩 **TIP**　이해가 잘 안 된다면 델타 봇 시뮬레이터(http://www.thinkyhead.com/_delta/)를 사용해 보기 바란다.

이와 같이 여러 개의 축들을 연결해야 하므로, 정확하게 조립되지 않았을 경우 그 여파가 가장 크게 나타나는 것이 델타 봇이다. 델타 봇의 조립 과정 자체는 길지 않은 편임에도 불구하고 델타 봇을 초보자에게 추천하기 어려운 이유다. 다행스럽게도 애니큐빅 코셀이나 Anet A4를 비롯해 최근에 판매되는 키트들은 핵심적인 부분이 이미 조립된 상태로 출고되므로, 너무 걱정할 필요는 없다.

로드

델타 봇에서 가장 먼저 조립해야 할 부분은 의외로 프레임이 아니라 로드이다. 로드 엔드 베어링과 카본 파이프를 접착제로 붙여서 로드를 만드는데, 그 길이를 정확하게 맞춰야 하므로 알루미늄 프로파일 위에 놓고 작업을 하기 때문이다.

로드 엔드 베어링을 카본 파이프에 결합할 때는 볼트 체결을 하지 않고 접착제를 사용한다. 카본에는 나사산을 낼 수 없을 뿐 아니라, 볼트로는 로드 엔드 베어링의 방향을 잘 맞출 수 없기 때문이다. 접착제로는 에폭시 수지 또는 순간접착제를 사용한다. 이때 3쌍의 로드는 서로 평행하게 움직여야 하므로 정확하게 같은 길이여야만 한다. 만일 길이 오차가 있다면 노즐이 그리는 출력 평면이 기울거나 비틀리게 된다. 이와 같이 로드 조립이 굉장히 까다롭기 때문에, 최근에 판매되는 키트들에서는 대부분 로드가 이미 완성되어 있는 경우를 흔하게 찾아볼 수 있다.

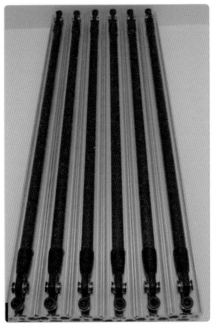

그림 4-57 *자 역할을 하는 알루미늄 프로파일. 프로파일 위에 카본 파이프와 로드 엔드 베어링을 놓고 접착제로 고정시켜 6개의 로드를 만든다.*

프레임

그렇지 않은 프린터는 없지만, 델타 봇에서는 특히 프레임 조립이 중요하다. 메커니즘 자체가 3축의 완전한 대칭을 전제로 작동하기 때문에 프레임이 틀어질 경우 출력 품질에 치명적인 영향을 줄 수 있다.

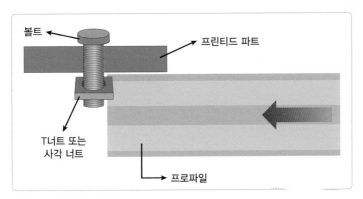

그림 4-58 *프로파일 체결법*

프로파일을 조립하는 방법은 그림 4-58과 같다. 먼저 구멍을 잘 가공한 출력 부품과 볼트, T너트 또는 사각 너트를 준비한다. 그런 다음 미리 출력 부품에 볼트와 너트를 약간만 물려 놓은 뒤, 프로파일에 너트 부분을 밀어 넣는다. 이렇게 해서 출력 부품과 프로파일들을 빈틈없이 연결해 삼각형 구조를 두 개 만든다.

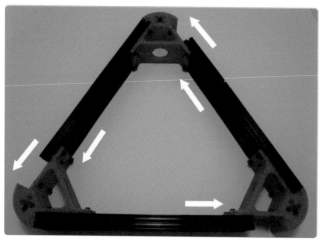

그림 4-59 **코셀 미니의 하부 프레임 조립**

프로파일과 출력 부품을 조립한 세트를 3개 만든 다음, 이를 한번에 정삼각형을 이루도록 결합하는 것이 일반적인 조립 방식이다.

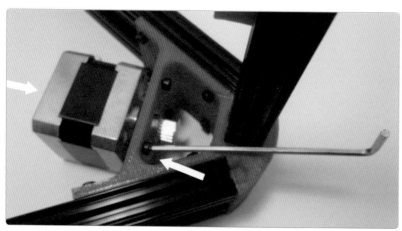

그림 4-60 **코셀 미니의 하부 프레임과 Z축 프레임, 모터를 결합하는 모습**

이제 상부 프레임에는 베어링을, 하부 프레임에는 모터를 조립한다. 이때는 와셔 등을 이용해 매뉴얼대로 베어링의 위치를 정확히 맞추어 주는 것이 중요하다. 모터를 체결할 때에는 항상 먼저 모터 축에 벨트 풀리를 끼워놓아야 작업이 편하다. 다음으로는 레일을 고정하고 프린터를 지탱할 Z축 프레임을 결합한다. 결합 후의 높이가 모두 같아지도록 하는 것이 중요하다.

애니큐빅 코셀은 코셀 미니와 유사한 구조지만, 출력 부품 대신 사출 부품을 사용하고 있다. 또한 상, 하부 프레임이 조립된 상태로 출고되어 프로파일을 조립하는 번거로움을 줄였다. 그러나 만의 하나를 대비해서, 처음 조립을 시작할 때 프로파일의 체결 상태를 한번 더 점검하고 볼트를 다시 조여주는 것이 좋다.

로스토크 방식의 Anet A4는 금속 판재로 된 하부 프레임을 채택하고 있어 조립 과정에서 발생할 수 있는 오차를 줄일 수 있다. 하부 프레임 아래에는 제어 보드와 파워 서플라이 등이 수납된다.

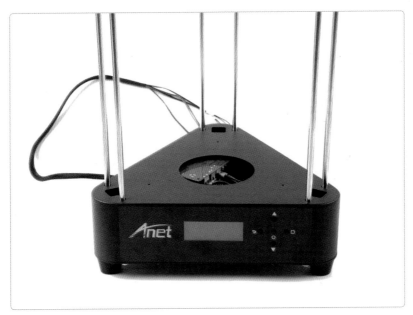

그림 4-61 *Anet A4의 하부 프레임. 견고한 철제 프레임이 프린터 하부를 지탱한다.*

캐리지와 Z축 이송대

캐리지(Carriage)는 델타 봇의 3개의 수직 구동축과 6개의 로드를 연결하는 장치다. 델타 봇의 기구부의 핵심인 만큼, 캐리지 이송 구조로 무엇을 사용하는지에 따라 델타 봇의 가격과 성능이 결정된다고 볼 수 있을 정도다.

애니큐빅 코셀의 초기 버전에서는 Z축 이송 장치로 LM 가이드 대신 프로파일을 레일 삼아 POM 베어링으로 움직이는 풀리를 사용했다. 다른 저가형 델타 봇에서도 드물지 않게 찾아볼 수 있는 방식이지만, 고속 출력에 한계가 있고 이송 정밀도가 떨어진다는 평가를 받는다. 최근에는 LM 가이드를 채용한 버전도 출시되었으며, 풀리 방식이더라도 추가 키트를 구매해서 개량할 수 있다.

그림 4-62 풀리 방식을 사용하는 애니큐빅 코셀(왼쪽). 최근에는 LM 가이드를 사용하는 버전도 출시되었다.

한편 로스토크 방식의 Anet A4는 별도의 Z축 프레임을 사용하지 않으며, 연마봉이 Z축 프레임과 이송대의 역할을 겸한다. 덕분에 조립이 간단하고 축 정렬을 맞추기도 쉽지만, 조립과 사용 과정에서 연마봉이 휘거나 손상되지 않도록 주의해야 한다. 캐리지로는 출력 부품을 사용하므로, 항상 파손에 대비해서 예비 부품을 출력해 놓는 것이 좋다.

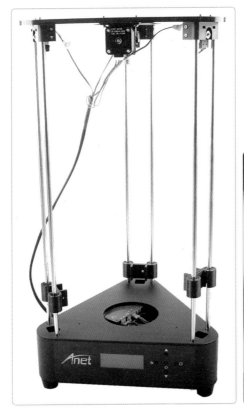
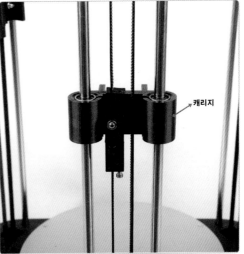
캐리지

그림 4-63 연마봉이 Z축 프레임을 겸하는 Anet A4(왼쪽). 오른쪽은 캐리지에 벨트를 연결한 모습이다.

조립 과정을 간단히 살펴보면 이렇다. 먼저 LM 가이드의 블록 위에 캐리지를 결합한다. 이어서 상부 프레임의 베어링과 하부 프레임의 스텝 모터를 거쳐 벨트를 연결한다. 델타 봇은 벨트 장력이 팽팽할수록 좋기 때문에 장력 조절을 위해 벨트 텐션 스프링을 추가하는 것도 괜찮다. 조립이 끝나면 반드시 캐리지를 이동시켜 보며 걸림이 없는지 확인해 보도록 한다.

그림 4-64 애니큐빅 코셀의 프린터헤드. 풀 메탈 핫엔드를 사용하며, 출력물을 식히기 위해 블로워 팬이 장착되어 있다. 반대편으로는 핫엔드를 식히기 위한 쿨링 팬과 통풍구가 배치된다.

마지막으로 캐리지와 이펙터, 로드를 단단히 연결해 주고 핫엔드를 조립하면 델타 봇의 기구부가 완성된다. 특히 이펙터는 핫엔드가 고정되는 부분인 만큼 충분히 튼튼해야 한다. 사용자가 원하는 대로 제작할 수 있는 출력 부품도 쓰이지만, 아무래도 내구성과 정밀도가 중요한 부품인 만큼 최근에는 금속 가공 부품을 많이 사용하는 추세다.

이때 중요한 점은 그림 4-65처럼 볼트 머리와 로드 엔드 베어링, 그리고 이펙터 사이에 어느 정도의 공간이 있어야 한다는 점이다. 그렇지 않으면 로드 엔드 베어링이 제대로 움직이지 않는다. 이를 위한 별도의 **스페이서(Spacer)**가 필요한 경우도 있다. 스페이서는 볼트 내에서 위치나 길이를 조절해 주는 부품이다. 이때 로드 양 끝을 당겨 주는 스프링을 사용하면 정밀도 향상에 도움이 된다. 캐리지에 연결된 한 쌍의 로드는 항상 평행을 유지해야 하므로, 스프링을 이용해 로드 엔드 베어링, 스페이서에서 발생할 수 있는 유격을 잡아 주는 것이다. 꼭 스프링이 아니더라도 탄성이 있도록 설계된 출력 부품, 고무 밴드 등을 이용해도 된다.

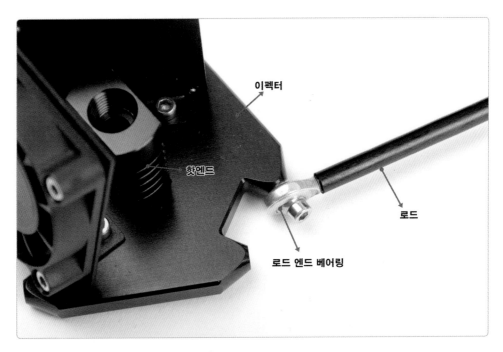

이펙터

핫엔드

로드

로드 엔드 베어링

스페이서

캐리지

로드

그림 4-65 Anet A4의 프린터헤드 조립 과정. 이펙터와 캐리지를 로드로 연결하면 기구부가 완성된다.

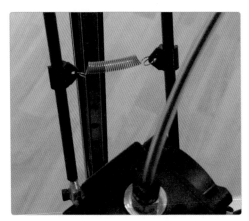

그림 4-66 로드 사이에 스프링을 연결한 모습

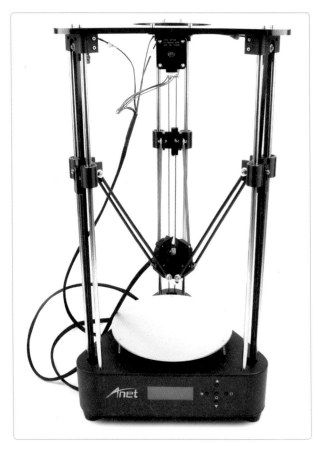

그림 4-67 완성된 Anet A4

3D 프린터
해부하기:
소프트웨어

3D 프린터의 조립이 3D 프린터 제작의 끝이 아니다. 모든 전자제품은 그에 맞는 제어 소프트웨어를 사용해야 비로소 올바르게 작동한다. 3D 프린터도 마찬가지다.

소프트웨어 프로그래밍을 해 본 적이 있는가? 만약 그렇다면 얼마나 능숙한가? 물론 나도 프로그래밍 전문가는 결코 아니다. 하지만 그렇다고 해서 3D 프린터를 완성할 수 없다는 뜻은 아니다. 3D 프린터를 위한 프로그래밍은 매우 간단하며, 사실은 프로그래밍이라고 말하기도 어려울 정도다. 그동안 전 세계의 열정적인 3D 프린터 제작자들이 3D 프린터를 쉽게 만들 수 있도록 노력해 온 덕택에, 단지 숫자 몇 개를 바꾸는 것만으로 프린터에 생명을 부여할 수 있게 됐다.

01 | 용어 설명

본격적으로 살펴보기에 앞서 이 분야에서 자주 쓰이는 기본적인 용어 몇 가지에 대해 소개하고자 한다. 이미 알고 있는 독자들은 이 내용을 건너뛰어도 된다.

● **펌웨어(Firmware)**
전자 기기의 기본적인 제어 및 구동에 필요한 소프트웨어를 말한다. PC의 바이오스가 대표적인 펌웨어에 속한다.

● **코딩(Coding)/코드(Code)**
코딩이란 컴퓨터 작업을 위해 프로그램의 명령문을 사용하여 프로그램을 작성하는 일을 말한다. 이 프로그램을 구성하는, 인간이 알아볼 수 있는 텍스트를 코드라고 한다.

● **변수/상수**
변수는 기기가 작동하는 중에도 계속 변하는 값을, 상수는 한번 결정하면 변하지 않는 값을 말한다. 가령 헤드의 현재 위치는 매 순간 변하므로 변수이며, 프린터의 X축 구동 범위는 프린터가 도중에 변신하지 않는 이상 항상 일정하므로 상수이다. 우리가 일반적으로 펌웨어에서 변경하는 값 또한 상수이다.

● **주석**
주석이란, 코드 내에서 비활성화된 부분으로 프로그램의 작동에 아무런 영향도 끼치지 않는 코드의 한 부분을 말한다. 프로그램의 명령문 중 아무 부분에나 맨 앞에 // 기호를 붙이면 그 부분은 주석으로 처리되며, 프로그램에서는 이 부분을 무시하게 된다. 주석은 코드를 작성한 본인이나 다른 사람이 나중에 코드를 알아볼 수 있도록 설명을 적어둘 때 주로 사용한다. 이 밖에도 코드 중에서 지금 당장은 필요 없지만 삭제하지는 않을 부분을 비활성화시키는 데도 쓰인다. 앞으로 '주석을 해제하라'는 표현을 많이 보게 될 텐데, 이는 맨 앞의 // 기호를 지우는 것으로 다시 기능을 활성화시키라는 의미이다.

- **업로드(Upload)**

  제어 보드에 펌웨어를 전송하는 것을 말한다.

02 | 아두이노 IDE

그림 5-1 *아두이노 IDE 아이콘*

오픈소스 3D 프린터는 대부분 아두이노 보드를 기반으로 작동한다. 아두이노 보드에는 3D 프린터를 제어할 펌웨어가 탑재되는데, 펌웨어를 수정하거나 업로드하기 위해서는 **아두이노 IDE**(Arduino Integrated Development Environment, 아두이노 통합개발환경)를 설치해야 한다. IDE는 아두이노 전용 코딩 프로그램으로, 아두이노 공식 홈페이지 (http:// www.arduino.cc/en/Main/Software#)에서 무료로 다운로드할 수 있다.

> **주의** 정품이 아닌 호환 버전의 아두이노 보드를 구매하였을 경우, USB 드라이버를 설치해도 아두이노가 인식되지 않을 수도 있다. 이는 통신 칩이 정품과 달라 발생하는 문제로, 판매자에게 문의하여 알맞은 드라이버를 설치한다. 호환품은 대부분 CH340을 사용하며, 드라이버는 CH341SER(http://www.wch.cn/download/CH341SER_EXE.html)을 설치하면 된다.

본격적인 프린터 설정에 들어가기 전에, 우선 아두이노와 코딩에 대한 두려움을 없애기 위해 간단한 예제를 하나 살펴보면서 아두이노 IDE를 다루는 법을 익혀 보자.

예제 파일 열기

아두이노 IDE에서 [파일] → [예제] → [01.Basics] → [Blink]를 선택한다. 그러면 미리 코드가 작성되어 있는 예제 파일이 새로운 창에서 열린다. 참고로 아두이노에서는 이러한 코드 또는 프로그램을 스케치(Sketch)라고 부르며, 확장자는 *.ino를 사용한다.

그림 5-2 Blink 예제 열기

아두이노 IDE 기본 UI

Blink 예제 파일이 열린 다음 스크롤을 내리면 그림 5-3과 같은 코드가 보일 것이다.

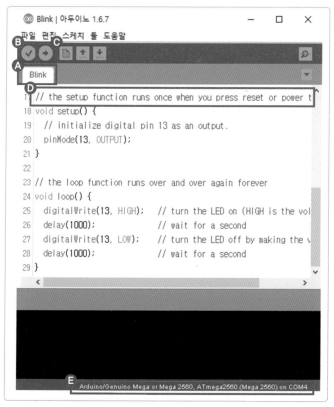

그림 5-3 Blink 예제 및 UI

A. 스케치 제목: 현재 열린 스케치의 이름이다. Blink 예제를 실행했으므로, Blink라는 제목이 표시된다.

B. 컴파일: 컴파일(Compile)이란, 사람이 작성한 프로그램 코드를 컴퓨터가 이해할수 있는 기계어인 0과 1로 변환하는 과정이다. 만일 코드에 오류가 있으면 컴파일이 제대로 실행되지 않는다.

C. 업로드: 스케치를 아두이노에 업로드할 때 사용한다. 업로드 버튼을 클릭하면 컴파일도 동시에 진행되므로, 별도로 컴파일 버튼을 누르지 않아도 된다.

D. 주석: 앞서 설명했듯이, 슬래쉬 기호 2개로 이루어진 // 기호는 그 이후의 문장이 주석임을 나타내는 부분이다. 주석 처리가 되면 글씨는 회색으로 바뀌며, 이 부분은 아두이노가 인식하지 않는다.

E. 포트: 현재 사용 중인 아두이노 보드와 연결된 COM 포트의 정보가 표시되는 부분이다. 이 부분이 틀릴 경우, 컴파일이나 업로드가 제대로 완료되지 않는다.

Blink 예제 업로드하기

이제 Blink 예제를 아두이노 메가 보드에 업로드하는 과정이 남았다. 이를 위해서는 먼저 아두이노 IDE에서 보드 및 시리얼 포트를 설정해야 한다.

1 아두이노 보드와 컴퓨터를 USB 케이블로 연결한다. 참고로 아두이노 메가 보드는 USB-B 타입 케이블을 사용한다.

2 아두이노와 컴퓨터를 연결한 후 [제어판] → [장치관리자] → [포트]에서 아두이노가 몇 번 포트에 연결되었는지 확인한다. 호환품을 사용하면 그림 5-4처럼 CH340으로 인식된다. 정품을 사용할 경우에는 'Arduino Mega R3'이라고 인식된다.

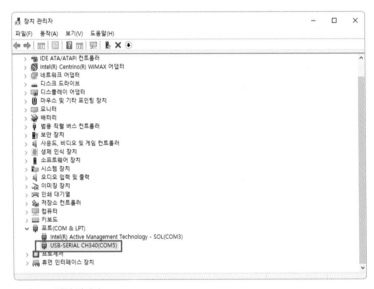

그림 5-4 *장치 관리자*

3 Arduino IDE에서 사용 보드를 'Arduino Mega 2560'으로 설정한다. [툴] → [보드] → [Ardiuno/Genuino Mega or Mega 2560]을 선택한다.

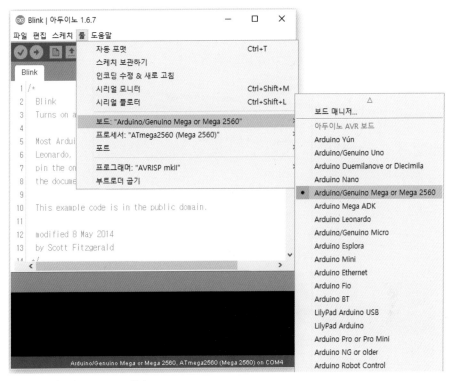

그림 5-5 *아두이노 IDE 보드 설정*

4 마찬가지로 연결 포트를 설정한다. [툴] → [포트]로 이동한 다음, 2번 과정에서 확인한 포트를 선택한다.

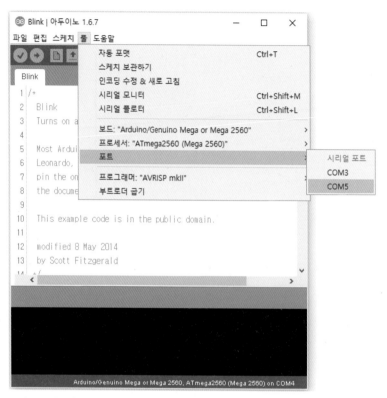

그림 5-6 *아두이노 IDE 포트 설정*

5 IDE 설정을 마쳤으면 상단의 업로드 버튼을 클릭해서 아두이노 보드로 업로드한다.

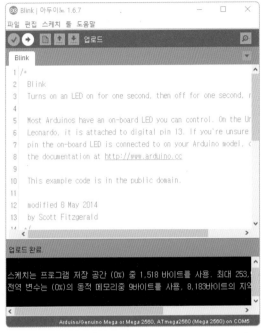

그림 5-7 아두이노 스케치 업로드

약간의 시간이 흐르고 나면 하단에 업로드가 완료되었음이 표시될 것이다. 이때 아두이노 보드를 보면 LED가 1초 간격으로 깜빡거림을 확인할 수 있을 것이다. 즉, Blink 예제의 1초간 LED를 켜고, 다음 1초간 LED를 끄는 것을 반복하는 코드가 실행된 것이다.

03 | Gcode와 호스트 소프트웨어

3D 프린터를 제어하기 위한 PC 유틸리티를 프론트엔드(Frontend) 또는 **호스트 소프트웨어**(Host software)라고 한다. 호스트 소프트웨어는 3D 프린터를 작동시키기 위한 명령어의 집합인 Gcode를 전송하여 3D 프린터를 작동시킨다. 이를테면 모터를 구동시키거나, 핫엔드를 가열하고, 헤드의 이동 속도를 조절하는 등 3D 프린터의 작동에 필요한 모든 명령은 Gcode를 통해 입력된다.

호스트 소프트웨어

호스트 소프트웨어의 사용법을 살펴보기에 앞서, 주로 사용되는 몇 가지 호스트 소프트
웨어에 대해 살펴보고자 한다. 먼저 **프린트런(Printrun)**은 Gcode 전송과 프린터 조작
을 주 기능으로 하는 도구 패키지다. 프린트런의 인터페이스를 시각화한 **프론터페이스**
(Pronterface)는 3D 프린터의 주요 기능을 작동시키고 모니터링할 수 있는 유용한 도
구다(http://koti.kapsi.fi/~kliment/printrun/ 참조). **Repetier-Host**(http://
repetier.com)도 많이 사용하는 소프트웨어다. 이 프로그램은 강력한 기능을 제공하는
호스트 소프트웨어로서 프린터를 다양하게 조작할 뿐만 아니라 Cura, Slic3r 등의 외부 슬
라이서 엔진을 사용해 Gcode를 생성하고 출력하는 기능을 갖추고 있다. 슬라이서에 대해
서는 6장에서 자세히 다룰 것이다.

이번에는 가장 널리 사용되는 프론터페이스를 통해 프린터와 컴퓨터를 연결하고 조작하는
방법을 간단히 살펴보도록 하자. 그림 5-8을 참조한다.

> **주의** 간과하기 쉽지만, 3D 프린터와 호스트 프로그램 사이에 원활한 통신이 이뤄지려면, 통신을
> 받아줄 펌웨어가 아두이노에 미리 업로드되어 있어야 한다.

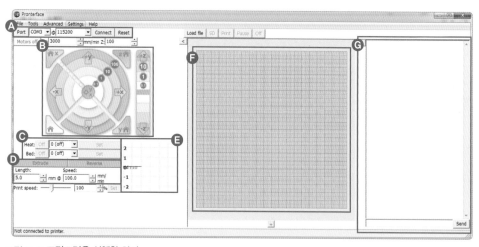

그림 5-8 프린트런을 실행한 화면

A. 통신 설정: 3D 프린터를 컴퓨터와 USB로 연결한 다음 가장 먼저 할 일은, 통신 포트(Port)와 통신 속도(Baudrate)를 설정하는 것이다. [제어판] → [장치관리자] → [포트]에서 현재 프린터의 제어 보드가 연결되어 있는 COM 포트의 번호를 확인할 수 있다. 통신 속도는 펌웨어에 지정된 값과 같아야 한다(기본값은 250000이다). 두 가지 항목을 모두 맞게 설정하고 〈Connect〉 버튼을 누르면 연결이 완료된다.

B. 이송 제어: 이 영역은 프린터 각 축의 이송대를 자유롭게 이송시킬 수 있는 콘솔이다. 각 축을 0.1, 1, 10, 100mm 단위로 움직여 볼 수 있다. 움직이기 전에는 먼저 제어 콘솔의 네 꼭지점에 있는 집이 그려진 〈Autohoming〉 버튼을 눌러 호밍을 해야 한다.

C. 온도 제어: 핫엔드와 히팅 베드의 온도를 조절할 수 있다. 온도 설정 후 〈Set〉 버튼을 누르면 목표 온도가 지정되어 가열이 시작된다. 반대로 〈Off〉를 누르면 가열을 중지한다.

D. 익스트루더 제어: 익스트루더의 압출 길이와 속도를 조절할 수 있다. 물론, 노즐이 가열되어 있어야 압출이 시작된다.

E. 온도 그래프: 노즐 및 히팅 베드의 목표 온도, 현재 온도를 확인할 수 있는 그래프이다. 클릭하여 확대해 볼 수 있다.

F. 현재 출력 레이어 단면: Gcode 파일을 업로드한 다음 출력 중일 경우, 현재 출력 레이어의 단면, 경로를 보여주는 창이다. 완전한 세팅이 끝난 뒤에는 프론터페이스를 실행할 필요가 없으므로 자주 볼 일은 없다.

G. 통신 창: 현재 프린터에서 내보내는 메시지를 확인하거나, Gcode 명령을 하단의 창에 입력하여 전송할 수 있다.

먼저 USB-B 타입 케이블을 이용해 3D 프린터의 아두이노 메가 보드와 연결한다. 통신 설정 부분의 〈Port〉 버튼을 눌러 아두이노를 검색하고, 우측의 리스트를 펼쳐 올바른 COM 포트를 선택한다. 그다음 〈Connect〉 버튼을 누르면 3D 프린터와 연결되며, 올바르게 펌웨어가 업로드된 싱대의 프린터와 연결되면 통신 창에 "Connecting…. Printer is now online" 이라는 메시지와 함께 현재 프린터 상태가 출력된다. Gcode 명령을 프린터에 진송하려면 통신 창 하단에 Gcode를 입력하고 키보드의 [Enter] 키를 누르거나 〈Send〉 버튼을 클릭하면 된다.

Gcode 다루기

물론 대부분의 호스트 소프트웨어에서 기본적인 기능 콘솔로 시각화되어 있으므로 프린터를 조작할 때 Gcode를 하나하나 입력할 필요는 없다. 다만, 그중에서도 자주 쓰이는 Gcode 몇 가지를 미리 익혀 두는 것이 3D 프린터를 좀 더 능숙하게 다루는 데 도움이 된다. 표 5-1을 살펴보자.

표 5-1 *Gcode 파라미터 일람*

Gcode	표준 Gcode 명령
Mnnn	렙랩에 의해 정의된 명령(팬 On/Off 등)
Tnnn	도구(Tool) 선택, 일반적으로 익스트루더
Snnn	파라미터 명령(전압 조절)
Pnnn	파라미터 명령(핀 번호 또는 시간 조절)
Xnnn	이동을 위한 X좌표(mm)
Ynnn	이동을 위한 Y좌표(mm)
Znnn	이동을 위한 Z좌표(mm)
Fnnn	모터의 작동 속도(Feedrate), 단위는 mm/min
Rnnn	파라미터 명령(온도)
Ennn	필라멘트 공급 길이(mm)

이 표는 주로 쓰이는 Gcode를 정리한 것이다. 각 코드의 nnn에는 입력하고자 하는 숫자를 대입하면 된다. 단 좌표와 같은 값에는 소수를 포함해도 되지만, 대부분의 값은 정수로 입력하는 것이 좋다. 이외에 더 많은 Gcode에 대한 설명을 원한다면 렙랩 위키를 참조하자. 다음은 이에 대한 예시를 정리한 것이다.

- G1, G1 Xnnn Ynnn Znnn Ennn Fnnn

  입력 좌표로 F의 속도로 E만큼 압출하면서 이동한다. X, Y, Z의 세 축 전부가 아닌 한 축만 입력하면 그 축만 움직인다. E는 입력하지 않으면 압출 없이 움직이고, F는 입력하지 않으면 Marlin 설정 기본 속도로 움직인다.

- G4, G4 Pnnn

  입력 시간만큼 대기한다. 단위는 ms(밀리초)이며, Marlin의 경우 P를 S로 바꾸면 초 단위로 대기가 가능하다.

- G28

  호밍을 시작한다.

- G92, G92 Xnnn Ynnn Znnn Ennn

  현재 좌표를 입력한 좌표로 인식한다.

- M17/M18

  각각 모든 스텝 모터의 전원을 On/Off하는 명령어다.

- M104, M104 Snnn

  핫엔드의 온도를 설정한다.

- M105

  현재 핫엔드의 온도를 통신 창에 출력한다.

- M106, M106 Snnn

  쿨링 팬을 작동한다. 0~255 사이 값을 입력하여 세기를 조절할 수 있다.

- M107

  쿨링 팬의 작동을 멈춘다.

- M112

  현재 진행 중인 모든 명령을 중지하며 긴급 정지한다. RAMPS의 Reset 버튼을 눌러야 다시 작동을 시작한다.

- M114

  현재 헤드의 좌표를 통신창에 출력한다.

◦ **M140, M140 Snnn**

히팅 베드의 온도를 설정한다.

04 | 펌웨어

펌웨어(Firmware)는 3D 프린터의 제어 보드에 탑재되어 프린터의 모든 것을 관장하는 소프트웨어다. 3D 프린터 펌웨어를 개발하는 업체는 대체로 자신들의 자료를 외부에 공개하지 않는다. 하지만 다행히도 이미 많은 종류의 3D 프린터 펌웨어가 이미 오픈소스로 공개되어 있으므로, 이 중에서 한 가지를 골라 사용하면 된다. 이러한 오픈소스 펌웨어 프로젝트 중 대표적인 두 가지로는 **Marlin**과 **Repetier-Firmware**가 있다.

◦ **Marlin**

가장 대중적으로 사용되는 오픈소스 펌웨어로, 자료가 풍부하고 업데이트도 활발하게 이루어지고 있다. GitHub의 공식 페이지(https://github.com/MarlinFirmware/Marlin)에서 배포되었으며, 현재는 공식 홈페이지(http://marlinfw.org/)를 운영하고 있다.

◦ **Repetier-Firmware**

Marlin만큼이나 유명한 오픈소스 펌웨어로, 특히 델타 봇 계열의 제품들에 많이 사용된다. Marlin에 비해 설정이 복잡하지만, 그만큼 세밀한 설정이 가능한 것이 장점이다. 같은 개발자가 제작한 Repetier-Host는 호스트 소프트웨어와 슬라이서를 겸하며, 이 펌웨어와의 호환성이 뛰어나다. 마찬가지로 Github 공식 페이지(https:///github.com/repetier/Repetier-Firmware)에서 배포된다. 설정을 간편하게 할 수 있는 별도의 설정 페이지(https://www.repetier.com/firmware/v092)를 제공하는 것이 특징이다.

오픈소스 프린터뿐만 아니라, 몇몇 유명한 3D 프린터 제조사들조차도 이러한 오픈소스 펌웨어를 그대로 또는 변형하여 사용한다. 대표적으로 얼티메이커 사의 제품들은 Marlin 기반 펌웨어를 사용한다. 국내에서도 오픈크리에이터즈의 마네킹을 비롯해 많은 제품들이 Marlin을 사용하고 있다.

05 | Marlin 설정하기

3D 프린터는 구동 방식이나 출력 크기, 사용하는 부품의 종류에 따라 작동 조건이 모두 다르다. 그에 맞게 펌웨어를 수정하지 않으면 제대로 작동하지 않는다. 만약 프린터를 직접 제작한 사용자라면 다양한 작동 조건을 스스로 수정할 줄 알아야 한다. 물론 완제품은 이러한 설정이 완료된 상태로 출고되지만, 그래도 기본적인 작동 원리는 미리 알아두는 것이 좋다.

여기서는 가장 대중적으로 사용되는 Marlin을 바탕으로, 프린터를 작동시키는 데 필요한 핵심 설정들을 알아볼 것이다.

그림 5-9 *Marlin 다운로드*

먼저 Marlin을 다운로드한다. Marlin 홈페이지(http://marlinfw.org/)에 접속하면 바로 보이는 〈Download〉 버튼을 누르면 다양한 버전의 Marlin 펌웨어를 .ZIP파일로 내려받을 수 있다. Marlin은 2018년 3월 기준으로 1.1.8 버전까지 릴리즈되어 있는데, 최신 버전일수록 더 성능이 개선되었고 유용한 기능을 제공하지만 안정성이나 자신의 프린터와의 호환성을 고려해야 한다. 책에서는 1.1.8 버전을 기준으로 설명할 것이다. 책에서 다루지 않은 변수들에 대해서는 홈페이지의 [Documentation] → [Configuration] → [All documents] 탭에서 확인해 볼 수 있을 것이다.

그림 5-10 *Marlin.ino 실행 후 Configuration.h 탭 선택*

Marlin-1.1.x.zip 파일을 내려받아 압축을 푼 다음, [Marlin-1.1.x] → [Marlin] 폴더
에 들어가 Marlin.ino 파일을 찾아 실행한다. Marlin.ino를 열어 보면 수십 가지의 헤더
파일로 구성되어 있는 것을 볼 수 있다. 헤더 파일이란, Marlin.ino와 같은 메인 파일을
보조하는 것으로 메인 파일이 지나치게 비대해지는 것을 막기 위해 분리한 것이다. 어렵게
느낄 필요도, 지레 걱정할 필요도 없다. 여기에서 수정할 것은 사실상 Configuration.h
하나뿐이다.

제어 보드의 종류와 통신 속도

이제 Marlin의 주요 설정들에 대해서 알아보자. 일단 가장 먼저 해야 할 것은 사용하는 제어 보드의 종류를 입력하고, 제어 보드와 PC 간의 통신 속도를 확인하는 것이다. 필요한 코드가 어디 있는지는 키보드의 [Ctrl] + [F]를 눌러 검색할 수 있다.

Marlin 기본 설정

```
#define BAUDRATE 250000
```

BAUDRATE란, 프린터와 컴퓨터의 통신 속도를 말한다. 특별히 수정할 필요는 없지만, 나중을 위해서 이 값을 기억해 두는 것이 좋다.

먼저 다음과 같이 사용하는 프린터 제어 보드의 종류를 지정한다.

```
#define MOTHERBOARD BOARD_RAMPS_13_EFB
```

BOARD_RAMPS_13_EFB는 RAMPS 보드 1.3을 제어 보드로 사용하며, 3개의 출력 포트를 각각 익스트루더(E), 팬(F), 히팅 베드(B)로 사용하는 가장 일반적인 경우를 의미한다.

팬이나 익스트루더를 여러 개 사용하거나, RAMPS가 아닌 다른 제어 보드를 사용한다면 boards. h 파일을 참조하여 제어 보드를 바꾸어 주어야 한다. 예를 들어, RAMPS에 익스트루더 2개와 히팅 베드를 연결한 경우는 BOARD_RAMPS_13_EEB로, Sanguinololu 보드를 사용한다면 BOARD_SANGUINOLOLU_12로 변경한다.

온도 제어

3D 프린터의 핫엔드와 히팅 베드는 항상 입력된 목표 온도를 유지할 수 있어야 한다. 온도 제어에 관한 설정이 잘못되었을 경우 핫엔드가 과열되어 고장 나거나, 히팅 베드가 제대로 예열되지 않아 출력을 시작하지 못하는 문제를 겪게 될 수도 있다.

온도 기본 설정

핫엔드와 히팅 베드의 온도를 측정하기 위해서는 먼저 사용하고 있는 온도 센서의 종류를 알아야 한다. 펌웨어에는 다양한 온도 센서의 데이터베이스가 내장되어 있으므로, 종류가 입력되면 그에 맞춰서 온도를 측정할 수 있다. 또한 안전한 작업을 위해 최저 온도와 최고 온도를 설정해야 한다.

Marlin 온도 설정하기

핫엔드와 히팅 베드에 사용되는 온도 센서의 종류와 RAMPS 사용 핀을 지정하는 방법을 살펴보자. 다음을 참조한다.

```
//// Temperature sensor settings:
...
// 0 is not used
// 1 is 100k thermistor - best choice for EPCOS 100k (4.7k pullup)
// 2 is 200k thermistor - ATC Semitec 204GT-2 (4.7k pullup)
...
#define TEMP_SENSOR_0 1        ❶
#define TEMP_SENSOR_BED 0      ❷
```

❶ 핫엔드의 온도 제어에는 일반적으로 100k 열저항을 사용하며, 이때 TEMP_SENSOR_0 센서를 1번으로 설정한다.

❷ TEMP_SENSOR_BED의 기본값은 0인데 이는 히팅 베드를 사용하지 않는 경우에 해당하며, 사용하는 경우 센서에 맞게 설정한다. 노즐과 마찬가지로 1번에 해당하는 EPCOS 100k 센서가 가장 많이 사용된다.

여기까지 설정을 마쳤다면, 다음은 핫엔드와 히팅 베드에 대해 최소 온도(MINTEMP)와 최대 온도(MAXTEMP)를 설정할 차례다. 다음을 참조한다.

```
#define HEATER_0_MINTEMP 5     ❸
#define HEATER_1_MINTEMP 5
```

```
#define HEATER_2_MINTEMP 5
#define HEATER_3_MINTEMP 5
#define BED_MINTEMP 5       ❹
...
#define HEATER_0_MAXTEMP 275    ❺
#define HEATER_1_MAXTEMP 275
#define HEATER_2_MAXTEMP 275
```

```
#define HEATER_3_MAXTEMP 275
#define BED_MAXTEMP 150
...
#define EXTRUDE_MINTEMP 170    ❻
```

❸ HEATER_0_MINTEMP는 핫엔드의 최소 온도를 의미한다. 프린터를 처음 작동시켰을 때 측정된 온도가 최소 온도 이하일 경우 프린터가 예열이 불가능하다고 판단하고, 작동을 중지한다. 멀티 헤드를 구성하여 핫엔드가 여러 개인 경우는 1~3번에 차례대로 입력한다.

❹ BED_MINTEMP는 베드의 최소 온도를 의미한다. 작동 방식은 ❸과 같다.

❺ HEATER_0_MAXTEMP는 핫엔드의 최대 온도를 의미한다. 앞서와 반대로 최대 온도를 넘어선 값이 측정된다면 안전을 위해 즉시 가열을 중지하게 된다.

❻ EXTRUDE_MINTEMP는 압출 가능한 최소 온도로, 핫엔드가 이 이상으로 가열되어야만 익스트루더 스텝 모터가 작동한다.

PID 튜닝

히터의 온도를 일정하게 유지하기란 생각보다 간단한 일이 아니다. 목표 온도에 도달할 때까지 완만하게 가열해야 함은 물론이고, 목표 온도를 유지하기 위해서는 주기적으로 가열을 하거나 가열을 중단해야 하는 경우도 생긴다. 이를 좀 더 편하게 관리하기 위해 사용하는 것이 바로 **PID 제어** 기법이다.

이는 피드백 제어 알고리즘의 하나로, 비례(Proportional, Kp), 적분(Integral, Ki), 미분(Derivative, Kd)의 세 가지 상수를 이용한다. 간단히 설명하면, Kp 상수는 반응 속도(목표 도달 시간)를, Ki 상수는 오차를, Kd 상수는 급변하는 정도에 관여한다. 예를 들어, 빠르게 온도를 올리고 싶으면 Kp 상수를 증가시켜야 하지만, Ki, Kd 상수를 그에 맞춰 조정하지 않으면 순식간에 가열되어 목표 온도가 수십 도 이상 높아질 수도 있다. 그 상수를 적절하게 맞추는 과정을 **PID 튜닝**이라고 한다.

PID 상수의 값은 사용하는 히터의 종류, 공급 전압과 전류, 목표 온도에 따라서 달라지므로 프린터마다 값이 다르다. 다행히도 직접 PID 상수값을 계산할 필요는 없다. 펌웨어에서 기본적으로 제공하는 PID 튜닝 기능을 이용하면 PID 제어에 필요한 상수를 자동으로 구할 수 있다.

Marlin의 핫엔드 PID 튜닝 명령어는 다음과 같다.

```
M303 S<temperature> C<cycles>
```
❶   ❷   ❸

다음은 각 부분에 대한 설명이다.

❶ **Gcode**: M303

❷ **온도**: 프린터에 사용할 주재료에 맞는 온도를 입력한다(PLA 210도, ABS 230도).

❸ **사이클**: 오토 튜닝을 반복할 횟수로 5~10회가 적절하다.

핫엔드 또는 출력물을 식히는 쿨링 팬을 장착한 경우, 쿨링 팬을 작동시킨 상태에서 PID 튜닝을 하는 것이 더 정확한 결과를 얻을 수 있다. 이 경우 명령어는 다음과 같다.

```
M106
M303 S210 C10
```

명령이 전송되면 쿨링 팬이 작동하며(M106), 핫엔드의 온도가 목표 온도인 210도 근처까지 상승한 뒤, 상승과 하강을 반복하며 자체적으로 상수를 수정해 나간다(M303). 온도 변화는 프론터페이스의 온도 그래프를 통해 확인할 수 있다. 매 사이클마다 실험 결과 도출된 Kp, Ki, Kd 상수가 통신 창에 출력된다. 이와 같은 사이클을 10회 반복하면 최종적으로 결정된 상수값을 얻을 수 있다. 이 값을 따로 기록해 두도록 한다.

히팅 베드를 사용하는 경우는 핫엔드와 마찬가지로 PID 튜닝을 해야 한다. Marlin의 히팅 베드 PID 튜닝 명령어는 다음과 같다.

```
M303 E-<Module> S<temperature> C<cycles>
  ❶        ❷          ❸              ❹
```

다음은 각 부분에 대한 설명이다.

❶ **Gcode**: M303

❷ **모듈 번호**: 온도 제어 모듈의 번호를 입력. 보통 E-0은 핫엔드, E-1은 히팅 베드이다.

❸ **온도**: 히팅 베드의 최대 온도를 입력한다(대부분의 경우 110도).

❹ **사이클**: 오토 튜닝을 반복할 횟수로 5~10회가 적절하다.

이제 PID 튜닝을 통해 구한 Kp, Ki, Kd값을 펌웨어에 적용한다.

엔드스탑과 구동 범위

3D 프린터의 기구부를 움직이려면 엔드스탑의 작동 방식과 위치를 먼저 지정해야 한다.

엔드스탑

엔드스탑은 물체가 가까이 다가온 것을 감지하면 회로가 닫히며, 이를 통해 제어 보드에 신호를 전달한다. 즉, 물체가 가까이 다가온 상황을 상황을 원점(Home)에 도달한 것으로 판단하는 것이다. 회로 연결 방식을 반대로 구성할 수도 있다. 회로가 항상 연결되어 있는 상태에서 물체를 감지했을 때 연결이 끊기는 것을 신호로 삼는 것이다.

메카니컬 엔드스탑은 C(Common), NO(Normaly Open), NC(Normaly Closed)의 세 개의 단자를 가지고 있다. 이 세 단자 중 두 단자만 제어 보드에 연결하여, 제어 보드와 엔드스탑 사이에 신호가 오가도록 연결한다. 이때 어떤 단자를 선택하느냐에 따라서 작동 방식이 달라진다.

그림 5-11에는 두 가지 연결 방식이 나와 있다. 먼저 C 단자와 NO 단자를 연결한 경우, 스위치의 기본 상태는 '항상 열림(Normaly Open)' 상태에 놓인다. 마이크로 스위치가 눌러서 작동하면 회로가 닫히면서, 즉 연결됨으로써 신호를 전달한다. 양끝의 C 단자와 NC 단자를 연결한 경우는 그 반대다. 기본적으로 '항상 닫힘(Normaly Closed)' 상태에 있다가, 스위치가 눌리는 즉시 회로가 열리면서 신호가 전달되는 것이다. 둘 중 어떤 방식을 사용해도 상관없으며, 연결 방식에 맞게 ENDSTOP_INVERTING을 바꿔주기만 하면 된다.

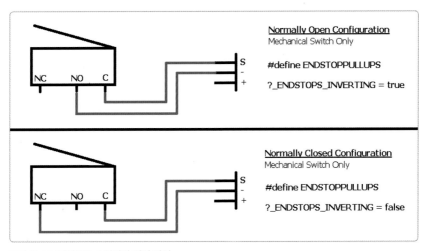

그림 5-11 마이크로 스위치의 연결 방식

옵티컬 엔드스탑이나 **홀 센서**의 작동 원리는 메카니컬 엔드스탑과 동일하지만, 작동에 전력 공급이 필요하다. 따라서 제어 보드의 + 핀, − 핀, SIG 핀을 전부 사용해야 하는데, 구체적인 배선 방법은 센서마다 조금씩 다르기 때문에 판매자가 제공하는 매뉴얼에 따르도록 한다.[1]

엔드스탑의 배선이 끝났다면 이에 맞춰 Marlin 펌웨어에서 작동 방식을 설정한다. 자세한 방법은 다음의 'Marlin 엔드스탑 작동 방식 설정' 박스의 내용을 참조한다.

---

[1] https://goo.gl/tKdokV나 https://goo.gl/bXgVwt를 참조하면 도움이 될 것이다.

Marlin 엔드스탑 작동 방식 설정

```
#define USE_XMIN_PLUG        ❶
#define USE_YMIN_PLUG
#define USE_ZMIN_PLUG
//#define USE_XMAX_PLUG
//#define USE_YMAX_PLUG
//#define USE_ZMAX_PLUG


#define X_MIN_ENDSTOP_INVERTING false       ❷
#define Y_MIN_ENDSTOP_INVERTING false
#define Z_MIN_ENDSTOP_INVERTING false
#define X_MAX_ENDSTOP_INVERTING false
#define Y_MAX_ENDSTOP_INVERTING false
#define Z_MAX_ENDSTOP_INVERTING false
#define Z_MIN_PROBE_ENDSTOP_INVERTING false
```

❶ MIN과 MAX의 차이는 엔드스탑이 작동하는 위치를 원점으로 잡는가, 최대 범위로 잡는가의 차이이다. 대부분의 경우 각 축에 대해 MIN 엔드스탑 하나씩을 사용한다. 델타 봇은 구조상의 이유로 MAX 엔드스탑을 사용해야 하는 경우도 있는데, MIN_PLUG를 주석 처리하고 MAX_PLUG의 주석을 해제하여 활성화시키면 된다.

❷ 각 축에 대하여, 엔드스탑이 작동했을 때 회로가 연결되게끔 배선한 경우(항상 열림)는 true로 설정한다. 엔드스탑이 없을 경우도 마찬가지다. 반대라면 해당 부분을 false로 바꾸면 된다(항상 닫힘).

구동 방향과 범위 설정

이제 엔드스탑의 설정에 맞추어 구동 방향과 범위를 설정해 주면 된다. 자세한 내용은 다음 페이지의 'Marlin 구동 방향/범위 설정' 박스를 참조한다.

Marlin 구동 방향/범위 설정

```
// ENDSTOP SETTINGS:
// Sets direction of endstops when homing; 1=MAX, -1=MIN
// :[-1,1]
#define X_HOME_DIR -1
#define Y_HOME_DIR -1
#define Z_HOME_DIR -1
```

원점의 위치, 즉 호밍 방향을 결정하는 부분이다. 호밍을 시작했을 때 기구부가 해당 축의 엔드스탑 쪽으로 움직여야 한다. 일반적으로 MIN 엔드스탑을 사용하므로 HOME_DIR의 기본값은 -1이지만, 엔드스탑을 MAX 위치에 두고 사용한다면 그 축의 HOME_DIR을 1로 바꾸면 된다.

```
// The size of the print bed
#define X_BED_SIZE 200
#define Y_BED_SIZE 200

// Travel limits (mm) after homing, corresponding to endstop positions.
#define X_MIN_POS 0
#define Y_MIN_POS 0
#define Z_MIN_POS 0
#define X_MAX_POS X_BED_SIZE
#define Y_MAX_POS Y_BED_SIZE
#define Z_MAX_POS 200
```

각 축의 원점과 최대 구동 범위를 결정한다. 단위는 mm이다. 먼저 호밍을 한 후, 프론터페이스로 구동축을 조작하면서 원점(MIN_POS)으로부터 최대 몇 mm까지 움직이는지 확인한다. 이 값에서 5~10mm를 뺀 것을 해당 축 방향의 베드 크기(BED_SIZE)로 입력하면 된다. 최대 구동 범위(MAX_POS)는 베드 크기와 일치한다.

스텝 모터 제어하기

스텝 모터를 정확하게 제어할 수 없다면 제대로 된 출력은 불가능하다. 스텝 모터는 제어가
까다로운 편에 속한다. 우선 제어 보드로부터 전원을 공급받고 신호를 주고받을 수 있도록
올바르게 배선돼야 하며, 기구부가 원하는 만큼 정확하게 움직일 수 있도록 설정해야 한다.

스텝 모터 배선하기

그림 5-12 *스텝 모터와 동봉된 케이블*

보통 스텝 모터는 케이블과 커넥터가 결선된 상태, 또는 케이블이 동봉된 상태로 제공된다.
케이블이 바로 연결할 수 있는 상태라면 큰 문제는 없다. 하지만 결선 작업을 스스로 해야
하는 제품도 종종 있다. 뿐만 아니라 선이 끊어지거나 연장하는 경우도 있으므로 스텝 모터
의 올바른 배선법을 꼭 알아둬야 한다.

RAMPS와 스텝 모터는 4개의 선으로 연결된다. 이 선들은 1A, 1B, 2A, 2B / A, B, C, D / A+, A−, B+, B− 등으로 구분한다. 분류 방식은 제조 회사마다, 판매자마다 다르지만, 대체로 표 5-2를 참고해서 변환할 수 있다. 여기서는 유명한 스텝 모터와 스텝 모터 드라이버 제조사인 Pololu의 기준을 따르도록 한다(이에 대해 더 자세히 알고 싶다면 http://reprap.org/wiki/Stepper_wiring을 참조한다).

표 5-2 *다양한 스텝 모터 핀 분류 방법*

코일	코일 1		코일 2	
Pololu	1A	1B	2A	2B
Motorbank	A	B	C	D
Shinano Kenshi	A+	A−	B+	B−

중요한 것은 핀의 순서를 올바르게 배치하는 것이다. 핀의 순서가 잘못되면 스텝 모터가 한 방향으로만 작동하거나, 작동은 하지 않고 진동만 하는 등의 오작동을 일으킨다. 최악의 경우 스텝 모터 드라이버가 타버릴 수도 있다.

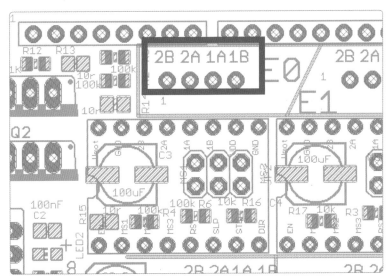

그림 5-13 *RAMPS의 스텝 모터 배선도*

RAMPS에 스텝 모터를 연결할 때는 그림 5-13과 마찬가지로 2B, 2A, 1A, 1B 순으로 핀과 케이블을 연결해야 한다. 이를 교차하여 2A, 2B, 1B, 1A, 또는 1B, 1A, 2A, 2B로 연결하는 것도 가능하다. 이렇게 하면 작동 방향이 바뀌겠지만, 나중에 펌웨어에서 수정할 수 있다.

Marlin 스텝 모터 구동 방향 설정

```
// Invert the stepper direction. Change (or reverse the motor connector)
   if an axis goes the wrong way.
#define INVERT_X_DIR false
#define INVERT_Y_DIR true
#define INVERT_Z_DIR false
...

#define INVERT_E0_DIR false
```

스텝 모터가 생각한 것과 반대 방향으로 움직인다면 두 가지 해결 방법이 있다. 하나는 펌웨어에서 해당 축의 `INVERT_DIR` 설정을 반대로 바꾸는 것이다. 기존에 `false`로 설정되어 있었다면 이것을 `true`로 바꿔야 한다. 다른 하나는 스텝 모터의 커넥터를 반대 방향으로 꽂는 것인데, 커넥터를 뽑거나 끼울 때는 프린터의 전원을 반드시 내려야 한다.

배선에 앞서 모터의 어떤 핀이 어떤 역할을 하는지 알아야 한다. 판매자에게 **데이터시트** (Datasheet) 또는 핀 맵(Pin Map)을 요청하라. 데이터시트는 보통 판매 페이지에 게시되어 있는 경우가 많다. 가령 그림 5-14의 데이터시트를 보면, Red/Blue가 한 코일이고 Black/Green이 다른 한 코일을 이루고 있음을 알 수 있다. 데이터시트는 1A, 1B, 2A, 2B 순으로 그려져 있으므로, 이를 다시 2B, 2A, 1A, 1B 순으로 배선하면 Blue, Red, Black, Green 순이 된다. 코일 방향을 바꿔 2A, 2B, 1B, 1A 순으로 배선하면 Red, Blue, Green, Black 순이 된다. 둘 중 어느 것이나 상관없다.

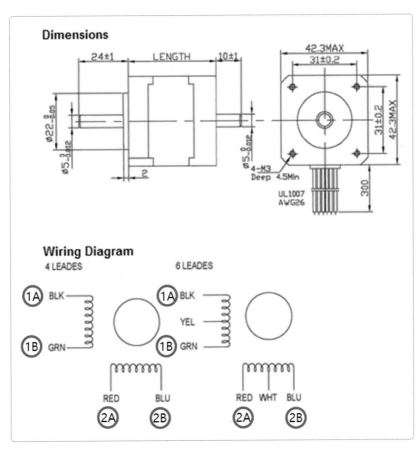

그림 5-14 *NEMA 17 스텝 모터 데이터시트*

간혹 Z축에 사용되는 2개의 스텝 모터를 서로 결선하는 경우가 있다. 이는 그림 5–15처럼
두 스텝 모터의 1A/1B(빨강/파랑)와 2A/2B(검정/초록)를 서로 연결시킴으로써 두 스텝
모터를 한번에 제어하기 위한 것이다.

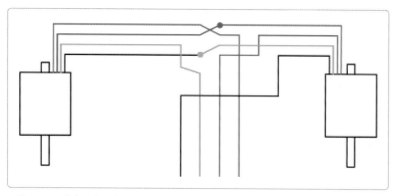

그림 5-15 *2개의 스텝 모터가 연결된 경우*

이 방식의 장점은 2개의 모터가 말 그대로 완벽하게 동기화되어 움직인다는 것이다. 하지만 RAMPS 보드의 경우 이미 Z축 스텝 모터 2개를 연결할 수 있도록 해놓았기 때문에, 굳이 이렇게 연결할 필요는 없다.

> **주의** 스텝 모터를 시험 구동할 때는 가급적이면 기구부에서 스텝 모터를 분리하도록 하자. 혹시 스텝 모터가 오작동하더라도, 그 탓에 프린터를 망가트릴 수는 없지 않은가?

스텝 모터의 배선이 끝났다면 프론터페이스를 이용해 정상적으로 작동하는지 확인한다. 프론터페이스를 제어 보드와 연결한 다음 이송 제어 패널을 사용하면 모터를 움직일 수 있다. 모터가 문제 없이 잘 움직인다면 기구부에 연결하자.

스텝 모터 설정하기: 스텝값 계산

기구부를 움직이기 위해서는 스텝 모터의 **단위 당 스텝값**(Steps per Unit)을 알아야 한다. 이 값은 기구부를 1mm 움직이기 위해 스텝 모터가 몇 스텝 회전해야 하는가를 나타낸다. 단위 당 스텝값은 스텝 모터의 종류, 마이크로 스테핑의 크기, 스텝 모터에 연결된 이송 장치의 특성에 따라 달라진다.

단위 당 스텝값이 올바르게 설정되지 않은 프린터는 제대로 작동되지 않는다. 예를 들어, 필라멘트를 10mm 압출하도록 명령했는데 실제로는 20mm가 압출되었다고 가정해 보자. 필요한 것보다 두 배의 양이 공급되는 셈이니 출력물이 마치 퉁퉁 부은 것처럼 보일 것이다. 이와는 반대로 압출된 양이 부족하다면, 구멍투성이의 부스러기 같은 결과물이 완성될 것이다. 또 다른 예로, X축이 5mm만 움직여야 하는데 50mm나 움직였다면 참사가 일어날 것이다.

이러한 일을 막기 위해서는 올바른 스텝값을 입력해야 한다. 여기에서는 X, Y, Z축, 그리고 익스트루더 스텝 모터의 단위 당 스텝값을 계산하는 방법을 알아볼 것이다. RepRap Calculator(http://prusaprinters.org/calculator/) 같은 도구를 사용해도 된다.

그렇다면 구체적으로 스텝값을 구하려면 어떻게 해야 할까? 먼저 기구부 중 벨트 전달 방식을 이용하는 X축과 Y축의 단위 당 스텝값을 계산하는 공식은 다음과 같다.

$$\text{X, Y축의 단위 당 스텝값} = \frac{(\text{Motor steps per rev} \times \text{Driver microstep})}{(\text{Belt pitch} \times \text{Pulley teeth})}$$

- **Motor steps per rev**: 스텝 모터가 한 바퀴 회전하는 데 필요한 스텝 수
- **Driver microstep**: 마이크로 스테핑의 크기
- **Belt pitch**: 스텝 모터의 동력을 전달하는 벨트의 이빨 간격
- **Pulley teeth**: 스텝 모터의 회전축에 연결된 풀리(Pulley)의 이빨 개수

만약 NEMA 17 규격의 200스텝 모터를 사용하고 A4988 모터 드라이버를 이용해 16분주의 마이크로 스테핑을 적용했으며 이빨 개수가 20개인 풀리와, 벨트 피치값이 2mm인 GT2 벨트를 사용해 연결한 기구부가 있다고 가정해 보자. 이 기구부의 단위 당 스텝값을 구하기 위해서는 값을 위 공식에 대입하면 된다. 즉, 다음과 같은 계산식이 완성된다.

$$\text{X, Y축의 단위 당 스텝값} = \frac{(200 \times 16) \text{steps}}{(2\text{mm} \times 20)} = 80\text{steps/mm}$$

이해가 되는가? 만약 DRV8825 드라이버로 교체하여 마이크로 스테핑 배율이 16에서 32분주로 늘었다면, 단위 당 스텝값도 2배가 될 것이다.

그렇다면 조금 더 깊이 들어가 보자. 이 기구부가 1mm 움직이려면 스텝 모터가 80스텝 회전해야 한다. 이를 거꾸로 이용하면 기구부의 위치 정밀도를 계산하는 것도 가능하다. 다음의 공식을 참조한다.

$$\frac{(1\text{step})}{(80\text{steps/mm})} = 0.0125\text{mm}$$

이 공식은 스텝 모터가 한 스텝 움직였을 때 0.0125mm만큼 이동한다는 뜻이다. 따라서 이 기구부의 최소 이동 거리는 0.0125mm, 혹은 125μm임을 알 수 있다. 이 값은 프린터의 위치 정밀도와 밀접한 관련이 있다. 그 외에 정확한 수치로 나타나는 것은 아니지만, 헤드의 무게나 프린터의 견고함과 같은 요인 또한 프린터의 정밀도에 영향을 미친다.

현재 대부분의 FFF 방식 프린터는 16 또는 20잇수 풀리, 피치 2mm의 GT2 타이밍 벨트, 분해능 0.1125도의 마이크로 스테핑이 가능한 스텝 모터를 사용한다. 따라서 이론적인 위치 정밀도에서는 프린터 간에 의미 있는 차이가 존재하지 않는다고 볼 수 있을 것이다.

여기까지 잘 이해했다면, 이번에는 Z축의 단위 당 스텝을 계산하는 방법을 살펴보자. 다음의 공식을 참조한다.

$$\text{Z축의 단위 당 스텝값} = \text{steps/mm} = \frac{(\text{Motor steps per rev} \times \text{Driver microstep})}{(\text{Thread Lead})}$$

○ **Thread Lead**: 스크류가 한 바퀴 회전했을 때 진행한 거리

Z축의 단위 당 스텝값을 계산할 때에는 사용하는 스크류의 **리드**(Lead)값을 정확히 알아야 한다. 리드는 나사를 조이거나 풀기 위해 한 바퀴 회전시켰을 때 축 방향으로 움직인 거리를 말한다. 그런데 종종 이 값은 **피치**(Pitch)값과 혼동되는 경우가 있다. 피치란 나사산 사이의 거리를 나타내는 단위로, 전산 볼트처럼 홈이 한 줄만 들어간 한 줄 나사의 경우는 리드값과 피치값이 같다. 그러나 리드 스크류는 여러 줄 나사이므로, 리드는 피치와 나사 줄 수의 곱으로 계산되어야 한다.

즉, 사용 중인 리드 스크류가 4줄 나사이고 피치값이 2mm인 경우에는 다음과 같이 계산하면 된다. 표준 규격이 있는 전산 볼트와 달리 리드 스크류는 규격이 제각각이므로 미리 나사 줄 수를 확인하는 편이 좋다.

$$\text{Z축}: \frac{(200 \times 16)\text{steps}}{(4 \times 2\text{mm})} = 400\text{steps/mm}$$

앞에서처럼 위치 정밀도를 계산해 보면 다음과 같은 결과를 얻을 수 있다.

$$\frac{(1\text{step})}{(400\text{steps/mm})} = 0.0025\text{mm}$$

반면, 한 줄 나사이고 피치값이 0.8mm로 규격화되어 있는 전산 볼트를 사용할 경우 다음과 같은 계산식을 도출할 수 있다.

$$\text{Z축}: \frac{(200 \times 16)\text{steps}}{(0.8\text{mm})} = 4000\text{steps/mm}$$

단위 당 스텝값이 리드 스크류의 10배이므로 위치 정밀도는 반대로 10분의 1이 될 것이다. 얼핏 이러한 차이가 엄청나다고 느껴질 수 있으나, 현재 개인용 프린터에서는 Z축 방향의 위치 정밀도의 차이가 무의미하다는 것이 중론이다. 어쨌거나 그 값이 한 레이어의 두께보다도 훨씬 작기 때문이다.

익스트루더 스텝 모터 역시 공식을 이용해 작동 방식에 따라 단위 당 스텝값을 계산할 수 있다. 그러나 다른 기구부와 달리 익스트루더의 단위 당 스텝값은 공식을 통해 계산한 것과 다른 경우가 많다. 스프링의 장력, 압출 기어와 베어링 사이에 작용하는 마찰력과 같은 여러 가지 변수들에 의해 영향을 받기 때문이다. 따라서 익스트루더를 실제로 작동시켜 보고 알맞은 값을 찾아야 한다. 작업 순서는 다음과 같다.

🔧 주의 테스트 전에 먼저 프린터의 냉간 압출(Cold extrusion)을 허용해 주어야 한다. 프린트런을 연결하고 다음의 Gcode를 입력한다.

```
M302
```

모든 프린터는 핫엔드가 적정 온도까지 가열되지 않았을 경우 익스트루더가 작동하지 않도록 설정되어 있다. 필라멘트가 핫엔드에서 용융되지 못하는 상태에서 필라멘트가 계속 공급되면 핫엔드가 파손될 수 있기 때문이다. 이 Gcode는 프린터의 냉간 압출을 허용함으로써, 핫엔드를 가열하지 않은 상태에서도 익스트루더를 작동시킬 수 있게 한다.

---

1 핫엔드와 콜드엔드를 분리하여, 콜드엔드에서 공급된 필라멘트가 핫엔드에 삽입되지 않도록 한다.

2 펌웨어에 입력되어 있는 익스트루더의 DEFAULT_AXIS_STEPS_PER_UNIT값을 기록한다.

3 익스트루더에 필라멘트를 삽입하고, 삽입구로부터 20~30mm 떨어진 지점에서 필라멘트 위에 마커로 조그맣게 표시를 남긴다.

4 프론터페이스의 [익스트루더 제어] 탭을 조작해 필라멘트를 10mm 압출한다. 이때 표시한 부분이 실제 이동한 거리를 측정한다.

5 10mm/(실제 이동거리)에 대한 값을 계산하고, 이것을 **2**에서 기록한 값에 곱한 결과를 다시 상수값으로 반영한다.

6 **3**~**5**번 과정을 반복하여 실제 이동 거리를 다시 측정한다. 만약 10mm에 근접한다면 이번에는 **4**, **5**번의 값을 10mm에서 20mm로 두 배 늘려 다시 작업을 반복한다.

여기서 압출량을 측정할 때는 콜드엔드로 들어가는 필라멘트의 길이를 측정해야 한다. 필라멘트가 압출되면서 형상에 변형이 생기기 때문에, 압출되어 나온 필라멘트의 길이를 측정하는 것은 정확하지 않다.

속도와 가속도

이제 프린터의 또다른 중요한 성능 하나를 결정할 때가 되었다. 각 기구부가 움직이는 속도와 가속도, 그리고 가가속도를 입력하는 것이다. 이 값들에 대해서는 정해진 공식이 없으며, 프린터 자체의 견고함, 진동의 유무 등을 고려해 적절한 값을 사용하면 된다.

Marlin 속도와 가속도, 저크값 설정

```
#define DEFAULT_MAX_FEEDRATE {500, 500, 4, 20}        ❶
#define DEFAULT_MAX_ACCELERATION {2500,2500,100,7500}      ❷
#define DEFAULT_ACCELERATION 1200
```

스텝 모터의 회전 속도와 가속도를 설정한다. 속도의 단위는 mm/sec, 가속도의 단위는 mm/sec^2 이다.

❶ DEFAULT_MAX_FEEDRATE는 각 기구부의 최대 이동 속도를 결정한다. 괄호의 앞부터 순서대로 X축, Y축, Z축, 그리고 익스트루디 스텝 모터의 값을 의미한다.

❷ DEFAULT_MAX_ACCELERATION은 최대 가속도를 결정한다.

❸ DEFAULT_ACCELERATION은 각 축의 기본 가속도값을 의미한다.

```
#define DEFAULT_XJERK          10.0
#define DEFAULT_YJERK          10.0
#define DEFAULT_ZJERK           0.3
#define DEFAULT_EJERK           5.0
```

이 값들은 순서대로 X, Y, Z축과 익스트루더의 저크값을 의미하며, 단위는 mm/s이다.

속도와 가속도는 익숙한 개념일 것이다. 이 값을 빠르게 설정할수록 출력 시간이 단축되지만, 출력 품질을 생각한다면 그래서는 안 된다. 특히 가속도값은 출력 품질뿐 아니라 프린터의 진동에도 많은 영향을 미친다. 물론 프린터가 잘 조립되었을 뿐 아니라 매우 안정적인 구조로 설계된 경우 높은 속도와 가속도값을 사용해도 큰 문제가 없다. 예를 들어 Marlin의 가속도 기본값인 9000mm/sec²는 얼티메이커 정도나 사용 가능한 값이다. 즉, 대부분의 자작 프린터, 특히 XZ-Y 방식의 프린터에서는 이보다 훨씬 낮은 값을 사용해야 한다. 보통 1000~2000 mm/sec² 정도의 값이 적절하다.

수학적으로 시간에 대한 가속도의 변화율을 저크(Jerk, Motor jerk) 또는 가가속도라고 부른다. 그러나 Marlin에서는 조금 개념이 다르다. Marlin에서 저크란, 순간적인 속도 변화의 최대값을 정하기 위한 변수를 가리키는 말이다. 예를 들어 저크값이 20mm/s로 설정되어 있다면, 이송 속도가 15mm/s에서 순간적으로 35mm/s까지 변할 수 있다는 것이다. 반대로 50mm/s에서 30mm/s로 감속하는 것도 가능하다.[2] 저크값은 출력물의 꼭지점(코너)을 돌 때나 원을 그릴 때 중요하게 작용한다.

----

2 이에 관한 논의가 Marlin 포럼에서 이루어진 바 있다. https://goo.gl/sngEDv를 참조한다.

이때 신경써야 할 것은 X축과 Y축의 `DEFAULT_JERK` 값인데, 일반적으로 10~15 사이의 값을 사용할 때 좋은 결과를 얻을 수 있다. 기본값은 20으로, 이 값은 품질에 크게 좌우되지는 않으나 프린터에 진동과 소음을 유발하는 원인이 될 수 있다. 그 이상의 값은 권장하지 않는다.

LCD

프린터를 LCD 컨트롤러로 조작하려면 Marlin에서 사용하는 LCD의 정보를 입력해야 한다. 자세한 내용은 다음의 'Marlin LCD 관련 설정' 박스를 참조한다.

> ### Marlin LCD 관련 설정
>
> 사용하는 LCD의 종류에 따라 코드의 주석을 해제하여 활성화시키면 된다. 다음을 참조한다.
>
> ```
> #define REPRAP_DISCOUNT_SMART_CONTROLLER
> //#define REPRAP_DISCOUNT_FULL_GRAPHIC_SMART_CONTROLLER
> ```
>
> 여기에서는 REPRAP_DISCOUNT_SMART_CONTROLLER를 사용하기 위해 활성화시켰다. 이때 여러 종의 LCD 코드를 동시에 활성화하지 않도록 주의한다.

앞서 설명했던 몇 가지 상수값들, 예를 들어 PID 상수나 속도값 등은 LCD 컨트롤러를 이용해서 수정할 수도 있다. 이것을 **EEPROM**이라고 한다.[3] 이 기능을 이용하면 LCD에서 값을 곧바로 수정해 저장할 수 있다.

---

[3] EEPROM은 Electrically Erasable Programmable Read-Only Memory의 약자로, 전기가 끊긴 상태에서도 장기간 기억하는 기억 장치를 말한다. 좀 더 알아보고 싶다면 https://goo.gl/zIfjpR를 참조하기 바란다.

EEPROM 설정

다음과 같이 몇 가지 코드의 주석을 해제하여 활성화시키는 것이 좋다. EEPROM_SETTINGS와 EEPROM_CHITCHAT는 LCD 컨트롤러의 EEPROM 기능을 활성화시켜서, LCD에서 여러 가지 설정을 수정하고 저장할 수 있게 한다. SDSUPPORT를 활성화시키면 PC 연결 없이 SD 카드를 이용해 프린터에 출력 파일을 옮길 수 있다.

```
#define EEPROM_SETTINGS
#define EEPROM_CHITCHAT
#define SDSUPPORT
```

> 🏛 **주의** LCD 컨트롤러의 EEPROM 기능을 활성화시킨 이후에 펌웨어를 다시 업로드하는 경우, 수정 사항이 제대로 반영되지 않을 수 있다. EEPROM으로 수정 가능한 코드에서는 LCD 컨트롤러에서 입력한 값을 우선시하기 때문이다. 이 경우에는 업로드 후 LCD 컨트롤러의 [Control] → [Restore failsafe]를 한 번 눌러 주면 수정사항이 제대로 반영되지만, LCD 컨트롤러에서 수정했던 값들은 초기화된다.

Core-XY

Marlin은 Core-XY 방식을 별도로 지원한다. 자신의 프린터가 이 방식으로 작동할 경우, 사용하는 구동 방식을 설정해야 한다. 일반적인 XZ-Y 방식의 프린터의 경우 생략해도 되는 부분이다. 이에 대한 자세한 설정 방법은 다음 페이지의 '프린터 구동 방식 설정: Core-XY' 박스 내용을 참조한다.

델타 봇

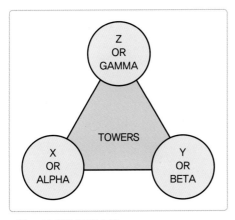

그림 5-16 델타 봇의 XYZ

카르테시안 봇에 익숙해진 사람이라면, 델타 봇을 처음 사용할 때 방향 감각을 잃을 수도 있다. 델타 봇은 3개의 수직 구동축을 사용하지만, RAMPS의 배선과 Marlin 설정, 프린터 조작에 이르기까지 여전히 많은 부분들이 X, Y, Z축 구분을 따르기 때문이다. 만일 X축과

Y축이 뒤바뀐 경우 출력되는 물체의 좌우가 뒤바뀔 수 있으므로 중요한 문제이다.

델타 봇에서는 사용자가 임의로 정한 정면(주로 LCD 부착면)에서 좌측을 X축, 우측을 Y축, 나머지를 Z축으로 사용한다. 따라서 RAMPS에서도 각각의 모터와 엔드스탑을 X핀, Y핀, Z핀에 각각 연결하면 된다. 슬라이서 등에서도 마찬가지다.

이 점을 이해했다면 이제 델타 봇의 펌웨어 설정에 대해 알아보자. 먼저 [Marlin] → [example_configurations-delta] 폴더에서 자신의 사용하는 키트와 같은 이름의 폴더를 찾는다. 없다면 [generic] 폴더를 사용해도 된다. [Configurations.h], [Configurations_adv.h] 파일을 복사하여 기존의 Marlin 폴더에 덮어씌워서 교체한다. 이렇게 하면 Delta Settings라는 주석이 붙은 코드가 추가된다. 이 부분에서 지정해야 할 변수는 여덟 가지이다.

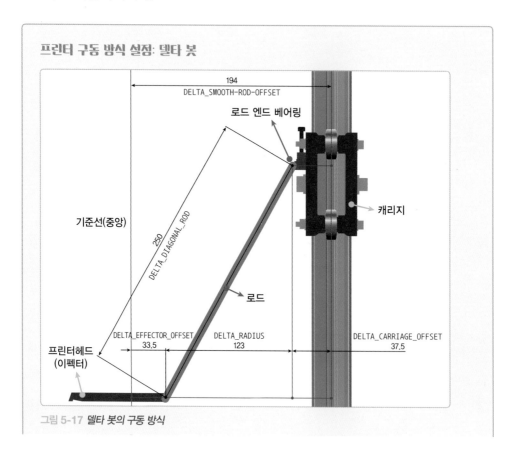

그림 5-17 델타 봇의 구동 방식

여기에서는 델타 봇의 구동 방식 설정에 대해 알아보자. 다음을 참조한다.

```
#define DELTA_SEGMENTS_PER_SECOND 200    ❶
#define DELTA_DIAGONAL_ROD 250.0 // mm    ❷
#define DELTA_SMOOTH_ROD_OFFSET 194.0 // mm    ❸
#define DELTA_EFFECTOR_OFFSET 33.5 // mm    ❹
#define DELTA_CARRIAGE_OFFSET 37.5 // mm    ❺
#define DELTA_RADIUS (DELTA_SMOOTH_ROD_OFFSET-(DELTA_EFFECTOR_OFFSET)
-(DELTA_CARRIAGE_OFFSET))    ❻
#define DELTA_PRINTABLE_RADIUS 123.0 // mm    ❼
#define MANUAL_Z_HOME_POS 151.0 // For delta: Distance between nozzle
and print surface after homing.    ❽
```

❶ DELTA_SEGMENTS_PER_SECOND는 델타 봇이 그리는 곡선의 해상도이다. 이 값이 높을수록 곡선이 부드럽고 정밀해지나, 지나치게 높으면 연산량이 많아져 통신 오류가 발생한다. 기본값은 200으로 설정한다.

한편, 펌웨어가 프린터헤드의 움직임을 계산하기 위해 필요한 정보도 있다.

❷ DELTA_DIAGONAL_ROD는 로드의 양 끝, 로드 엔드 베어링 구멍의 중심점 간 거리를 말한다. 좌표를 연산할 때 실제 가동 부위는 로드 양 끝이 아니라 베어링의 중심점이 기준이기 때문이다. 로드만의 길이를 입력하면 오차가 발생한다.

❸ DELTA_SMOOTH_ROD_OFFSET은 3개의 캐리지가 모두 동일한 높이에 있을 때 프린터헤드로부터 프로파일 중심까지의 거리이다.

❹ DELTA_EFFECTOR_OFFSET은 프린터헤드의 중심으로부터 프린터헤드에 연결된 로드 엔드 베어링까지의 거리값이다.

❺ DELTA_CARRIAGE_OFFSET은 캐리지에 연결된 로드 엔드 베어링으로부터 프로파일 중심까지의 거리이다.

❻ DELTA_RADIUS는 출력 평면의 편평도를 결정한다. 이 값이 너무 크면 출력 평면이 오목(아래로 볼록)해지고, 너무 작으면 출력 평면이 위로 볼록해진다(그림 5-19 참조).

❼ DELTA_PRINTABLE_RADIUS는 출력 가능 범위의 반지름을 가리킨다. 가령 이 값이 100이라면, 반지름이 100mm인 원이 전체 출력 범위가 된다. 이 값은 DELTA_DIAGONAL_ROD값보다 5~10mm 작게 설정하는 것이 좋다. 그렇지 않으면 큰 사고가 날 수 있다(그림 5-18 참조).

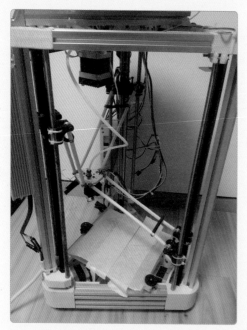

그림 5-18 델타 구조가 깨져버린 상황. Y축 캐리지가 이펙터보다 밑으로 내려간 것이 보인다.

❽ MANUAL_Z_HOME_POS는 호밍 중에 노즐이 최고 높이까지 상승했을 때 노즐과 베드 사이 간격을 말한다. 레벨링에 매우 중요하게 작용하는데, 이 값이 너무 작으면 베드에 닿지 않고, 이 값이 너무 크면 노즐이 베드를 찍어 누르게 된다.

MANUAL_Z_HOME_POS, DELTA_RADIUS, DELTA_DIAGONAL_ROD의 세 가지 값은 다음과 같은 순서로 직접 측정을 하면서 신중하게 수정해야 한다.

> 🏛 주의 측정 과정 중 프린터를 작동시켜야 하는 경우는 프론터페이스를 사용한다. 이때 각 단계가 끝날 때마다 프론터페이스 연결을 종료하고, 펌웨어를 수정해 업로드한 다음, 다시 프론터페이스를 연결하는 순서로 작업해야 한다.

먼저 DELTA_PRINTABLE_RADIUS를 비롯한 다른 값들을 입력하고 펌웨어를 한 번 업로드한다.

다음으로, MANUAL_Z_HOME_POS를 실제 호밍 후 노즐이 최고 높이에 있을 때 높이보다 5mm 정도 적게 입력한다. 임시로 베드 위에 살짝 뜨도록 설정한 것이다. 이제 노즐과 베드 사이에 명함 한 장이 간신히 왔다 갔다 할 수 있을 정도로 값을 조정한다. 이때 사용할 Gcode는 다음과 같다.

```
G2 Z0
```

프론터페이스에 이 Gcode를 입력하면 노즐을 Z축 좌표가 0인 지점으로 이동시킨다. 이상의 과정은 기본적으로는 수동으로 베드 레벨링을 하는 것과 같다.

세 번째로, DELTA_RADIUS의 값을 수정한다. 이 값은 코드상으로는 다음과 같이 계산된다.

```
(DELTA_SMOOTH_ROD_OFFSET-(DELTA_EFFECTOR_OFFSET)
        -(DELTA_CARRIAGE_OFFSET)) = (194.0-33.5-37.5) = 123.0
```

그러나 이렇게 계산된 값은 실제로 들어맞지 않는 경우가 많다. 따라서 값을 조금씩 바꾸어 보면서 맞춰야 한다. 우선 코드를 다음과 같이 수정하고 업로드한다.

```
#define DELTA_RADIUS  123.0
```

그다음 노즐의 Z축 좌표가 0이 될 때까지 하강시킨다. 전후좌우로 이동시키며 출력 평면이 오목한지, 볼록한지, 평면인지 확인한다. 중앙에서 멀어질수록 노즐이 떠오른다면 출력 평면이 오목한 것이다. 이 경우 DELTA_RADIUS의 값을 줄여야 한다. 반대로 중앙에서 노즐이 멀어질수록 베드를 누르게 된다면 출력 평면이 볼록한 것으로, 값을 늘려야 한다. 이 과정을 반복하며 최종적으로는 노즐이 그리는 출력 평면이 완전히 평평한 수평면을 이루도록 만들어야 한다.

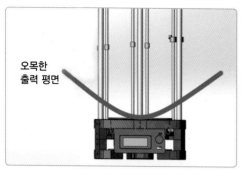
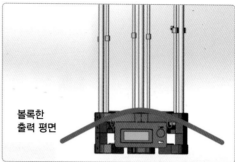

오목한
출력 평면

볼록한
출력 평면

그림 5-19 출력 평면과 *DELTA_RADIUS* 설정. 왼쪽은 *DELTA_RADIUS*가 너무 크게 설정된 경우, 오른쪽은 작게 설정된 경우이다.

마지막으로, `DELTA_DIAGONAL_ROD`를 수정한다. 이 값은 노즐이 움직이는 거리를 결정한다. 이 값이 맞지 않으면 노즐의 이동 거리가 달라지는 문제가 생길 수 있다. 베드 위에 자를 올려놓고 50mm, 100mm씩 이동시키면서 값을 조정하면 된다. 명령한 이동 거리보다 실제 이동 거리가 더 길다면 이에 맞추어서 이 값을 늘려야 한다.

> **TIP** 한편 델타 봇의 경우 Marlin보다는 Repetier-Firmware가 정밀도나 기능 면에서 더 적합하다는 의견도 많다. Repetier-Firmware에 대해서는 8장에서 다시 다룬다.

지금까지 Marlin의 주요 설정에 대해 알아봤다. 물론 여기서 아직 설명하지 않은 설정도 많다. 하지만 지금까지 살펴본 내용을 모두 올바르게 수정했다면, 나머지 설정은 기본 상태 그대로 놔두어도 큰 문제는 없을 것이다. 나머지 설정은 7장과 8장에서 이어서 살펴보자.

PART
03

3D 프린터
활용하기

3D 프린터로
출력하기

지금쯤이면 여러분은 완제품을 구입했든, 혹은 직접 만들었든 자신만의 3D 프린터를 옆에 두고 있을 것이다. 이제는 3D 프린터를 작동시켜 볼 시간이다.

01 | 출력하기

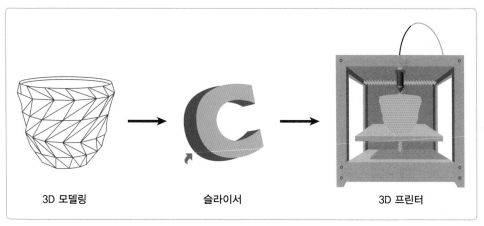

3D 모델링   슬라이서   3D 프린터

그림 6-1 *3D 프린터의 출력 과정. 3D 모델링을 통해 만들어진 데이터가 슬라이서를 거쳐 3D 프린팅된다.*

모델 소스

모델 소스(Model source)란 3D 프린터로 출력하기 위한 3차원 형상, 즉 **모델**(Model) 의 형상 정보를 담고 있는 파일을 말한다. 3D 프린터에서 사용하는 기본적인 모델 소스의 파일 확장자는 1989년 도입된 **STL**(STereo Lithography)이다. STL 포맷은 모델 파일 의 표면 데이터만을 남긴 다음, 이를 수많은 삼각형 조각으로 분할한다. 이때 기본이 되는 삼각형 단위체를 **폴리곤**(Polygon) 또는 메쉬(Mesh)라고 부른다. 삼각형으로 분할하는 이유는 삼각형이 가장 구성요소가 적은 다각형으로, 이론적으로 모든 입체 형상의 표면은 삼각형으로 분할이 가능하기 때문이다. 삼각형의 크기가 작고 개수가 많을수록 정밀한 표 현이 가능하지만, 당연하게도 기하급수적으로 용량이 커진다.

STL 포맷은 슬라이서뿐만 아니라 대부분의 3D 모델링 프로그램에서도 열어볼 수 있을 정 도로 호환성이 막강한 대신, 사용자가 수정하기는 어렵다. 이 포맷에는 오직 삼각형에 관한 표면 정보만이 존재할 뿐 모델링 소프트웨어를 위한 특징적인 설정은 없기 때문이다. 한글 프로그램의 파일 포맷(*.hwp)과 PDF 파일 포맷(*.pdf)의 경우를 살펴보면 이해하기 쉽다. 한글 포맷은 한글 프로그램이 아니면 열리지 않는다. 심지어 운영체제나 한컴 오피스의 버전에 따라 조금씩 다르게 보이거나 실행되지 않을 수도 있다. 그러나 PDF 포맷은 어떤 PDF 리더로 열어도 결과가 똑같지만, 사용자가 수정할 수는 없다.

STL 파일의 또 다른 단점은 입체 형상 정보만을 담고 있어서 한 가지 색상만 표현할 수 있다는 점이다. 특히 색상 문제는 미래 3D 프린팅의 핵심 이슈 중 하나인 멀티 컬러 프린팅과도 직결되어 있다.

이런 단점을 극복하고자 개발되고 있는 포맷 몇 가지가 있다. 가장 대표적인 것이 마이크로소프트 사가 속해 있는 3MF 컨소시엄의 **3MF 파일**, **OBJ 파일** 등이다. 멀티 컬러 프린팅에 사용하는 **VRML**(Virtual Reality Modeling Language), **AMF**(Additive Manufacturing File) 파일도 있다.

모델 소스는 직접 3D 모델링 프로그램을 사용해 제작해도 되고, 온라인에 공유된 것을 다운로드해도 된다. 참고로 3D 모델링은 책 한두 권으로는 끝나지 않을 정도로 범위가 넓은 분야로, 이 책에서는 거의 다루지 않는다. 대신 온라인 커뮤니티에 공유된 모델 소스를 다운로드하고 이를 사용하는 방법에 대해 살펴볼 것이다.

슬라이서란?

FFF 방식의 3D 프린터는 여러 개의 **레이어**(Layer, 층)를 차례로 적층하여 3차원 형상을 구현한다. **슬라이서**(Slicer)는 프린터가 이러한 작업을 수행할 수 있도록 3D 모델 데이터를 여러 개의 얇은 2D 레이어로 '썰어 주는(Slice)' 프로그램이다. 물론 단순히 층을 분할하는 것만이 슬라이서의 역할은 아니다. STL 파일을 비롯한 모델 소스들은 3D 형상의 표면 정보만을 갖고 있으므로 내부는 텅 비어 있다. 이 내부를 어떤 모양으로 채울지는 전적으로 슬라이서에서 결정된다. 그 밖에도 헤드와 베드의 온도, 출력 속도를 비롯한 여러 가지 설정이 모두 입력되면, 슬라이서는 3D 프린터를 작동시킬 명령어의 집합인 Gcode를 생성한다. 이러한 과정을 **슬라이싱**(Slicing)이라고 한다.

그림 6-2 슬라이서는 3D 모델을 여러 개의 얇은 2D 레이어로 분할하고, Gcode를 생성해 프린터를 작동시킨다.

슬라이서는 특히 출력 품질을 결정하는 가장 핵심적인 요인이다. 모든 3D 프린터는 철저히 Gcode에 따라서 움직이기 때문이다. 하드웨어 성능이 좋지 않은 프린터라고 할지라도 슬라이싱을 어떻게 하느냐에 따라 충분히 훌륭한 결과물을 얻을 수 있다. 반대로, 아무리 비싼 가격의 프린터를 사용하더라도 슬라이서의 설정값이 엉망이면 결과물도 좋지 않을 것이다. 프린터의 출력 품질이 만족스럽지 않을 경우, 대부분은 그 원인을 슬라이서에서 찾을 수 있다. 몇 시간을 들여 프린터의 기계 구조를 개선하는 것보다, 몇 분을 들여 슬라이서 설정값을 바꾸는 것이 더 많은 영향을 미칠 수 있다.

모델 소스를 불러오기만 하면 자동으로 최적의 출력 설정을 입력해 주는 슬라이서가 있다면 얼마나 편할까? 안타깝게도 현재로선 이를 실현하는 것이 불가능하다. 아마 당분간은 계속 그럴 것 같다. 전문가 영역에서든, 개인 사용자 영역에서든 말이다. 프린터와 슬라이서, 사용 재료의 종류, 심지어 출력물의 형상에 따라서도 슬라이서의 설정값은 달라진다. 그렇기 때문에 슬라이서의 여러 가지 설정을 이해하고 활용할 수 있는 역량이야말로 3D 프린터 사용자의 필수 요건이다.

여기에서는 가장 대중적인 슬라이서인 Cura를 주로 다룰 것이다. Cura는 얼티메이커 사의 무료 슬라이서로, 충실한 기본 기능과 오랜 시간 축적된 사용자 경험 덕분에 3D 프린팅에 입문하는 사람들이 한 번씩은 거치는 프로그램이다. 물론 Cura 외에도 Slic3r, Repitier, Kislicer, Simplify3D를 비롯한 다양한 프로그램이 존재한다. 무료로 제공되는 것도 있지만 유료로 구입해야 하는 것도 있다. Simplify3D는 유료 슬라이서로, 가격이 제법 비싼 편이지만 몇 가지 특별한 기능을 갖추고 있다.

Cura 다루기

지금부터는 Cura의 인터페이스를 다루는 법을 배워 보자.

초기 설정

슬라이싱을 시작하기 전에 가장 먼저 해야 할 일이 있다. 바로 사용하는 프린터의 정보를 입력하는 것이다. 프린터의 구동 방식이 어떤 것인지, 히팅 베드를 사용하는지, 익스트루더의 크기와 출력 크기는 얼마인지와 같은 정보가 슬라이서에 미리 입력되어 있어야 그에 맞춰 슬라이싱을 할 수 있다.

Cura를 처음 실행하면 그림 6-3과 같이 프린터의 기본적인 정보를 입력하는 창이 열린다. Cura는 얼티메이커 사의 프로그램이므로 자사 프린터의 초기 설정값은 이미 저장되어 있다. 그 외에도 'Other'를 선택하여 널리 알려진 몇몇 프린터들의 목록 중에서 선택하거나, 직접 세부 정보를 입력하는 것도 가능하다. 완제품을 사용하고 있다면 제조사에서 이러한 정보들이 저장되어 있는 프린트 **프로파일**(Profile)을 제공할 것이다.

그림 6-3 *Cura 초기 설정*

DIY 3D 프린터라면 직접 프린터의 정보를 입력할 수 있다. 'Custom FDM printer' 옵션을 선택하고 〈Add Printer〉를 누르면 그림 6-4와 같이 새 창이 열린다.

'Printer Settings'에는 프린터의 출력 크기를 입력한다. 만약 델타 봇을 사용하고 있다면 'Build plate shape'를 'Elliptic'으로 선택하고, 'Origin at center'에 체크해야 한다. 이 경우 'X(Width)'와 'Y(Depth)'는 출력 면적의 지름이 된다. 초기 설정값과 실제 프린터의 상태에 차이가 있다면 출력 중에 문제가 발생할 수 있다. 'Printerhead Settings'는 멀티 헤드를 사용하는 경우 설정해야 하는 부분이다. 'Number of heads'에서 헤드의 개수를 설정하고, 헤드 간의 간섭을 막기 위해 프린터헤드의 크기를 정확히 입력한다.

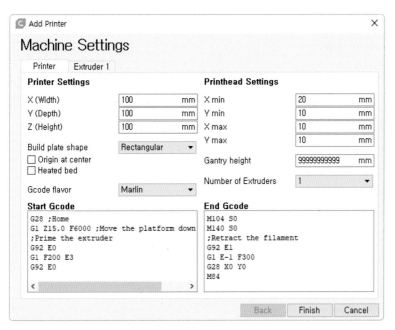

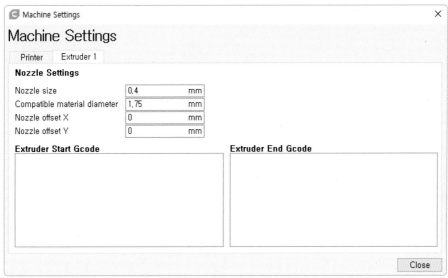

그림 6-4 커스텀 프린터의 정보 입력 화면

[Extruder] 탭에서는 사용하는 노즐과 필라멘트의 직경을 입력해 준다. 설정이 완료되면 그림 6-5처럼 Cura가 실행된다.

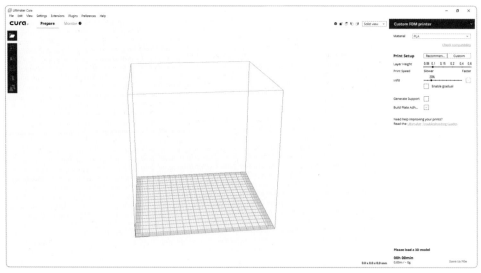

그림 6-5 *Cura 실행 화면*

모델 배치

슬라이싱에서 가장 먼저 해야 할 일은 모델 파일을 실행하여 배치하는 것이다. Cura에서 실행하고자 하는 모델 파일을 메뉴의 [File] → [Open file(s)]로 불러오거나, 파일을 뷰어 위로 드래그 앤 드롭하면 파일을 실행시킬 수 있다. 서로 다른 모델 여러 개를 동시에 불러 와서 출력하는 것도 가능하다.

모델 소스는 직접 만들어도 되지만 싱기버스 같은 커뮤니티에 공유된 것을 사용해도 된다. 여기에서는 https://www.thingiverse.com/thing:80886에 공개된 파일을 사용했다. 파일을 내려받아 열면 그림 6-6처럼 피카츄의 3차원 모델이 나타날 것이다. 단, 이 모습은 아직 슬라이싱이 적용되기 전의 모습이다.

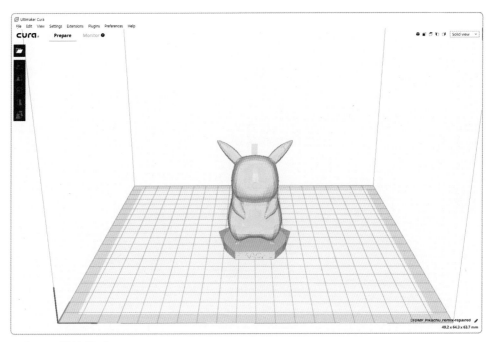

그림 6-6 *모델 불러오기*

모델은 가상의 출력 공간에 배치된다. 이 출력 공간의 크기는 앞서 초기 설정에서 입력한 대로이며, 모델의 크기가 출력 공간을 넘어서면 슬라이싱이 불가능하다. 출력 공간 내에서 모델을 자유롭게 움직이거나 회전시킬 수 있으며, 모델의 크기를 키우거나 복사하는 것도 가능하다. 화면에 대고 우클릭한 채로 드래그하면 화면을 움직일 수 있으며, 이때 [shift] 키를 함께 누르면 화면 회전과 평행이동을 할 수 있다.

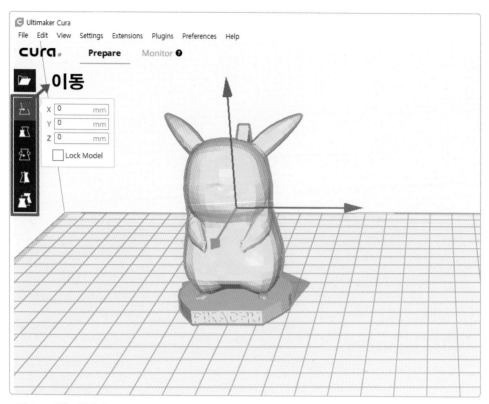

그림 6-7 모델 이동하기

모델을 좌클릭하면 그림 6-7과 같이 왼쪽에 있는 버튼들이 활성화된다. 첫 번째 버튼은 모델의 위치를 정확하게 조절하고 싶을 때 이용한다. 혹은 모델을 좌클릭한 채로 드래그하면 원하는 위치에 물체를 놓을 수 있다.

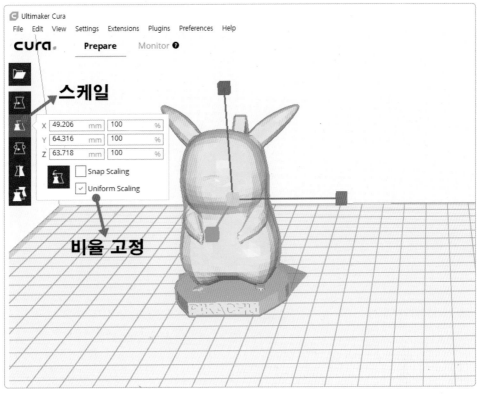

그림 6-8 모델 확대, 축소하기

모델을 불러왔을 때 모델이 지나치게 작거나 큰 경우가 있다. 이때는 모델 파일을 다시 수정할 필요 없이 슬라이서에서 〈Scale〉 버튼으로 크기를 조정할 수 있다. 기본적으로는 X, Y, Z축 중 한 가지 값만 변화시키면 나머지 값이 같은 비율로 변화하여 모델의 생김새를 일정하게 유지한다. 하지만 각 축의 비율을 다르게 하고 싶다면 하단의 〈Uniform Scaling〉을 체크 해제하면 된다(그림 6-8 참조).

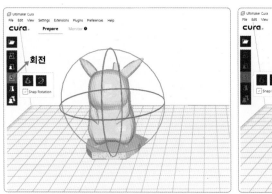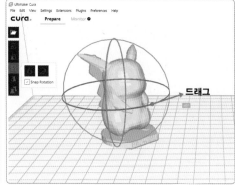

그림 6-9 모델 회전하기

그 다음의 〈Rotate〉 버튼으로는 모델을 회전시킬 수 있다. 모델의 X, Y, Z축에 맞춰 3개의 원이 나타나며, 이 원을 드래그하면 모델을 회전시킬 수 있다.

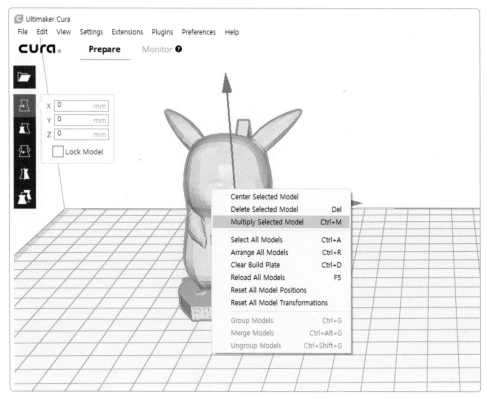

그림 6-10 모델 복제하기

한번에 똑같은 모델 여러 개를 출력하고 싶다면, 모델을 우클릭하여 열린 메뉴에서 [Multiply Selected Model] 기능을 이용하면 된다.

레이어 구성 요소 이해하기

지금까지 기초적인 인터페이스를 배웠으니, 이제 슬라이싱을 거쳐 피카츄가 어떻게 변하는지 살펴보자. 먼저 우측 상단에서 그림 6-11처럼 뷰어 설정을 [Layer view]와 [Line Type]으로 변경해 준다.

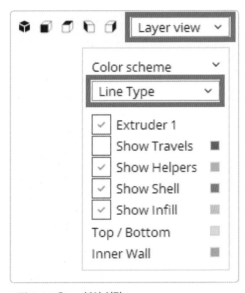

그림 6-11 *Cura 뷰어 설정*

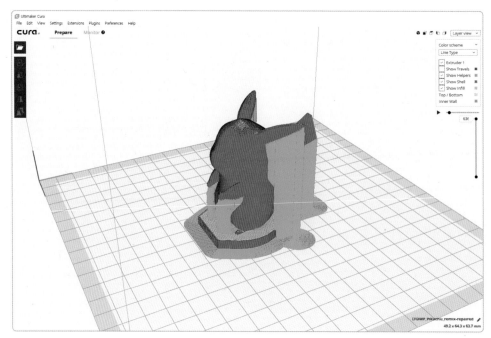

그림 6-12 *슬라이싱이 적용된 모습*

이제 피카츄가 그림 6-12처럼 변할 것이다. Cura를 포함해 대부분의 슬라이서에서는 이처럼 슬라이싱된 결과물을 볼 수 있는 뷰를 제공한다. 출력 전에는 반드시 레이어 뷰를 통해서 실제 슬라이싱에서 기대한 것처럼 나타나는지 꼭 확인해야 한다. 그렇지 않으면 몇 시간 동안 출력하고 나서야 문제점을 발견하는 일이 생길 수 있다.

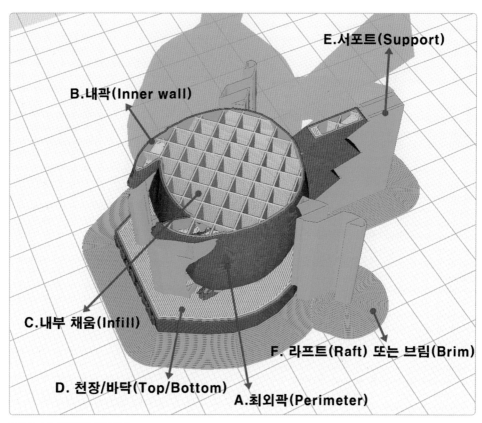

그림 6-13 *레이어의 구성 요소*

이번에는 우측의 바를 조금 내려서 단면을 살펴보자. 그림 6-13에서는 레이어의 구성 요소들을 한 눈에 살펴볼 수 있다.

A. 최외곽(Perimeter, Outer wall): 빨간색

B. 내곽(Loop, Inner wall): 밝은 연두색

C. 내부 채움(Infill): 주황색

D. 천장/바닥(Top/Bottom): 노란색

E. 서포트(Support): 청록색

F. 라프트(Raft) 또는 브림(Brim): 청록색

프린터가 레이어를 만드는 과정은 다음과 같다.

먼저 레이어의 테두리를 따라 **쉘**(Shell)을 만든다. 이 쉘은 모델의 둘레를 따라 여러 번 반복해서 선을 그림으로써 만들어지는데, 그중 가장 바깥쪽에 위치한 선을 **최외곽** (Perimeter, Outer wall)이라고 하고, 안쪽에 위치한 나머지 선을 **내곽**(Inner wall) 이라고 한다. 이렇게 테두리가 완성되면 그 안쪽을 채워 나가는데, 이를 **내부 채움**(Infill) 이라고 한다. 내부 채움은 3D 프린팅의 특징적인 장점 중 하나인데, 내부를 다 채우지 않고 일부만 채움으로써 출력 시간과 재료를 절약할 수 있다.

내부 채움의 양은 **채움 밀도**(Infill density)로 결정하는데, 보통 10~20% 정도의 값을 많이 사용한다. 물론 출력물의 강도를 높이고 싶다면 내부를 완전히 메꾸는 것도 가능하다. 이러한 내부 채움은 슬라이서마다 고유의 모양이 있으며, 이를 **채움 패턴**(Infill pattern)이라고 한다. 가장 일반적인 패턴은 그림 6-13에서 보이는 격자 구조이며, 그 외에도 다양한 패턴들이 제공된다. 내부 채움의 가장 윗부분이 **천장**(Top)으로 덮이면 모델이 완성된다.

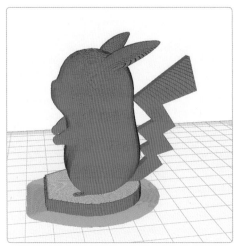 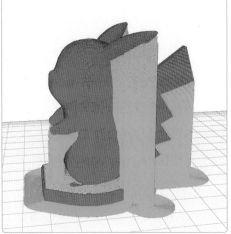

그림 6-14 *피카츄의 귀와 꼬리처럼 돌출된 부분에는 서포트를 세워 주어야 한다.*

서포트(Support)는 출력하는 동안 모델에서 돌출된 부분을 받쳐주기 위한 구조물이다. 출력이 끝나면 제거해야 출력물이 비로소 완성된다. 3D 프린팅에서 돌출부(Arm)를 다루는 것은 꽤나 까다롭다. 경사진 돌출부를 적층할 때는 필라멘트가 밑으로 흘러내리기 쉽기 때문이다. 자칫하면 중간에 구조물이 부러지거나 출력물 자체가 쓰러지는 경우도 있다. 이 때문에 3D 프린팅에서는 그림 6-14처럼 필요한 부분에 적절하게 서포트를 받쳐주는 것이 중요하다. 이 중에서도 밑에 받치는 부분이 없이 허공에 떠 있는 부분을 오버행(Overhang)이라고 하는데, 이러한 부분들에는 반드시 서포트를 세워 주어야 한다.

출력물이 베드에 잘 안착되지 않고 중간에 떨어져버리는 일은 3D 프린팅에서 상당히 흔하게 발생한다. 이렇게 되면 당연히 출력은 실패로 돌아간다. 라프트(Raft)와 브림(Brim)은 이러한 일을 방지하기 위한 지지대 역할을 한다. 서포트와 마찬가지로 출력이 끝난 후에는 제거해야 한다. 이와 같이 출력을 돕기 위해 생성하는 구조들을 Cura에서는 헬퍼(Helper)라고 한다.

주요 슬라이서 설정

이제 Cura의 우측 작업창에서 〈Custom〉 버튼을 눌러 보자. 그림 6-15와 같이 다양한 항목들이 나타날 것이다. 이것들이 바로 슬라이싱 과정에서 우리가 설정해 주어야 하는 값들이다. 한편 좌측 상단의 [Settings] - [Configure Setting Visibility]를 누르면 그림 6-16과 같은 창이 열리면서 숨겨진 설정들의 목록이 나타나는데, 이들 중 대부분은 특별히 건드릴 필요 없지만 몇 가지는 필요한 항목들이다. 지금부터 각각의 항목들이 무엇을 의미하는지 차근차근 알아보자. 다른 슬라이서의 설정들도 대부분 이와 유사하므로 이해에 큰 어려움은 없을 것이다.

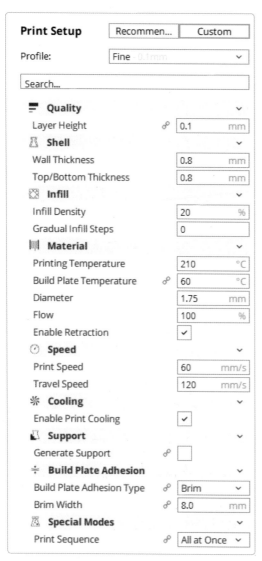

그림 6-15 Cura 설정 – [Custom] 탭

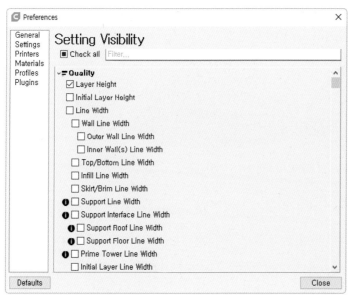

그림 6-16 *Cura 숨겨진 설정 확인하기*

출력 온도

가장 기본적이고 중요한 설정은 바로 출력 온도다. 필라멘트를 녹여서 사출하는 노즐의 온도와 히팅 베드를 사용하는 경우 베드의 온도를 지정해 준다. 반드시 사용하는 재료에 맞는 온도를 설정해 주어야 한다. 가령 녹는 온도가 230도 가량인 ABS를 사용할 때 노즐 온도를 210도로 설정했다면 재료가 충분히 녹지 않아 압출이 잘 되지 않을 것이다.

레이어 높이와 노즐 직경

레이어 높이(Layer height, Layer thickness)는 슬라이서 설정 중 가장 차이가 확연하게 드러나는 항목이다. 레이어 높이가 얇다는 것은 3D 모델을 그만큼 더 많은 층으로 분할했다는 뜻이므로, 그만큼 출력물의 표현이 세밀해지며 얇은 돌출부를 처리하기도 쉬워진다. 보통 레이어 높이를 0.1mm 이하로 설정하면 표면 조도가 대단히 좋아진다. 반대로, 레이어 높이가 두꺼우면 표면에 적층 자국이 드러나는 계단 효과가 심해진다. 하지만, 레이어 높이를 0.2mm 이상으로 설정하면 출력 시간을 크게 단축시킬 수 있다. 출력 시간은 레이어 높이에 반비례하기 때문이다. 만약 레이어 높이를 반으로 줄이면 출력 시간은 두 배로 늘어나게 될 것이다.

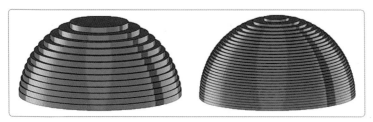

그림 6-17 *레이어 높이가 얇을수록 표면 품질이 더 좋아진다.*

레이어 높이를 비롯해, 압출량과 연관이 있는 값을 설정할 때는 **노즐 직경**(Nozzle diameter)을 반드시 고려해야 한다. 노즐은 핫엔드를 거쳐 용융된 필라멘트를 가늘고 일정하게 내보내기 위한 통로다. 따라서 사용하는 노즐의 직경을 정확하게 입력하지 않는다면 필라멘트 압출은 엉망이 될 것이다.

당연하지만 노즐 직경보다 레이어 높이가 더 클 수는 없다. 보통 압출량 조절을 수월하게 하기 위해 노즐 직경의 절반 이하의 값을 사용하고, 0.05mm 단위로 조절한다. 결론적으로, 0.4mm 노즐을 사용할 때는 빠르게 출력을 하고 싶다면 0.2mm로, 보다 높은 품질의 결과를 얻고 싶다면 0.1mm 또는 0.15mm를 사용하는 식이다. 0.05mm는 대부분의 출력물에서 지나치게 시간이 많이 걸리므로 잘 사용하지 않는다. 출력 품질을 다소 포기하더라도 무조건 빠르게 뽑아야 할 때는 0.6mm 또는 0.8mm 노즐을 사용하면 된다.

필라멘트 직경과 공급 비율

프린터헤드가 선을 그리는 동안에는 노즐을 통해 알맞은 양의 필라멘트가 압출되어야 한다. 이를 위해서는 노즐 직경뿐만 아니라 사용하는 **필라멘트 직경**(Filament diameter)을 정확히 입력해야 한다. 시판되는 대부분의 필라멘트는 표기된 것보다 실제 직경이 조금 적거나 굵은 경우가 많다. 필라멘트 제조 과정의 한계로, ±10% 정도의 오차가 생기기가 쉽기 때문이다. 따라서, 이 값을 결정하기 위해 필라멘트의 직경을 실제로 측정해 보는 것이 좋다. 버니어 캘리퍼스를 이용해 수 m 정도의 구간 안에서 여러 번 측정해 보고, 그 평균값을 사용해 보자. 이때 캘리퍼스는 가능한 한 필라멘트와 직각을 이뤄야 한다.

공급 비율(Flow rate)에 대해 설명하기 전에, FFF 방식의 불완전성에 대해서 언급하지 않을 수 없다. FFF 방식에서는 실제로 압출되는 재료의 양이 필요한 양과 다른 경우가 상당히 많다. 재료의 밀도와 같은 특성이나 출력 환경에 따라서 압출량이 달라질 수 있기 때문이다. 다양한 가능성이 있다 보니 압출량을 정확히 맞추기는 쉽지 않다. 압출되는 재료의 양이 적거나 많은 경우 그 영향은 표면에 적나라하게 드러난다. 이러한 모든 오차들을 보상해 주기 위한 설정이 **공급 인자**(flow factor), 또는 공급 비율이다.1 가령 공급 비율을 110%로 설정하면 평소보다 10% 많은 양을 압출한다. 따라서 공급량에 문제가 있다면 다른 설정에 잘못된 것이 없는지 확인해 본 후, 공급 비율을 5% 단위로 조절하면서 공급량을 맞추는 것이 좋다.

쉘과 바닥, 천장

벽 두께(Wall thickness, Shell thickness)는 최외곽과 내곽을 합친 전체 쉘의 두께를 말한다. 0.4mm 노즐을 사용하고 쉘 두께를 1.2mm로 두면 두께가 0.4mm인 3개의 선으로 쉘을 표현하는 식이다. 모든 슬라이서에서 이 값은 노즐 직경의 정수 배인 것이 좋다. 예컨대 노즐 직경이 0.4mm인데 쉘 두께를 0.7mm로 설정한다면 두 번째 선이 제대로 나오지 않을 수 있다. Cura에서는 정수 배가 아닐 경우 오류를 표시하며, 슬라이싱이 제대로 되지 않는다. 다른 슬라이서도 대부분 비슷하다. 대부분의 모델에 대해, 노즐 직경의 두 배가 가장 적당하다. 선이 한 개라면 표면에 구멍이 송송 생기기 쉽고, 그 이상으로 쉘이 두꺼워지면 세밀한 묘사에 약해질 수 있다.

바닥 두께(Bottom thickness)와 **천장 두께**(Top thickness)는 노즐 직경이 아닌 레이어 두께의 정수 배여야 한다. 레이어 높이가 0.2mm고 바닥 및 천장 두께가 0.8mm라면 모두 4개의 레이어로 바닥과 천장이 표현된다. 대부분의 경우 이 정도면 바닥과 천장이 빈틈 없이 충분히 덮일 수 있다.

----

1 참고자료: 플로리안 호르쉬, 『누구나 즐길 수 있는 3D 프린팅』(메카피아, 2014년), 225p

내부 채움

Cura에서는 내부를 어느 정도 채울 것인지를 결정하는 **채움 밀도**(Fill density)를 설정할 수 있다. 이 값이 크면 클수록 격자가 더 촘촘해진다. 대부분의 모델에 대해서 10%~20% 정도의 값이 가장 적당하다. 이 정도에서는 간격이 수 mm 이내인 격자가 내부를 빼곡하게 채우게 된다. 부품으로 사용하지 않을 것이라면 이것으로도 충분한 강도가 보장될 뿐 아니라, 출력 시간을 많이 단축시킬 수 있다. 채움 밀도를 높일수록 강도도 높아지지만, 종종 모델에 따라 40%에서 80%까지는 큰 차이가 없는 경우도 있다. 확실한 강도를 원한다면 100%로 설정하면 된다. 채움 밀도를 40%로 설정하고, 대신 쉘 두께를 더 높여도 좋다. 채움 패턴을 다양하게 설정하는 것도 가능하다.

프린터는 쉘을 출력한 다음 내부 채움을 출력하기 시작한다. 이때 이 둘 사이에 간격이 생기지 않도록 어느 정도 겹쳐서 출력해야 한다. 쉘과 내부 채움이 잘 연결되지 않으면 출력물의 강도나 표면 품질에 영향을 미칠 수 있기 때문이다. Cura는 이를 위해 **오버랩**(Infill overlap)이라는 설정을 제공한다. 기본값인 15%는 대부분의 경우 적당한 값이지만, 혹시 표면이 울퉁불퉁하게 나온다면 이 값을 조금 줄여보는 것이 좋다. 반대로 쉘과 내부 채움이 잘 연결되지 않는다면 오버랩을 늘려야 한다.

스커트, 라프트, 브림

FFF 방식의 3D 프린팅에서는 출력하는 동안 출력물이 베드에 고정되어 있어야 한다. 이를 위해서는 출력물의 첫 레이어를 쌓을 때 베드와 잘 접착되도록 해야 한다. 출력물의 첫 레이어를 안정적으로 만들기 위해 'Build plate adhesion type'의 세 가지 설정을 사용할 수 있다.

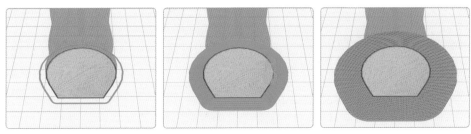

그림 6-18 **왼쪽부터 스커트, 브림, 라프트**

먼저 **스커트(Skirt)**는 첫 레이어를 출력하기 전에, 첫 레이어 주변으로 일정한 간격을 두고 한 개 또는 여러 개의 테두리를 만드는 것이다. 이를 통해 베드에 배치된 모델의 위치가 적절한지, 출력에 방해가 되는 요소가 없는지 테스트하는 것이 가능하다. 출력 전에 노즐을 청소하는 역할도 겸하지만, 첫 레이어와는 맞닿는 부분이 없으므로 출력물 안착에 도움을 주지는 못한다.

라프트는 3~5레이어에 걸쳐 바닥에 넓은 판을 먼저 깔고 나서 모델의 첫 레이어를 시작한다. 가장 확실한 출력물 안착 방법이기도 하고, 레이어 사이사이에 약간의 완충 영역 (Interface)을 두기 때문에 노즐과 베드의 간격이 일정하지 않더라도 이를 어느 정도 보상하는 효과가 있다. 하지만 효과가 확실한 만큼 시간이 오래 걸리고, 재료도 만만찮게 소모한다는 단점이 있다. 때때로는 안착이 지나치게 잘 되어 출력물을 떼어내기 어려운 경우도 있다.

반면에 브림은 모델의 첫 레이어 테두리를 따라 그리는 것을 여러 번 반복하여 폭이 넓은 접촉 면적을 형성한다. 라프트보다 생성 시간이 짧고, 출력이 끝난 후 제거하기도 쉽다. 하지만 첫 레이어의 형상이 지나치게 복잡하다면 브림은 사용하지 않는 것이 낫다. 테두리가 구불구불하거나 뾰족하게 각이 져 있는 부분을 따라 브림을 생성하다 보면 베드에서 떨어지기가 쉽기 때문이다.

표 6-1 *스커트, 라프트, 브림의 비교*

플랫폼 종류	장점	단점
스커트(Skirt)	첫 레이어를 시작하기 전에 출력 환경을 확인	출력물 안착 효과는 없음
라프트(Raft)	뛰어난 안착 효과 베드 레벨링 오차를 어느 정도 보상 가능	재료와 시간의 소모가 많음
브림(Brim)	재료와 시간의 소모가 적음 적당한 안착 효과	복잡한 형상을 출력 시 실패할 수 있음

서포트

서포트는 3D 프린팅에서 절대로 빼놓을 수 없는 요소이다. 슬라이서로 서포트를 생성할 때는 돌출부의 지지 가능성, 서포트 제거의 용이함, 출력 표면의 품질에 이르기까지 여러 가지 변수들을 염두에 두어야 한다. 서포트에 관한 한 슬라이서의 설정은 신중을 기할수록 좋다.

슬라이서별로 제공하는 서포트의 형태가 다르다. 가령 Cura에서는 다음과 같이 두 가지 종류의 서포트를 제공한다.

◦ Touching Buildplate

적층판(Buildplate), 즉 베드로부터 시작해서 출력물의 돌출부까지 이어지는 서포트를 생성한다. 서포트의 제거가 쉽지만, 돌출부 위에 또 다른 돌출부가 나타나는 경우에는 제대로 받치지 못할 수 있다.

◦ Everywhere

모든 돌출부에 서포트를 생성한다. 필요하다면 출력물 위에 다시 서포트를 생성하기도 한다. 2차 돌출부가 있을 경우 이를 지지하기 위해서는 이 옵션을 사용해야 한다. 그러나 제거하기가 까다로운 편이고 출력물의 표면을 상당히 지저분하게 만들 수 있다.

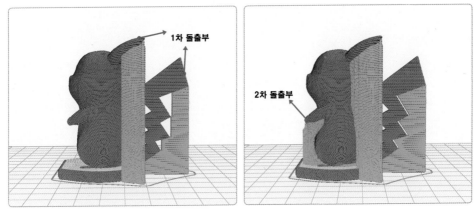

1차 돌출부

2차 돌출부

그림 6-19 *Touching Buildplate(왼쪽)와 Everywhere(오른쪽)의 차이.*

서포트의 개략적인 형태를 결정한 다음에는 몇 가지 설정을 수정해야 한다. 이러한 변수는 프린터의 성능뿐 아니라, 출력물의 형상, 사용 소재와 밀접한 관련이 있다. 앞서 그림 6-16에서 한 것처럼 [Setting Visibility] 창을 불러내어 'Support' 단락을 찾거나, 그림 6-20에서 보이는 우측 설정 창에서 'Support' 옆에 커서를 가져다대면 나오는 톱니바퀴 모양을 클릭한다.

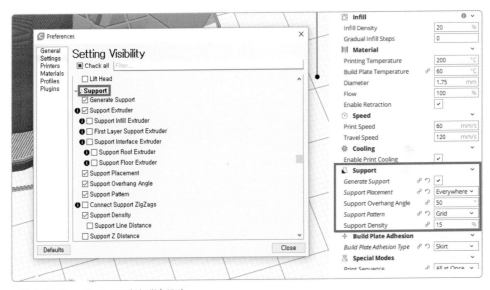

그림 6-20 *Cura의 서포트 관련 세부 설정*

활성화시켜두면 좋은 항목들에는 'Support Overhang Angle', 'Support Pattern', 'Support Density' 등이 있다. 그 밖에도 유용한 설정들이 여러 가지 있지만 여기서 다 다루지는 않을 것이다.

먼저 **오버행 각도**(Overhang angle)란 모델의 경사면과 Z축이 이루는 각도를 말한다. 오버행 각도가 클수록 모델의 경사가 크게 기울어졌음을 뜻한다. 입력된 값 이상의 오버행 각도를 가진 돌출부에만 서포트가 생성된다. 반드시 서포트가 필요하다고 생각되는 부분에 서포트가 생성되지 않는다면 이 값을 낮춰 본다. 반대로 값을 높이면 그만큼 서포트가 줄어들 것이다. 그러나 이 경우 출력이 제대로 되지 않을 수도 있다.

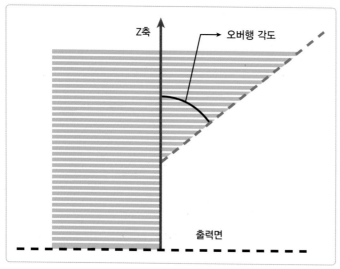

그림 6-21 **오버행 각도**

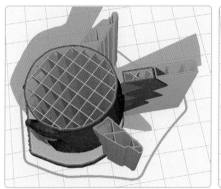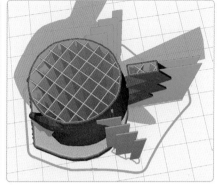

그림 6-22 서포트 패턴 설정하기. Grid(왼쪽)와 Lines(오른쪽)를 주로 사용한다.

그림 6-22와 같이 'Support Patern'에서 Grid나 Lines를 비롯해 여러 가지 패턴을 선택할 수 있다. 이름만으로도 유추할 수 있듯이, Lines는 서포트의 단면이 여러 개의 선으로 이루어져 있는 반면 Grid는 보다 튼튼한 격자 구조로 이루어져 있다. 대부분의 경우 제거하기 편한 Lines가 애용된다. 하지만 내 경험상, 돌출부가 베드로부터 높이 위치한 경우 Lines를 사용하면 출력 도중에 서포트가 부러질 수 있다.

마지막으로 'Support Density'를 높이면 서포트가 보다 촘촘히 생성된다. 서포트가 너무 듬성듬성 세워져 있으면 맞닿는 돌출부의 표면이 약간 흘러내리기가 쉽다. 반면에 서포트가 많으면 그만큼 제거가 어렵고 시간과 재료를 더 많이 소모하게 될 것이다.

사실 3D 프린팅에서 서포트는 '마지막 수단'이다. 숙련된 사용자들은 가능하면 서포트를 사용하는 것을 피하려고 애쓴다. 서포트를 일일이 제거하는 것도 귀찮을 뿐 아니라, 서포트가 붙어있었던 부분에 자국이 남아 표면을 흉물스럽게 만들기 때문이다. 서포트 사용을 최소화하는 가장 좋은 방법은 역시 배치를 적절하게 하는 것이다. 또한 출력물 냉각이 잘 된다면 돌출부를 다루는 데 많은 도움이 된다. 만약 어떻게 해도 돌출부가 너무 많다면, 모델을 적당히 절단해서 출력하는 것도 좋은 방법이다. 그림 6-23이 좋은 사례다. 그대로 출력했다면 엄청난 양의 서포트를 필요로 했을 모델을 한 번의 절단만으로 서포트 없이 출력했다.

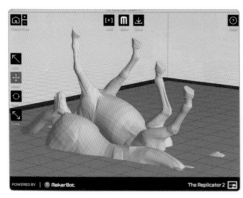

그림 6-23 모델을 둘로 절단해 서포트 없이 말을 출력하는 모습

출력 속도

좋은 품질의 결과를 얻으려면 느린 속도(20mm/s~40mm/s), 내지는 중간 속도(40mm/s~60mm/s)로 출력하는 것이 좋다. 그 이상의 속도를 사용하면 출력 시간은 단축되지만, 출력 품질이 나빠질 수 있기 때문이다. 그런데 꼭 전체 출력 과정에서 같은 속도를 사용하라는 법은 없다. 오히려 어떤 부분에서는 더 느리게, 어떤 부분에서는 더 빠르게 속도를 설정하면 출력 품질을 유지하면서도 출력 시간을 단축시킬 수 있다.

⏱ Speed		⌄
Print Speed	60	mm/s
Infill Speed	60	mm/s
Wall Speed	30.0	mm/s
Travel Speed	120	mm/s
Initial Layer Speed	30.0	mm/s

그림 6-24 Cura 출력 속도 설정

대부분의 슬라이서는 출력 과정에서 특정 단계별로 출력 속도를 다르게 설정할 수 있도록 하고 있다. 앞서와 마찬가지로 [Setting Visibility] 창을 불러내어 'Infill Speed', 'Wall speed', 'Initial Layer Speed' 등을 추가한다.

Infill Speed

내부 채움 속도를 말한다. 출력 시간의 상당 부분이 내부 채움에 할애되므로 Infill speed를 높이는 것은 출력 시간을 크게 단축시킬 수 있다.

Wall Speed

모델의 쉘을 출력할 때의 속도이다. 출력물의 표면과 직결되는 속도이므로 이 속도를 빠르게 하면 할수록 표면의 품질이 눈에 띄게 나빠지는 것을 볼 수 있다. Infill speed에 비해서 느린 값으로 설정하되, Outer/Inner shell speed는 서로 같게 하는 것이 좋다.

Travel Speed

필라멘트를 적층하지 않는 상황에서의 이동 속도를 말한다. 이 경우 속도가 빠르면 빠를수록 좋고, 출력 품질에도 별다른 영향을 끼치지 않는다. 다만 충분히 견고하지 않은 프린터는 100mm/s 이상의 속도에서 문제를 일으킬 수 있다.

Initial Layer Speed

바닥, 즉 첫 레이어를 출력할 때의 속도이다. 느릴수록 첫 레이어가 베드에 잘 안착되며, 출력 시간을 단축하기 위해 이 속도를 높이는 것은 권장하지 않는다. 보통 20~30mm/s 정도가 적절하다.

리트랙션

리트랙션(Retraction, 역회전)이란, 순간적으로 압출 기어를 반대 방향으로 회전시켜, 필라멘트를 빠르게 뒤로 잡아당기는 것이다. 왜 이런 행동이 필요할까? 그것은 같은 레이어 안에서도, 서로 떨어져 있는 부분을 출력할 때에는 필라멘트 공급을 중단해야 빈 공간을 건너뛸 수 있기 때문이다. 그렇지 않으면 필라멘트가 제어되지 않은 채 계속 흘러나와 출력물 주변에 실처럼 달라붙는 현상인 **스트링**(String)이 발생한다.

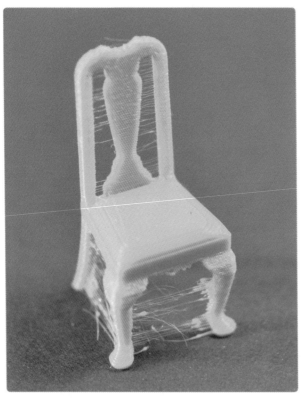

그림 6-25 스트링 현상이 나타난 출력물. 의자 다리 사이에 얇은 실 같은 것이 보인다.

리트랙션을 잘 이용하면 스트링을 방지하거나, 적어도 상당히 줄일 수 있다. 일반적으로 슬라이서에서는 리트랙션의 속도와 길이를 조절할 수 있다. 리트랙션 속도로는 40mm/s 정도의 값을 많이 사용하는데, 속도가 빠르면 빠를수록 필라멘트 제어에 유리하지만 필라멘트를 넣고 빼는 과정에서 압출 기어에 의해 필라멘트가 갈리는 문제가 생길 수 있다. 이렇게 되면 필라멘트가 끊어지거나, 묻어 나온 필라멘트 가루가 압출을 방해할 수 있다. 리트랙션 길이는 한 번 리트랙션을 할 때 익스트루더가 당겨야 하는, 혹은 다시 밀어야 하는 필라멘트의 길이를 말한다. 보통 리트랙션 속도의 $\frac{1}{10}$ 정도가 적절하다. 속도는 5mm/s, 길이는 0.5mm 단위로 증가 또는 감소시키다 보면 최적값을 찾을 수 있다.

리트랙션값을 완벽하게 설정했다는 전제 하에, **Z 도약**(Z hop) 기능은 출력 품질 향상에 큰 도움을 줄 수 있다. 이 기능은 리트랙션이 이루어지는 구간, 즉 출력을 건너뛰는 구간에서 출력물과 헤드 사이의 간격을 약간 벌린다. 세밀한 부분을 출력할 때는 헤드의 움직임으로 인해 영향을 받을 수 있는데, 이를 방지함으로써 출력물을 보호할 수 있다.

Gcode 저장하고 출력하기

이제 슬라이싱의 마지막 단계에 접어들었다. 지금까지 설정한 모든 것을 하나의 Gcode 파일로 저장하고, 프린터에 전송하는 것이다. 우측 하단의 [Save to File] 버튼을 눌러 Gcode 파일을 저장한 다음, SD 카드를 이용해 프린터로 옮기면 된다. USB가 PC에 연결되어 있다면 자동으로 USB에 파일을 저장한다. 옆에는 예상 출력 시간과 재료 소모량이 같이 표시된다. PC와 프린터가 연결되어 있는 경우 파일을 따로 저장하지 않고 바로 출력도 가능하다.

그림 6-26 *Gcode 저장하기*

스타트 코드와 엔드 코드

스타트 코드(Start code)는 출력을 시작할 때, **엔드 코드**(End code)는 출력이 끝났을 때 자동으로 작동하는 Gcode 명령이다. 좌측 상단에서 [Settings]-[Printer]-[Manage Printers]로 진입한다.(그림 6-27 참조) 여기서는 앞서 Cura를 처음 설치하면서 입력했던 프린터 기본 설정을 수정할 수 있다. 〈Machine Settings〉를 누르면 그림 6-28과 같은 창이 열린다. 앞서 주요 Gcode의 기능을 배웠으니, 주석을 보면서 이 스타트 코드가 어떤 식으로 작동하는지 해석해 보기 바란다.

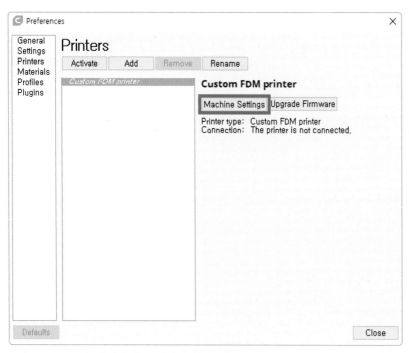

그림 6-27 Cura에 등록되어 있는 프린터 설정을 수정할 수 있다.

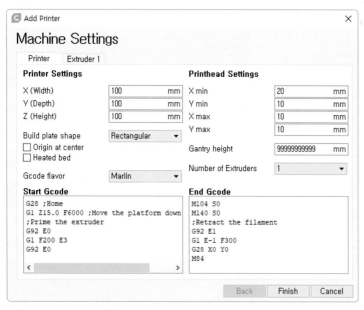

그림 6-28 스타트 코드 및 엔드 코드

```
G28 ;Home
G1 Z15.0 F6000 ;Move the platform down 15mm
;Prime the extruder
G92 E0
G1 F200 E3
G92 E0
```

이 스타트 코드를 사용 환경에 맞추어 임의로 편집하는 것도 가능하다. 예를 들어 2번째 줄
의 G1 Z15.0 F6000은 얼티메이커 사의 제품들에만 필요한 기능이므로, 맨 앞에 세미콜론
(;)을 붙여 비활성화하는 것이 좋다.

이번에는 내가 사용하는 스타트 코드와 비교해 보자.

```
G28 X0 Y0 ;move X/Y to min endstops
G1 X40 Y5 F2000
G29
G1 F2000
G92 E0
G1 Z5 E-3
G1 X100 Y20
G1 Z0.2 E0 F2000
G1 X5 E6 F2000
G1 X100 Y22 E12 F2000
G1 Z2 F2000
;G1 F200 E3
G92 E0 ;zero the extruded length again
G1 E-3 F1000
```

먼저 시작 부분에서 G28 다음에 이어지는 일련의 명령어는 오토 레벨링 기능을 사용하기 위한 것이다(G29). 그다음 6번째 줄부터 11번째 줄까지 이어지는 명령어가 추가되었고, 대신 12번째 줄의 'G1 F200 E3'은 주석으로 바뀌어 비활성화되었다. 이 명령어는 기존에 노즐 내부에 남아 있던 필라멘트를 3mm 가량 빼서 출력을 깔끔하게 하기 위한 것이다. 그러나 이것만으로는 불충분하고, 오히려 찌꺼기가 노즐에 붙어 출력에 방해가 되는 경우도 있다. 따라서 나는 스타트 코드를 수정하여 헤드가 (100,20,0.2)로 이동했다가 (5,20,0.2)로 돌아오고, 다시 (100,22,0.2)로 이동하게끔 했다. 또한 이 과정에서 필라멘트가 6mm씩 압출되도록 했다. 이렇게 함으로써 노즐에 남은 찌꺼기가 빠져나오면서 베드 구석에 붙어 떨어지고, 깔끔하게 출력을 시작할 수 있다.

그림 6-29 필라멘트 찌꺼기를 제거하고 출력을 시작한 모습

LCD 활용하기

3D 프린터의 LCD 컨트롤러는 조작이 단순하며, 직관적인 메뉴로 구성되어 있다. 이미 완성된 프린터라면 PC와 연결할 필요 없이 LCD 컨트롤러만으로도 필요한 모든 조작을 할 수 있을 것이다. LCD 컨트롤러의 주요 메뉴에 대해서 알아보자.

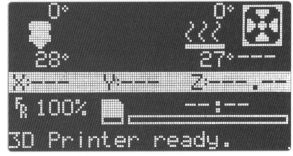

그림 6-30 *다양한 LCD 인포스크린들*

처음 프린터를 작동시키면 부팅 화면에 이어서 가장 기본이 되는 인포스크린이 나타난다. 현재 온도, 설정 온도, 프린터 상태 등의 정보가 표시되며, 다이얼을 눌러 메인 메뉴로 진입할 수 있다(그림 6-30 참조).

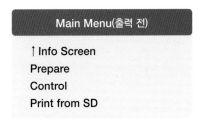

그림 6-31 *LCD의 메인 메뉴*

메인 메뉴나 각 탭의 명칭과 세부 기능은 사용하는 펌웨어의 종류나 버전에 따라서 조금씩 달라지기도 한다. 여기에서는 Marlin의 기본 설정을 기준으로 해서 메인 메뉴의 탭과 항목에 대해 살펴보자.

Prepare

먼저 [Prepare] 탭부터 살펴보자. 이 탭은 프린터의 예열, 호밍, 헤드 이동 등 출력 전의 준비와 테스트를 위한 탭이다.

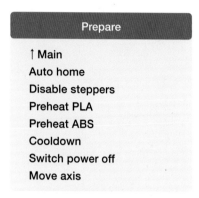

그림 6-32 LCD의 Prepare 탭

• **Auto home**

모든 축의 호밍을 시작한다.

• **Disable steppers**

모든 스텝 모터를 비활성화하여 손으로 움직일 수 있도록 한다. 그렇지 않고 모터에 전원이 공급되어 토크가 걸려 있는 상태에서 구동부를 무리하게 움직일 경우 모터가 손상될 수 있다.

• **Preheat PLA/ABS**

핫엔드와 히팅 베드를 사전에 Marlin에서 지정되어 있는 예열 온도(Preheat temperature)로 예열한다. [Control] 탭의 [Temperature] 메뉴를 이용하면 온도를 자유롭게 지정할 수 있다.

• **Cool down**

핫엔드와 히팅 베드의 예열을 중단한다.

• **Switch power off**

LCD를 제외한 모든 부분의 전원 공급을 중단한다.

• **Move axis**

프린터의 모든 구동부를 자유롭게 움직일 수 있다. X, Y, Z축을 움직일 때는 먼저 [Auto home]을 시행하는 것이 좋다. 그렇지 않으면 프린터를 처음 작동했을 때 구동부의 위치를 원점으로 인식하여 움직이므로 실제 구동 범위를 초과하여 움직이는 문제가 생길 수 있다.

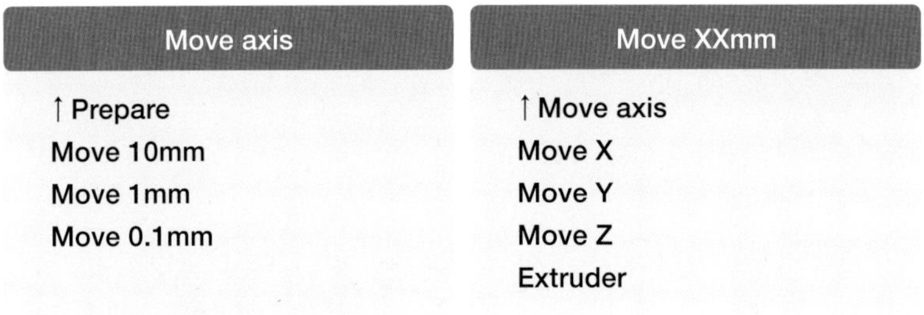

Move axis	Move XXmm
↑ Prepare	↑ Move axis
Move 10mm	Move X
Move 1mm	Move Y
Move 0.1mm	Move Z
	Extruder

그림 6-33 *Prepare 탭의 Move axis 기능*

Control

[Control] 탭에서는 프린터의 여러 설정값을 조정할 수 있다.

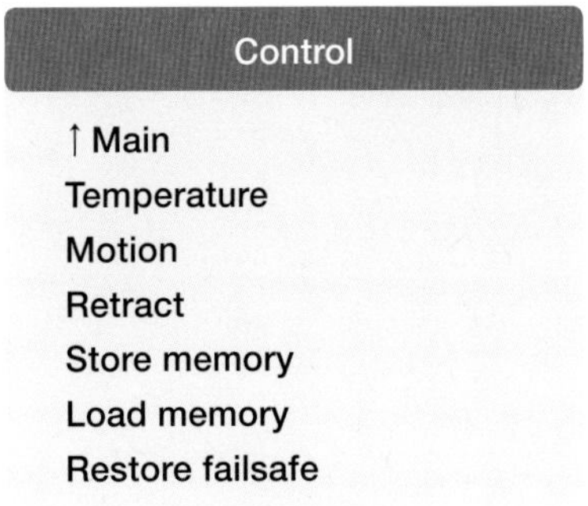

Control
↑ Main
Temperature
Motion
Retract
Store memory
Load memory
Restore failsafe

그림 6-34 *LCD의 Control 탭*

⊙ **Temperature**

핫엔드와 히팅 베드의 예열 온도를 자유롭게 지정할 수 있다.

⊙ **Motion**

프린터의 움직임에 관련된 펌웨어 상수값을 수정할 수 있다. 수정한 후에는 아래의 [Store memory]를 눌러 설정을 저장해야 한다.

⊙ **Retract**

Gcode에서가 아닌, 펌웨어에서 자체적으로 리트랙션을 설정한다. 슬라이서에서 이미 설정하는 부분이므로 특별히 사용할 일은 없다.

⊙ **Store memory**

지금까지 [Control] 탭에서 변경한 설정들을 메모리에 영구적으로 저장하는 옵션이다. 저장하지 않았을 경우는 다음에 다시 켰을 때 초기 상태로 돌아가게 된다.

◦ Load memory

아직 [Store memory]를 하지 않은 상태에서 방금 수정한 값들을 메모리에 저장된 기존의 값으로 되돌린다.

◦ Restore failsafe

LCD 컨트롤러의 EEPROM 기능을 사용할 경우, 펌웨어를 새로 수정해서 업로드해도 LCD 컨트롤러에서 저장한 값이 우선시되는 문제가 있다. 이 경우 업로드 후에 이 버튼을 눌러 주면 펌웨어에서의 수정사항이 반영된다.

Print from SD

PC에서 슬라이싱한 모델의 Gcode 파일을 SD 카드에 저장해, 프린터에서 바로 출력할 수 있다.

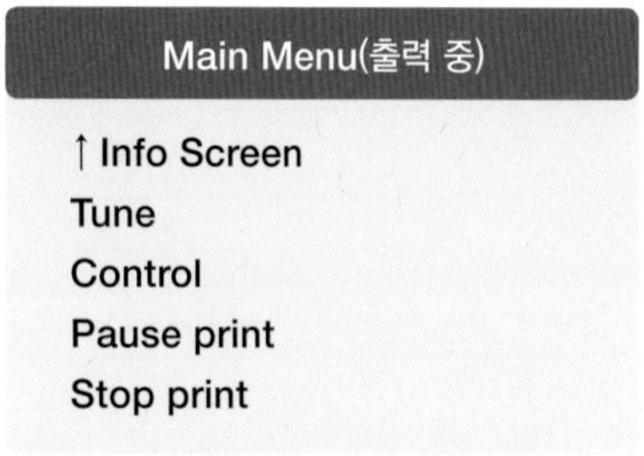

Main Menu(출력 중)
↑ Info Screen
Tune
Control
Pause print
Stop print

그림 6-35 *LCD의 메인 메뉴(출력 중)*

출력을 시작하면 메인 메뉴의 [Prepare] 탭이 [Tune] 탭으로 바뀐다. 또한 출력을 일시 정지하는 [Pause print] 메뉴와 출력을 완전히 중지하는 [Stop print] 메뉴가 나타난다(그림 6-35 참조).

Tune

이 탭에서는 출력 중에 몇 가지 설정을 변경할 수 있다. 하지만 슬라이싱을 깔끔하게 잘 했다면 출력 중에 이 탭을 사용할 일은 잘 없을 것이다.

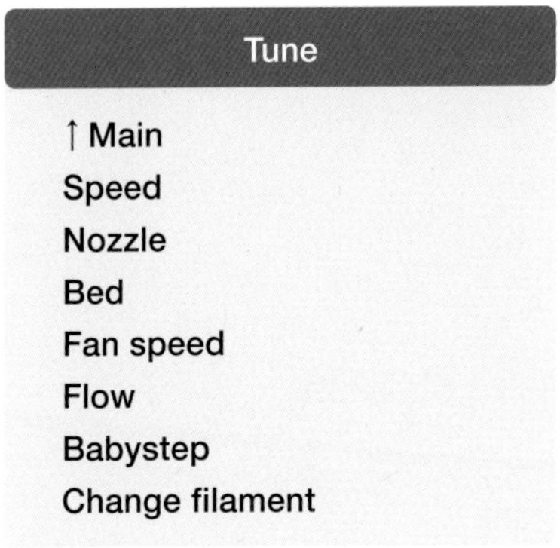

```
                  Tune

        ↑ Main
        Speed
        Nozzle
        Bed
        Fan speed
        Flow
        Babystep
        Change filament
```

그림 6-36 *LCD의 Tune* 탭

- **Speed**

  출력 중에 이동 속도를 비롯한 모든 속도를 % 단위로 일괄적으로 조절할 수 있다.

- **Nozzle/Bed**

  노즐과 베드의 온도를 출력 중에 조절한다.

- **Fan speed**

  쿨링 팬의 속도를 조절할 수 있다.

- **Flow**

  압출량을 조절할 수 있다.

- **Babystep**

  출력 중에 Z축 오프셋을 미세하게 조절할 수 있는 베이비스테핑(Babystepping) 기능을 제공한다.

- **Change filament**

  필라멘트를 교환, 보충할 때 사용하는 기능이다. 일시적으로 출력을 정지한 후, 필라멘트를 교환한 뒤 다시 시작할 수 있다.

출력 준비하기

3D 프린터와 슬라이싱한 모델이 갖춰졌다고 해서 출력 준비가 끝난 것은 아니다. 출력에 앞서 반드시 확인해야 할 사항이 몇 가지 있다.

출력 환경 점검하기

출력에 앞서 프린터의 전반적인 구동 환경을 꼼꼼히 점검해야 한다. 이 과정은 출력의 성공 여부뿐 아니라 프린터의 수명과 연관되는 중요한 사항인데도 종종 간과되곤 한다. 반드시 점검해야 할 사항은 대략 다음과 같다.

- 전원을 켜기 전, 헤드와 베드를 손으로 밀었을 때 부드럽게 잘 움직이는지 확인한다.
- 프린터는 가급적이면 바닥이나 진동이 적은 작업대 위에 올려놓는 것이 좋다.
- 익스트루더에 필라멘트가 삽입되어 있는지, 남은 필라멘트의 양이 충분한지 확인한다.
- 출력하는 방의 창문을 닫도록 한다. 주변 온도가 너무 낮으면 출력에 문제가 생길 수 있기 때문이다. 대신 출력이 끝난 후에는 꼭 환기를 하도록 한다.
- 베드 표면 상태를 확인한다. 재료가 적층될 표면에는 이물질이 없어야 하며, 적절하게 도포되어 있어야 한다(베드 도포 방법에 대해서는 뒤에서 설명할 것이다).
- 출력을 시작할 때는, 첫 레이어가 완성될 때까지 프린터 앞을 떠나지 말고 관찰하는 것이 좋다.

레벨링: 노즐과 베드의 간격 조절하기

베드 레벨링, 또는 **레벨링**이란 넓은 면적의 베드 전체에서 노즐과 베드 사이의 간격이 일정하도록 베드의 수평을 조절하는 것을 말한다. 모든 3D 프린터는 레벨링 과정을 거치지 않으면 출력을 시작할 수 없다. 이미 레벨링 작업이 완료되어 출고된 완제품이더라도 일정 주기로 같은 작업을 반복해 주어야 한다. 그러나 특별한 종류의 레벨링 방식을 사용하는 경우도 있으므로, 기본적으로는 제조사에서 제공하는 매뉴얼에 따르도록 한다.

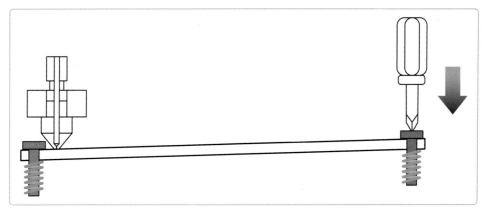

그림 6-37 나사와 스프링으로 베드의 수평을 조절한다.

베드의 수평을 조절할 때는 노즐의 위치가 기준이 되어야 한다. 헤드와 베드의 조립 상태, 프린터가 놓인 장소의 기울기 등 많은 변수가 있기 때문이다. 가장 흔한 레벨링 방식은 베드가 조정나사 3개 또는 4개에 의해 로워 플레이트에 고정되어 있고, 이들 나사를 조금씩 돌려서 네 귀퉁이의 높이를 조정하는 것이다. 로워 플레이트와 베드 사이에는 스프링을 두어, 스프링의 탄성으로 베드의 높이를 일정하게 유지할 수 있도록 한다. 베드의 네 귀퉁이에서 모두 베드와 노즐 사이의 간격이 같아질 수 있도록 베드의 수평을 맞춘다. 한편 델타봇처럼 아예 용수철 없이 베드가 로워 플레이트에 붙어 있는 형태도 있다.

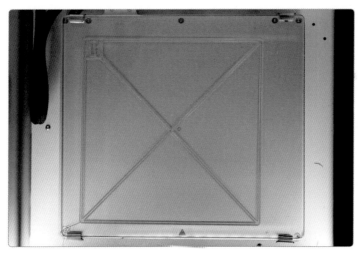

그림 6-38 수평이 맞지 않아 한쪽은 들뜨고 한쪽은 눌려버린 상태

베드 레벨링 과정에 대해 설명하면 다음과 같다.

1 조정나사를 모두 풀어 스프링의 장력이 작용하지 않도록 만든다. 이미 스프링의 장력을 받는 상태에서 계속 조정을 할 경우 그 영향으로 베드 판이 휠 수 있기 때문이다.

2 엔드스탑을 Z축 원점으로부터 적당한 여유 간격을 두고 위치시킨다. 그 후 프론터페이스에서 [Z home]을 눌러 호밍을 완료하고, 프린터의 전원을 끈다. 엔드스탑에 도달했을 때 노즐과 베드 사이에 수 mm 정도의 간격이 생길 정도가 적당하다. 간격이 너무 좁으면 작업 과정에서 노즐이나 베드가 손상되기 쉽다. 엔드스탑의 위치는 나중에 다시 조절하게 될 것이다. 한편 프린터의 전원이 켜진 상태에서 장비를 손으로 움직이게 되면 모터나 제어 보드에 과부하가 걸릴 수 있으므로 주의하도록 한다.

3 베드의 한쪽 귀퉁이의 조정나사를 충분히 조여 준다. 이 점이 베드 레벨링의 기준점이 된다. 기준점이 되는 조정나사는 임의로 선택하면 되며, 나사를 조일 때는 스프링의 장력을 충분히 받을 수 있을 정도로 한다.

4 기준점에 노즐을 위치시키고, Z축을 움직여서 노즐이 베드에 정확히 맞닿도록 한다. 이때는 Z축 스텝 모터와 스크류를 연결하는 커플러를 돌려서 수동으로 작업을 해야 한다. 커플러를 시계 반대 방향으로 돌리면 Z축이 내려오면서 노즐과 베드 사이가 가까워지고, 시계 방향으로 돌리면 반대로 움직인다. 이때 스크류가 2개일 경우 두 커플러를 동시에 돌려야 하며, 두 커플러를 최대한 비슷하게 돌리도록 한다. 한쪽 커플러만 지나치게 많이 돌렸을 경우 구동 시에 문제가 생길 수 있다.

5 기준점에 이웃한 다른 조정나사를 조절하여 수평을 맞춘다. 헤드를 기준점과 두 번째 조정나사 사이로 왔다 갔다 하도록 손으로 움직여 본다. 이때 헤드를 움직이는 과정에서 노즐이 베드를 긁으면서 자국이 남는다면 두 번째 조정나사를 더 조여 주고, 노즐이 베드에서 조금 떨어져 있다면 나사를 풀어 주는 식으로 작업을 반복하면서 수평을 맞춰야 한다.

6 나머지 조정나사도 마찬가지로 작업한다. 이렇게 하면 베드의 수평잡기가 완료된다. 즉, 베드에서의 모든 임의의 위치에서 베드와 노즐이 일정한 간격을 유지할 수 있게 된다.

그런 다음 엔드스탑의 위치를 조절하여, 베드-노즐 사이 간격의 값을 맞춘다. [Z Home]으로 상승, 하강을 반복하며 최적의 엔드스탑 위치를 찾는다. 노즐에서 압출된 재료는 베드에 바로 달라붙어야 한다. 이를 위해서는 노즐과 베드 사이의 간격을 정확히 맞춰야 한다. 간격이 지나치게 넓다면 재료가 허공에 뜨게 될 것이고, 간격이 지나치게 좁다면 노즐에서 재료가 제대로 나오지 않게 되니 주의하자.

적절한 간격을 맞추는 것은 상당 부분 사용자의 감에 의존한다. 경험이 많은 사용자들은 보통 노즐과 베드 사이에 '명함 한 장이 가까스로 들어갈 정도로' 간격을 두라고 조언한다. 그림 6-39를 참조한다.

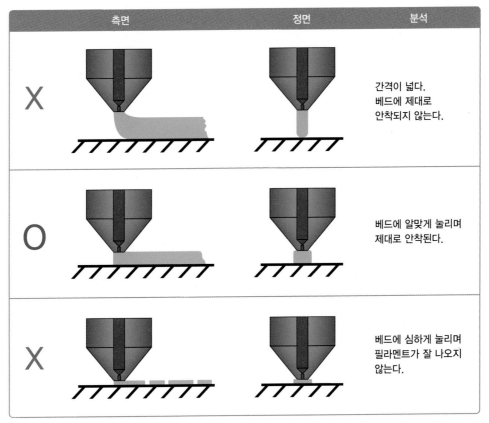

그림 6-39 적절한 노즐-베드 간격

작업 방식은 사용하는 엔드스탑의 종류에 따라 다르다. 일반적으로 메카니컬 엔드스탑이나 옵티컬 엔드스탑을 사용하는데, Z축 방향으로 부착된 엔드스탑의 위치를 손으로 미세하게 움직이면서 간격을 맞춰야 한다. 엔드스탑을 미세하게 손으로 움직이는 것은 굉장히 힘든 일이기 때문에, 엔드스탑 마운트, 또는 접촉 지점을 나사로 미세하게 조정할 수 있도록 개조한 경우도 많다.

그림 6-40 엔드스탑의 위치를 쉽게 조절하기 위한 높이 조절 나사

이러한 작업을 사용자가 전부 직접 해야 하므로, 일련의 과정을 **수동 레벨링**이라고 부르기도 한다. 3D 프린팅에는 여러 가지 진입 장벽이 있지만, 수동 레벨링은 그중에서도 최악이다. 많은 초보자들이 적지 않은 시간을 수동 레벨링을 조정하는 데 시간을 보낸다. 다행히도 이 복잡한 과정을 대체할 방법이 있다.

오토 레벨링

오토 레벨링(Auto leveling)은 베드 레벨링의 여러 복잡한 요소들을 크게 간소화시켜 준다. 조정 나사를 돌려 베드와 노즐 사이의 수평을 일일히 맞추거나, 센서를 미세하게 조작하여 간격을 조정할 필요가 없다는 것이다.

오토 레벨링 장치는 노즐-베드 간격을 측정할 엔드스탑(Z 프로브)과 그것을 노즐 가까이에 부착할 마운트(mount), 그리고 몇 가지 펌웨어 상에서의 설정의 조합으로 이뤄진다. 오토 레벨링이 시작되면, 헤드가 미리 입력된 측정 위치(Grid point)로 이동한 다음, Z 프로브가 베드를 인식할 때까지 Z축 방향으로 움직인다. 이 과정을 몇 번 반복하면서 움직이는 간격을 측정하는 것이다. 이때 베드의 수평을 맞추지 않은 상태라면, 베드의 네 귀퉁이에서 그 값이 조금씩 다를 것이다. 이를 통해 베드가 노즐에 대해 얼마나 기울어져 있는지를 알아내어 출력에 자동으로 반영하는 것이 오토 레벨링 장치다. 예를 들어 베드가 왼쪽으로 기울어져 있어, 오른쪽보다 왼쪽에서 노즐-베드 간격이 더 넓은 상태라면 출력 중에 헤드가 그 부분을 지날 때는 약간 하강하여 그 차이를 보상해 준다.

> **TIP** 3D 프린터에서 **Z 프로브**는 여러 가지 의미를 가진다. 일반적으로는 노즐과 베드 사이의 Z축 방향 간격을 측정하기 위한 센서를 의미한다. 간혹 그 측정 과정 전체를 포괄하는 용어(Z probing)로 사용하는 경우도 있다.

따라서 오토 레벨링 장치를 갖추고 있다면 앞서 본 것과 같이 매번 복잡하게 베드의 수평을 맞출 필요가 없다. 노즐-베드 간격이 일정하지 않아도 그 차이를 오토 레벨링으로 메울 수 있기 때문이다. 물론 베드가 너무 심하게 기울어져 있다면 오토 레벨링으로도 해결하지 못할 수 있으므로, 수평계를 이용해 적당히 수평을 맞춰 두는 것도 좋다.

오토 레벨링은 노즐-베드 간격을 설정할 때도 매우 편리하다. 수동 레벨링에서 했던 것처럼 센서의 위치나 설정을 미세하게 조작하면서 값을 맞출 필요가 없기 때문이다. 오토 레벨링에서는 그 대신 **Z축 오프셋**을 이용해 간단하게 간격을 결정한다. **오프셋**(Offset)이란 기준점과 구하고자 하는 점의 차이를 뜻한다. 예를 들어, Z축 오프셋이 −10mm라면, 헤드가 Z 프로브가 작동한 위치보다 10mm를 더 내려간 곳이 첫 레이어가 시작하는 위치가 된다. 이러한 방식을 사용하는 이유는 앞서 본 것처럼 Z 프로브의 위치를 정확히 맞추는 것이 매우 어렵기 때문이다. 그보다는 대충 목표 위치 근처에서 작동하도록 Z 프로브를 부착하고, 그 차이를 Z축 오프셋으로 반영하는 것이 훨씬 쉽다.

물론 오토 레벨링에도 장점만 있는 것은 아니다. 특히 숙련된 사용자들은 오토 레벨링의 정확성에 대해서 종종 의문을 제기하곤 한다. 사용하긴 복잡하지만 한번 조정하면 정확하게 작동하는 수동 레벨링에 비해서, 오차가 생길 여지가 너무 많다는 것이다. 예를 들어, 노즐과 Z 프로브가 정확히 평행을 이루기 어렵다는 점, Z 프로브 센서 자체의 오차가 상당히 크다는 점 등이 제기된다. 하지만 사용자 편의성을 위해서 오토 레벨링 장치는 빠질 수 없는 요소이며, 시간이 지날수록 점점 보급이 확대되는 추세다. 8장에서는 오토 레벨링 장치를 직접 만드는 방법도 소개할 것이다.

표 6-2 수동 레벨링과 오토 레벨링 비교

기준	수동 레벨링	오토 레벨링
작동 방식	• 베드 수평: 스프링과 조정 나사를 이용해 수동 조절 • 노즐–베드 간격: Z축 엔드스탑 위치 조절	• 베드 수평: 자동 측정 • 노즐–베드 간격: Z축 오프셋 조절
편의성	• 작업이 번거로움 • 레벨링을 자주 해 주어야 함	• LCD 컨트롤러로 오프셋 간단히 조절 가능 • 정비를 자주 할 필요가 없음
정확도	• 올바르게 작업했을 경우 정확도 높음	• 다소 오차가 생길 수 있음

02 | 출력 품질 개선하기

기나긴 여정 끝에 첫 출력에 성공했다면 축하한다. 여러분은 이 장을 읽을 자격이 있다. 이제부터 시작되는 것은 출력 품질을 높이기 위한 커스터마이징의 행진이다. 이를테면 베드에 테이프를 붙이고, 팬 덕트를 만들어 달거나 하는 일들 말이다. 왜 이런 작업이 필요하냐고? 이왕 몇 시간이 걸려 출력을 할 것이라면, 조금이라도 더 보기 좋은 결과물을 얻고 싶지 않은가? 같은 프린터를 샀다고 해서 출력 결과가 항상 같은 것은 아니다. 모든 것은 여러분이 하기 나름이다.

첫 레이어의 안착 문제 해결하기

단언컨대 첫 레이어의 안착 문제를 한 번도 겪지 않은 사람은 없을 것이다. 그만큼 까다롭고, 자주 발생하는 문제다. 첫 레이어가 베드에서 떨어져 버리면 당연히 출력 자체가 실패할 것이다. 혹은, 첫 레이어가 처음에는 그럭저럭 붙어 있다가도, 출력이 진행되면서 떨어져버릴 수도 있다.

베드 안착 문제의 알파이자 오메가는 역시 **베드 레벨링**이다. 베드 레벨링이 잘 되어 있지 않으면 뒤에서 소개할 모든 방법은 전부 무용지물이나 다름없다. 그러니, 베드 안착에 문제를 겪는다면 가장 먼저 베드 레벨링부터 다시 해 보자.

그다음으로 중요한 것은 **히팅 베드**다. 히팅 베드는 기본적으로 출력물을 계속 가열해서 열 수축을 방지함으로써 **뒤틀림**(Warping)을 방지하는 역할을 한다. 뿐만 아니라, 출력물의 바닥면이 완전히 굳지 않고 어느 정도 *끈끈한* 상태를 유지하도록 함으로써 출력물을 잡아 주기도 한다. 히팅 베드를 잘만 사용하면 출력이 까다로운 소재도 문제 없이 사용할 수 있다. 하지만 사용 소재에 따라서 히팅 베드의 온도를 맞춰야 한다. 그 밖에도 첫 레이어를 출력할 때 프린터를 조작해 노즐 온도를 원래의 출력 온도보다 5~10도 정도 더 올려 주는 방법이 있다. 필라멘트는 일반적으로 온도가 높을수록 더 **점착성**이 높아서 베드에 더 잘 붙기 때문이다. 이러한 특성은 적층 과정에서도 적용되는데, 점착성이 좋다는 것은 **층간 접착력**이 높다는 뜻이기 때문에 더 튼튼한 출력물을 만들 수 있다. 반대로 층간 접착력이 낮으면 출력물이 적층된 결을 따라서 쉽게 부스러진다.

라프트와 **브림**을 상황에 따라 알맞게 사용하는 것도 중요하다. 애초에 출력물의 전체 크기에 비해 첫 레이어의 면적 자체가 좁다면 출력물을 안착시키기가 쉽지 않다. 이때 접촉 면적을 늘리기 위해 사용하는 것이 이 두 가지 설정이다.

> **TIP** 다른 레이어와는 별개로 첫 레이어를 두껍게 하면 출력물 안착에 많은 도움이 된다. Cura의 경우 'Initial layer thickness'라는 이름의 설정을 제공하는데, 첫 레이어만 설정된 값에 따라 두껍게 출력하고, 나머지는 레이어 두께와 같이 나온다. 기본값은 0.3mm다.

베드 도포 방식 및 도포재 선택하기

하지만 까다롭게도 이러한 방법만으로는 충분하지 않은 경우가 많다. 이 때문에 출력물의 베드 안착을 돕는 **베드 도포재**를 사용한다. 다만, 도포재의 종류가 다양한 데다 성능과 가격이 제각각이기 때문에 처음 도포재를 사용해 보는 사람은 어렵게 느낄 수도 있다.

이러한 혼란을 최대한 줄이기 위하여, 베드 도포 방식을 고를 때 고려해야 하는 여섯 가지 요소를 다음과 같이 정리했다.

1 출력물 안착성: 출력물이 도포재에 잘 붙는가?

가장 중요한 요소다. 모든 베드 도포 방식은 '출력물을 베드에 안착시킨다'는 하나의 목표 아래 만들어진 것임을 명심하라.

2 베드 접착성: 베드와 도포재가 잘 접착되는가?

출력물 안착성 못지않게 중요한 요소다. 출력물이 아무리 도포재와 잘 붙어 있어도, 정작 그 도포재가 베드에서 떨어져 버리면 소용이 없다. 두꺼운 판재를 집게 등으로 베드에 고정하는 방식의 경우 고려할 필요는 없다.

3 편의성: 도포재의 탈/부착, 혹은 출력물의 탈착이 쉬운가?

도포재의 부착이 얼마나 쉬운가 하는 것은 단순히 사용자의 편의뿐만 아니라, 출력물의 품질과도 연관되는 문제다. 도포재는 베드에 정확히 평평하게 붙어 있어야 하며, 굴곡이 지거나 기포가 생기면 출력 품질에 영향을 줄 수 있다. 한편 안착성이 너무 좋은 나머지 완성된 출력물을 떼내기 어려운 도포재도 종종 있다.

4 내열성: 고온의 히팅 베드나 노즐과 접촉함으로써 생기는 문제는 없는가?

도포재의 내열성은 출력 온도와 직결되는 문제이다. ABS로 출력할 경우 노즐 온도는 210도 이상, 베드 온도는 110도에 달한다. 특히 베드는 도포재와 붙어 있으므로, 도포재의 내열 한계를 초과해서 베드 온도를 올려서는 안 된다. 노즐의 경우 도포재와 직접 접촉하진 않지만 역시 영향을 줄 수 있다.

문구점에서 흔히 구할 수 있는 스카치 테이프나 청테이프 등을 베드 도포에 사용해선 안 된다. 이들 테이프의 내열성은 매우 낮다. 비닐이 타서 베드와 노즐에 눌어붙는 참사를 목격하고 싶지 않다면, 도포재의 내열 한계를 꼭 확인해 보기 바란다.

5 **내구성: 반복 출력이 가능한가?**

테이프나 전용 시트를 사용하는 도포 방식은 생각보다 비싸다. 작은 출력물을 하나 뽑고 도포재를 갈아줘야만 한다면, 필라멘트보다 도포재의 비용이 더 많이 드는 웃지 못할 경우가 생길 수도 있는 것이다.

6 **가격: 면적 대비 가격이 얼마인가?**

값싼 방식을 사용했다가 출력에 실패하느니, 비용을 아끼지 말고 투자해서 마음 편하게 출력하는 것이 나을 수도 있다. 하지만 시트 하나에 2만 원에 달하는 비싼 제품을 사용하고 싶지 않은 사람도 있을 것이다. 물론 무조건 비싼 방식만을 고집할 필요는 없다. 자신의 출력 환경에 따라서 적절한 타협안을 찾아라.

이와 같은 요소를 고려하면, 자신에게 가장 잘 맞는 도포 방식을 조금 더 수월하게 선택할 수 있다.

지금부터는 베드 도포재의 종류와 각각의 특징에 대해 살펴볼 것이다. 여기에서 소개하는 도포재들은 모두 대중적으로 사용되며 국내에서 구하기 쉬운 것들이다. 이러한 도포재들 외에도 여러 가지의 도포재가 존재하며, 어쩌면 지금 이 순간에도 새로운 베드 도포 방식이 개발되고 있을지도 모른다. 만약 호기심이 생긴다면 다른 제품에도 도전해 보거나, 직접 새로운 소재를 찾아 나서는 것도 좋을 것이다.

풀과 헤어 스프레이

출력물 안착성	베드 접착성	편의성	내열성	내구성	가격
★★★★☆	고려하지 않음	★☆☆☆☆	★★★★★	★☆☆☆☆	★☆☆☆☆

가장 대중적인 베드 도포 방식은 베드 표면에 **딱풀**을 바르는 것이다. 초기부터 사용된 유서 깊은 방식으로, 유리 베드에 풀을 얇게 바르는 간단한 작업만으로도 출력물의 안착성이 크게 높아진다. 하지만 주기적으로 베드를 청소하는 것이 번거로우므로, 캡톤 테이프 등을 먼저 부착한 뒤 그 위에 풀을 도포하는 식으로 사용하는 것이 좋다.

헤어 스프레이도 효과적인 수단이다. 베드 표면에 헤어 스프레이를 약간 뿌린 다음 헝겊으로 문질러서 뿌연 막이 생기도록 하면 안착력이 크게 높아진다. 아세톤을 사용하는 것도 비슷한 효과를 낼 수 있다. ABS로 출력할 경우, 소량의 ABS를 아세톤에 녹여서 표면에 발라주면 확실한 결과를 얻을 수 있을 것이다. 일명 ABS 접착제라고 부르는 것으로, ABS 출력물들을 이어붙일 때에도 종종 쓰인다.

사용자 중에는 무언가를 베드에 발라야 하는 도포 방식을 좋아하지 않는 이들도 있다. 출력할 때마다 매번 발라야 하니 번잡하고, 출력물 바닥에도 끈적한 잔여물이 남는 경우가 많기 때문이다. 뿐만 아니라 이러한 도포재가 노즐 주변에 달라붙거나 노즐 안으로 들어가면서 노즐이 막힐 수 있다. 하지만 어쨌거나 유리 베드만 있다면 사용 가능한데다 대체로 저렴한 방식이므로, 출력물 안착이 불안할 때에는 한 번 정도 시도해 볼 만하다.

캡톤 테이프

출력물 안착성	베드 접착성	편의성	내열성	내구성	가격
★★★☆☆	★★★★☆	★★☆☆☆	★★★★★	★★★☆☆	★★★☆☆

캡톤 테이프(Kapton tape)는 프린터를 정비할 때에도 종종 요긴하게 사용된다. 절연에도 사용할 수 있고, 230도에 달하는 높은 내열성 덕분에 노즐 결합 시에 캡톤 테이프를 두르는 경우도 있다. 베드 도포재로서도 유용한데, 이것만으로는 거의 출력물 안착 효과를 기

대하기 어렵고, 목공풀 등 다른 접착제와 함께 사용해야 더 좋은 효과를 얻을 수 있다. 베드 접착력은 높은 편이지만, 캡톤 테이프를 베드에 평탄하게 붙이기가 굉장히 어렵다. 스크래퍼를 사용해도 테이프가 접히거나 기포가 생기기 일쑤이며, 찢어지기도 쉽다.

그림 6-41 *캡톤 테이프*

올바른 테이프 사용법

캡톤 테이프를 비롯한 테이프 종류를 베드 도포재로 사용할 때는 몇 가지 팁이 있다.

먼저 부착 방향이다. 종종 테이프의 끈적끈적한 면을 이용해 출력물을 안착시키는 것으로 착각하는 경우가 있다. 이를 위해 양면 테이프를 찾기도 한다. 그러나 실제로는 그 반대다. 보통 단면 테이프를 붙일 때처럼 테이프를 베드에 반듯하게 붙여 주면 된다.

테이프를 사용할 때 가장 어려운 것은 테이프를 평탄하게 베드에 붙이는 것이다. 사용자 나름대로 노하우가 필요한데, 스크래퍼를 사용하면 많은 도움이 된다. 종종 출력물 주변부가 베드로부터 떨어지는 문제가 생길 수 있다. 이때 출력물을 중심으로 주변부가 약간 들뜨게 되므로 출력물 밑부분의 가장자리가 휘어지는 현상이 나타날 수 있다.

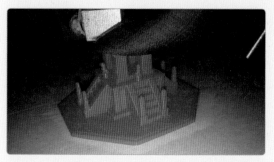

그림 6-42 *테이프 들뜸의 한 예. 출력물 주변으로 테이프가 들뜬 것이 보인다.*

이 현상을 근본적으로 막을 방법은 없지만, 테이프 접착 전에 베드를 깨끗하게 닦아 주면 어느 정도 예방할 수 있다. 알코올이나 세제로 세척하는 것이 가장 좋지만, 없다면 물티슈로 닦은 후 물기를 제거하기만 해도 도움이 된다.

마지막으로, 베드와 출력물을 어느 정도 식힌 상태에서 스크래퍼나 커터칼 등을 사용해 조심스럽게 떼어내는 것이 좋다. 그렇지 않으면 출력물이 휘어지거나, 테이프 찌꺼기가 바닥에 붙을 수 있기 때문이다. 이때 손을 다칠 수도 있으니 주의한다.

블루 테이프

출력물 안착성	베드 접착성	편의성	내열성	내구성	가격
★★★★☆	★★★☆☆	★★★★☆	★★★★★	★★★☆☆	★★★★☆

흔히 **블루 테이프**(Blue tape)라고 불리지만 정식 명칭은 3M's Scotch Blue tape로, 3M 사에서 생산하는 페인트 보호용 테이프의 일종이다. 덕성 사에서 생산하는 국내의 유사 제품도 인기가 있다. 종류가 다양한데, 3D 프린팅에는 특히 2090호가 많은 추천을 받는 제품이지만, 구하기가 다소 어려워 유사품인 2899호도 자주 사용된다. 마찬가지로 유사품인 3434호는 2090호보다 접착력이 떨어지는 특징이 있다.

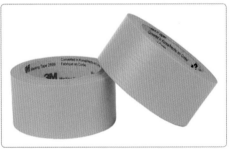

그림 6-43 *다양한 3M 내열 테이프들. 왼쪽부터 블루 2090호, 2899호다.*

블루 테이프의 출력물 안착성은 매우 뛰어나다. 나는 아직까지 블루 테이프에서 출력물이 떨어지는 것을 본 적이 없다. 블루 테이프를 사용해도 여전히 안착에 문제가 있다면 다른 도포재를 찾기 보다는 프린터의 상태와 출력 환경을 다시 점검해 보는 것이 낫다.

또한 블루 테이프는 비교적 다루기 쉬운 편이다. 조금만 숙달되면 베드에 평탄하게 붙이기도 쉽고, 베드에서 떼어냈을 때 남는 잔여물도 전혀 없다. 내열 테이프라는 이름에서 알 수 있듯 내열성도 높아서, 110도까지 올라가는 베드 온도에도 아무런 문제가 없다. 반면에 내구성은 평범한데, 잘 사용하면 서너 번 정도 반복 사용할 수 있다. 테이프가 찢어지거나 하지 않았다면 그 이상도 사용 가능하지만, 베드 접착력이 상당히 떨어지므로 두세 번 출력할 때마다 갈아 주는 것이 좋다. 블루 테이프의 단점은 베드 접착력이 조금 약하다는 것이다. 출력 중에 출력물을 중심으로 주변부의 테이프가 베드에서 들뜨는 경우가 상당히 많다. 더군다나 도포재 중에서는 가격이 비싼 축에 속한다.

PEI 베드

출력물 안착성	베드 접착성	편의성	내열성	내구성	가격
★★★★☆	고려하지 않음	★★★★★	★★★★☆	★★★★☆	★★★★★

PEI 베드는 지금까지 사용된 베드 도포 방식 중에 가장 확실한 방법으로 손꼽힌다. 수 mm 정도 두께의 PEI 판을 베드 위에 올리고 집게 등으로 고정하는 방식으로 사용한다. 히팅 베드로 가열해 주면 출력물이 PEI 베드 위에 안착되었다가, 온도가 떨어지면 출력물도 쉽게 떨어지는 원리다. 하지만 반드시 히팅 베드를 사용해야 한다는 것 때문에 사용에 제약이 있다. 히팅 베드가 없거나, 전기료 절약을 위해 사용하고 싶지 않다면 다른 도포재를 써야 할 것이다. PEI 베드의 가장 큰 단점은 비싼 가격이다. 이 장에서 소개한 재료 중에서 가장 경제성이 떨어지는 도포재라고 할 수 있다. 또한 두께가 2~3mm 정도로 두꺼운 편이기 때문에, 히팅 베드를 이용해 가열하면 가운데가 부풀어 오르는 형태로 PEI 베드가 휘는 단점이 있다.

이러한 단점을 개선하기 위해 얇은 시트 형태로 가공된 제품도 있다. 보호 필름을 떼어내고 베드에 직접 붙여서 사용하는 방식인데, 사용된 양면 테이프의 접착력에 따라 베드 접착성이 달라진다. 제조사의 권장 온도 이내에서 사용한다면 괜찮다. 또한 시트 형태는 베드에 붙일 때 주의하지 않으면 기포가 생기기 쉽다. 바늘로 기포를 가볍게 눌러서 공기를 빼낼 수 있다.

그림 6-44 *PEI 베드를 적용한 3D 프린팅 결과물. 안착이 까다로운 형상임에도 불구하고 잘 출력되었다.*

PET 시트

출력물 안착성	베드 접착성	편의성	내열성	내구성	가격
★★★★☆	★★★★☆	★★★★☆	★★★★★	★★★★☆	★★★☆☆

PEI 시트와 유사한 형태의 제품들이 많은데, **PET 시트**도 그중 하나다. PEI와 마찬가지로 히팅 베드가 출력 중에도 계속 작동하고 있어야 하며, 50mm 이하의 작은 출력물은 종종 떨어지는 경우도 있기 때문에 출력물 안착성은 PEI 베드에 약간 못 미친다. 기포 없이 시트를 깔끔하게 부착하는 것이 가장 어려운데, 일단 부착할 수만 있다면 수십 번씩 반복해서 사용할 수도 있다. 다른 도포재와 마찬가지로 시트 위에 헤어 스프레이를 뿌려주거나 풀을 바르면 안착 효과가 높아진다.

PC 베드

출력물 안착성	베드 접착성	편의성	내열성	내구성	가격
★★★★★	고려하지 않음	★★★★☆	★★★☆☆	★★★★☆	★★★☆☆

PC 소재로 된 베드는 지금까지 소개한 모든 도포재 중 가장 출력물 안착이 뛰어나다. 국내에서는 3D 프린팅 유저 '서른즈음에'가 판매하는 PC 소재의 SP-BED를 예로 들 수 있다 (http://storefarm.naver.com/shareparts 참조).

이 베드는 출력물 안착성이 극단적으로 높기 때문에, 오히려 출력물이 덜 달라붙도록 조절할 필요가 있다. 출력물이 도저히 떨어지지 않아 베드 자체를 교체해야 하는 경우도 종종 발생하므로 주의하자. 가장 쉬운 방법은 베드 온도를 일반적인 경우보다 10도가량 낮추고, Z축 오프셋을 조정하여 베드에서 약간 떨어진 상태에서 출력을 시작하는 것이다. 통상 안착을 잘 시키기 위해서 베드에 바짝 붙여 출력하는 것과는 반대다. 유리 베드처럼 간단히 집게로 고정하는 방식이며 약간 휘어질 수 있으므로 출력물을 뗄 때는 베드 자체를 떼네어 살짝 꺾어서 떼어내도 된다.

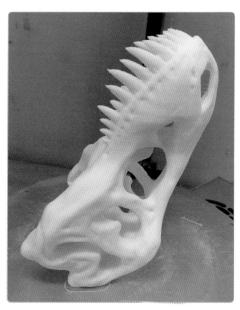

그림 6-45 SP-BED로 출력한 모습. 크기에 비해 안착면이 작음에도 불구하고 잘 출력되었다.

또한 내열성이 비교적 떨어지고, 오래 가열될 경우 PEI 베드처럼 휠 뿐 아니라 베드 자체가 부풀어오르는 증상이 발생할 수 있다. 가격은 저렴한 편이기 때문에 장기간 사용한 후에는 교체하는 것이 좋다.

출력물 냉각하기

출력물의 **냉각**은 출력 품질과 직결되는 매우 중요한 과정이다. 여기서 냉각이란, 냉장고와 같은 강제적이고 급격한 냉각이 아닌, 자연적인 바람 등을 이용해 다소 식히는 것을 말한다. PLA, ABS와 같은 열가소성 수지는 노즐에서 녹아서 나온 직후에 바로 냉각되어야 한다. 그렇지 않고 흐물흐물한 상태를 유지한 채로 적층되면 표면에서 흘러내리거나, 원하는 곳에 바로 달라붙지 않아서 출력물을 망치게 된다.

그림 6-46 왼쪽은 냉각이 제대로 되지 않은 출력물이고 오른쪽은 냉각이 잘 된 출력물이다.

출력물의 냉각이 잘 될수록 **브리징**(Bridging)에도 유리하다. 브리징이란, 받침이 없는 빈 공간 위로 출력이 이루어지는 것을 말한다. 원래는 격자 무늬 위로 출력물의 윗면을 덮는 공정이지만, 활용하기에 따라서는 서포트 없이도 진짜 다리를 출력할 수 있다(그림 6-47). 냉각뿐만 아니라 출력 온도를 다소 낮게 하고 출력 속도를 높이는 것도 도움이 된다.

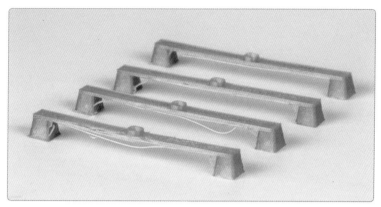

그림 6-47 *다양한 브리징 테스트 결과물*

그림 6-48 *브리징이 아주 잘 되면 까다롭기로 유명한 에펠탑도 서포트 없이 출력할 수 있다! 잘 출력된 에펠탑은 프린터의 출력 품질 보증서나 다름없다.*

앞서 소개했던 것처럼 3D 프린터에서 쿨링 팬은 핫엔드를 냉각하는 역할을 하며, 노즐에서 나온 필라멘트를 식히는 역할을 하기도 한다. 따라서 핫엔드를 식히는 쿨링 팬과 필라멘트를 식히는 쿨링 팬을 구분해서 장착하는 경우가 많다. 전자는 핫엔드의 방열판에 바로 부착하는 방식이고, 후자는 따로 **팬 덕트**(Fan duct, 통풍구)를 설치하여 바람의 경로를 제한함으로써 노즐 끝 부분에만 바람이 가도록 하는 방식이다.

그림 6-49 각각 방열판과 노즐 끝을 향하는 두 개의 쿨링 팬을 설치한 모습. 힌지를 이용해 쿨링 팬 덕트의 위치를 정확하게 조절할 수 있도록 한 것이 눈에 띈다.

그러나 일반적인 쿨링 팬은 바람이 팬 덕트의 작은 구멍을 잘 통과하지 못하고, 오히려 역류를 일으킨다. 이 때문에 **블로워 팬**(Blower fan, Turbo blower)이라는 풍압이 강한 쿨링 팬을 사용하는 경우도 있다. 일반적인 쿨링 팬은 축류 팬(Axial-flow fan)으로서 공기의 흐름이 팬 날개의 회전축과 평행을 이룬다. 가정에서 흔히 사용하는 선풍기가 이런 구조로 되어 있다. 그러나 블로워 팬은 원심 팬(Centrifugal fan)의 하나로서, 날개의 회전으로 빨아들인 공기를 원심력에 의해 원주 방향으로 내보내는 원리를 가지고 있다. 이러한 방식은 송풍 효율이 좋고 풍압이 강하므로 팬 덕트에 사용하기 유리하다.

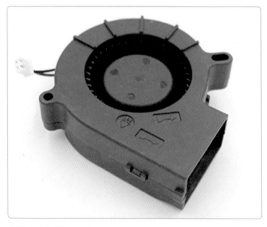

그림 6-50 **블로워 팬**

한편 냉각 효율을 높이기 위해 팬 덕트 자체의 형상에 변화를 주기도 한다. 많은 사용자들이 다양한 형상의 팬 덕트를 실험해 본 결과, 다음의 방법이 대체로 효과가 있는 것으로 밝혀졌다.

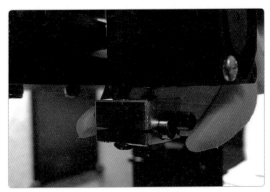

그림 6-51 출구가 노즐을 반쯤 감싸는 형태의 팬 덕트. 정면뿐만이 아니라 측면에서도 바람을 불어 줄 수 있으므로 냉각이 보다 빠르고 균형 있게 이뤄진다.

그림 6-52 출구가 노즐을 완전히 감싸는 팬 덕트. 이론적으로는 모든 방향에서 바람이 불게 되므로 균형있는 냉각이 가능하지만, 오히려 역효과가 나는 종류도 많다. 또한 자칫 노즐의 열기에 의해서 녹을 위험이 있다.

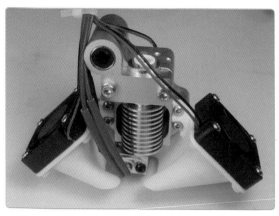

그림 6-53 팬 덕트를 양쪽으로 설치한 모습. 쿨링 팬을 2개 사용하므로 풍량이 많아 냉각이 빠르게 이뤄진다. 하지만 공간을 상당히 필요로 할 뿐 아니라, 방향을 잘 조절하지 않으면 바람이 서로 간섭을 일으켜 오히려 한 개를 사용했을 때보다 못한 결과를 낳는 경우도 종종 있다.

필라멘트 선택하기

이번에는 FFF 방식의 3D 프린터에 사용되는 다양한 필라멘트에 대해 살펴볼 것이다. 필라멘트의 특성은 소재에 따라 달라지며, 똑같은 소재라고 할지라도 제조사나 색상에 따라 조금씩 성질이 달라진다. 필라멘트를 개봉하고 오랜 시간이 지나면 물성이 나빠지기도 한다. 출력 시 이러한 점을 고려하지 않으면 출력 품질이 나빠질 수도 있다. 따라서 같은 소재의 필라멘트라도 일괄적으로 동일한 설정을 적용하기보다는 사용하려는 필라멘트의 특성에 따라 최적의 설정값을 찾는 것이 좋다.

이쯤에서 잠시 사용자가 숙지하고 있어야 하는 필라멘트의 특성에 대해 살펴보자. 필라멘트를 선택할 때에는 다음과 같은 것들을 고려해야 한다.

● **물성**

얼마나 강한 충격에 저항할 수 있는지를 나타내는 내충격성, 외부적 환경 변화에 얼마나 오랜 기간 저항할 수 있는지를 나타내는 내구성, 얼마나 잘 신축되고 구부러지는지를 볼 수 있는 유연성, 강도와 밀접한 연관이 있는 층간 접착력 등을 살펴봐야 한다. 또한 출력물의 사용 용도에 따라서 내열성도 중요하게 작용한다. 특히 열가소성 수지들은 실제 출력 온도보다 훨씬 낮은 **유리전이 온도**에서 물렁물렁해지는 특징이 있다. 유리전이란 고분자 물질을 가열할 때 유리와 같은 딱딱한 상태에서 고무처럼 점성이 있는 상태로 변하는 것을 말한다. 예를 들어 PLA의 출력 온도는 180도 이상이지만, 유리전이 온도는 5~60도다.[2]

출력 품질

출력 표면의 품질은 소재에 따라 달라진다. 특히 출력물 표면의 광택 정도나, 표면의 거칠기 정도 같은 것이 대표적인 예다. 소재의 특성에 따라 치수의 오차가 달라지기도 한다.

출력 시 주의사항

가장 먼저 확인할 것은 소재에 따른 노즐의 출력 온도다. 열수축과 뒤틀림을 방지하기 위해 히팅 베드를 사용하는 경우, 베드의 적정 온도도 확인해야 한다. 뒤틀림이 일어나는 정도는 소재에 따라 다르다. 뒤틀림 현상이 심한 것으로 유명한 ABS는 이로 인해 출력물이 출력 도중 베드에서 떨어지거나, 출력물 곳곳이 갈라지는 문제가 있다. 한편 뒤틀림 현상이 아니어도 베드 안착 자체가 까다로운 소재들도 있다.

분진도 상당히 중요한 이슈다. 3D 프린팅 과정에서 발생하는 초미세 입자가 인체에 얼마나 유해한지는 아직 정확히 알려진 바 없다. 확실한 것은 모든 소재는 정도의 차이가 있을 뿐 출력 과정에서 무조건 초미세 입자를 발생시키며, 이것이 인체에 유해하게 작용할 가능성이 있다는 것뿐이다. 예를 들어, ABS 출력 시 발생하는 초미세 입자가 인체에 해로울 수 있다는 연구 결과가 있지만, 정확한 기준값은 아직 알려지지 않았다.[3]

후가공

FFF 방식의 3D 프린팅에서는 **후가공**을 거치게 된다. 가공 방식의 특성상 출력 표면에 적층 자국이나 서포트로 인한 흔적이 남기 때문에 이를 없애는 후가공이 필요하다. 출력물을 부품으로 사용하는 경우 나사 구멍을 뚫거나 규격에 맞지 않는 부분을 다듬는 등의 수고도 필요하다. 출력물을 장식 용도로 사용하기 위해 도색과 코팅까지 하는 경우도 있다. 이러한 후가공 작업이 꼭 필수인 것은 아니지만, 대부분은 후가공을 하는 쪽이 더 바람직한 결과를 얻을 수 있다. 그러나 사용 소재에 따라 후가공이 불가능하거나 어려운 경우도 있으므로, 이를 고려하여 소재를 선택해야 한다.

이러한 필라멘트의 특성은 소재에 따라 달라진다. 지금부터는 필라멘트에 어떤 종류가 있는지 살펴보자.

---

2 유리전이 온도에 대해 더 자세히 알고 싶다면 https://goo.gl/XYt6ye를 참조한다.
3 https://goo.gl/jMYiAh 참조

ABS 타입

ABS(Acrylonitrile-Butadiene-Styrene)는 주로 산업계에서 제품 생산 시에 가장 많이 사용되는 열가소성 플라스틱이다. 우리 주변에서 볼 수 있는 플라스틱 제품 가운데 ABS로 만들어진 것이 꽤 많다.

표 6-3 *ABS의 주요 특성*

구분	특성
물성	• 기계적인 물성이 우수한 편이다. 이론적으로 PLA보다 단단하며, 내구성 또한 높다. 유연성은 종류별로 차이가 있는 것으로 보인다. • 내열성이 높다. 종류별로 차이가 있으나 유리전이 온도가 100도에 달하는 것으로 알려졌다.
출력 품질	• 표면조도가 뛰어나다. • 출력 표면의 광택은 다소 적은 편이다.
출력 시 주의사항	• 권장 출력 온도: 210~250도 • 히팅 베드 온도: 100~110도(필수) • 열수축과 뒤틀림 현상이 심하게 발생하므로, 반드시 챔버와 히팅 베드를 사용해야 한다. • 3D 프린팅 과정에서 초미세 입자가 특히 많이 발생하는 것으로 알려졌다. 또한 출력 시 역한 냄새가 발생하며, 인체에 유해할 수 있다.
후가공	• 출력 후에 샌딩 등의 후가공 작업이 용이하며, 플라스틱용 또는 아크릴용 도료로 도장이 가능하다. • 아세톤(Acetone) 용액에 녹는다. 아세톤 훈증을 이용해 후가공이 가능하다.

ABS는 FFF 방식 프린팅에서 많이 사용됨에도 불구하고 비교적 까다로운 소재 중 하나이다. 뒤틀림 현상이 심하게 발생하는 소재이기 때문에 다루기 까다롭고, 특유의 냄새에 거부감을 느끼는 사람도 많다. 하지만 저렴한 가격과 내열성, 강도 때문에 널리 사용되고 있다.

PLA 타입

PLA(Poly Lactic Acid)는 생물 분해성 고분자의 일종이다. 옥수수, 사탕수수, 고구마 등의 전분에서 추출한 원료로 만들어지므로 친환경 수지로 많이 알려져 있다.

표 6-4 PLA의 주요 특성

구분	특성
물성	• 강도와 내구성이 높으며, 특히 층간 접착력이 우수한 소재로 꼽힌다. 유연성은 다소 떨어진다. • 내열성은 낮다. 일반적으로 50~60도의 유리전이 온도를 가진다. PLA의 낮은 내열성을 보강하는 내열 PLA(High-Temp PLA)도 있다.
출력 품질	• 표면조도가 뛰어나다. • 출력 표면에 광택이 난다.
출력 시 주의사항	• 권장 출력 온도: 190~230도 • 히팅 베드 온도: 0도, 또는 60~80도(선택) • 열수축으로 인한 문제가 비교적 적어 출력이 쉽고 큰 출력물을 만들기 용이하다. 히팅 베드를 사용하지 않아도 출력이 가능하다. • 베드 안착이 쉽다. • 가열 시에 옥수수가 타는 듯한 달콤한 냄새가 난다. 이 냄새는 인체에 크게 유해하지 않은 것으로 알려졌다.
후가공	• 서포트 제거와 후가공이 상당히 어렵다.

PLA는 ABS와 더불어 모든 프린팅 방식에서 가장 많이 활용되는 소재이다. 특히 대부분의 FFF 방식 3D 프린터는 PLA를 기본적인 소재로 사용한다. ABS보다 출력 온도가 낮고 다루기 까다롭지 않기 때문이다. 그러나 내열성이 떨어지고 후가공이 어렵기 때문에 ABS에 비해서 활용성은 약간 떨어진다. 이를 보완하기 위해서 다양한 종류의 발전된 PLA들이 출시되고 있다.

플렉시블 타입

플렉시블(Flexible) PLA는 이름 그대로 신축성과 탄성이 높은 PLA를 말한다. PLA와 특성이 비슷하지만, 유연성이 매우 높아 쉽게 휘어지고 출력물이 말랑말랑하다. 그러나 출력이 까다로운 것이 단점이다. 유연성이 높은 다른 소재들도 대체로 마찬가지인데, 압출이 정밀하지 못해 표면이 상당히 거칠게 나오며 출력이 실패할 가능성도 높다.

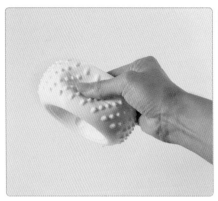

그림 6-54 플렉시블 필라멘트를 이용해 출력한 모습. 이 작품들은 3DWOX 2X로 출력되었다.

표 6-5 플렉시블 PLA의 주요 특성

구분	특성
물성	• 유연성이 매우 높다.
출력 품질	• 광택이 약간 있다.
출력 시 주의사항	• 권장 출력 온도: 180~230도 • 히팅 베드 온도: 60~80도(선택) • 압출 불량 문제가 빈번하게 일어난다. 보우덴 방식 익스트루더로는 출력하기 어렵다. • 베드 안착이 까다롭다.
후가공	• 후가공이 상당히 어렵다.

유연한 소재를 출력하기 위해서는 익스트루더가 정밀하게 설계되어 있어야 한다. 약간이
라도 필라멘트가 휘어져 나올 수 있는 틈새가 있다면 출력은 불가능하다. 2.85mm의 굵은
필라멘트를 사용할 수 있다면 더 좋다. 필라멘트가 굵을수록 압출 시에 더 많은 힘을 가할
수 있기 때문이다. 이러한 조건을 만족하는 대표적인 제품으로는 E3D 타이탄이 있다.

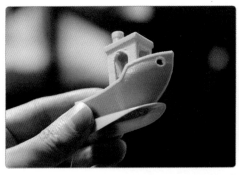

그림 6-55 E3D 타이탄과 플렉시블 PLA로 출력한 모습(왼쪽). 이 정밀한 익스트루더는 심지어 보우덴 방식에서도 유연한 소재를 사용 가능하게 한다(오른쪽).

PC

PC(Polycarbonate)는 엔지니어링 플라스틱의 일종으로 내열성, 유연성, 가공성 등이 우수한 소재다. 원래 PC는 투명성이 높지만, 계단 효과 때문에 출력 결과는 투명도가 많이 감소하는 편이다. 그래도 플라스틱 3D 프린팅 소재 중에서는 가장 높은 투명도를 자랑한다.

표 6-6 PC 필라멘트의 주요 특성

구분	특성
물성	• 강도가 높고, 변형이 일어나도 잘 부러지지 않는다. • 내열성이 높다. 유리전이 온도는 70~80도 정도다.
출력 품질	• 표면의 광택이 많고 투명도가 높다. • 표면조도는 다소 떨어진다.
출력 시 주의사항	• 권장 출력 온도: 230~260도 • 히팅 베드 온도: 80~110도(필수) • 출력 온도가 높아 풀 메탈 핫엔드로만 출력이 가능하다. • 그밖의 특징은 ABS와 유사하다.
후가공	• 후가공이 어려운 편이다.

PETG

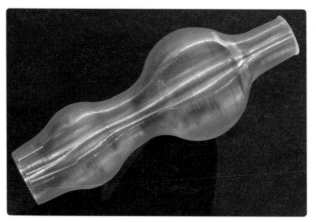

그림 6-56 PETG 출력물

PETG(PolyEthylene Terephthalate Glycol)는 흡습성이 낮고 유해 물질이 없어 식기와 그릇 등에도 사용되는 소재다. 물론 노즐을 비롯한 출력 환경이 비위생적이라면 다른 필라멘트와 마찬가지로 식기 용도로 사용하는 것은 권장하기 어렵다. 대신 3D 프린팅에서는 ABS의 여러 가지 단점을 개선한 소재로 주목받고 있다. 예컨대 ABS에 비해 열수축과 뒤틀림이 적고, 출력할 때 냄새도 적게 나는 것으로 알려져 있다.

표 6-7 PETG 필라멘트 주요 특성

구분	특성
물성	• 강도가 높고 층간 접착력이 우수하다. • 내열성이 높다. 유리전이 온도는 70~80도 정도다.
출력 품질	• 표면의 광택이 많고 투명도가 높은 편이다. • 표면조도는 다소 떨어진다.
출력 시 주의사항	• 권장 출력 온도: 210~250도 • 히팅 베드 온도: 80~90도(선택) • 점착성이 우수하고 열수축이나 뒤틀림이 적어 출력이 수월하다. • 마찰계수가 높은 편으로 보우덴 방식보다는 직결식에 더 적합하다.
후가공	• 샌딩이 쉽다. ABS와 달리 아세톤 훈증은 불가능하다.

TPU

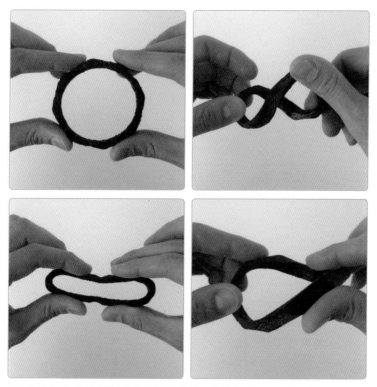

그림 6-57 *TPU로 출력된 조형들. TPU는 높은 신축성과 내구성을 자랑한다.*

TPU(Thermoplastic Poly Urethane), 즉 열가소성 폴리우레탄은 합성 고무의 일종이다. TPE(Thermoplastic elastomer)라고도 한다. 유연하고 탄성이 높으면서도 내구성이 좋아 잘 마모되지 않는 소재 특성을 가지고 있어 신발 밑창 등에 많이 사용된다. 또한 신축성과 표면조도가 높고, 말랑말랑한 고유의 질감 덕택에 높은 출력 난이도에도 불구하고 3D 프린팅 소재로 많은 인기를 얻고 있다.

표 6-8 *TPU 필라멘트의 주요 특성*

구분	특성
물성	• 충격에 강하고 내구성이 높다. • 특히 유연성이 높다.
출력 품질	• 표면의 광택이 적고 표면조도도 떨어진다.
출력 시 주의사항	• 권장 출력 온도: 220~240도 • 히팅 베드 온도: 60~70도(필수) • 유연한 재료이므로 보우덴 방식에서는 사용할 수 없다. 아예 TPU 전용 익스트루더를 사용하는 경우가 많다. • 출력 시 냄새가 심한 편이고, 노즐에 찌꺼기가 많이 남아 자주 청소해 주어야 한다.
후가공	• 후가공은 거의 불가능하다.

HIPS와 PVA

HIPS(High Impact PolyStyrene)는 열가소성 플라스틱의 일종이다. 생활용품, 장난감, 절연체, 포장재 등에 광범위하게 사용되고 있다. 온도에 민감하여 다루기 까다로운 소재지만, 수분에 강하고 리모넨(Limonene) 용액에 녹는다는 점을 이용해 3D 프린팅에서는 서포트의 소재로 주로 사용된다. 3D 프린팅에서는 서포트를 제거하는 것이 상당히 어렵다. 하지만 주 출력물은 다른 소재로, 서포트는 HIPS로 출력하면 리모넨 용액에 담가서 서포트만 쉽게 녹여 없앨 수 있다. 물론 이렇게 사용하려면 동시에 2가지 필라멘트를 사용할 수 있는 듀얼 헤드가 필요하다.

HIPS와 유사하게 서포트 용도로 사용되는 **PVA(Polyvinyl Alcohol)**도 있다. 수용성 플라스틱의 일종으로, 물에 녹는다는 특성이 있어 전용 용액이 필요한 HIPS보다는 다루기 쉽다.

플라스틱 합성 금속재

그림 6-58 *브론즈필로 출력된 조형들. 후가공을 통해 표면을 갈아내면 금속 질감이 나타난다.*

이 소재는 플라스틱과 금속 분말을 합성한 3D 프린팅 소재이다. 메탈 3D 프린팅에는 아직 기술적인 한계가 많이 남아 있다. 플라스틱 합성 금속은 완벽한 금속은 아니지만, 보다 쉽고 저렴한 방식으로 메탈 3D 프린팅을 구현할 수 있는 소재이다. 컬러팹에서 몇 가지 금속 합성 필라멘트를 출시한 바 있는데, 청동 분말이 혼합된 '브론즈필(Bronzefill)'과 구리 분말이 혼합된 '쿠퍼필(Copperfill)'이 그것이다.

금속 합성 필라멘트는 사용하기 꽤나 까다로운 편이다. 출력 온도에도 유의해야 하며, 출력 중에 깨지기 쉽다. 무엇보다 후가공이 높은 비중을 차지한다. 금속 합성 필라멘트로 출력을 하면 출력물에 바로 금속 질감이 나타나는 것이 아니며, 샌딩 등의 후가공을 거쳐 출력 표면의 플라스틱을 갈아내어 금속 성분을 표면에 노출시켜야 한다.

프린터 성능 평가하기

3D 프린팅에는 여러 가지 요소가 복합적으로 작용한다. 따라서 프린터의 성능을 수치화해서 나타내기는 어렵다. 그러나 몇 가지 모델을 실제로 출력해 보고 그 결과를 토대로 어느

정도 프린터의 출력 성능을 평가할 수는 있다.

프린팅의 시작

간혹 3D 프린터를 처음 사자마자 기쁨에 넘쳐 14시간이 넘게 걸리는 모델 출력에 도전하는 사람들을 보곤 한다. 그 마음을 이해하지 못하는 것은 아니지만, 조금 더 신중하게 접근하는 것이 좋다.

3D 프린터를 구입했을 때 가장 먼저 출력해야 할 것은 작은 직육면체다. 크기가 30×20×10mm인 직육면체를 하나 출력해 보고, 프린터의 기본적인 설정값이 잘 맞는지, 출력 과정에 특별한 문제는 없는지 관찰해 본다. 실제 수치와 보통 0.1~0.5% 정도는 차이가 날 수 있지만, 이것은 대부분 재료의 특성에 의한 것이며 정상적이라고 할 수 있다.

그림 6-59 *FFF 방식은 아주 정밀하지는 않다. 하지만 0.06mm의 오차 정도는 괜찮지 않은가?*

최적값 찾기

프린터의 특성에 맞춰 소프트웨어 설정을 최적화한다면 어디 가서도 당당하게 내놓을 수 있을 정도로 좋은 결과를 얻을 수 있을 것이다.

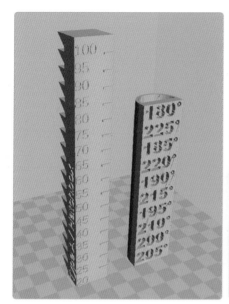

그림 6-60 *온도 테스트 모델과 속도 테스트 모델. 오른쪽 사진은 속도 테스트 모델을 실제로 출력한 결과다.*

그림 6-60의 모델들은 출력 온도와 속도의 변화에 따른 차이를 한눈에 확인할 수 있도록 설계되었다. 온도 테스트 모델에서는 온도에 따른 출력물의 광택, 뒷면의 원과 삼각형의 모양 등을 살펴보면서 최적 온도를 확인할 수 있다. 속도 테스트 모델에서는 출력물의 표면 품질이나, 뒷면의 오버행이 들뜨는 정도를 볼 수 있다. 물론 출력 도중에 온도와 속도를 바꾸려면 프린터 앞에 앉아 있다가 적절한 시점에 LCD 컨트롤러를 조작해 주어야 한다.

뿐만 아니라, 출력물에서 가장 거슬리는 요소 중 하나인 스트링을 방지하기 위해서는 적절한 리트랙션이 필수적이다. 속도는 5mm/s, 길이는 0.5mm 단위로 증가 또는 감소시키면서 최적값을 찾아보자. 그림 6-61과 같은 속이 빈 피라미드 모델은 리트랙션 테스트에 유용하다.

그림 6-61 *리트랙션 조절용으로 많이 쓰이는 속이 빈 피라미드*

마지막은 서포트를 최소화하는 것과 관련이 있다. 모델에 오버행이 있다고 해서 무조건 밑에 서포트를 넣는 것은 그다지 현명한 선택이 아니다. 서포트를 만드는 데 재료를 낭비할 뿐 아니라 출력 품질을 떨어트리기 때문이다. 브릿지 테스트와 오버행 테스트를 이용해서, 현재 프린터의 출력 속도와 냉각 성능으로는 어느 정도까지 서포트 없이 출력이 가능한지 확인해 보자.

그림 6-62 *브릿지 테스트와 오버행 테스트를 위한 모델*

프린터 고문하기

3D 프린팅 모델 중에는 여러 가지 복잡한 형상을 한데 모아서 만든 테스트용 모델도 있고, 일부러 출력하기에 까다롭도록 설계된 모델도 있다. '프린터 고문하기(Torture test)'로 불리는 이들 모델들은 프린터의 성능을 확실히 검증할 수 있는 좋은 도구다.

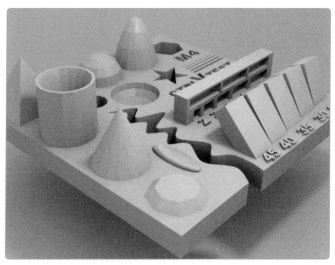

그림 6-63 기하학적인 단면, 브릿지, 오버행, 양각과 음각 등이 조합된 테스트 모델. 이런 모델을 출력할 때는 프린터가 힘들어하는 것이 느껴질 정도다.

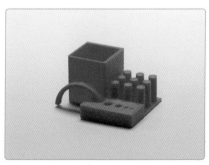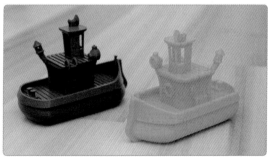

그림 6-64 얼핏 보기에는 간단하게 보이지만, 실제로는 출력하기 까다로운 형상으로 프린터의 여러 가지 출력 특성을 동시에 체크할 수 있다.

3D 프린터
트러블슈팅

이 장에서는 3D 프린터를 사용하면서 겪을 수 있는 주요 문제와 해결 방법에 대해 다룰 것이다. 말하자면 일종의 수리 매뉴얼인 셈이다. 프린터에 문제가 생겼을 때 원인을 정확히 진단하고, 최대한 효율적으로 문제를 해결한 다음 원래의 즐거운 3D 프린팅 생활로 복귀할 수 있기를 바란다.

아직 데스크탑 3D 프린터가 기술적으로 충분히 안정화되었다고 말하기는 어렵다. 여전히 사용 중에 많은 문제를 일으킬 수 있으며, 이를 방지하고 대처하기 위해 사용자가 해야 할 일도 그만큼 많기 때문이다. 단순히 출력물 하나만 망치고 끝나는 경우도 있지만, 프린터가 고장 날 수도 있다. 이러한 문제들은 완제품과 조립품을 가리지 않고 발생한다.

01 | 점검 사항

프린터 유지 보수하기

전문적인 3D 프린터 제조사에 의해 품질이 관리된 고급 제품조차도 주기적인 유지 보수를 필요로 한다. 오픈소스 기반의 조립 프린터라면 말할 것도 없다. 처음 몇 달 간은 정비 없이 쓰더라도 큰 지장이 없을 것이다. 하지만 이로 인한 피로는 이미 여러분의 프린터에 누적되는 중이며, 언젠가는 큰 문제로 터져 나올 수도 있다. 따라서 적절한 시점에 필요한 정비를 해야 한다.

먼저 한 달 주기로 해야 하는 작업에 대해 살펴보자.

- 벨트의 장력이 충분한지 확인해 본다. 손으로 가볍게 튕길 수 있을 정도로 팽팽해야 한다. 보통 문제가 될 정도로 장력이 약하다면 기구부를 손으로 움직이는 과정에서 바로 발견할 수 있다.

- 반대로, 장기간 프린터를 사용하지 않을 때에는 텐셔너를 살짝 풀어 느슨하게 해놓는 것이 벨트 수명을 늘리는 데 유리하다. 그러나 이러한 작업은 필수적인 것은 아니다.

- 각 축의 정렬 상태를 점검한다. 각 축의 연마봉끼리, 또는 스크류끼리 평행을 이루고 있는지 확인하고, 구동 장치를 손으로 움직일 때 부드럽게 잘 움직이는지 확인해 본다. 아니라면 정렬을 다시 맞춰야 한다.

- 프린터의 연마봉과 스크류를 헝겊으로 깨끗이 닦는다. 닦은 후에는 윤활제를 가볍게 발라 주는 것이 좋다. 연마봉 밑에 헝겊을 받치고 윤활제를 살짝 도포한 다음, 그 위로 헤드와 베드를 손으로 밀어 몇 번 정도 왕복시키면 된다(http://goo.gl/gVfH6t의 동영상을 참조한다). 이러한 작업은 상당히 번거롭지만, 사용하는 윤활제의 종류에 따라 1~2주에서 한 달 주기로 해야 한다.

- 프레임과 구동 장치를 고정하는 볼트와 너트들 중에 풀린 것이 없는지 확인하고, 다시 한 번 조인다.

- 핫엔드의 조립 상태를 점검하고, 노즐과 히팅 블록 주변에 묻은 이물질을 제거한다. 이물질을 제거할 때는 핫엔드를 예열한 상태에서 해야 손상을 방지할 수 있다. 이러한 작업은 가능한 한 자주 하는 것이 좋다.

다음은 3개월 주기로 해야 할 작업이다.

- 프린터 부품 중 출력된 부품의 상태를 점검한다. 출력 부품은 다른 소재의 부품에 비해 내구도가 낮다. 심각하게 금이 가거나 부러진 부품이 있다면 교체해야 한다. 미리 예비 부품을 몇 개 생산해 두는 것이 안전하다.
- 열처리 연마봉이나 LM 가이드가 아닌 일반 연마봉을 사용할 경우, 윤활을 충분히 하지 않았다면 연마봉이 마모되었을 수 있다. 연마봉과 베어링의 유격이 심하다고 느낀다면 연마봉을 교체해야 한다.
- 쿨링 팬과 제어 보드, 전원 장치에 묻은 먼지를 제거한다. 에어 컴프레셔를 사용하는 것도 좋다. 단, 쿨링 팬 이외의 부분에는 절대로 물티슈처럼 물기 있는 도구를 사용하면 안 된다.
- 사용하는 펌웨어의 새로운 버전이 공개되었는지 확인한다. 꼭 최신 버전의 펌웨어를 사용할 필요는 없지만, 기존 버전에서 발견된 심각한 문제가 새로운 버전에서 해결되었을 수도 있다. 이 경우 펌웨어를 업데이트하는 것이 좋다.

프린터에 문제가 생겼을 때

지금까지 많은 잔소리를 해왔지만, 여기서 한 가지만 더 이야기하고자 한다. 문제가 발생했을 때는, 프린터를 주의깊게 관찰하고 문제 현상에 대해서 꼼꼼히 기록하자. 그 전에는 상태가 어땠는지, 문제가 생기고 나서 어떻게 대처했는지, 의심이 가는 원인이 무엇인지 등을 같이 기록해 두면 좋다. 이러한 자료는 문제 해결에 요긴하게 쓰일 뿐 아니라 다음에 같은 문제가 발생했을 때도 쉽게 대처할 수 있게 된다.

온라인 커뮤니티에 질문을 하는 것도 좋다. 글을 올릴 때에는 발생한 문제에 대해 가능한 한 자세히 설명하되, 관련 자료를 첨부하면 더더욱 좋다. 문제가 일어난 부위 또는 출력물을 찍은 사진, 슬라이서 설정값 등을 같이 올리면 더 정확하고 신속한 답변을 얻을 수 있다. 동영상으로 찍을 수 있으면 더 좋다.

02 │ 주요 문제와 원인 진단하기

이번 장에서는 3D 프린터에서 자주 일어나는 문제와 원인을 진단하는 과정에 대해 다룬다. 보통 완제품을 사용하는 경우, 앞서 다룬 기본 정비 수칙만 잘 지키면 큰 문제가 발생할 가능성은 별로 없다. 한 번 완성된 조립품도 마찬가지다.

그럼에도 불구하고 프린터에 뭔가 문제가 생겼거나 출력물의 상태가 이상하다면 우선 이 장의 내용을 참조해 문제와 원인을 정확히 진단한 다음, 7장 345페이지의 '핵심 원인 분석과 해결 방법'을 참조하면 문제 해결이 가능할 것이다. 물론 완제품을 사용한다면 당연히 제조사에 먼저 문의하는 것이 순서다. 제조사에서 적절한 조치를 해 주지 않을 경우에만 직접 문제 해결을 하도록 하자.

기구부 문제

기구부는 프린터를 작동하게 만드는 핵심 축이다. 따라서 이곳에서 발생한 문제는 곧 3D 프린터 전체의 문제로 연결된다.

특히 프린터 제작 초기에는 스텝 모터를 다루는 게 어려울 수 있다. 스텝 모터가 아예 작동하지 않거나, 심하게 진동할 뿐 회전하지 않는 경우가 많다. 이렇게 스텝 모터가 오작동할 경우 기구부 자체가 제대로 움직이지 않게 된다.

물론 완제품에서 스텝 모터가 작동하지 않는 경우는 거의 없다. 하지만 **탈조**(脫調, out of phase)는 어떤 프린터에서도 발생할 수 있는 문제다. 탈조란, 말 그대로 구동 장치의 조절에 실패하는 것을 말한다. 3D 프린팅에서는 보통 출력 중에 프린터헤드나 베드가 잘못 움직여 정위치에서 이탈하는 현상을 지칭하는 용어로 쓰인다. 이러한 문제가 발생할 경우 출력물이 망가지는 것은 당연하고, 프린터도 손상될 가능성이 있으므로 문제가 발생한 즉시 해결하는 것이 좋다.

이처럼 외견상의 심각한 문제가 아니더라도, 3D 프린터는 적지 않은 진동과 소음을 발생시킨다. 심한 진동은 출력 품질을 떨어트리는 요인이 될 수 있다. 출력물에 별 이상이 없더라도 진동과 소음은 즐거운 3D 프린팅을 방해하는 스트레스다.

스텝 모터 오작동

스텝 모터가 문제를 일으키는 경우, 대부분 현상에 따라 그 원인이 명확하다.

스텝 모터 오작동 분석하기

스텝 모터를 기구부에서 분리한 다음, [Move axis] 명령으로 조금씩 움직이며 관찰한다.

- 스텝 모터가 회전하지 않고 굉음을 내며 크게 진동하는 경우는 배선이 잘못된 것이다(https://goo.gl/cB2TRQ의 동영상을 참조한다).
- 스텝 모터가 제자리에서 부르르 떨면서 약하게 진동하기만 하는 경우(jitters) 모터 드라이버 또는 스텝 모터가 과열된 것이다. 손을 오래 대고 있기 어려울 정도라면 문제가 있다고 볼 수 있다. 모터 드라이버의 전압을 조절하고, 필요하다면 적절한 방열 조치를 취해야 한다.
- 스텝 모터가 전혀 작동하지 않는 경우는 모터 드라이버나 제어 보드, 또는 스텝 모터가 고장난 것이다.

---

1 잘못된 배선

스텝 모터의 데이터 시트를 바탕으로 배선 작업을 다시 한다. 그밖에도 케이블이 중간에서 단선되었거나 핀 소켓이 너무 헐거운 것이 원인이 되기도 하니 확인해 본다.

2 모터 드라이버 과열

스텝 모터가 작동하기는 해도 큰 소음을 내거나, 발열이 심한 경우는 모터 드라이버의 전압을 조절하라. 이는 모터 제어에 있어서 굉장히 중요하다(7장의 355페이지 참조).

3 제어 보드와 모터 드라이버의 고장

모터 드라이버를 제어 보드에 어긋나게 꽂거나 반대 방향으로 꽂으면 고장 날 뿐 아니라, 수리도 거의 불가능하다. 스텝 모터의 배선이 잘못되었을 경우도 마찬가지다. 제어 보드노ㅗ 영향을 받이 일부분 또는 전체가 고장 날 수 있다.

4 스텝 모터 고장

드물긴 하지만 스텝 모터 자체가 망가졌을 가능성도 있다. 스텝 모터도 엄연히 수명이 있는 부품이기 때문이다. 이 경우 스텝 모터를 다른 것으로 교체하면 문제가 해결된다. 그러나 스텝 모터는 웬만해서는 고장이 나지 않기 때문에 문제를 충분히 점검한 다음에 교체하는 것이 비용을 아낄 수 있다.

탈조

일반적으로 다음과 같은 현상들을 탈조라고 한다.

- 출력 중에 원래 자리에서 벗어나 엉뚱한 곳에서 적층하는 경우
- 움직여야 하는데 움직이지 않는 경우
- 프린터헤드와 베드의 이동거리가 제멋대로인 경우

탈조가 발생할 경우 레이어가 한쪽 방향으로 밀려서 출력되거나, 출력물이 특정 위치에서 어긋나 있는 등의 문제가 나타나게 된다.

그림 7-1 레이어가 한쪽 방향으로 밀려서 출력되는 경우

그림 7-2 *출력 중 레이어가 어긋난 경우*

탈조가 발생하면 다음 항목을 순서대로 점검해 본다.

❶ 기계적인 문제

평소 프린터를 잘 사용하다가 갑자기 이런 문제가 생겼다면, 단순히 기계적인 걸림으로 인한 문제일 가능성이 높다. 약간의 걸림만으로도 스텝 모터가 오작동할 수 있으니 꼼꼼히 점검하도록 한다. 이때 다음의 세 가지 사항을 중점적으로 점검해 보는 것이 좋다.

첫 번째, 케이블의 길이가 충분하지 않거나 엉켜 있어 움직임을 방해하고 있는지 확인한다. 이 경우 케이블 타이를 이용해 케이블을 정리해 주는 것이 좋다. 특히 엔드스탑의 작동을 방해하는 장애물이 없는지 확인해야 하는데, 손으로 기구부를 움직였을 때 엔드스탑이 부드럽게 눌려야 한다.

두 번째, 벨트 풀리가 스텝 모터의 회전축에 잘 고정되어 있지 않다면 모터의 동력을 제대로 전달할 수 없어 탈조가 생기기 쉽다. 의외로 놓치기 쉬운 부분이다. 또한 벨트가 지나치게 팽팽하거나, 혹은 반대로 너무 헐거우면 문제가 된다.

세 번째, 베어링과 연마봉, 스크류의 윤활이 부족한 경우 탈조가 생기기 쉽다. 연마봉과 스크류에는 특히 주기적으로 윤활제를 발라 줘야 한다.

다른 항목들을 모두 점검한 후에도 여전히 문제가 해결되지 않는다면 기구부를 전부 분해한 다음 재조립하는 것이 도움이 될 수 있다.

② 잘못된 축 정렬
축 정렬이 심각하게 잘못된 경우 기구부가 제대로 움직이지 않을 수 있다.

③ 잘못된 펌웨어 설정
기구부 자체는 부드럽게 움직이지만, 이동거리가 의도한 것보다 짧거나 긴 경우 펌웨어의 단위 당 스텝값이 잘못된 것이다. 또한 스텝 모터 가속도가 지나치게 높게 설정되었을 경우 진동이 심할 뿐 아니라 탈조가 발생하기 쉽다(단위 당 스텝값을 구하는 방법은 5장의 205페이지에 자세히 설명돼 있다).

④ 잘못된 슬라이서 설정
출력 속도를 너무 빠르게 설정하면 스텝 모터가 정지하려고 해도 관성으로 계속 움직여 탈조가 발생할 수 있다. 잘 조립되지 않은 프린터는 7~80mm/s 이상의 속도에서 문제를 일으키기 쉽다.

⑤ 스텝 모터와 모터 드라이버의 과열
스텝 모터가 과열되면 탈조를 일으키기 쉽고, 수명에도 영향이 있다. 탈조가 발생했을 때, 모터의 온도가 손을 대기 어려울 정도로 뜨겁다면 과열로 인한 모터 오작동을 의심할 수 있다. 모터 드라이버 역시 마찬가지다.

이러한 과열 문제는 대개 모터 드라이버의 전압을 조절해 해결한다. 스텝 모터와 모터 드라이버에 방열판과 쿨링 팬 등으로 방열 조치를 해 주는 것도 좋다.

6 스텝 모터의 출력 부족

움직여야 하는 기구부의 크기에 비해 지나치게 출력이 낮은 스텝 모터를 사용한 경우에도 탈조가 생길 수 있다. 보통 스텝 모터가 낼 수 있는 힘을 **토크**(Torque)로 흔히 표현한다. 여기서 토크란 물체에 작용하여 물체를 회전시키는 물리량으로, 토크가 클수록 강한 힘으로 회전시킬 수 있다. 단위는 흔히 $mN \cdot m = N \cdot cm$ 또는 $kg \cdot cm$로 표기하는데, 보통 $30mN \cdot m$ 또는 $3.0kg \cdot cm$ 이상의 토크를 가진다면 출력이 모자라는 경우는 잘 없다.

반면 스텝 모터의 출력이 높더라도, 모터 드라이버를 통해 공급되는 전류가 부족할 경우 표기된 출력을 다 내지 못할 수도 있다.

> **주의** 컴퓨터에 쓰이는 파워 서플라이 중에는 표기된 성능의 반도 못 되는 불량 제품들이 많다. 스텝 모터도 마찬가지다. 렙랩에서 검토된 제품을 사용하는 것이 좋다(http://goo.gl/khH6Pu 참조).

진동과 소음

3D 프린터가 본래 조용한 물건은 아니지만, X축 또는 Y축으로 움직일 때 특히 부서질 듯이 심한 소음이 발생하는 경우가 종종 있다. 이런 경우, 보통 쇠가 갈리는 듯한(grinding) 소음이나 덜그덕거리는 소리가 난다(http://goo.gl/lS1qA4, http://goo.gl/rjiziB의 동영상을 참조한다).

만약 프린터의 소음이 처음보다 심해졌다고 느껴지면 다음 항목을 순서대로 점검해 본다.

1 스텝 모터의 공진

이러한 문제를 일으키는 주범은 스텝 모터의 공진이다. 스텝 모터에서는 끊임없이 진동이 발생한다. 이 진동이 스텝 모터가 연결된 곳으로 전달되면 그 부분이 같이 떨리게 되는데, 스텝 모터가 특정 속도로 움직일 때 특히 진동이 심해진다. 여러 가지 저감 조치를 하여 스텝 모터의 진동을 최소화하는 한편, 공진이 발생하지 않는 출력 속도를 찾아야 한다.

2 연마봉과 베어링의 유격

근본적인 원인은 대부분 연마봉과 베어링의 유격에서 찾을 수 있다. 한 번의 출력에서도 베어링은 연마봉 위로 수백 번, 수천 번을 왔다갔다 한다. 이 과정에서 연마봉이 점점 마모되며 베어링과의 유격이 발생하는 것이다. 윤활이 불충분하거나 축 정렬이 잘못되었을 경우 마모가 더 빨리 진행될 뿐 아니라 소음이 심해진다. 기구부를 손으로 움직였을 때 덜그럭거리는 느낌이 있다면 유격을 의심할 수 있다. 그러나 스텝 모터의 공진이 문제인지, 유격이 문제인지 명확히 판단할 수 없다면 다음의 박스 내용대로 확인해 보자.

진동 원인 분석하기

문제가 발생한 축의 스텝 모터에서 벨트를 풀어 준다. 스텝 모터는 그대로 고정한 상태에서 [Move axis] 명령으로 스텝 모터를 작동시켜 본다.

· 스텝 모터 주변에서 여전히 심한 진동과 소음이 발생할 경우 스텝 모터의 문제를 먼저 해결해야 한다.
· 벨트를 연결했을 때보다 훨씬 조용하다면 유격이 핵심 원인이다.

---

3 잘못된 축 정렬

축 정렬이 잘못된 경우 거슬리는 소음이 발생할 뿐 아니라 연마봉의 마모가 가속될 수 있다.

4 벨트 장력의 문제

벨트가 지나치게 팽팽한 경우 심한 진동이 발생할 수 있다. 반대로 벨트가 너무 헐거운 경우에도 역시 진동이 생길 뿐 아니라 탈조를 일으킬 수 있다. 벨트의 장력은 손으로 가볍게 튕길 수 있을 정도가 적절하다. 조금씩 장력을 조절하면서 적절한 상태를 찾아라.

5 불안정한 조립 상태

조립 상태가 견고하지 않거나, 기구부를 고정하는 나사가 풀린 경우 진동이 한층 더 심해질 수 있다. 또한 베드의 어퍼 플레이트를 고정할 때 4개의 용수철과 고정 나사를 사용하는 방식을 쓸 경우, 베드의 떨림으로 인해 진동이 생길 수 있다. 이때는 어퍼 플레이트와 로워 플레이트 사이에 완충재를 끼워 넣고, 용수철의 장력이 강한 것을 쓰면 문제를 해결할 수 있다(http://goo.gl/NBRpPO의 동영상을 참조한다).

엔드스탑과 오토 레벨링 문제

모든 프린터는 항상 출력 전에 호밍 과정을 거친다. 헤드와 베드가 움직이면서 각 축 원점을 측정하는 것이다. 그런데 이 과정에서 문제가 생기면 출력이 불가능해지는 것은 물론이고, 프린터가 파손될 수도 있다. 호밍 중에 발생하는 문제의 대부분은 센서가 원인이다. 또는 배선을 반대로 했거나, 선이 끊어져 있는 경우도 있다.

특히 Z축 호밍은 출력에 많은 영향을 끼친다. 앞서 6장에서 Z축의 노즐-베드 간격을 정확히 맞추기 위한 레벨링 작업에 대해서 살펴봤다. 많은 사람들이 수동 레벨링의 번거로움으로 인해 오토 레벨링 기능이 탑재된 모델을 구매하며, 심지어는 장치를 직접 만들기도 한다. 하지만 오토 레벨링에서도 종종 문제가 발생하곤 한다. 오토 레벨링이 실행되지 않거나, 실행 중에 오작동이 일어나거나, 혹은 오토 레벨링을 완료했음에도 노즐-베드 간격이 잘 맞지 않는 것이다.

호밍 중에 생기는 일반적인 문제

호밍 중에는 다음과 같은 문제들이 발생할 수 있다.

- Z축 엔드스탑이 작동하지 않는 경우

- 호밍 시에 기구부가 한쪽 방향으로만 움직이는 경우

- 호밍 시에 기구부가 제대로 작동하지 않는 경우

- 호밍 과정에서 엔드스탑에 닿거나(메카니컬 엔드스탑의 경우) 근접했음에도 불구하고 계속 움직여 헤드가 베드와 충돌하는 경우

이러한 문제가 나타날 경우, 즉시 작동을 중지해 프린터 손상을 방지해야 한다.

1 배선 문제

메카니컬 엔드스탑의 배선을 잘못했거나, 선이 끊어져 있는 경우에는 제대로 작동하지 않는다. 단선을 방지하기 위해서는 납땜한 주변을 글루건 등으로 보호하는 것이 좋다. 근접 센서를 사용한다면 간단하게 센서의 고장 여부를 확인할 수 있다. 볼트 같은 금속 물체를 센서 근처에 갖다 대 보고 센서에 내장된 LED가 점등되는지 확인한다. 보통 감지거리는 5mm 이하이므로 매우 가깝게 접근해야 한다.

2 감지 장치 이탈

홀 센서나 옵티컬 엔드스탑을 사용할 경우 자석이나 돌기 등을 따로 달아서 감지할 수 있도록 해야 한다. 이것이 떨어지거나 위치가 바뀔 경우 감지해야 할 부분이 사라져 오작동하게 된다. 출력 전에 자석이나 돌기가 제자리에 잘 붙어있는지 확인한다.

또한 근접 센서 중에는 유리, 플라스틱 등도 감지 가능한 용량성 근접 센서 외에도 금속만 감지하는 유도성 근접 센서가 있다. 그런데 잘 알지 못하고 유도성 근접 센서를 유리 베드와 함께 사용할 경우 문제가 된다.

하지만 굳이 센서를 용량성 근접 센서로 교체하거나 베드에 알루미늄 판을 덮을 필요는 없다. 시중에 판매되는 구리, 알루미늄 테이프 등을 필요한 부분에 조금 잘라 붙이면 문제 없이 작동한다.

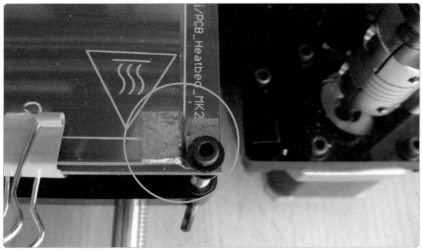

그림 7-3 구리 테이프(위)와 유리 베드 꼭지점에 붙인 모습(아래)

🛢 잘못된 펌웨어 설정

호밍 속도가 지나치게 빠를 경우 갑작스럽게 모터에 과도한 부하가 걸리면서 실속 (Stall)을 일으킬 수 있다. 축 정렬이 제대로 되어 있지 않아 걸림이 생기는 경우 문제가 더 심해진다. 또한 센서가 정상임에도 불구하고 펌웨어에서 작동 방식 설정이 잘못된 경우 단선된 것과 같은 효과가 발생할 수 있다. 마지막으로 오토 레벨링 장치를 사용하는 경우, 펌웨어를 올바르게 수정하지 않으면 오토 레벨링이 실행되지 않거나 오류가 발생한다.

오토 레벨링이 실행되지 않는 경우

다음과 같은 문제에 주의한다.

- [Auto home] 기능을 실행하면 오토 레벨링이 정상적으로 작동하지만, 실제 출력 시에는 생략되는 경우
- 오토 레벨링 과정에서 예상한 위치와는 전혀 다른 좌표에서 측정을 할 경우
- 오토 레벨링 중에 "Error : Z probe out. Bed"라는 에러 코드를 표시하며 종료되는 경우가 있다. 이 에러 코드는 Z 프로브(엔드스탑)가 베드 위에서 벗어났음을 의미한다. 이 상태에서 오토 레벨링을 실행할 경우 정상적으로 측정이 불가능하기 때문에 강제적으로 종료시킨 것이다.

이러한 문제가 관찰될 경우, 즉시 작동을 중지해 프린터 손상을 방지해야 한다.

① 잘못된 스타트 코드

오토 레벨링을 사용하기 위해서는 펌웨어뿐 아니라 출력을 위한 Gcode 파일에도 오토 레벨링이 반영되어 있어야 한다. 따라서 슬라이서의 **스타트 코드**를 알맞게 수정해야 한다(8장의 381페이지 참조).

또한 오토 레벨링이 정상적으로 진행되려면 Z 프로브가 베드 위에 위치해 있어야 한다. 그래야 오토 레벨링 과정에서 베드를 올바르게 인식할 수 있기 때문이다. 프린터는 Z 프로브를 기준으로 측정 위치의 좌표를 계산한다. 따라서 오토 레벨링이 작동하는 시점에서 Z 프로브가 베드를 벗어나 있다고 판단하면 오토 레벨링을 중지시키게 된다.

② 잘못된 Z 프로브 오프셋

Z 프로브와 핫엔드(노즐) 사이의 오프셋값이 정확하게 입력되어 있지 않다면 그 오차로 인해 Z 프로브가 베드를 이탈했음에도 불구하고 펌웨어가 이를 인식하지 못해 엉뚱한 위치에서 측정을 시작하게 된다. 이 경우 센서가 베드가 아닌 다른 물체를 인식하거나 하는 등 오토 레벨링이 매우 비정상적으로 진행된다. 이를 해결하기 위해서는 오프셋을 알맞게 측정하고 수정해야 한다(8장의 375페이지 참조).

오토 레벨링 측정값 오류

오토 레벨링 과정은 정상적으로 진행되지만, 측정값의 오차가 너무 심해 노즐-베드 간격이 잘 맞지 않는 경우도 있다. 주로 홀 센서나 근접 센서를 사용할 때 이와 같은 문제가 발생한다.

1 센서 또는 핫엔드의 위치 변동

Z 프로브 센서 또는 핫엔드의 위치가 틀어졌을 수 있다. 예컨대 핫엔드를 탈부착한 경우 겉으로 보기에는 이전과 똑같을지 몰라도 실제로는 1~2mm 정도의 차이가 생기기 쉽다. 이 경우 오프셋을 재조정해 정확한 값을 얻는 것이 좋다.

2 센서의 오작동

홀 센서나 근접 센서는 전자기 유도를 이용하므로 주변 온도의 영향을 크게 받는다. 온도가 높아질수록 감지 거리가 길어질 뿐 아니라, 불규칙적인 오차가 발생하게 된다. 이 경우 오토 레벨링 과정 자체는 정상적이어도 측정값의 오차 때문에 정확한 레벨링이 불가능해진다.

히팅 베드와 챔버를 사용하는 경우 특히 이러한 문제가 두드러진다. 이에 대한 확실한 해결 방법은 없다. 그때그때 Z축 오프셋을 수정해가며 대응하는 것이 최선이다. 슬라이서의 스타트 코드를 수정하여 오토 레벨링을 한 후에 베드의 예열을 시작하게끔 하면 도움이 된다.

```
G28 X0 Y0
G29
M109{print temperature}
```

이 스타트 코드는 Z축의 오토 레벨링이 끝난 후(G29) 설정된 온도에 맞춰 핫엔드와 히팅 베드의 예열을 시작한다(M109). M109 명령어가 스타트 코드 내에 없는 경우에는 Gcode 생성 시에 자동으로 가장 앞에 생성되어 예열부터 시작하게 된다. 그러나 한 번 출력이 끝나고 이미 주변 온도가 높아진 상태에서 다시 출력하는 경우에는 여전히 문제가 생길 수 있다. 충분히 시간 간격을 두었다가 사용하는 것이 좋다.

3 지나치게 빠른 호밍 속도

근접 센서, 그중에서도 용량성 근접 센서는 반응 속도가 상당히 느린 편이다. 이때 호밍 과정에서 Z축이 빠르게 움직인다면 센서의 반응 속도가 이를 따라잡을 수 없어 오차가 커지는 것이다. 어떤 센서를 사용하던 Z축의 호밍 속도가 느릴수록 보다 정확한 측정이 가능하다.

온도 제어 문제

예열은 호밍과 더불어 출력 전에 거치는 중요한 단계다. 핫엔드와 히팅 베드가 목표 온도까지 예열된 후에야 비로소 출력이 가능하기 때문이다. 그런데 종종 목표 온도를 넘어 과열되거나, 반대로 시간이 한참 지나도 목표 온도에 도달하지 못하는 경우가 있다. 이번에는 이러한 온도 제어 문제에 대해서 알아본다.

핫엔드 과열(MAXTEMP)

핫엔드를 예열하는 과정에서는 다음과 같은 문제가 발생할 수 있다.

- 핫엔드의 예열이 지나치게 빨라 제대로 조절이 되지 않는 경우

- 예열 중에 "Extruder switched off. MAXTEMP triggered!"라는 에러 코드를 표시하며 비정상적으로 종료되는 경우. 이 에러 코드는 핫엔드의 온도가 설정된 최대 온도(MAXTEMP)에 도달하였음을 나타낸다. 이에 따라 과열로 인한 손상으로부터 프린터를 보호하기 위해 강제로 예열을 중지시킨다.

- 핫엔드의 PID 튜닝 중에 "PID autotune fail! Temperature too high"라는 에러 코드를 표시하며 종료되는 경우. 이 에러 코드는 PID 튜닝 과정에서 온도 상승 속도가 지나치게 빨라 정상적인 PID 제어가 불가능하다는 것을 의미한다. 과열로 인한 손상으로부터 프린터를 보호하기 위해 강제로 예열을 중지시킨다.

> **핫엔드 과열 원인 분석하기**
>
> 프론터페이스를 연결하고 핫엔드를 예열시킨다. 핫엔드를 예열하는 과정을 주의 깊게 관찰하면 쉽게 원인을 파악할 수 있다. 프론터페이스의 온도 그래프 기능을 이용하면 좀 더 편하게 분석이 가능하다.
>
> - 온도 상승 속도가 초당 3~4도 이상으로 빠르다면 펌웨어 설정이 잘못된 것이다.
> - 온도 상승 속도가 매우 빠르거나 히터에서 연기가 난다면 전원 공급이 잘못된 것이다. 즉시 예열을 중지시켜야 한다.
> - 온도가 완만하게 상승하다가 갑작스럽게 치솟는 경우 온도 센서가 단선된 것이 원인이다. 온도가 수십 도씩 오르락내리락 하는 경우도 마찬가지다.

1 잘못된 펌웨어 설정

PID 상수나 전류 공급량 등 예열에 관련된 펌웨어 설정이 적정값보다 너무 높을 경우 예열 속도가 지나치게 빨라질 수 있다. PID 튜닝이 가능한 상황이라면 튜닝을 다시 하여 보다 정확한 PID 상수값을 얻도록 한다.

2 온도 센서의 단선

실제로 대부분의 문제는 온도 센서에서 발생한다. 온도 센서는 가장 많이 움직이는 프린터헤드에 가느다란 전선으로 연결된 경우가 많기 때문에 단선되기 쉽다. 이 경우 온도 측정에 오류가 생겨 그림 7-4와 같이 온도가 '튀는' 현상이 일어날 수 있다. 온도 센서가 제어 보드에 잘 꽂혀 있는지 확인하고, 여전히 같은 문제가 발생한다면 온도 센서를 교체해야 한다.

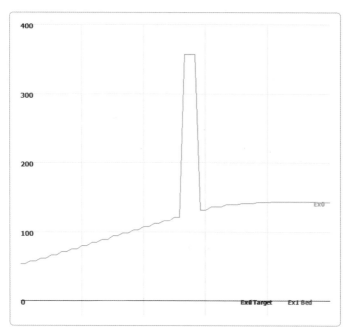

그림 7-4 온도 센서가 일시적으로 단선되어 갑작스럽게 온도가 300도 이상으로 치솟았다.

❸ 잘못된 전원 공급

12V 히터에 24V를 공급할 경우 히터가 쉽게 과열될 뿐 아니라 화재의 위험이 있다. 사용하는 히터의 규격에 알맞은 전원 장치를 사용해야 한다.

핫엔드와 히팅 베드 예열 실패(MINTEMP)

핫엔드 또는 히팅 베드를 예열하는 중에 다음과 같은 문제가 생기는 경우 이 항목을 참고해 문제를 해결한다.

● 핫엔드나 히팅 베드의 예열에 지나치게 시간이 오래 걸리는 경우. 핫엔드는 4~5분, 히팅 베드는 10~15분 이상 소요될 경우 문제가 있다.

● "Extruder switched off. MINTEMP triggered!"라는 에러 코드를 표시하며 비정상적으로 종료되는 경우. 이 에러 코드는 핫엔드의 온도가 설정된 최소 온도(MINTEMP) 이하임을 나타낸다. 최대 온도와 다르게 최소 온도는 프린터가 '예열을 시도할 수 없는' 온도를 의미하며, 기본값은 보통 5도다.

- "Heating failed!"라는 에러 코드를 표시하며 비정상적으로 종료되는 경우. 이 에러 코드는 핫엔드나 히팅 베드의 예열에 실패했을 때 출력된다. 목표 온도에 일정 시간 이내로 도달하지 못하면 에러 코드를 출력하고, 프린터의 모든 기능을 정지시킨다. 프린터를 다시 사용하기 위해서는 전원을 껐다가 켜야 한다.

- "THERMAL RUNAWAY"라는 에러 코드를 표시하며 비정상적으로 종료되는 경우. 이 에러 코드는 핫엔드 또는 히팅 베드의 온도 센서가 위치를 이탈했음을 의미한다. 이 경우 정상적인 온도 측정과 예열이 불가능하므로, 에러 코드를 출력하고 프린터의 모든 기능을 정지시킨다. 프린터를 다시 사용하기 위해서는 전원을 껐다가 켜야 한다.

- 핫엔드의 PID 튜닝 중에 "PID autotune fail! Timeout"이라는 에러 코드를 표시하며 종료되는 경우. 이 에러 코드는 PID 튜닝 과정에서 온도 상승 속도가 지나치게 느려 정상적인 PID 제어가 불가능함을 의미한다.

1 온도 센서가 연결되지 않음

온도 센서가 제어 보드의 연결 핀에서 빠진 경우 현재 온도가 0도로 측정되어 예열을 할 수 없다. 핀의 연결 상태를 확인한다.

2 온도 센서 또는 히터가 위치를 이탈함

온도 센서는 히팅 블록과 히팅 베드 내부에 위치해야 한다. 그런데 핫엔드나 베드는 자주 움직이는 부분이기 때문에 온도 센서가 측정 위치에서 빠질 수 있다. 가령 온도 센서가 히팅 블록에서 빠졌을 경우 히팅 블록보다 온도가 크게 낮은 주변 온도를 측정하게 되므로, 실제 히팅 블록은 충분히 예열되었음에도 불구하고 이를 계속 가열하려다 화재 사고가 일어날 수 있다. 뿐만 아니라, 만약 히터가 히팅 블록에 올바르게 삽입되지 않은 경우 예열이 비효율적으로 진행될 수 있다. 핫엔드의 조립 상태를 전반적으로 다시 점검하는 것이 좋다.

3 쿨링 팬의 방향

출력물 냉각용 쿨링 팬을 장착하였을 경우, 바람의 방향을 한번 확인해 본다. 이 쿨링 팬의 바람은 가급적 노즐 끝에만 집중되는 것이 좋다. 팬 덕트를 설치하는 것도 이 때문이다. 그렇지 않고 히팅 블록까지 전체적으로 바람이 미치고 있다면 그 영향으로 예열에 실패할 수도 있다. 6장의 277페이지에 소개된 팬 덕트를 적용하거나, 그림 7–40처럼 히팅 블록 주변을 테플론 테이프로 감싸 단열해 주면 도움이 된다. 마지막으로, 처음 PID 튜닝을 할 때 쿨링 팬을 모두 작동시킨 상태에서 실행하는 것이 좋다. `M106` 명령어를 이용하면 쿨링 팬을 임의로 켜고 끌 수 있다.

❹ 잘못된 펌웨어 설정

PID 상수나 전류 공급량 등 예열에 관련된 펌웨어 설정이 적정값보다 너무 낮을 경우 예열이 느려질 수 있다. 또한 핫엔드에 쿨링 팬을 부착한 경우 쿨링 팬을 작동시킨 상태에서 PID 튜닝을 진행해야 올바른 PID 제어가 가능해진다. 하지만 이로 인해 예열이 불가능해지는 경우는 거의 없다. PID 튜닝이 가능한 상황이라면 튜닝을 다시 하여 보다 정확한 PID 상수값을 얻도록 한다.

❺ 잘못된 전원 공급

24V 히터에 12V의 전원을 공급할 경우 예열 속도가 심하게 느려질 수 있다. 특히 24V 용 히팅 베드에 12V의 전원을 공급할 경우 6~70도 이상으로 예열하는 것이 거의 불가능하다. 또한 전압은 맞더라도 전원 장치의 전력 공급량 자체가 부족하다면 예열이 잘되지 않거나, 다른 부분에 전력이 충분히 공급될 수 없어 이상 현상이 일어날 수 있다.

❻ 너무 낮은 주변 온도

겨울에 실외에서 3D 프린터를 사용하는 경우, 실제로 주변 온도가 설정된 최소 온도(MINTEMP)보다 낮은 경우가 종종 있다. 프린터는 초기 온도가 이 값 이하일 경우 예열 자체가 불가능하다고 판단하고 작동을 중지한다. 뿐만 아니라 너무 낮은 온도에서 프린터를 사용하는 것은 예열이나 출력 품질에 좋지 않은 영향을 줄 수 있으므로 가급적 실온에서 출력하도록 한다. 불가피한 경우 최소 온도값을 펌웨어에서 수정할 수 있다.

필라멘트 압출 불량

FFF 방식에서 가장 거슬리고, 모든 프린터에서 언제든지 발생할 수 있는 문제가 바로 필라멘트 공급 불량 문제다. 필라멘트가 필요한 만큼 공급되지 않으면 무조건적으로 출력이 실패한다. 다음의 경우가 그 예다.

- 출력 도중에 익스트루더에서 틱틱거리는 소리가 들리며 압출 기어가 제대로 돌아가지 못하거나 반대로 돌아가는 경우
- 필라멘트가 익스트루더에서 제대로 빠져나오지 못하고 압출 기어에 의해 갈리기만 하는 경우
- 드물게, 빠져나가지 못한 필라멘트로 인해 콜드엔드 자체가 막히는 경우

뿐만 아니라, 필라멘트 압출 불량 문제는 출력 품질에도 심각한 영향을 미친다. 따라서 출력 과정을 관찰하지 못했더라도 출력물의 상태를 검토함으로써 쉽게 압출 불량임을 진단할 수 있다. 다음의 경우가 이에 해당한다.

- 출력 표면 중간중간에 불규칙적으로 빈틈이 많이 보이는 경우
- 출력물의 형상 자체가 망가지거나 쉽게 바스라지는 경우

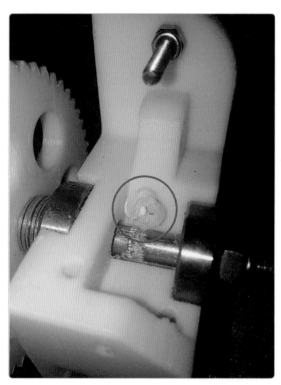

그림 7-5 종종 콜드엔드를 빠져나가는 필라멘트 통로가 막히는 경우도 있다.

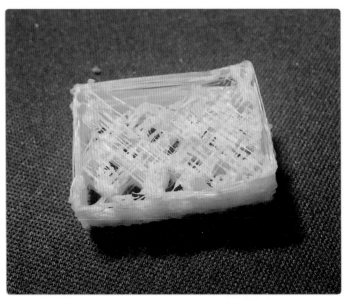

그림 7-6 압출량이 크게 부족할 경우, 사진처럼 출력물의 형상 자체가 거의 유지되지 않는다.

그림 7-7 불규칙한 압출 불량의 영향을 받은 경우와 정상적인 경우를 비교한 사진(왼쪽). 오른쪽 사진은 압출 불량으로 인해 레이어 여러 개가 생략된 모습이다.

그림 7-8 *압출 불량이 심각하여 첫 레이어가 거의 출력되지 않은 모습*

필라멘트 압출 불량을 일으키는 원인은 매우 다양하다. 따라서 문제가 되는 요인이 정확히 어떤 것인지 진단하고 해결할 수 있어야 한다.

> **주의** 압출 테스트 중에는 핫엔드 사용 여부와 관계없이 핫엔드를 사용하는 필라멘트의 출력 온도에 맞춰 예열하고 있어야 한다.

❶ 잘못된 슬라이서 설정

단순히 슬라이서의 설정이 잘못된 것이 원인일 수 있다. 노즐 직경, 필라멘트 직경, 공급 비율 등이 올바르게 설정되었는지 확인해 본다. 대부분의 슬라이서는 설정값에 오류가 있을 경우 자동으로 경고해 주는 기능이 있으므로 참고하면 도움이 된다.

❷ 노즐에서의 역압

노즐이 베드에 딱 붙어있거나 지나치게 가까울 경우, 또는 압출량이 과도할 경우 재료가 노즐에서 빠져나오지 못하고 역류함으로써 생기는 일시적인 문제다.

> ### 필라멘트 압출 불량 원인 찾기(1): 오프셋 문제로 인한 노즐 역압
>
> 출력을 중지하고 Z축을 +20mm 가량 이동시킨 후, 필라멘트를 수십 mm 정도 압출하며 상태를 살펴보자.
>
> · 압출이 잘 된다면, 노즐에서의 역압(Backpressure)이 원인이다.
>
> · 수동 레벨링을 사용하고 있다면 레벨링을 다시 해 본다. 오토 레벨링을 사용하고 있다면 Z축 오프셋 값을 수정해 본다. 0.05mm 단위로 조절해 나가면 최적값을 찾을 수 있을 것이다.

3 노즐 막힘

필라멘트 찌꺼기나 밖에서 유입된 먼지와 같은 이물질로 노즐이 막히는 것이다. 열팽창 문제와 노즐 막힘은 비슷한 현상을 나타내므로, 다음과 같은 테스트를 통해 정확히 진단해 본다. 노즐 막힘이 원인임이 확인되었다면 365페이지를 참조해 노즐을 청소하거나 교체한다.

> ### 필라멘트 압출 불량 원인 찾기(2): 핫엔드의 열팽창과 노즐 막힘
>
> 바로 이전 출력에서 사용했던 것과 동일한 새 필라멘트를 준비하고, 알맞는 출력 온도로 노즐을 가열한다. 노즐이 가열되면 기존에 노즐에 꽂혀 있던 필라멘트를 서서히 잡아당겨 제거해 준다. 마지막으로, LCD 컨트롤러의 [Prepare] → [Disable steppers] 명령으로 익스트루더 스텝 모터의 작동을 중지시키면 준비가 끝난다.
>
> 이제 필라멘트를 꽂고 손으로 직접 밀어넣으면서 노즐에서 사출되는 모양을 관찰한다.
>
> · 필라멘트가 쭉 짜듯이 잘 압출되는 경우, 핫엔드에서의 열팽창으로 인한 일시적인 문제다.
>
> · 처음에는 소량이 잘 나오지만 그 뒤에는 힘을 주어도 잘 나오지 않는 경우, 또는 재료가 거미줄이나 실처럼 나오는 경우 노즐이 부분적으로 막힌 상태다.
>
> · 필라멘트가 거의 나오지 않으며, 필라멘트를 넣고 뺄 때 껄쩍거리는 느낌이 난다면, 노즐이 완전히 막힌 상태로 볼 수 있다.

4 핫엔드에서의 열팽창

핫엔드를 통과하는 필라멘트가 열팽창을 일으켜 핫엔드가 막히는 것을 말한다. 압출 불량을 일으키는 가장 흔한 문제 중 하나로, 핫엔드가 적절하게 냉각되지 않은 것이 주 원인이다. 특히 이러한 문제가 고질적으로 발생한다면 핫엔드 자체에 구조적인 문제가 있을 가능성이 높다.

5 노즐의 온도 문제

출력 온도가 지나치게 낮을 경우는 압출이 잘 되지 않을 수 있다. 반대로 출력 온도가 지나치게 높으면 앞서 설명한 열팽창 문제가 더 심해질 수 있다. 필라멘트의 권장 온도에 맞춰 출력 온도를 설정했는지 확인하라.

6 익스트루더 오작동

익스트루더의 압출력이 부족한 것이 원인일 수도 있다. 그 밖에도 압출력 자체는 충분하지만 펌웨어 설정이 잘못되었을 가능성을 고려해야 한다. 한편 익스트루더 스텝 모터 자체가 문제가 되는 경우도 많다. 스텝 모터의 출력이 불충분했거나, 과열된 경우 익스트루더는 충분한 압출력을 제공할 수 없다. 이러한 현상은 특히 장시간 사용했을 때 두드러진다.

필라멘트 압출 불량 원인 찾기(3): 익스트루더

핫엔드와 콜드엔드를 서로 분리한 다음 필라멘트를 수십mm 이상 압출하며 길이를 측정한다. 이때 양쪽을 반드시 물리적으로 분리할 필요는 없다. 콜드엔드를 빠져나온 필라멘트가 핫엔드에 들어가지만 않으면 된다(단, 보우덴 방식의 경우 테플론 튜브는 반드시 분리하도록 한다). 그런 다음 익스트루더 스텝 모터와 연결된 압출 기어가 잘 움직이는지, 필라멘트가 잘 압출되는지 관찰한다.

- 압출 기어는 부드럽게 움직이지만 압출량이 과도하거나 부족한 경우는 펌웨어의 **단위 당 스텝값**이 잘못된 것이다(5장의 205페이지 참조).
- 스텝 모터의 회전축은 움직이지만 압출 기어가 제대로 움직이지 않거나, 수시로 틱틱거리며 역회전하는 경우는 콜드엔드의 압출력이 부족한 것이다(7장의 360페이지 참조).
- 스텝 모터가 지나치게 뜨겁거나 힘이 제대로 걸리지 않는 경우는 스텝 모터 오작동을 의심할 수 있다.

7 과도한 리트랙션

리트랙션은 뜨겁게 가열되어 노즐을 통과하던 재료를 보다 차가운 영역으로 끌어당긴다. 이 과정에서 필라멘트가 국소적으로 굳으면서 엉키거나 벽면에 달라붙게 되는데, 리트랙션 길이가 길수록 영향을 받는 범위가 늘어나 핫엔드가 막힐 우려가 있다. 뿐만 아니라, 지나치게 빠른 리트랙션 속도 하에서는 필라멘트가 리트랙션 과정에서 마모되는 문제가 생길 수 있다. 리트랙션에 대해 좀 더 자세한 내용이 궁금하면 6장의 249페이지를 참조한다.

8 필라멘트 공급 경로상의 문제

가장 흔한 문제는 **필라멘트 스풀**(Spool, 감개)이 잘 풀리지 않는 것이다. 익스트루더의 압출력만으로 필라멘트를 충분히 당기기 어렵다면 출력은 사실상 불가능하다. 이 경우 스풀의 회전을 원활하게 하는 스풀 홀더를 설치하는 것이 좋다.

뿐만 아니라, 보우덴 방식을 사용하는 경우 콜드엔드와 핫엔드를 연결하는 긴 테플론 튜브가 문제가 될 수 있다.

필라멘트 압출 불량 원인 찾기(4): 테플론 튜브

보우덴 방식의 경우, 테플론 튜브를 콜드엔드와 연결하고, 핫엔드와는 분리한 상태에서 작동시켜 본다. 튜브로 삽입되기 시작한 필라멘트가 튜브 반대쪽 끝을 통과할 때까지 3~400mm 이상 계속 압출한다.

· 압출 도중에 압출 기어가 헛돌거나, 압출량이 부족하다면 필라멘트와 테플론 튜브의 마찰이 원인일 수 있다.

---

9 필라멘트의 품질 문제

의외로 필라멘트가 원인이 되는 경우가 많다. 여러 문제를 충분히 검토했음에도 불구하고 여전히 문제가 발생한다면 사용하는 필라멘트의 품질을 검사하고, 다른 것으로 바꿔서 다시 시도해 본다(7장의 366페이지 참조).

제어부 문제

가능성이 높지는 않지만, 제어 보드와 LCD 컨트롤러에서 발생하는 오류들도 귀찮은 문제 중 하나다. 제어 보드의 고장으로 프린터가 작동하지 않는 경우도 있고, 컴퓨터와 프린터 간의 통신에 문제가 생기기도 한다.

프린터가 작동하지 않을 때

다음과 같은 문제가 일어난다면 빠른 조치가 필요하다.

● 프린터 사용 중에 제어 보드 쪽에서 탄내가 나거나 연기가 나오는 경우
● 프린터의 전원을 켜도 LCD 컨트롤러가 켜지지 않는 경우

프린터에서 탄내가 나거나 연기가 나오는 경우는 즉시 전원을 차단해야 한다. LCD 컨트롤러에 희미하게 불이 들어온다면 LCD 컨트롤러 자체의 문제일 수 있다.

제어 보드 테스트

프린터의 전원을 켜지 않은 채 제어 보드를 컴퓨터에 USB로 연결한다.

· LCD 컨트롤러에 불이 들어오고, 통신이 원활하면 아두이노의 레귤레이터가 고장 난 것이다.

· 아무런 변화가 없다면 제어 보드가 완전히 고장 난 것이다.

▮ 제어 보드 손상

프린터 어딘가에서 합선이 일어났거나, 제어 보드에 과전류가 흐르게 되면 제어 보드가 견디지 못하고 고장 난다. 이때 탄내와 함께 연기가 나기 때문에 흔히 이를 제어 보드가 타버렸다고 표현하지만, 실제로 화재가 일어나는 것은 아니다. 제어 보드를 분리해 확인해 보면 한쪽이 시커멓게 그을린 것을 볼 수 있을 것이다.

이렇게 제어 보드가 손상됐을 경우 프린터가 작동되지 않으며, 컴퓨터와 프린터 간의 통신도 전혀 이뤄지지 않을 것이다. 제어 보드를 새것으로 교체하는 수밖에 없다.

② 레귤레이터 고장

제어 보드가 완전히 손상되지 않고, 레귤레이터만 고장 난 경우도 있다. 본래는 RAMPS
에서 자동으로 전원이 인가되므로 따로 전원을 연결해 줄 필요가 없지만, 레귤레이터
가 고장난 경우에는 이러한 기능이 작동하지 않는다. 아두이노와 같은 오픈소스 보드
의 경우 레귤레이터만 따로 구매해 싼 값에 수리할 수도 있지만 작업이 쉽지는 않을 것
이다. 제어 보드를 새로 사는 것이 가장 확실하지만, 완전히 고장난 것도 아닌데 아까
운 마음이 들 수도 있을 것이다. 아두이노 구매 시 동봉되는 USB-B 타입 케이블을 이
용해 제어 보드에 따로 전원을 공급해 주면 문제가 해결된다.

통신 오류

프린터의 제어 보드와 컴퓨터를 연결해 제어할 때 다음과 같은 통신 오류가 발생할 수 있다.

- 컴퓨터와 프린터를 연결하였을 때, '장치가 정상적으로 작동하지 않습니다.' 메시지 창이 뜨거나 아두이
노에 펌웨어가 업로드되지 않는 경우
- 아두이노에 펌웨어가 정상적으로 업로드되었음에도 불구하고, 프론터페이스나 Cura, 아두이노 IDE 등
PC 프로그램과 연결이 되지 않는 경우

① 통신 권한 충돌

대부분 여러 프로그램을 동시에 실행시켰을 때 서로 충돌해 생기는 문제로, 프론터페
이스나 Cura가 3D 프린터와의 통신 권한을 독점하기 때문이다. 당장 사용해야 하는
것 이외의 프로그램을 전부 종료하면 원활하게 연결할 수 있다.

② 아두이노 드라이버 오류

호환품 아두이노를 사용할 경우 이러한 문제가 생기기 쉽다. 보통 호환품에는 저가
형 통신칩을 사용하는 경우가 많으며, 이 경우 별도의 드라이버 설치가 필요하다. 보
통 CH340 드라이버를 사용한다. 이 드라이버는 공식 홈페이지(http://www.wch.
cn/download/CH341SER_EXE.html)를 통해서 설치할 수 있다.

③ USB 케이블 불량

USB 케이블에 문제가 있을 경우에는 컴퓨터와의 통신이 불가능하다. 드라이버 설치 후에도 문제가 발생한다면 USB 케이블을 교체하는 것이 좋다.

④ 아두이노의 USB 통신 칩 손상

아두이노를 컴퓨터에 연결했을 때 전원이 연결됨을 의미하는 LED(적색 또는 황색)가 켜지는지 확인한다. 만일 켜진다면 아두이노 IDE에서 [파일] → [예제] → [01.Basics] → [Blink]를 업로드해 본다. 업로드가 불가능할 경우, 아두이노의 통신칩 손상을 의심 해야 한다. 부품을 교체해서 수리할 수도 있지만, 국내에서는 구매가 어려우므로 아두 이노를 교체하는 것이 낫다.

LCD 컨트롤러 문제

다음의 경우, LCD 컨트롤러에 문제가 있다고 볼 수 있다.

- LCD 화면에 ■만 나타나는 경우
- 화면이 점점 어두워져 제대로 알아 보기 어려워지는 경우. 어떤 경우라도 LCD 밝기가 변한다는 것은 심각한 문제의 전조일 수 있다.
- SD 카드를 인식하지 못하는 경우

그림 7-9 ■만 나오는 LCD

1 잘못된 펌웨어 설정

종종 펌웨어를 설정할 때 LCD 컨트롤러 사용 여부를 활성화하는 것을 깜박하는 경우가 있다. 혹은 사용하는 것과 다른 종류의 LCD 컨트롤러를 활성화시켰을 때도 이러한 문제가 발생할 수 있다.

2 잘못된 배선

LCD 컨트롤러는 아두이노와의 통신으로 문자를 표시한다. 이때 배선이 잘못되면 전원이 들어오더라도 명령이 제대로 들어오지 않아 화면이 갱신되지 않으며, 문자가 표시되지 않는다. LCD와 RAMPS를 연결하는 두 개의 케이블을 반대로 교차하여 꽂는 경우가 가장 많다. 또는 LCD용 확장 PCB를 제어 보드에 어긋나게 꽂았을 수도 있다.

3 불안정한 전원 공급

전원 공급이 안정적이지 않은 경우에도 LCD에 문제가 생길 수 있다. 다음 박스를 참고해 체크해 보자.

> **LCD 문제 분석하기**
>
> LCD의 밝기가 변하는 경우에는 즉시 전원을 차단한 다음, 제어 보드의 어느 부위가 뜨거운지 확인한다.
>
> • 제어 보드의 어떤 부분도 과열되지 않은 경우, 전원 공급이 일시적으로 불안정해진 것이 원인일 수있다. SMPS를 다른 콘센트에 연결해 보고, SMPS와 제어 보드의 배선 상태를 확인한다.
>
> • 제어 보드의 모스펫 부분(아랫 부분) 등이 뜨거운 경우, RAMPS에서 합선이 일어났을 가능성이높다.
>
> • 모터 드라이버 부분이 뜨거운 경우, 모터 드라이버를 잘못 연결해서 탄 것이다. 연결 방향이나 위치가 잘못되었다면 그 모터 드라이버는 사용할 수 없다. 제어 보드 역시 문제가 있을 가능성이 높다.

4 SD 카드의 문제

3D 프린터의 펌웨어는 일반적으로 FAT32 포맷의 SD 카드만을 인식할 수 있다. 또한, 저용량의 SD 카드를 사용하는 것이 좋다. 32GB 이상의 SD 카드는 인식하지 못하거

나, 인식하더라도 8GB 용량만 사용 가능하다. 보통 4GB SD 카드를 주로 사용한다. 아마 3D 프린터를 평생 사용해도 Gcode 파일만으로는 이 용량을 다 쓸 수 없을 것이므로 걱정하지 않아도 좋다.

출력 품질 문제

출력 품질 문제는 비록 프린터에 치명적인 손상을 주지는 않지만, 여러분의 마음에 상처를 남길 수 있다. 12시간을 기다린 출력물이 볼품 없는 모양을 하고 있을 때의 가슴 아픈 심정은 겪어 보지 않은 사람은 알 수 없다. 이런저런 문제로 출력이 실패하거나, 출력물이 엉망이 되었을 때 이 내용을 읽어 보자.

첫 레이어 안착 불량

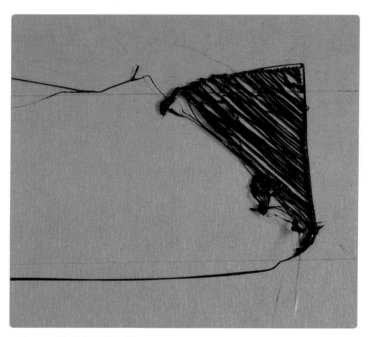

그림 7-10 첫 레이어 접착 불량

첫 레이어가 베드에 제대로 접착되지 않고 쉽게 떨어지는 현상이다. 처음에는 괜찮더라도 출력 도중에 떨어져 버릴 수도 있다. 이 경우 다음과 같이 조치한다.

- 수동 레벨링을 사용하는 경우 레벨링을 다시 해서 노즐–베드 간격을 좁힌다.
- 오토 레벨링을 사용하는 경우 Z 오프셋값의 절대값을 증가시킨다. 문제가 계속된다면 오토 레벨링 측정 값에 오류가 있을 가능성이 높다.
- 재료에 따라 적절한 베드 도포제를 사용해야 하며, 히팅 베드도 권장 온도에 맞춰 사용한다.

첫 레이어 출력 안 됨

그림 7-11 *첫 레이어 출력 불량*

출력 시 첫 레이어가 지나치게 얇게 나오거나, 또는 아예 출력이 되지 않는 현상이다. 이 경 우 다음과 같이 조치한다.

- 수동 레벨링을 사용하는 경우 레벨링을 다시 해서 노즐-베드 간격을 늘린다.

- 오토 레벨링을 사용하는 경우 Z 오프셋 값의 절대값을 감소시킨다. 문제가 계속된다면 오토 레벨링 과정 자체에 문제가 있을 가능성이 높다. 7장의 305페이지를 참조하여 문제를 해결한다. 압출량이 부족한 경우에도 이와 유사한 증상이 나타날 수 있다. 아래 내용을 참조하여 압출 불량 문제를 해결한다.

압출량 부족(Under Extrusion)

그림 7-12 **압출량 부족**

노즐에서 재료가 충분히 압출되지 않아 의도하지 않은 빈 공간이나 틈이 생기는 현상이다. 이러한 현상이 전체적으로 불규칙하게 퍼져 있다면 필라멘트 압출 불량이 원인이다. 이 경우 다음과 같이 조치한다.

- 7장의 314페이지를 참조하여 압출 불량 문제를 해결한다.

- 익스트루더 스텝 모터의 단위 당 스텝값을 재조정한다.

- 슬라이서 설정이 잘못되었을 수 있다. 노즐 직경과 필라멘트 직경 등을 올바르게 설정했는지 확인해 본다.

- 혹은 슬라이서에서 공급 비율을 5% 단위로 늘려 본다. 그러나 이러한 방법은 근본적으로 문제를 해결해 주지는 못한다.

압출량 과다(Over Extrusion)

그림 7-13 **압출량 과다**

재료가 과잉 공급될 경우, 원하는 형상보다 크게 출력될 뿐 아니라 심한 변형이 일어난다.
또한 연속 출력 시 노즐이 막히거나 주변에 찌꺼기가 생길 수도 있다. 이 경우 다음과 같이
조치한다.

- 익스트루더 스텝 모터의 단위 당 스텝값을 재조정한다.

- 슬라이서 설정이 잘못되었을 수 있다. 노즐 직경과 필라멘트 직경 등을 올바르게 설정했는지 확인해
  본다.

- 슬라이서에서 공급 비율을 5% 단위로 줄여 본다.

필라멘트 마모(Filament Grinding)

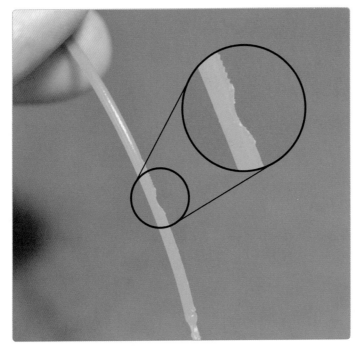

그림 7-14 **필라멘트 마모**

필라멘트가 출력 도중 압출 기어에 의해 마모되는 현상이다. 쉽게 말해 압출 기어가 빠르게 회전하면서 필라멘트의 겉부분을 갈아 버리는 것이다. 이 경우 다음과 같이 조치한다.

- 출력 속도 또는 리트랙션 속도가 지나치게 빠른 것이 원인일 수 있다. 출력 속도와 리트랙션 속도를 5mm/s 단위로 낮춰 본다.
- 압출 불량이 있는지 확인하고 문제를 해결한다. 출력 온도를 5~10도 높인다. 출력 온도가 지나치게 낮은 경우 재료 사출이 잘 되지 않아 필라멘트가 제자리에서 갈리기 쉽다.

표면의 얼룩과 돌기(Blobs and Zits)

그림 7-15 *표면 상태 불량*

출력물 측면에 우둘투둘한 적층 자국이 남거나, 지저분한 돌기가 생기는 현상이다. 이 경우 다음과 같이 조치한다.

- 압출량이 과다한 경우 유사한 현상이 나타날 수 있다. 이를 조절해 본다.
- 리트랙션 기능을 사용할 경우 다음 층으로 이동할 때 노즐에서 의도치 않은 출력이 발생할 수 있다. 리트랙션값을 조절해 본다.
- 오버랩 비율을 조절해 본다.

그림 7-16 봉제선이 뚜렷하게 드러난 출력물

참고로, 레이어 시작점이 동일할 경우 그 부분에 지속적으로 흔적이 남아 세로로 선 같은 흔적이 남기 쉽다. 이러한 문제를 봉제선 현상(Seam)이라고 한다. FFF 방식의 특성상 봉제선을 완전히 없애는 것은 어려운 일이지만, 최소화시킬 수는 있다. 예를 들어 리트랙션과 동시에 Z축으로 약간 상승하는 옵션인 [Z hop when retracting]을 이용하면 시작점을 조정하여 의도하지 않은 압출이 있더라도 그 누적을 최소화할 수 있다. Cura에서는 [Z Seam Alignment]이라는 기능을 제공하는데, 옵션 중 [Sharpest Corner]를 선택하면 각진 모서리 부분 쪽으로 봉제선을 집중시키므로 크게 티가 나지 않게 된다. [Seam Corner Preference]의 옵션을 [Hide Seam]으로 설정하는 것도 도움이 될 수 있다.

그림 7-17 Cura의 Z Seam Alignment 설정

물결 무늬와 와블(Wobble)

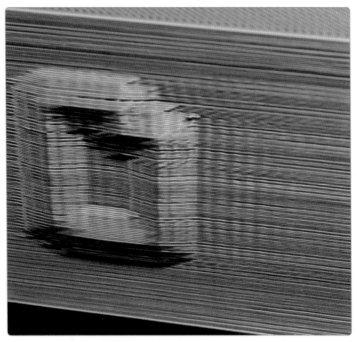

그림 7-18 *진동으로 인한 출력물 품질 저하*

출력물의 측면이 매끈하지 않고, 표면에 물결처럼 보이는 선이 나타나는 현상이다.

이러한 현상은 주로 프린터 기구부의 문제로 인해 발생하는데, 무늬에 따라 원인을 다르게 진단할 수 있다. X축 또는 Y축 방향으로 물결 무늬가 생기는 경우 기구부의 진동이 주 원인이다. 벨트가 헐겁거나 볼트가 풀려 기구부의 진동이 심해졌을 수도 있으니 조립 상태를 꼼꼼히 점검해 보는 것이 좋다. 축 정렬이 잘 되었는지도 확인해 보아야 한다. 또한 3D 프린터의 진동 자체를 완전히 없앨 수는 없지만, 이송 속도나 가속도값을 조절하면 진동을 최소화할 수 있다.

그림 7-19 **출력물 측면의 무늬**

반면, Z축 방향으로 일정한 간격으로 줄무늬가 생기는 경우 Z축 스크류가 올바르게 정렬되지 않은 것이 원인이다. 이 현상을 가리켜 와블(Wobble)이라고 하며 3D 프린터 사용자들의 공공의 적이라고 할 수 있다. 기본적으로는 축 정렬을 다시 하거나 Z축을 재조립하면 없어지는 경우가 많다. 싱기버스 등에서 기구적 해결을 위한 추가 부품이 많이 공유되고 있으므로 사용해 보는 것도 좋다.

쉘-내부 채움 간 공백

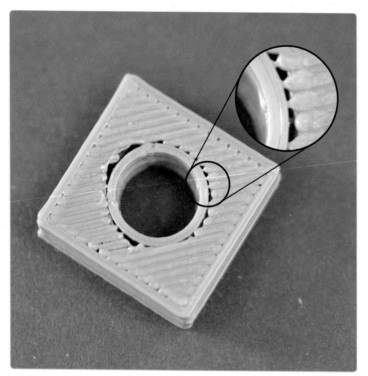

그림 7-20 **외벽과 채움 사이의 공백**

출력물의 쉘과 내부 채움이 제대로 만나지 않는 현상이다. 이렇게 되면 출력물의 강도가 크게 감소할 뿐 아니라 출력 중에 모양이 엉망이 되기 쉽다. 이 경우 다음과 같이 조치한다.

● 출력 시 쉘과 내부 채움이 겹치는 정도인 오버랩(Infill overlap)을 조정한다. Cura의 경우 기본값인 15%는 상당히 적절하지만, 필요하다면 30%까지 늘려 본다.

● 출력 속도가 너무 빠르면 채움이 외벽에 제대로 접착되지 않을 수 있다. 출력 속도를 낮춘다.

코너 들뜸(Curling, Rough corners)

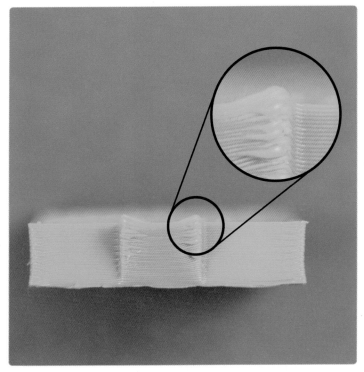

그림 7-21 *말려 올라온 코너*

출력물의 코너(모서리) 부분이 점점 말려 올라가며 변형되는 현상이다. 코너에서의 출력 품질은 펌웨어의 저크값에 큰 영향을 받는다. 출력물 과열과도 연관이 있다. 이 경우 다음과 같이 조치한다.

- 기구부의 가속도와 저크값을 낮춘다(5장의 209페이지 참조).
- 핫엔드의 온도를 약간 낮춘다. 베드 온도를 낮추는 것도 도움이 된다.
- 출력 속도를 약간 낮춘다.

출력물 과열

그림 7-22 *과열 현상*

작은 출력 부위는 출력 온도가 너무 높을 경우 형상이 뭉개지기 쉽다. 출력된 형상이 냉각되기도 전에 뜨거운 노즐이 지나가며 다시 가열되기 때문이다. 이 경우 다음과 같이 조치한다.

- 슬라이서에서 **최소 레이어 시간(Minimal layer time)**을 늘린다. 이 값은 한 레이어를 만드는 데 걸리는 최소 시간을 가리킨다. 예를 들어 이 값을 10초로 놓았을 경우, 5초 만에 작은 레이어 하나를 완성했더라도 바로 다음 레이어로 넘어가지 않고 5초 동안 대기하거나, 10초 동안 느리게 출력한다. 이렇게 하면 출력물이 굳을 시간을 확보할 수 있다.
- 출력물 냉각을 늘린다. 쿨링 팬을 풍량이 강한 것으로 교체하거나, 슬라이서에서 쿨링 팬 속도를 높인다.
- 전체적으로 작고 세밀한 형상의 모델을 출력할 때는 여러 개를 동시에 출력하거나, 옆에 작은 기둥을 하나 더 출력한다. 간단한 큐브 모델 하나를 추가하고, 높이를 출력물과 엇비슷하게 바꾸면 된다. 슬라이서의 [Pillar] 옵션과 같이 자동으로 기둥을 생성해 주는 기능을 제공하는 경우도 있다. 이렇게 하면 노즐이 다른 곳에서 출력하는 동안 레이어가 충분히 굳을 수 있다.

천장 빈틈

그림 7-23 *천장 빈틈*

빈틈 현상이 발생하면 출력물의 천장이 매끈하지 않고, 구멍이나 틈이 생기며, 심지어 약간 내려 앉기도 한다. 이 경우에는 다음과 같이 조치한다.

● 천장 두께는 레이어 두께의 최소 2배 이상이어야 한다. 즉, 천장을 두 층에 걸쳐서 생성하는 것이다. 보통 4배 이상이면 안정적이다.

● 채움 격자는 천장 레이어를 출력할 때 기반 역할을 한다. 채움 밀도가 10% 이상인 경우 이러한 문제는 거의 생기지 않지만, 상단부가 지나치게 넓으면 3~40%까지 높이는 것이 좋다.

● 천장뿐 아니라 출력물 전반적으로 빈틈이 많이 보인다면 압출 불량 문제가 원인일 수 있다.

특정 레이어 생략

그림 7-24 출력 도중 생략된 레이어

출력물의 중간에 레이어 한두 개가 생략된 것처럼 보이는 현상이다. 실제로는 급작스럽게 과도한 Z축 이송이 일어났거나, 압출량이 부족했던 것이 마치 생략된 것처럼 보일 뿐이다. 이 경우 다음과 같이 조치한다.

- Z축의 축 정렬이 잘 됐는지, 스텝 모터의 단위 당 스텝값이 적절한지 확인한다.
- 베드의 어퍼 플레이트와 로워 플레이트는 서로 단단하게 고정되어 있어야 한다.
- 압출 불량이 있을 경우 레이어 몇 개가 생략된 것처럼 보일 수도 있으므로 확인해 본다.

채움 부족

그림 7-25 *채움 부족*

내부 채움 부분이 얇은 실처럼 나오거나 서로 잘 접착되지 않는 경우다. 출력물 강도가 매우 약해질 뿐 아니라 출력 도중에 무너질 수 있으므로 주의해야 한다.

- 이러한 현상은 기본적으로 압출량이 부족할 경우 나타난다. 압출 불량 문제가 있는지 점검하고, 문제가 없다면 공급 비율을 5% 단위로 증가시켜 본다.
- 출력 속도가 너무 빠를 경우 내부 채움이 제대로 형성되지 않을 수 있다.
- 채움 밀도를 증가시켜 본다.

뒤틀림(Warping)

그림 7-26 출력물 들뜸 현상

앞에서도 몇 번 언급한 출력물의 뒤틀림 현상은 FFF 방식 3D 프린팅에서 가장 흔하게 나타나는 문제다. 전형적인 증상은 출력물의 최하단의 일부분이 베드에서 떨어져 들뜨는 것이다.

- 히팅 베드를 사용해 출력물을 가열한다. 베드 온도는 출력 소재에 따라 다르다.
- 보다 안착력이 강한 베드 도포재를 사용한다.
- 첫 레이어를 적층할 때 지나치게 빨리 냉각될 경우 특히 모서리가 들뜨기 쉽다. 첫 레이어에서는 일반적으로 출력물을 냉각하는 팬을 작동시키지 않는다.
- 모델을 수정하여 뾰족한 부분에는 접지면을 넓히기 위한 돌기를 추가한다.
- 브림이나 라프트를 사용한다.

갈라짐(Delamination, Crack)

그림 7-27 *층간 갈라짐 현상*

출력 도중 레이어의 일부가 서로 떨어져 갈라지는 현상이다. 그 원인은 출력물의 뒤틀림 때문이다. 히팅 베드를 사용하더라도 챔버가 없을 경우, 출력물 하단과 상단에서 온도 차이가 있기 때문에 이에 따른 열수축이 발생하게 된다. 따라서 출력물의 높이가 높을수록 발생할 가능성이 높다. 이 경우 다음과 같이 조치한다.

- 열수축과 뒤틀림 문제가 심한 ABS와 같은 소재를 사용할 때는 히팅 베드와 챔버를 같이 사용해 출력 공간의 온도를 일정하게 유지해야 한다.
- 노즐 온도가 높을수록 층간 접착력이 향상된다.

스트링(String)

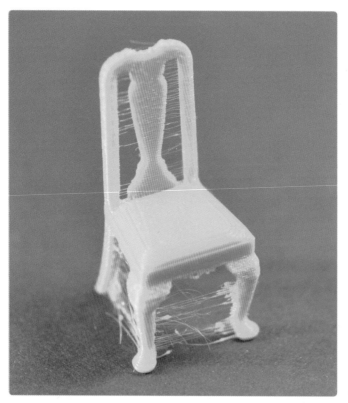

그림 7-28 *스트링 현상*

출력물의 서로 떨어져 있는 부분 사이에 달라붙은 얇은 실과 같은 잔여물을 **스트링**이라고 한다. 서로 떨어져 있는 부분을 출력할 때에는 노즐이 사이의 빈 공간을 건너뛰게 된다. 이 때 제어되지 않은 필라멘트가 흘러나오면서 스트링이 만들어진다. 이 경우 다음과 같이 조치한다.

- 스트링을 최소화하기 위해서는 리트랙션 거리와 속도의 최적값을 찾는 것이 가장 우선이다. 리트랙션 길이는 0.5mm 단위로, 속도는 5mm/s 단위로 조절하면서 최적값을 찾는다.
- 노즐 온도를 약간 낮추면 도움이 된다.
- 출력하지 않는 빈 공간을 건너뛸 때의 이동 속도(Travel speed)를 높이면 좋다. 그러나 100mm/s 이상의 속도에서는 탈조가 일어날 수 있다.

탈조와 레이어 이탈(Layer Shifting)

그림 7-29 *레이어 이탈 현상*

레이어가 서로 어긋나는 현상이다. 한 번만 크게 어긋나거나, 여러 층에 걸쳐 점진적으로
어긋나는 경우도 있다. 보통 기구부의 탈조 현상을 해결하면 이러한 현상도 해결된다.

세부 묘사 부족

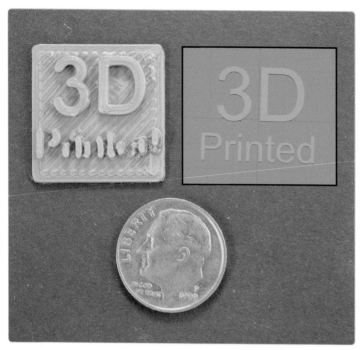

그림 7-30 *작은 출력물을 출력할 때는 세부 묘사가 잘 되지 않을 수 있다.*

작은 물체나 세부적인 부분이 잘 출력되지 않는 것이다. FFF 방식의 출력 정밀도(해상도)가 떨어지는 것이 근본적인 원인이다. 노즐 직경보다 작은 두께는 출력하기 어렵기 때문이다.

- 모델을 수정하여 모든 부분이 노즐 직경보다 두꺼워지도록 한다. 모든 출력물은 한 개 이상의 쉘을 가지므로, 모델의 모든 부분은 노즐 직경의 두 배 이상의 두께를 가져야 한다. 예를 들어, 0.4mm 노즐을 사용할 경우 0.8mm 이하의 얇은 두께를 가진 부분은 제대로 표현되기 어렵다. 모델을 수정할 수 없다면 슬라이서에서 크기를 키운다.
- 노즐 직경이 작은 것으로 바꿔 출력해 본다. FFF 방식 프린터는 보통 0.4 또는 0.5mm 노즐을 사용하지만, 직경이 0.1mm 정도로 작은 노즐도 있다.

03 | 핵심 원인 분석과 해결 방법

슬라이서

단순히 슬라이서의 몇몇 설정값을 틀린 것이 원인임에도 불구하고 전혀 엉뚱한 부분에서 해결책을 찾으려 하는 경우가 있다. 잘못된 슬라이서 설정은 출력 품질의 문제로 연결되곤 하는데, 가장 대표적인 예가 필라멘트 압출 불량과 탈조 문제다. 이러한 문제를 막기 위해서는 반복적인 실험을 통해 각각의 최적값을 찾아 두는 것이 중요하다. 각종 문제를 해결할 뿐만 아니라, 출력 품질을 향상시키는 데에도 많은 도움이 된다. 다음 내용을 참조한다.

- 사용하는 필라멘트에 맞춰 출력 온도를 올바르게 설정했는지 확인한다. 한편 출력 속도가 60mm/s 이상인 경우는 최적 온도보다 약간 더 높은 값을 사용해야 압출이 원활하다.

- 노즐 크기를 실제 규격보다 크게 설정했을 경우, 익스트루더는 필요한 압출량 이상의 필라멘트를 노즐로 압출하게 된다. 필라멘트 직경을 실제보다 가늘게 설정했을 때도 마찬가지다. 이러한 초과분이 누적되면 노즐에서의 역압이 발생하게 된다.

- 노즐 역압 문제가 잘 해결되지 않는다면, 공급 비율을 약간 줄임으로써 문제를 해결할 수 있다. 반대로, 재료에 따라서는 공급 비율을 약간 높여야 충분한 압출량을 확보할 수 있는 경우도 있다. 필라멘트마다 특성이 약간씩 다르기 때문이다.

- 출력 속도가 지나치게 느릴 경우 익스트루더 스텝 모터가 헛돌거나 멈춰버릴 수 있다. 그러나 지나치게 빠른 출력 속도는 탈조를 일으킬 수 있다. 프린터가 잘 조립되었다는 전제 하에서 30~80mm/s 정도가 적절하다.

- 리트랙션 속도가 지나치게 빠르면 리트랙션 중에 압출 기어가 필라멘트의 겉부분을 갈아버리면서, 다시 압출할 때 헛돌게 되는 현상이 발생할 수 있다. 또한 리트랙션 길이가 너무 길다면 핫엔드가 막힐 우려가 있다. 리트랙션 속도와 길이는 익스트루더나 필라멘트의 종류에 따라서 달라진다.

펌웨어

앞서 5장에서 다루지 않았던 Marlin의 몇 가지 설정 항목을 추가로 살펴보자.

엔드스탑

가끔 기구부가 한쪽 방향으로만 움직이는 경우가 생긴다. 예를 들면 헤드가 상승해야 할 상황에 상승하지 않고, 하강만을 반복하는 경우에 해당한다. 원인은 여러 가지지만, MAX_ENDSTOP이 활성화되어 있는 것이 원인의 하나일 수 있다. 실제로 엔드스탑을 MAX 위치에 두고 사용하지 않는 이상, MAX_ENDSTOP은 비활성화시키는 것이 좋다.

엔드스탑 설정 변경

```
#define DISABLE_MAX_ENDSTOPS
```

이 명령어를 활성화시키면 모든 축의 MAX_ENDSTOP이 비활성화된다. 이 기능은 펌웨어의 버전에 따라 명칭이 조금씩 달라진다.

Marlin 호밍 방향 설정

```
// ENDSTOP SETTINGS:
// Sets direction of endstops when homing; 1=MAX, -1=MIN
// :[-1,1]
#define X_HOME_DIR -1
#define Y_HOME_DIR -1
#define Z_HOME_DIR -1
```

원점의 위치, 즉 호밍 방향을 결정한다. 호밍을 시작했을 때 기구부가 해당 축의 엔드스탑 쪽으로 움직여야 한다. 일반적으로 MIN 엔드스탑을 사용하므로 HOME_DIR의 기본값은 -1이지만, 엔드스탑을 MAX 위치에 두고 사용한다면 그 축의 HOME_DIR을 1로 바꾸어 주면 된다.

구동 방향

만약 기구부가 원하는 것과는 반대 방향으로 움직인다면, 스텝 모터의 배선이 정반대로 된 것이다. 그러나 배선을 다시 할 필요 없이 Marlin에서도 방향 설정이 가능하다.

Marlin 스텝 모터 구동 방향 설정

```
#define INVERT_X_DIR false

#define INVERT_Y_DIR false

#define INVERT_Z_DIR false

#define INVERT_E0_DIR false

#define INVERT_E1_DIR false

#define INVERT_E2_DIR false

#define INVERT_E3_DIR false
```

스텝 모터의 회전 방향, 즉 기구부의 이동 방향을 결정한다. 기본값은 false이며 X축, Y축, Z축이나 익스트루더 스텝 모터(E)의 작동 방향을 바꿔야 한다면 해당하는 모터값을 true로 변경한다. 예를 들어, 익스트루더가 필라멘트를 압출하는 것이 아니라 반대로 빼내고 있다면 INVERT_E0_DIR값을 true로 변경하면 된다.

호밍 속도

Marlin 호밍 속도 설정

```
#define HOMING_FEEDRATE {50*60, 50*60, 2.5*60, 0}
// set the homing speeds (mm/min)
```

[Auto home] 명령 시에 각 축의 이동 속도를 결정하는 값이다. 단위가 mm/min임에 주의한다. 4가지 값은 순서대로 X, Y, Z, E(익스트루더)의 값이다.

슬라이서에서 설정한 출력 속도는 일반적인 이동에만 해당되며, 보통 호밍 시에는 별도로 지정된 값을 사용하게 된다. 특히 Z축의 Marlin 기본값은 5*60으로 설정되어 있는데, 이는 지나치게 높은 값으로 문제를 일으킬 수 있으므로 3*60 이하로 수정하는 것이 좋다. X, Y축의 경우 대부분의 구동 환경에서 적절하지만, 문제가 생긴다면 약간 낮추도록 한다. 뿐만 아니라 오토 레벨링 과정에서는 Z축의 호밍 속도를 늦추면 늦출수록 정확한 측정이 가능하다.

예열 과정

Marlin PID 제어 관련 설정

```
#define BANG_MAX 255        ❶
#define PID_MAX BANG_MAX    ❷
#if ENABLED(PIDTEMP)
...
#define PID_FUNCTIONAL_RANGE 10    ❸
...
```

BANG_MAX와 PID_MAX는 핫엔드의 온도 제어에서 각각 Bang-Bang 모드와 PID 모드 사용 시의 전류량을 결정한다. Bang-Bang 모드는 전원 공급의 온-오프만 조절한다. 즉 목표 온도에 도달할 때까지는 무조건 설정된 전류량을 공급하고, 목표 온도에 도달하면 모드를 종료한 다음 PID 모드로 이행하게 된다.

❶ BANG_MAX의 Marlin 기본값은 255이며, 이때 히터는 최대 전류로 핫엔드를 예열하게 된다.

❷ 이 코드는 PID_MAX값으로 BANG_MAX와 같은 값을 사용한다는 뜻이다.

❸ PID_FUNCTIONAL_RANGE는 Bang-Bang 모드에서 PID 모드로 전환되는 범위를 결정하며 Marlin 기본값은 10이다. 목표 온도와 실제 온도의 차이가 이 값보다 크면 PID는 작동하지 않으며, Bang-Bang 모드에 의해 온도 제어를 수행한다.

핫엔드가 너무 빨리 가열된다면 BANG_MAX와 PID_MAX의 값을 낮춰서 히터로 가는 전류량을 줄인다. 핫엔드의 과열 문제는 12V가 아닌 24V 파워 서플라이를 사용할 때 특히 발생하기 쉽다. 과도한 전력 공급으로 인해 히터가 지나치게 빨리, 그리고 많이 가열되는 것이다. 이 경우 BANG_MAX와 PID_MAX의 값은 64 정도가 적절하다.

PID_FUNCTIONAL_RANGE값을 10에서 2~30까지 높이는 것도 도움이 될 수 있다. 히터의 예열 속도가 빠를 경우, Bang-Bang 모드에서 PID 모드로 전환하기 이전에 목표 온도를 초과하는 경우가 발생할 수 있다. 이를 줄이려면, 보다 이른 시점에 PID 모드로 전환되도록 수정하는 것이 좋다.

Marlin 온도 센서 이탈 방지 기능

```
#define THERMAL_PROTECTION_HOTENDS
#define THERMAL_PROTECTION_BED
```

각각 핫엔드와 히팅 베드의 온도 센서 이탈 방지(Thermal runaway protection) 기능을 활성화할 것인지 결정한다. 프린터 보호를 위해 두 기능은 기본 설정 그대로 활성화시키는 것이 좋다.

Marlin 온도 센서 이탈 방지 기능 세부 설정

여기서 우리가 수정해야 할 것은 Configuration_adv.h에 있는 세부 설정이다.

```
#if ENABLED(THERMAL_PROTECTION_HOTENDS)
  #define THERMAL_PROTECTION_PERIOD 40        // Seconds
  #define THERMAL_PROTECTION_HYSTERESIS 4     // Degrees Celsius…
```

핫엔드의 목표 온도와 실제 온도의 차이가 THERMAL_PROTECTION_HYSTERESIS값보다 큰 상태가 THERMAL_PROTECTION_PERIOD에서 설정한 시간보다 길게 유지될 경우 프린터는 이를 온도 센서가 위치를 이탈하여 정상적인 온도 측정이 불가능한 상황이라고 판단한다.

온도 센서 이탈 방지(Thermal runaway Protection) 기능은 온도 센서가 위치를 이탈할 경우 예열을 중지시켜 프린터를 보호한다. 그런데 이 기능이 종종 실제로 온도 센서가 위치를 이탈하지 않았음에도 불구하고 작동하기도 한다. 어디까지나 실제로 온도 센서의 이탈을 감지하는 것이 아닌, 온도 변화를 보고 이를 추측하는 알고리즘이기 때문이다. 가령 히팅 블록이 출력물을 식히기 위해 장착한 쿨링 팬의 영향을 받는 경우 핫엔드의 온도가 일시적으로 4~5도 이상 내려갈 수 있는데, 프린터는 이를 온도 센서 이탈로 인식한다. 이 경우에는 THERMAL_PROTECTION_HYSTERESIS와 THERMAL_PROTECTION_PERIOD를 조금 더 큰 값으로 설정하면 된다.

기구부와 스텝 모터

축 정렬

축 정렬은 3D 프린터의 핵심 중 핵심이다. 축 정렬이 잘못된 프린터는 잘 된 것보다 진동이 심하고, 소음도 많이 발생할 뿐 아니라 출력물의 품질도 떨어지고, 수명도 짧다. 다행스럽게도 대부분의 완제품은 축 정렬이 충분히 잘 되어 있으며, 틀어질 여지도 많지 않다. 그러나 직접 손으로 조립한 제품에서는 충분히 정확하게 축을 정렬하기가 까다롭다. 매뉴얼에 명시된 규격과 치수를 준수하기만 하면 문제가 없을 것이라고 생각하기 쉽지만, 사실은 그렇지 않다. 직접 눈으로 보고 자로 잰 치수는 절대 정확하지 않기 때문이다. 다음과 같은 몇 가지 노하우를 참고하면 유연하게 대처할 수 있다.

- 벨트나 스크류를 연결하지 않았을 때 기구부를 손으로 살짝 움직여도 부드럽게 반대편까지 잘 움직이는지 확인한다.
- 연마봉과 베어링 등을 고정시킬 때, 하나를 완전히 고정시킨 후 다음 것을 고정하는 방식은 잘못된 것이다. 모든 구성 요소를 천천히, 같이 고정시켜 나가는 것이 좋다. 고정하는 중에도 부드럽게 잘 움직이는지 수시로 확인하는 것이 중요하다.
- 무조건 고정시키는 것만이 정답은 아니다. 예컨대 연마봉의 양끝을 완전히 고정하기보다는, 한쪽은 고정시키고, 다른 쪽은 살짝 풀어서 기구부의 움직임에 맞춰 자연스럽게 위치가 조정될 수 있도록 하는 것이 더 좋다.
- 케이블 타이는 약간의 틀어짐을 보상해 줄 수 있는 좋은 방법이다.

스텝 모터의 공진

스텝 모터의 진동이 다른 부위로 전달되어 같이 심하게 떨리는 공진은 3D 프린터에서 소음을 발생시키는 주범이다. 소음을 줄이기 위해서는 우선 스텝 모터의 진동을 최소화하는 것이 우선이다. 스텝 모터가 진동하지 않게 하는 것은 불가능하지만, 다음과 같은 조치들이 도움이 될 것이다.

1 출력 속도를 조절하며 공진이 발생하지 않는 속도를 찾는다.

출력 중에 출력 속도를 조금씩 바꾸면서 소음이 줄어드는 속도를 찾는다. 그러나 대부분의 경우 저속이나 고속보다는 중간 속도(30~40mm/s)에서 문제가 발생하는 경우가 많으므로 이 방법은 임시방편이다.

2 스텝 모터 드라이버의 전압을 조절한다.

스텝 모터로 공급되는 전압과 전류값이 지나치게 낮으면 스텝 모터의 출력 부족으로 인해 진동이 발생할 수 있다. 그러나 전압을 높이기 전에 먼저 축 정렬이 충분히 되었는지 확인해야 하며, 전압이 지나치게 높을 경우 과열로 인해 스텝 모터가 떨리는 현상이 생길 수 있다.

3 스텝 모터 드라이버를 교체한다.

스텝 모터 자체가 진동하는 근본적인 원인은 특유의 스테핑 방식에 있다. 일정 거리를 움직이라는 명령을 내렸을 때, 이를 스텝 단위로 쪼개어 조금씩 회전하는 과정에서 진동이 발생하는 것이다(http://goo.gl/9669mN의 동영상을 같이 보라). 따라서 마이크로 스테핑 배율이 높을수록 모터의 진동이 적다.

가장 흔하게 사용되는 모터 드라이버는 A4988으로, 16분주의 마이크로 스테핑 기능을 제공한다. 이것을 32분주의 마이크로 스테핑을 제공하는 DRV8825로 교체할 경우 스텝 모터의 진동이 크게 줄어든다. 특히 스텝 모터 소음이 거의 없어 스텔스 드라이버라고도 불리는 TMC2100은 가격이 매우 비싸지만, 그만한 값어치를 한다.

TMC2100 모터 드라이버 다루기

TMC2100은 프린터에서 소음을 거의 완전히 없애 주는 대신, 다루기가 까다롭다.

- TMC2100이 제공하는 스텔스 모드를 사용하기 위해서는 제어 보드(RAMPS)에서 점퍼를 모두 제거하여 풀 스텝(Full-step) 모드로 바꾸어야 한다(3장의 87페이지 참조).
- 스텔스 모드에서 TMC2100의 마이크로 스테핑 배율은 16분주이다. 또한 A4988 또는 DRV8825와는 모터의 작동 방향이 반대이므로 펌웨어 설정을 고쳐야 한다(5장의 199페이지, 202페이지 참조).
- TMC2100은 작동 중에 굉장히 많은 열이 발생하므로 방열판과 쿨링 팬이 필수적이다. 그럼에도 불구하고 빠른 속도로 출력할 경우 탈조가 발생할 수 있으므로 출력 속도는 50mm/s 이하로 하는 것이 좋다.

4 진동 방지 댐퍼를 설치한다.

스텝 모터의 진동을 흡수할 수 있는 댐퍼를 설치하면 소음을 줄이는 데 큰 도움이 된다.

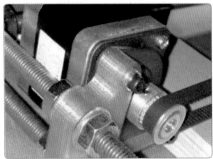

그림 7-31 스텝 모터 댐퍼. 스텝 모터와 마운트 사이에 설치한다.

연마봉과 베어링

연마봉과 베어링 사이에 유격이 있을 경우 공진으로 인해 큰 소음과 진동이 발생할 수 있다. 저렴한 부품을 사용했을 경우 생산 공정에서의 오차로 인해 처음부터 유격이 있을 수 있다. 그러나 사용 중에 유격이 점차 생기는 것은 연마봉이 마모되기 때문이다. 특히 일반 연마봉 (S45C)을 사용할 경우 베어링에 의해 마모가 쉽게 일어난다. 윤활이 불충분했거나 축 정렬이 틀어졌을 경우에는 더더욱 그렇다. 베어링강(SUJ2) 재질의 열처리된 연마봉을 사용하면 이러한 문제를 상당 부분 방지할 수 있다. 물론 윤활제도 수시로 도포해야 한다.

뿐만 아니라, 베어링 내부의 베어링 볼이 충격으로 인해 빠져버리거나 마모되는 문제도 있을 수 있다. 또한 장기간 사용할 경우 마모뿐 아니라 베어링 내부가 녹슬 수 있다. 이러한 경우 문제가 생긴 베어링만 새 것으로 교체하면 된다. 베어링이 녹스는 것을 방지하려면 종종 방청제를 사용해 내부를 청소하는 것이 좋다.

제어 보드와 전원 장치

제어 보드 과열

프린터가 작동하는 중에는 제어 보드의 파워 터미널과 모스펫, 레귤레이터, 스텝 모터 드라이버 등에서 심한 발열이 일어나게 된다. 제어 보드의 과열은 프린터에 여러 가지 문제를 일으킬 뿐 아니라, 심한 경우 제어 보드 자체가 고장 날 수도 있다. 제어 보드에는 반드시 적절한 방열 조치를 해야 한다.

그림 7-32 프린티드 파트를 이용해 제어 보드를 식히는 쿨링 팬을 장착한 모습

그림 7-33 RAMPS의 모스펫에 방열판을 부착한 모습

스텝 모터 드라이버 과열

스텝 모터마다 최적의 전압 및 전류의 값은 제각각이다. 스텝 모터로 공급되는 전류량이 최적값에 비해 너무 작으면 모터가 충분한 출력을 낼 수 없다. 반대로 너무 큰 양이 공급되면 스텝 모터가 심한 발열을 일으키거나 오작동하게 된다. 따라서 각각의 스텝 모터의 특성에 맞추어 공급되는 전압과 전류를 임의로 조절해야 한다. 모터 드라이버에서는 가변 저항을 이용해 이를 조절할 수 있다. 이러한 제어는 기본적으로 옴의 법칙, 즉 $V=I \times R$에 따라서 이뤄진다. 저항(R)을 변화시킴으로써 모터 드라이버로 공급되는 전압(V)과 전류(I)의 값을 조절하는 것이다.

일반적으로 이를 "모터 드라이버의 가변저항을 증가시키면 전압이 증가하고, 가변저항을 감소시키면 전압이 감소한다"고 표현한다. A4988 모터 드라이버는 가변저항을 시계방향으로 돌리면 전압이 증가하며, 반시계방향으로 돌리면 감소한다. DRV8825 드라이버는 그 반대다. 가변 저항은 여러 바퀴 돌릴 수 있지만, 한 바퀴를 넘으면 다시 처음 값으로 되돌아온다.

예컨대 A4988 모터 드라이버의 가변저항 조절은 다음과 같은 과정으로 이루어진다.

1 프린팅 중에 스텝 모터가 너무 뜨거워진다면, 출력을 중지하고 전원을 끈다. 스텝 모터에 손을 대기 어려울 정도라면 문제가 있다.

2 모터 드라이버의 가변저항을 시계 반대 방향으로 10도 정도 돌린다.

3 다시 프린팅을 하면서 적당한지 확인한다. 스텝 모터의 발열이 충분히 줄어들 때까지 이러한 작업을 반복한다.

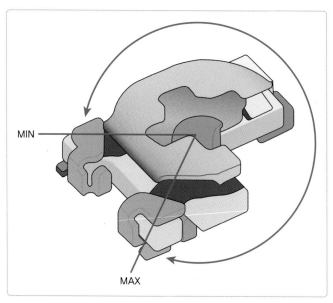

그림 7-34 *A4988 드라이버의 가변 저항 조절 범위*

그러나 가변 저항을 지나치게 낮추게 되면 스텝 모터의 출력 부족으로 인해 또다른 문제가 발생할 수도 있다.

> **주의** 모터 드라이버는 매우 예민하며 고장 나기 쉬운 부품이다. 프린터 제작 및 프린팅 전 과정에 서 반드시 다음의 절차에 주의한다.
>
> · RAMPS에 모터 드라이버를 꽂을 때에는 반드시 장착 위치와 방향에 주의한다. 방향을 반 대로 꽂거나 핀이 한 칸이라도 어긋나면 모터 드라이버 또는 RAMPS가 고장 날 수 있다.
> · 전원이 공급되는 상태에서 모터 드라이버를 꽂거나, 빼거나, 가변 저항을 변화시키지 않도록 한다. 이러한 작업을 해야 할 때에는 반드시 전원을 끈 후 몇 초간 기다렸다가 진행하도록 한다.

전압, 전류를 측정할 수 있는 멀티미터가 있다면 이 작업을 조금 더 정확하게 진행할 수 있 다. 이어서는 모터 드라이버의 작동 원리에 대해 정확히 이해하고, 모터 드라이버를 최적의 상태로 설정하는 방법에 대해서 알아볼 것이다.

조금 더 복잡한 내용을 설명하기 전에 먼저 용어부터 정리하자. 모터 드라이버의 작동 원리를 이해하기 위해서는 최대전류, 상시전류, 허용전류의 세 가지 전류에 대해 알아야 한다.

최대전류

모터 드라이버가 순간적으로 공급할 수 있는 최대 전류를 말한다. 그러나 최대전류를 긴 시간 공급할 경우 모터 드라이버가 고장 날 수 있다.

허용전류

순간적으로 모터가 버틸 수 있는 전류의 최댓값을 말한다. 예를 들어, 1.5A짜리 모터에 2A를 공급해도 몇십 초 정도는 작동할 수 있다. 하지만 긴 시간 공급하면 모터가 과열되거나 고장 날 수 있다. 따라서 모터 드라이버의 최대전류는 모터의 허용전류를 넘지 않아야 한다.

상시전류(Phase current)

모터가 안정적으로 작동할 수 있는 전류의 최댓값이다. 일반적으로 상시전류는 허용전류의 70%로 표기한다. 즉, 상시전류가 1.5A라면 최대전류는 1.5A/0.7=2.14A가 된다. 따라서 이 모터는 1.5A의 전류를 공급받았을 때 안정적으로 작동하며, 순간적으로 그보다 약간 큰 전류가 흘러도 작동 가능하지만 그 값이 2.14A를 초과할 경우 문제가 된다는 것이다.

모터 드라이버는 설정된 최대전류값 이하의 전류를 스텝 모터로 공급한다. 그 양은 모터에 걸리는 부하에 따라 달라진다. 평소에는 적당한 양을 공급하다가, 모터가 강한 출력을 내야 하는 상황이 되면 순간적으로 더 큰 양의 전류를 공급한다. 그러나 그 크기는 최대전류를 넘지 않는다.

따라서 우리가 직접 설정해야 하는 것은 모터 드라이버의 최대전류값이다. 우리는 이 값을 Vref라는 지표를 통해 실제로 계산할 수 있다. Vref값은 모터 드라이버의 가변 저항 중심점(+)과 GND(−) 사이에 걸리는 전압이다. 멀티미터를 이용해 이 두 곳에 프로브를 대어 보면 Vref값을 측정할 수 있다. 이때 실수로 다른 핀에 닿게 되면 합선이 일어나 모터 드라이버가 고장 날 수 있으니 주의한다(그림 7-35와 7-36 참조).

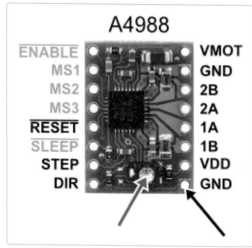

그림 7-35 *A4988 모터 드라이버의 Vref를 실제로 측정하는 모습과 A4988의 회로도*

그림 7-36 DRV8825의 회로도. 가변 저항에 붉은색 탐침을, GND에 검은색 탐침을 댄다.

이때 모터 드라이버의 최대전류는 스텝 모터의 허용전류 이하여야 한다. 이를 초과할 경우 스텝 모터의 수명이 단축되며, 각종 오작동을 일으킬 수 있다.

이에 따른 Vref 계산식은 다음과 같다.

$$\text{Vref} = \frac{(\text{스텝 모터의 상시전류})}{0.7} \div (\text{모터 드라이버의 Vref 배율})$$

먼저 스텝 모터의 상시전류값은 데이터시트에 Phase current라는 이름으로 표기돼 있다. 예컨대 내가 사용하는 스텝 모터는 이 값이 1.7A로 되어 있다. 이 값을 0.7으로 나눈 것이 스텝 모터의 허용전류, 즉 스텝 모터에 흐를 수 있는 최대전류의 값이 된다.

$$\text{스텝 모터의 허용전류} = \frac{1.7A}{0.7} = 2.4A$$

모터 드라이버의 최대전류값과 Vref값이 동일하지는 않으므로, 이를 다시 모터 드라이버의 Vref 배율로 나누어 주어야 한다. 그 배율은 모터 드라이버의 종류마다 다르다. 일반적으로 A4988의 Vref 배율은 2.5, DRV8825의 Vref 배율은 2로 알려져 있다. 그러나 제조사마다 배율이 조금씩 다를 수 있으므로 사전에 확인해 보는 것이 좋다. 여기서 나는 Vref 배율이 2인 DRV8825를 사용했으므로, 계산 결과는 다음과 같다.

$$Vref = 2.4 \div 2 = 1.2V$$

이 값은 스텝 모터에 최대전류를 공급하기 위한 이론적인 Vref값이므로, Vref값이 이 이상일 경우 제어 보드나 스텝 모터에서 심한 발열이 나타나며, 스텝 모터가 손상될 수 있다. 따라서 실제 Vref값은 이보다 작아야 하며, 50~80% 정도의 값을 사용하는 것이 좋다. 일반적으로 전류 공급량이 70%로 감소할 때 발열은 50% 정도 감소한다.

압출부

콜드엔드의 압출력 부족

익스트루더가 충분한 압출력을 제공하지 못하는 경우, 다음 사항을 점검한다.

- 압출 기어가 스텝 모터의 회전축에 완전히 고정됐는지 확인한다. 특히 압출 기어를 스텝 모터에 고정시키는 무두 볼트가 마모되었거나 풀려서 압출 기어가 헛도는 경우가 많다. 스텝 모터의 회전축은 움직이지만, 압출 기어는 제대로 움직이지 않는다면 이러한 문제를 의심해 볼 수 있다.
- 익스트루더에 장착된 스프링의 장력이 충분한지 확인한다. 압출 기어와 가이드 베어링이 맞물리는 정도를 스프링의 장력으로 적절하게 조절해, 필라멘트에 가해지는 압력을 항상 일정하게 유지할 수 있어야 한다.
- 익스트루더를 구성하는 다른 부품들 중 파손된 것이 있는지 확인한다. 부품에 문제가 있다면 교체해야 한다.
- 익스트루더 스텝 모터의 출력이 부족하지 않은지 확인한다. 보통 30mN·m 또는 3.0kg·cm 이상의 토크를 가진다면 큰 문제는 없다.
- 익스트루더 내부에 필라멘트 가루나 먼지 등이 있다면 깨끗히 청소한다.

종종 잘 알려지지 않은 제품을 사용할 경우, 익스트루더의 설계 자체가 불안정할 수 있다. 부적절한 압출 기어를 사용했거나 구조적인 문제가 있다면 압출력을 강하고 일정하게 유지하기 어렵다. 또한 좋은 익스트루더는 필라멘트 공급과 압출 과정에서 필라멘트가 구부러지거나 끊어지는 문제를 최소화할 수 있어야 한다. 콜드엔드와 핫엔드 사이가 테플론 튜브로 적절하게 연결되지 않았거나, 익스트루더 내부에 불필요한 넓은 공간이 있어 그 안에서 필라멘트가 구부러질 가능성이 높다면 다른 적절한 익스트루더로 교체하도록 한다. 대표적으로, 앞서 소개했던 E3D 타이탄 익스트루더는 아주 견고하고 정밀하게 설계되어 있다.

핫엔드 올바르게 조립하기

핫엔드를 분해하고 재조립할 때는 실수를 범하지 않도록 항상 주의해야 한다. 예를 들어, 노즐과 히팅 블록, 노즐목이 빈틈 없이 연결되지 않으면 그 주변으로 재료가 새어 나오는 문제가 생길 수 있다.

그림 7-37 *노즐 주변으로 재료가 새어 나왔다.*

또한 필라멘트 공급 통로 역할을 하는 테플론 튜브는 콜드엔드의 끝에서부터 노즐목까지 완전하게 삽입돼야 한다. 그렇지 않으면 필라멘트가 중간에 구부러지거나 엉키면서 핫엔드가 막힐 수 있다. 핫엔드의 끝부분에 결합되는 피팅(Fitting)은 테블론 튜브를 단단히 고정해 준다. 오랜 시간 사용하면서 테플론 튜브가 녹아내리거나 마모될 수도 있는데, 이것 역시 압출 불량을 일으키므로 튜브를 교체하는 것이 좋다.

여기서는 대중적으로 사용되며 조립과 분해가 쉬운 E3D V6을 이용해 핫엔드의 조립 방법에 대해 알아보자.

> **주의** 노즐의 분해, 조립이 필요할 경우, 카트리지 히터나 토치 등을 이용해 충분히 가열한 상태에서 작업해야 한다. 그렇지 않으면 핫엔드가 파손될 수 있다.

먼저 준비물이 필요하다. 입의 크기를 조절 가능한 스패너 2개, 롱노우즈, 핀셋, 목장갑, 테플론 테이프, 여분의 테플론 튜브를 준비한다.

준비물까지 모두 구했다면 본격적으로 핫엔드를 분해해 보자. 구체적인 과정은 다음과 같다(http://goo.gl/zfx3sl 또는 http://cafe.naver.com/3axis/5636의 동영상을 참조한다).

1 핫엔드를 프린터헤드에서 분리한다.

2 핫엔드를 충분히 예열한다. 이때 핫엔드를 가능한 최고 온도로 예열한다. 기존에 핫엔드에 삽입되어 있던 필라멘트는 제거한다.

3 히팅 블록을 스패너로 잡고, 노즐을 다른 스패너로 잡고 조심스럽게 돌린다. 이때 지나치게 힘을 가하면 노즐이 파손될 수 있으니 주의한다.

4 노즐과 히팅 블록이 분리되면 예열을 중단한다. 노즐목과 피팅, 노즐 홀더는 굳이 분리하지 않아도 된다. 참고로, 핫엔드를 다시 조립할 때는 분해 시와 반대로 하면 된다.

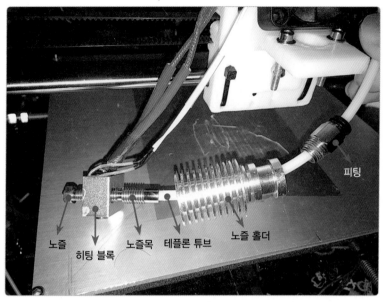

그림 7-38 핫엔드를 분해한 모습. 테플론 튜브가 피팅과 히트 싱크를 관통해 노즐목까지 연결되어 있다.

5 노즐과 노즐목의 나사산 부분을 테플론 테이프로 감싼다. 노즐과 노즐목, 히팅 블록은 서로 돌려끼워 고정된다. 재료를 압출하는 과정에서 나사산의 틈새로 필라멘트가 새어 나올 수 있으므로, **테플론 테이프**(Teflon tape)로 나사산 주변을 몇 바퀴 정도 감싸서 틈이 없도록 해야 한다. 테플론으로 된 얇은 테이프로, 이름이 무색하게 접착 성분은 없으므로 붕대를 감는 것처럼 사용해야 한다.

그림 7-39 테플론 테이프(오른쪽)로 노즐의 나사신 부분을 간싼 모슈(왼쪽)

6 히팅 블록을 다시 충분히 예열한 상태에서, 롱노우즈로 노즐을 잡고 히팅 블록에 끼운다(이때 화상을 입을 수 있으니 주의한다. 롱노우즈가 없다면 두꺼운 목장갑을 끼도록 한다).

7 노즐을 반 바퀴 정도 남기고 히팅 블록에 돌려끼운 상태에서, 노즐목을 완전히 돌려끼워 고정시킨다. 그 다음에는 노즐을 완전히 고정시킨다. 이렇게 하는 것이 혹시나 모를 조립 오차를 예방할 수 있다.

8 나머지 부품들을 결합하고, 테플론 튜브를 피팅 방향에서 삽입한다. 단, 테플론 튜브는 노즐 홀더를 완전히 관통하여 노즐목까지 연결되어야 한다. 이를 위해서는 핫엔드의 규격에 맞는 테플론 튜브를 사용해야 한다.

9 히팅 블록 주변에 캡톤 테이프나 테플론 테이프를 감아 준다. 이렇게 하면 온도 센서나 히터의 이탈을 방지할 수 있을 뿐 아니라, 히팅 블록을 단열하는 효과도 있어 예열이 효율적이다.

그림 7-40 *히팅 블록 주변으로 테플론 테이프를 여러 겹 감쌌다.*

노즐 막힘

노즐이 막히는 가장 큰 원인은 필라멘트 공급 과정에서 유입된 먼지와 이물질이다. 서로 물성이 다른 필라멘트를 번갈아 사용하는 경우, 필라멘트를 교체할 때 눈에 보이지는 않지만 필라멘트 찌꺼기가 미세하게 노즐에 달라붙는 것도 원인 중 하나다. 이러한 것들이 노즐 안에 점점 누적되면 재료를 정상적으로 압출하기 어렵다.

노즐이 막혔을 경우, 노즐을 분해 후 청소해야 한다. 번거로운 작업이 싫다면 깔끔하게 노즐만 새 것으로 교체해도 된다. 그러나 노즐뿐만 아니라 노즐목과 테플론 튜브까지 필라멘트 잔여물이 차오른 심각한 상태라면 차라리 핫엔드를 전부 교체하는 것이 낫다.

필라멘트 공급 경로와 테플론 튜브

보우덴 방식의 익스트루더에서는 종종 필라멘트와 테플론 튜브의 마찰로 인한 문제가 발생한다. 이때 튜브와 필라멘트 사이에 마찰이 발생하고, 이에 따라 튜브도 응력을 받아 약간의 탄성 변형을 일으킨다. 그런데 익스트루더가 압출을 중지해도 이로 인한 튜브의 압력이 계속해서 필라멘트를 밀어내게 된다.

필라멘트는 크게 두 가지 요인으로 인해 튜브와의 마찰을 일으키는데, 하나는 보빈에 둘둘 말려서 판매되는 필라멘트 자체의 휜 형상과 튜브의 마찰이며, 또 다른 하나는 압출 과정에서 발생한 필라멘트의 변형 문제이다. 익스트루더는 압출 기어와 베어링 사이에서 발생하는 마찰력을 통해 필라멘트를 밀어낸다. 이 과정에서 가해지는 압력에 의해 필라멘트의 단면이 납작하게 뭉개지는 등 형상이 변형되면 튜브를 통과하면서 강한 마찰을 일으킬 수 있다.

마지막으로, 테플론 튜브 안에 이물질이 끼어 있는지, 눌림이나 찍힘 등으로 인해서 튜브 단면이 변형된 부분은 없는지 점검해야 한다. 이 역시 필라멘트 공급을 방해하는 요소다. 장시간 사용했을 때 피팅에 의해 고정되는 부분이 깊게 파이면서 피팅과 튜브가 잘 분리되지 않는 경우도 있는데, 이때는 어쩔 수 없이 피팅과 테플론 튜브를 모두 교체해야 한다.

필라멘트 품질

필라멘트의 품질도 출력에 많은 영향을 미친다. 특히 중요하게 작용하는 것은 필라멘트의 굵기다. 필라멘트 규격이 1.75mm이더라도 전체 필라멘트가 완전히 동일한 굵기를 유지하는 것은 아니다. 제품에 따라 ±10% 정도의 오차가 있을 수 있는데, 이 정도는 출력 품질을 약간 저하시킬 수는 있으나 심각한 문제는 되지 않는다.

그러나, 저품질의 필라멘트에서는 종종 그 이상의 오차가 발생하기도 하므로 문제가 된다. 특히 핫엔드 제조사들에서는 1.75mm 규격에 대해서는 필라멘트 두께가 1.9~2mm 이상인 구간이 없어야 한다고 강조한다. 공급 과정에서 핫엔드와 심한 마찰을 일으켜 압출을 방해할 수 있기 때문이다. 반대로 굵기가 지나치게 얇은 경우는 공급 부족 문제가 발생할 것이다.

그러나 이보다 더 심각한 문제가 될 수 있는 것은 내부에 이물질이 섞인 필라멘트이다. 드물지만 필라멘트에 철심이나 머리카락, 검은 때 등의 이물질이 섞여 있는 경우가 제보되곤 한다. 이는 출력 품질뿐만 아니라 핫엔드에 문제를 일으킬 수 있으므로, 이런 현상이 발생한 필라멘트는 즉시 사용을 중지하고 제조사에 문의해야 한다. 물론 필라멘트를 공급하는 과정에서 먼지와 같은 이물질이 섞여들어갈 수도 있다. 이 경우 8장에서 소개할 필라멘트 청소 필터를 부착하면 많은 도움이 된다.

마지막으로, 필라멘트가 대기 중에 오랫동안 노출되면 습기를 흡수하면서 품질이 떨어질수 있다. 특히 PLA는 흡수율이 가장 높고, 다른 필라멘트들도 정도의 차이가 있을 뿐 품질에 문제가 생길 수 있다. 사용하지 않는 필라멘트는 가급적이면 밀봉한 후 실리카겔과 같은 제습제와 같이 보관하는 것이 좋다.

쿨링 팬

앞서 여러 번 설명한 것처럼, 핫엔드의 열팽창 문제를 방지하는 데에는 쿨링 팬의 역할이 크다. 쿨링 팬이 필요없도록 설계된 핫엔드도 쿨링 팬을 같이 사용하면 도움이 된다. 특히 풀 메탈 핫엔드는 방열판을 식히는 쿨링 팬이 무조건 필요하며, 이론적으로 쿨링 팬이 없어도 문제없는 J-head 타입 역시 쿨링 팬이 있으면 많은 도움이 된다.

또한 핫엔드를 식히기 위한 쿨링 팬은 프린터의 SMPS에 직접 연결되어, 상시 작동해야 한다. 종종 출력물을 식히기 위한 쿨링 팬과 함께 제어 보드에 같이 연결해 사용하는 경우가 있다. 그러나 이 쿨링 팬은 슬라이서에서 쿨링 팬 옵션을 활성화시켜야 작동할 뿐 아니라, 베드 안착을 위해서 보통 첫 레이어에서는 작동하지 않는다. 이 짧은 시간이라도 쿨링이 중단된다면 문제가 생길 수 있다.

핫엔드를 식히기 위한 쿨링 팬이 이미 있고, 잘 돌아가고 있는데도 여전히 문제가 생기면 쿨링 팬을 떼어내 바람의 방향이 잘못되지 않았는지 확인해 보자. 핫엔드를 식히는 쿨링 팬은 바람이 핫엔드를 향하도록 설치되어야 한다. 6장에서 다루었던, 출력물 냉각용 팬의 바람도 마찬가지로 노즐 끝을 향해야 한다.

3D 프린터
활용하기

드디어 이 책의 마지막 장에 도달했다. 이번 장에서는 3D 프린팅을 조금 더 재미있고 알차게 즐길 수 있게 해 주는 몇 가지 팁과 활용 사례에 대해 소개한다. 3D 프린터를 보다 다양하게 활용하고 싶거나, 좋은 영감을 얻고 싶다면 이 장의 내용을 반드시 읽어 보자. 편리하고 유용한 도구를 만들어내는 메이커로서의 길에 다가서게 될 것이다.

01 | 프린터 업그레이드하기

이번 장에서는 3D 프린터를 보다 완벽하게 업그레이드시킬 수 있는 몇 가지 방법을 소개한다. 이는 3D 프린팅을 편리하게 만들어 줄 뿐 아니라 출력 품질을 높이는 데도 도움이 된다. 만약 직접 제작한 프린터를 사용하고 있다면 기뻐해도 좋다. 프린터를 하나부터 열까지 내 손으로 만들 수 있다는 것은, 프린터를 언제든지 자유롭게 고치고 바꿀 수 있다는 뜻이기 때문이다. 물론 이는 완제품 사용자에게도 해당되는 이야기다. 스풀 홀더나 필라멘트 필터 등의 몇 가지 보조 장치를 덧붙이는 것만으로도 편리하고 안정적인 프린팅을 할 수 있을 것이다.

오토 레벨링

오토 레벨링은 사용자 편의를 향상시키기 위한 기능이다. 완제품으로 판매되는 대부분의 제품은 오토 레벨링을 채용하고 있고, 최근에는 키트에도 점점 포함되는 추세다. 4장에서 살펴본 내써팝 프루사 아크릴이나 모아이클론에도 근접 센서를 이용한 오토 레벨링 장치가 이미 적용되어 있다.

물론 그렇지 않은 프린터에도 얼마든지 오토 레벨링을 직접 추가할 수 있다. 약간의 수고만 감수한다면 말이다.

다양한 오토 레벨링 방식

오토 레벨링 장치는 기존의 Z축 엔드스탑을 대체한다. 따라서 어떤 엔드스탑을 사용하는가에 따라서 종류를 나눌 수 있다. 가장 대중적으로 사용되는 것은 근접 센서다. 작동 방법이 간단하고 핫엔드 옆에 센서를 부착하기만 하면 되기 때문에 장치 구성은 어렵지 않다. 하지만 배선이나 설정이 까다롭고, 센서 자체의 오차로 문제가 생길 여지가 있다.

홀 센서나 옵티컬 엔드스탑을 사용하는 방식은 이에 비해서는 드문 편이다. 감지를 위해 자석이나 돌기를 따로 배치해야 하기 때문에 오토 레벨링 장치를 구성하기가 까다롭다. 때문

에 탐침봉이 베드와 충돌한 뒤 위로 올라오면서 센서가 작동하는 형태로 제작하는 것이 보통이다.[1]

여기서 자세히 다룰 것은 **서보 모터**(Servo motor)와 **마이크로 스위치**를 사용하는 방식이다. 서보 모터는 각도 제어가 가능한 소형 모터의 일종이다. Z축 센서(Z probe)로 마이크로 스위치를 사용하고, 이를 서보 모터로 움직인다. 충돌 없이 스위치가 안전하게 작동하려면 스위치가 노즐보다 아래에 위치해야만 한다. 때문에 레벨링 과정에서만 스위치를 아래로 뻗어내리고(extend), 레벨링이 종료되면 위로 올리는(retract) 식으로 작동할 필요가 있는 것이다. 이 때문에 여러 가지 단점들이 생긴다. 서보 모터의 분해능이 상당히 떨어지는데다, 각도가 틀어질 경우 오토 레벨링이 실패하기 쉽다. 움직이는 장치인 만큼 파손의 여지도 있다. 이처럼 소위 '조잡한' 특성 때문에 상용 제품들에는 잘 채용하지 않는다. 반면에 마이크로 스위치를 사용하는 것에서 오는 장점도 있다. 마이크로 스위치는 저렴할 뿐 아니라 구조가 단순하여 오작동하는 경우가 없다. 뿐만 아니라, 접촉식으로 작동하므로 오토 레벨링 시에 베드 위의 도포재까지 자동으로 반영할 수 있다.

서보 모터와 마이크로 스위치를 이용한 오토 레벨링 장치 만들기

지금부터 오토 레벨링 장치를 만들어 보자. 준비물은 다음과 같다.

- **서보 모터**: 흔히 판매하는 SG90 계열의 저렴한 서보 모터
- **서보 모터 마운트와 프로브 암(Probe arm)**: 서보 모터를 프린터헤드에 부착할 마운트와 서보 모터에 연결해 움직이게 하려면 링크(프로브 암)가 필요하다. 자신의 프린터에 맞춰서 간단하게 설계 후 출력해도 되고, 모델 공유 사이트를 통해 구해도 된다.
- **마이크로 스위치**: 날개 끝에 롤러가 달린 제품을 사용하거나, 아니면 날개를 떼고 사용하면 더 좋은 결과를 얻을 수 있다(그림 8-1 참조).

---

1 더 자세히 알고 싶다면 http://reprap.org/wiki/CrashProbe을 참조한다.

그림 8-1 *마이크로 스위치*

❶ 오토 레벨링 장치 만들기

먼저 서보 모터 마운트에 서보 모터와 프로브 암, 그리고 마이크로 스위치를 결합한다. 프린터마다 방법이 다를 것이다. 다음으로는 서보 모터를 제어하기 위해 RAMPS에 연결한다. 마이크로 스위치 배선은 기존의 Z축 엔드스탑 핀에 연결하면 된다.

먼저 서보 모터에 전원을 인가하려면 RAMPS의 리셋 스위치 옆에 있는 VCC와 5V 핀에 점퍼를 꽂아 쇼트시켜야 한다. 그렇지 않으면 전원이 정상적으로 인가되지 않아 서보 모터가 작동하지 않는다.

그 반대쪽 위치에 있는 핀들이 서보 모터용 핀이다. RAMPS의 안쪽에서부터 신호, 5V 전원, 그리고 GND의 순서로 3개의 핀이 하나의 세트로 서보 모터 케이블과 연결된다(그림 8-2 참조). 순서를 반대로 꽂으면 서보 모터가 고장을 일으킬 수 있으니 주의한다. 이들은 Gcode상에서 리셋 스위치에 가까운 쪽으로부터 순서대로 0~3번의 번호를 할당받는다. 하지만 Marlin 펌웨어에서는 순서대로 1~4번을 할당받는다는 점에 주의해야 한다. 즉, 리셋 스위치에서 가장 가까운 쪽에 서보 모터를 연결했을 경우 Gcode로는 0번, Marlin에서는 1번 핀이 된다.

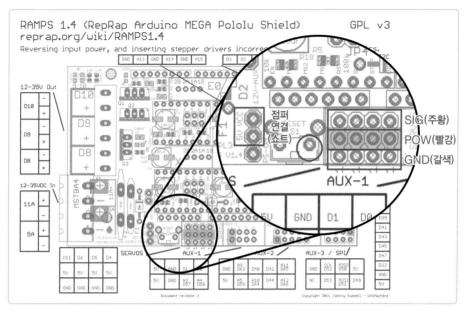

그림 8-2 RAMPS 배선도. 서보 모터를 반대로 연결하지 않도록 주의한다.

2 펌웨어 설정하기: 서보 모터 설정

서보 모터를 사용 가능하도록 Marlin 펌웨어를 수정하고, 아두이노에 업로드한다.

서보 모터 사용 설정

여기에서는 서보 모터의 사용 설정 방법을 살펴보자. 다음과 같이 주석을 해제해서 서보 모터를 활성
화시키고, 사용하는 서보 모터의 핀 번호를 입력한다.

```
// Number of servos
#define NUM_SERVOS 1 // Servo index starts with 0 for M280 command
...

// Servo Endstops
//#define X_ENDSTOP_SERVO_NR 1
//#define Y_ENDSTOP_SERVO_NR 2
#define Z_ENDSTOP_SERVO_NR 0
```

이때 NUM_SERVOS값은 사용하는 서보 모터의 전체 개수를 의미하며, Z_ENDSTOP_SERVO_NR값은 각 서보 모터의 핀 넘버를 의미한다. 즉, RAMPS의 리셋 스위치 바로 옆에 서보 모터를 1개 연결했을 경우 NUM_SERVOS값은 1, Z_ENDSTOP_SERVO_NR값은 0이 된다.

🖥️ 주의   Marlin 펌웨어의 특정 버전에서는 종종 0번 핀에 꽂았을 때 서보 모터가 작동하지 않는 경우가 있다. 이 경우 NUM_SERVOS값을 3, Z_ENDSTOP_SERVO_NR값을 2로 변경하고, 서보 모터를 2번 핀(리셋 스위치로부터 세 번째 칸)에 연결하고 다시 시도해 본다.

이제 Gcode를 이용해 서보 모터를 움직일 수 있을 것이다. 서보 모터가 잘 작동하는지 확인하고, 오토 레벨링을 위한 적절한 회전 각도를 찾는다.

참고로 프론터페이스에서 다음 명령어를 입력하면 서보 모터를 움직일 수 있다. 이 명령어에서 M280은 서보 모터 제어를 위한 Gcode이며, P는 서보 모터 핀 번호, S는 회전 각도를 의미한다.

```
M280 P0 S112
```

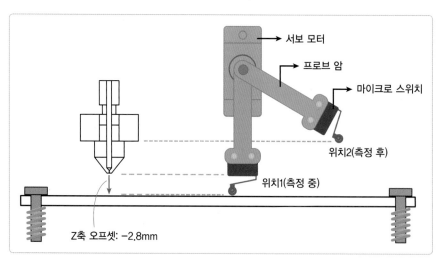

그림 8-3 *프로브 암의 두 가지 각도*

여기까지 잘 따라왔다면, 지금부터는 회전 각도를 조금씩 바꿔 보면서 두 가지 각도를 찾을 차례다. 첫 번째 각도는 프로브 암이 노즐보다 높이 위치하도록 하는 각도이다. 정밀한 값을 찾을 필요는 없고, 출력 시에 방해가 안 될 정도로만 높으면 상관없다.

두 번째 각도가 중요한데, 바로 프로브 암과 베드가 정확히 수직을 이루는, 즉 핫엔드와 평행을 이루는 각도다. 이 각도에서 프로브 암에 부착된 마이크로 스위치가 부드럽게 베드와 맞닿으면서 작동돼야 한다. 각도가 맞지 않아 마이크로 스위치의 액추에이터보다 다른 부분이 먼저 베드에 닿게 되면 프로브 암이 휘어지면서 측정값이 부정확해진다.

> **TIP** 회전 각도를 조절할 때는 서보 모터의 분해능을 고려해야 한다. **분해능(Resolving power, 分解能)**은 물리량을 분해하는 능력을 말한다. 모터 분해능이 높을수록 더 정밀하게 회전할 수 있다. 따라서, 분해능이 1도 이상인 서보 모터를 0.5도씩 움직여 가면서 수직 각도를 찾는 것은 도움이 되지 않는다. 매번 오토 레벨링을 수행할 때마다 서보 모터가 정확히 같은 위치로 움직이지 않기 때문이다. 저렴한 서보 모터들의 분해능은 보통 1도 이상이므로 1도, 또는 2도씩 움직이면서 최적의 각도를 찾도록 한다.

3 펌웨어 설정하기: Z 프로브 오프셋

앞에서 찾은 수직 각도에서 Z 프로브와 노즐 사이의 오프셋을 측정한다. Z 프로브는 필연적으로 노즐에서 일정 거리 떨어진 곳에 위치하게 된다. 따라서 Z 프로브와 노즐 사이의 오프셋을 알아야 오토 레벨링이 작동할 때 정확한 측정 위치를 잡을 수 있다.

헤드를 베드 한가운데로 이동시킨다. 그 위치에 마커로 표시를 해 두면 찾기 편하다. 그리고 수동 레벨링에서 하는 것처럼 노즐-베드 간격을 맞춘다. 명함 한 장이 간신히 들어갈 정도의 간격이어야 함을 명심하라. 그리고 다음 명령어를 입력한다.

```
G92 X0 Y0 Z0
```

이 명령어는 현재 프린터헤드의 좌표를 (0,0,0)으로 설정하는 것이다. 이제 다시 헤드를 충분히 높이 올리고, 앞에서 찾은 수직 각도로 프로브 암을 내린 다음 방금 전에 표시해둔 곳에 마이크로 스위치의 액추에이터가 위치하도록 헤드를 이동시킨다. 헤드를 조금씩 내리면서 Z축 엔드스탑이 작동하는 위치를 찾는다. 스위치 소리만으로도 충분히 작동 여부를 알 수 있겠지만, M119 명령어를 사용하면 확실하다.

그런 다음 아래 예시와 같이 Z_min이 triggered로 바뀌는지 확인해 본다. 프론터 페이스의 통신창에 다음과 같은 메세지가 출력될 것이다.

```
>> SENDING : M119
X_min : open
Y_min : open
Z_min : triggered!
echo : endstops hit : Z:2.8
```

확인이 끝나면 이제 M114 명령어를 사용해서 현재 위치를 확인한다.

```
>> SENDING : M114
X: 33.01 Y:0.00 Z:2.80 E:0.00
Count  X: 33.01 Y:0.00 Z:2.80
```

이 현재 위치가 노즐과 마이크로 스위치 사이의 간격이 되는 것이다. 이제 이 현재 위치값을 토대로 오프셋을 결정하도록 한다. X, Y축의 오프셋은 서보 모터 마운트의 위치에 따라서 달라진다. 프린터를 관찰해 보면 쉽게 알 수 있다. Z 프로브가 X축 엔드스탑과 노즐 사이에 위치한다면, 앞서 구한 X축의 값에 마이너스(−)를 곱한 값이 X축 오프셋이 된다. 그러나 서보 모터 마운트가 그 반대쪽 방향에 위치해 있다면, X축의 값을 그대로 오프셋으로 사용해야 한다. 전자라면 −33.01, 후자라면 33.01이다. Y축도 마찬가지로 하면 된다. 마지막으로, Z축의 값에 마이너스(−)를 곱한 값이 가장 중요한 Z축 오프셋이 된다(오프셋은 6장의 265페이지에서 이미 설명했다).

4 펌웨어 설정하기: 서보 모터 설정(2)

서보 모터 관련된 설정을 마무리한다. 설정과 관련한 자세한 내용은 아래의 박스 내용을 참조한다.

서보 모터 각도 설정

서모 모터 각도를 설정하는 방법은 어렵지 않다. 다음을 참조한다.

```
#define SERVO_ENDSTOP_ANGLES {{0,0}, {0,0}, {112,25}} // X,Y,Z Axis
Extend and Retract angles
```

우리는 Z축 엔드스탑만을 사용하므로, 마지막 세트의 값만 변경하면 된다. 하나의 세트에서, 앞의 값은 프로브 암을 내렸을(extend) 때, 즉 프로브 암이 베드와 수직을 이뤘을 때의 값이며, 뒤의 값은 프로브 암을 노즐보다 높게 올리기(retract) 위한 값이다.

서보 모터 비활성화 설정

오토 레벨링이 끝나고 프로브 암을 들어올린 뒤, 서보 모터가 더 이상 움직일 필요가 없음에도 서보 모터가 약간씩 떨리는(Jitter) 현상이 발생하곤 한다. 이는 서보 모터에 전류가 공급되고 있기 때문이다. 이를 방지하려면 서보 모터를 비활성화시켜야 한다. 다음을 참조한다.

```
// Servo deactivation
//
// With this option servos are powered only during movement, then turned
off to prevent jitter.
#define DEACTIVATE_SERVOS_AFTER_MOVE

#if ENABLED(DEACTIVATE_SERVOS_AFTER_MOVE)
  // Delay (in microseconds) before turning the servo off. This depends
  on the servo speed.
```

```
    // 300ms is a good value but you can try less delay.
    ...
    #define SERVO_DEACTIVATION_DELAY 300
  #endif
```

이 경우 DEACTIVATE_SERVOS_AFTER_MOVE를 활성화하여 오토 레벨링 종료 후에 서보 모터를 비
활성화시키는 것으로 해결 가능하다. SERVO_DEACTIVATION_DELAY값은 서보 모터가 비활성화될
때까지의 지연 시간을 의미한다.

5 펌웨어 설정하기: 오토 레벨링 활성화

이제 Marlin의 오토 레벨링 기능을 활성화하고, 앞의 과정에서 최종적으로 결정된 값
들을 입력한다.

오토 레벨링 설정

이번에는 오토 레벨링 설정 방법을 살펴보자. 먼저 아래 코드를 보자.

```
#define AUTO_BED_LEVELING_FEATURE // Delete the comment to enable (remove
// at the start of the line)   ❶
#define Z_MIN_PROBE_REPEATABILITY_TEST  // If not commented out, Z-Probe
Repeatability test will be included if Auto Bed Leveling is Enabled. ❷
```

❶ AUTO_BED_LEVELING_FEATURE의 주석을 해제한 다음 오토 레벨링 기능을 활성화시킨다.

❷ Z_MIN_PROBE_REPEATABILITY_TEST는 오토 레벨링 과정에서 각 지점에서 프로브가 바닥(Z_
MIN)까지 하강하는 것을 반복함으로써 정확도를 높이는 역할을 한다.

다음은 오토 레벨링을 할 때의 측정 위치를 결정하는 방법이다. 여기에서는 기본적으로는 그리드
(Grid) 모드를 사용한다.

```
#if ENABLED(AUTO_BED_LEVELING_FEATURE)


  // There are 2 different ways to specify probing locations:
// - "grid" mode
  ...

  // - "3-point" mode
  ...

// Enable this to sample the bed in a grid (least squares solution).
...

  #define AUTO_BED_LEVELING_GRID      ❶


  #if ENABLED(AUTO_BED_LEVELING_GRID)


    #define LEFT_PROBE_BED_POSITION 10      ❷
    #define RIGHT_PROBE_BED_POSITION 100
    #define FRONT_PROBE_BED_POSITION 15
    #define BACK_PROBE_BED_POSITION 150


    #define MIN_PROBE_EDGE 10      ❸ // The Z probe minimum square sides
    can be no smaller than this.


    // Set the number of grid points per dimension.
    ...
    #define AUTO_BED_LEVELING_GRID_POINTS 2      ❹


#else  // !AUTO_BED_LEVELING_GRID


    #define ABL_PROBE_PT_1_X 15
    #define ABL_PROBE_PT_1_Y 180
    #define ABL_PROBE_PT_2_X 15
```

```
    #define ABL_PROBE_PT_2_Y 20

    #define ABL_PROBE_PT_3_X 170

    #define ABL_PROBE_PT_3_Y 20


  #endif // AUTO_BED_LEVELING_GRID
```

❶ 먼저 주석을 해제하여 AUTO_BED_LEVELING_GRID를 활성화한다. 반대로 여기에 주석을 붙여 비활성화하면 3-points 모드가 작동하여, 임의로 지정된 3개의 좌표에서 오토 레벨링을 수행한다. 주로 원형의 베드를 사용하는 델타 봇에서 사용하는 기능이다.

❷ LEFT/RIGHT/FRONT/BACK_PROBE_BED_POSITION에서 주어진 좌표를 사각형의 네 꼭지점으로 잡고 격자를 그리며 오토 레벨링을 하게 된다. LEFT/RIGHT값은 X축 좌표를, FRONT/BACK값은 Y축 좌표를 지정하므로 이 경우 (10,15) (10,150) (100,15) (100,150)의 4개 좌표가 사각형의 꼭지점이 된다.

❸ 이 사각형의 각 변의 길이는 MIN_PROBE_EDGE값보다 커야 하는데, 이 값을 특별히 수정할 필요는 없다.

❹ AUTO_BED_LEVELING_GRID_POINTS값으로는 2 또는 3을 주로 사용한다. 2를 사용할 경우 사각형의 네 꼭지점에서만 측정할 것이고, 3을 사용할 경우 네 꼭지점에 더해 각 변의 중점과 사각형의 가운데까지 총 9개 점에서 오토 레벨링을 수행하게 된다. 일반적으로 2를 사용하지만, 300mm 이상의 대형 베드를 사용한다면 3을 입력해 오토 레벨링을 여러 번 수행하는 것도 괜찮다.

여기까지 설정을 마쳤다면, 이제 오프셋을 입력할 차례다.

```
  // X and Y offsets must be integers.
  #define X_PROBE_OFFSET_FROM_EXTRUDER -33

  #define Y_PROBE_OFFSET_FROM_EXTRUDER 0

  #define Z_PROBE_OFFSET_FROM_EXTRUDER -2.8
```

앞서 ❸번 단계에서 찾은 각 축의 오프셋값을 입력한다. 이때 X축, Y축의 오프셋은 정수여야 한다. 어차피 X, Y축 오프셋이 그 이상 정밀할 필요가 없으므로, 앞서 구한 X축 오프셋값인 -33.01 대신 -33을 입력하는 식이다.

다음은 나머지 부분에 대한 설명이다.

```
#define Z_RAISE_BEFORE_HOMING 4      ❺      // (in mm) Raise Z axis before
homing (G28) for Z probe clearance.
   #define XY_TRAVEL_SPEED 2000       ❻      // X and Y axis travel speed
between probes, in mm/min.


   #define Z_RAISE_BEFORE_PROBING 5    // How much the Z axis will be
raised before traveling to the first probing point.
   #define Z_RAISE_BETWEEN_PROBINGS 5      // How much the Z axis will be
raised when traveling from between next probing points.
#define Z_RAISE_AFTER_PROBING 5     // How much the Z axis will be
raised after the last probing point.
```

❺ Z축 호밍을 시작하기 전에는 헤드를 일정 높이 들어 올려야 한다(또는 베드를 하강시킨다). 프로브 암을 들어 올리거나 내리기 위해서는 충분한 여유 공간이 필요하기 때문이다. Z_RAISE_BEFORE_HOMING값은 그 높이를 결정한다. 참고로, 아래쪽의 Z_RAISE_BEFORE_PROBING, Z_RAISE_BETWEEN_PROBINGS값 역시 각 지점에서 프로브 전, 후에 헤드를 들어 올릴 높이를 지정한다. Z_RAISE_AFTER_PROBING은 오토 레벨링이 종료된 후에 해당한다.

❻ XY_TRAVEL_SPEED는 오토 레벨링 과정에서 X축 방향과 Y축 방향의 이송 속도를 결정한다. 2000 정도의 값이 무난하다.

이제 오토 레벨링이 정상적으로 작동하는지 프론터페이스로 확인해 보고, 슬라이서의 스타트 코드에 반영하여 실제로 사용하도록 한다. 오토 레벨링을 위한 Gcode 명령어는 다음과 같다.

```
G29
```

단, 프론터페이스는 물론 실제로 출력할 때에도 Z축 오토 레벨링 이전에 X축과 Y축의 호밍이 완료되어 있어야 한다. 따라서 슬라이서의 스타트 코드는 다음과 같은 식으로 수정되어야 한다.

```
G28 X0 Y0
G29
```

이 코드는 먼저 X축과 Y축의 호밍을 완료한 다음(G28), Z축의 오토 레벨링을 수행하는(G29) 일반적인 스타트 코드이다. 그런데 종종 X축과 Y축의 호밍을 완료한 후 정지하고 "Z probe out.bed"라는 오류 메시지를 출력하는 경우가 있다. 그 원인은 오토 레벨링을 수행해야 하는 시점에서 Z 프로브가 베드를 벗어나 있기 때문이다. 앞서 Z 프로브와 노즐 사이의 X, Y, Z축 오프셋값을 측정하고 입력했던 것을 기억하는가? 프린터는 이 값을 바탕으로 Z 프로브의 현재 위치를 추론한 후, 센서가 베드에서 벗어나 있다고 판단하면 오토 레벨링을 중지시킨다. 이 상태에서는 정상적인 오토 레벨링이 불가능하기 때문이다. 이 예제에서는 Z 프로브가 노즐로부터 X축 방향으로 −33mm 만큼 떨어져 있다. 따라서 X축과 Y축의 호밍이 막 완료되었을 때 Z 프로브의 위치는 베드에서 벗어나 있다.

이 문제를 해결하기 위해서는 오토 레벨링 전에 센서가 베드 내에 들어가는 위치로 프린터헤드를 이동시켜야 한다. 따라서 보다 정확한 스타트 코드는 다음과 같다.

```
G28 X0 Y0
G1 X40 Y5
G29
```

이 코드는 X축과 Y축의 호밍을 완료한 다음, Z축의 오토 레벨링을 수행하기 전에 먼저 헤드를 (40,5)의 좌표로 이동시킨다(G1). 센서가 베드 안에 충분히 들어가는 위치라면 어떤 값을 사용해도 무방하다. 이렇게 함으로써 오류가 발생하지 않도록 한다.

근접 센서를 이용한 오토 레벨링 장치

이번 장에서 배운 대부분의 내용은 마이크로 스위치 대신 근접 센서를 사용할 때도 유효하다. 차이점이라면, 근접 센서는 마이크로 스위치와 달리 노즐보다 조금 높은 위치에 고정되며, 따라서 서보 모터를 사용할 필요가 없다는 것이다.

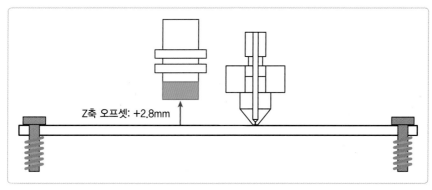

그림 8-4 *근접 센서의 고정 위치*

근접 센서의 배선은 마이크로 스위치보다는 복잡하다. 마이크로 스위치와 비교한 근접 센서의 배선 방법이 그림 8-5에 나타나 있다. 주의해야 할 것은 전압을 변환해 공급하기 위해 별도의 레귤레이터를 사용한다는 것이다. 또한 근접 센서의 종류에 따라 차이가 있을 수 있으므로 판매자가 제공한 배선 방법을 잘 확인해야 한다.

> **주의** 근접 센서에 금속을 가까이 가져다 댔을 때 점등되지 않거나, 센서가 뜨거워진다면 배선이 잘못된 것이다. 이 경우 근접 센서나 제어 보드가 고장 날 수 있으니 전원을 차단하고 배선을 다시 확인해야 한다.

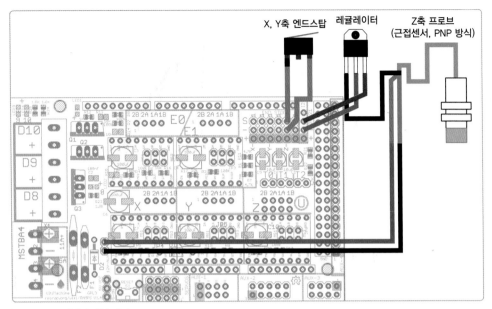

그림 8-5 근접센서 배선 방법

멀티 헤드

멀티 헤드(Multi head)는 한 번의 출력에서 여러 종류의 필라멘트를 같이 사용하기 위한 모든 장치와 기술을 총칭한다. 종류가 다른 두 필라멘트를 동시에 사용할 수 있는 **듀얼 압출(Dual extrusion)**, 또는 듀얼 노즐(Dual nozzle) 기술은 개발된 지 꽤 오래 되었을 뿐 아니라 현재의 멀티 헤드 기술의 주류를 차지하고 있다. 최근에는 3종, 또는 5~6종의 동시 압출에 대해서도 도전이 이뤄지고 있다.

멀티 헤드는 여러 방향으로 응용이 가능하다. 예를 들어, 특정한 용액에 녹는 소재를 서포트의 원료로 사용하고, 녹지 않는 소재를 출력물의 원료로 사용하면 용액에 담가 두는 것만으로 서포트를 깔끔하게 제거할 수 있다. 두 개의 출력물을 동시에 출력함으로써 생산 시간을 단축시키는 식으로도 응용할 수 있다. 이는 멀티 컬러 프린팅에도 활용할 수 있는데, 예를 들어 여의주를 감싸고 있는 용을 출력할 때 용은 초록색 필라멘트로, 여의주는 빨간색 필라멘트로 출력하는 것이다. 이렇게 하면 기존처럼 오랜 시간과 노력을 들여 후가공하거나 색을 칠할 필요가 없으므로 매우 효과적이다.

그림 8-6 왼쪽은 멀티 헤드를 이용해 HIPS 소재로 서포트를 출력한 모습이다. 이를 제거하면 오른쪽과 같은 모습이 된다.

그림 8-7 멀티 컬러 프린팅 결과물과 다이아몬드 핫엔드

그림 8-8 왼쪽은 델타 봇에 사용된 보우덴 방식 멀티 헤드이며, 오른쪽은 직결식 멀티 헤드이다.

작동 방식에 따라 생김새가 상당히 다르기는 해도, 멀티 헤드는 여러 종류의 필라멘트를 동시에 공급할 수 있는 다수의 콜드엔드를 갖추고 있다. 이때 동시에 사용할 수 있는 필라멘트의 숫자는 콜드엔드의 개수와 같다.

보통 멀티 헤드의 종류는 핫엔드의 개수를 기준으로 나눠진다. 즉, 콜드엔드의 개수만큼 핫엔드가 갖춰져 있어 필라멘트를 따로따로 압출하는지, 아니면 하나의 핫엔드만을 사용해 압출하는지에 따라 달라지게 되는 것이다.

전자의 경우 각각의 필라멘트가 서로 다른 노즐을 통해 압출되므로, 출력 온도가 완전히 다른 소재를 자유롭게 사용할 수 있다. 대신 헤드의 크기가 크고, 노즐 간의 평형을 정확히 맞추지 못하면 사용할 수 없다는 단점이 있다. 별도의 수평 조절 장치를 사용해야 하므로, 일반 사용자들이 제작하기도 까다롭다.

그림 8-9 *사이클롭스 2 in 1 노즐*

한편 후자의 경우는 사용하는 필라멘트의 개수와 상관 없이 하나의 핫엔드만을 사용한다. 따라서 출력 온도가 다른 재료는 같이 사용할 수 없다. 그러나 헤드의 크기를 최소화할 수 있을 뿐 아니라 제조 난이도도 낮다는 장점이 있다. 대표적으로는 E3D 사의 사이클롭스

(Cyclops) 핫엔드가 있다. **다이아몬드 핫엔드(Diamond Hotend)**는 여기에서 한 걸음 더 나아가 3개의 필라멘트를 한 노즐에서 받아들여 사용하는 형태의 핫엔드이다. 이름의 유래는 노즐이 다이아몬드 형태이기 때문이다. 기존의 듀얼 노즐과는 달리 컬러 교체 시 노즐의 위치를 바꿀 필요가 없으며, 두 필라멘트가 섞여버리는 영역 또한 최소화됐다. 이러한 핫엔드들은 하나의 노즐을 통해 필라멘트가 압출되므로 같은 소재나 다른 색상의 필라멘트를 섞어서 새로운 색상을 만들어내는 조색(Color Blending)도 가능하다.

그러나 FFF 방식 프린터 자체가 그렇듯이, 멀티 헤드 기술 역시 아직 완벽하지는 않다. 멀티 헤드의 수평 조절이나 조색 등은 기술적인 난이도가 상당히 높고, 아직 문제가 완전히 해결되지 않았다. 출력 시간이 길어지는 것도 흠이다. 필라멘트를 교체할 때마다 찌꺼기를 제거하는 작업을 반복해야 하기 때문이다. 이 과정에 문제가 생기면 찌꺼기가 출력물에 섞이는 경우도 종종 있다. 조색 기능 역시 아직 초보적인 단계에 머물러 있으며, 세심하게 조절하지 않으면 보통 두 색이 섞이다 만 듯한 결과를 만들어내기 쉽다.

최근에는 메이커봇이나 얼티메이커 등, 유명 제조사들을 중심으로 멀티 헤드 기술이 점점 상용화되어가는 추세에 있다. 얼티메이커 3은 듀얼 노즐을 지원하는 대표적인 프린터 중 하나로, 뛰어난 출력 품질과 안정성을 자랑하며 3DHUBS에서 2018년 프로슈머 부문 베스트 프린터로 선정되기도 했다. 국내에서는 신도리코나 K.Clone 사 등에서 멀티 헤드를 탑재한 프린터를 출시한 바 있다. 신도리코의 3DWOX 2X는 두 개의 헤드가 독립적으로 작동하므로 앞서 설명한 수평 조절 문제에서 자유로운 편이고, 출력 효율이 높다. 플렉시블 베드와 터치스크린 등 전작들의 특징이었던 편의 기능도 고루 갖추고 있다.

그림 8-10 듀얼 노즐을 지원하는 신도리코 3DWOX 2X. 두 개의 헤드가 독립적으로 작동한다.

한편 멀티 컬러 프린팅을 할 때에는 3D 모델링 단계에서부터 세심한 고려가 필요하다. 가령 초록색 여의주를 물고 있는 붉은색 용을 출력하고 싶다면, 여의주의 모델링 파일과 용의 모델 파일을 따로 만들어 슬라이서에서 합쳐야 한다. 그림 8-11에 신도리코 3DWOX 2X를 이용한 출력 과정이 간단히 나타나 있다. 그러나 아직 이런 식의 모델링 작업을 하는 사람이 그렇게 많지는 않다. 멀티 컬러 프린팅을 위한 전용 확장자 파일도 아직 충분히 보급되지 않았다.

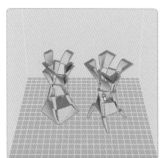
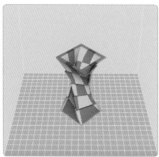

그림 8-11 멀티 컬러 프린팅 과정. 두 개의 3D 모델을 따로 제작한 후, 슬라이서로 불러온 다음(왼쪽) 하나로 합쳐주고 색상을 설정한다(가운데). 이렇게 하면 오른쪽과 같은 결과물을 만들 수 있다.

스풀 홀더

대부분의 프린터에는 필라멘트 스풀(보빈)을 걸어 둘 수 있는 간단한 구조의 거치대가 있다. 그러나 스풀이 잘 돌아가지 않으면 종종 필라멘트 공급에 문제가 생길 수 있다. 익스트루더 스텝 모터에 가해지는 부하가 커져 다른 문제를 낳을 수도 있다. 안정적인 재료 공급을 위해서는 **스풀 홀더**(Spool holder)를 따로 만들어 주는 것이 좋다.

그림 8-12 스풀을 올려놓는 방식(왼쪽)과 걸어두는 방식(오른쪽)의 스풀 홀더

스풀 홀더는 보통 스풀을 위에 올려놓을 수 있는 받침 형태나, 화장실의 휴지걸이처럼 걸어놓을 수 있는 거치대 형태로 제작된다. 전자는 필라멘트 교체가 편하지만, 출력 중간에 스풀이 쓰러지는 등의 곤란한 상황을 겪을 수 있다. 받침에 베어링을 사용해 부드럽게 돌아가게 하지 않으면 스풀이 잘 회전하지 않을 수도 있다. 반면에 후자는 스풀의 회전이 안정적이고 쓰러질 염려가 없지만, 필라멘트를 다른 것으로 교체하기가 불편하다. 특히 후자의 경우 스풀 홀더의 중심축과 스풀의 중심축이 일치해야 원활하게 회전할 수 있다.

필라멘트 청소 필터

필라멘트 청소 필터는 3D 프린터에 없어서는 안 될 필수 장치라고 할 수 있다. 간단한 장치를 부착하는 것만으로도 압출 불량 문제를 예방할 수 있기 때문이다. 필터의 구조는 단순하다. 속이 빈 원통에 스펀지를 채워 넣고 그 사이를 필라멘트가 통과하게끔 되어 있다. 이렇게 하면 필라멘트에 묻어 있는 먼지를 깔끔하게 걸러낼 수 있다.

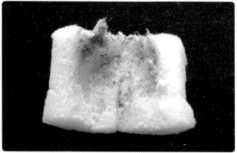

그림 8-13 필라멘트 청소 필터(왼쪽)에서 걸러진 먼지(오른쪽). 이만한 양의 먼지가 그대로 노즐로 유입된다면 노즐이 막히지 않을 수가 없다.

벨트 텐셔너와 레벨링 노브

3D 프린터로 출력할 수 있는 업그레이드 부품은 다양하다. 그 중에서도 벨트 텐셔너와 레벨링 노브는 간단하게 만들어 장착하는 것만으로 편의성이 크게 높아지므로 많은 사람들이 애용한다. 앞서 여러 번 언급한 것처럼 3D 프린터에서는 벨트의 장력을 적절하게 유지시켜 주는 것이 매우 중요하다. 그러나 이를 위해 매번 프린터를 분해하고 벨트를 당겨줄 수는 없는 노릇인데, 이때 벨트 텐셔너를 만들어 부착해 주면 매우 편리하다. 레벨링 노브 역시 마찬가지로, 베드 수평을 조절하기 위해 렌치와 스패너를 대고 볼트를 조이기보다는 노브를 부착해 주고 손으로 돌리는 것이 훨씬 간편하다.

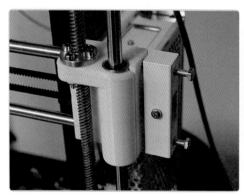

그림 8-14 Anet A8의 X축 벨트 텐셔너(왼쪽)와 Y축 벨트 텐셔너(오른쪽)

그림 8-15 베드 아래쪽에 부착된 레벨링 노브

챔버

챔버는 3D 프린터의 구동 소음을 차단해 주며, 출력 공간의 온도를 일정하게 유지해 출력물의 열수축을 방지하는 역할을 한다. 출력 도중 발생하는 분진을 차단하는 효과도 있다. 데스크탑 3D 프린터를 구매할 때는 가급적이면 챔버가 포함된 제품을 구매하는 것이 좋다. 그러나 챔버가 원래 없는 제품이거나, 프린터를 직접 제작할 경우에는 챔버도 같이 만들어야 한다. 보통 아크릴 또는 MDF 합판을 주로 사용하는데, 이들은 가격이 저렴한 편이고 4~50도의 온도에서 별 문제없이 사용할 수 있다. 조금 더 고급스러운 경우에는 금속제 챔버를 사용하는 경우도 있다.

그림 8-16 얼티메이커(왼쪽)와 델타 봇(오른쪽)의 상면과 측면을 덮어 챔버를 구성했다.

특히 XY-Z 방식의 프린터는 프린터 구조가 직육면체이기 때문에 측면을 판재로 막고 상면을 덮는 것만으로 손쉽게 챔버를 완성할 수 있다. 델타 봇 역시 마찬가지로 측면에 판재를 부착하는 것으로 충분하다.

그림 8-17 비닐과 파이프로 제작된 프루사 i3의 챔버

하지만 프루사 i3과 같은 XZ-Y 방식 프린터는 보통 출력 크기에 비해 전체 용적이 큰 편이고, 구조물을 따로 만들어 주어야 하므로 까다롭다. 따라서 그 대신 비닐과 파이프 등으로 간단하게 주변을 둘러치는 것만으로 간단하게 챔버를 만들어 주는 경우도 있다. 그러나 그 어떤 작업도 귀찮다고 생각한다면, 프린터 전체를 덮을 만한 큰 골판지 상자를 구해 보자. 그것만으로도 도움이 된다.

방진 및 방열

많은 프린터 사용자들이 프린터의 진동을 줄이는 데 골몰한다. 생활 소음을 유발하는 데다가 출력물에도 영향을 미치기 때문이다.

그림 8-18 스텝 모터 방진 마운트(댐퍼). 프린터의 진동은 상당 부분 스텝 모터에서 발생하므로, 이러한 방진 마운트는 굉장히 효과적이다.

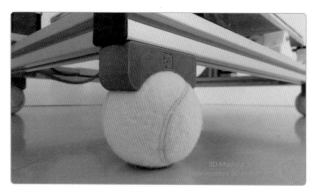

그림 8-19 프린터 본체 밑에 출력한 부품과 테니스공을 끼워 넣어 프린터의 진동과 소음을 극적으로 감소시킨 사례도 있다.

방진 못지 않게 중요한 것이 주요 전자부품의 방열 조치다. 제어 보드와 모터 드라이버, 스텝 모터 등은 고온에서는 작동 효율이 매우 떨어지거나 오작동을 일으키기 쉽다. 따라서 이러한 전자부품에는 필수적으로 방열판을 부착해야 한다. 쿨링 팬을 같이 사용하면 더더욱 효과적이다. 특히 챔버를 구성하는 경우, 제어 보드와 전원 장치를 챔버 바깥에 위치시켜야 한다. 스텝 모터 역시 챔버 바깥으로 빼낼 수 있으면 좋지만, 대부분 이와 같은 설계 변경은 어려우므로 방열판과 쿨링 팬을 부착해서 방열 조치를 한다. 그렇지 않으면 고온에서 탈조를 일으키거나, 수명에 영향을 줄 수 있다. 이러한 문제는 직접 제작한 프린터뿐 아니라 챔버 사용을 고려하지 않고 설계된 완제품 프린터에서도 종종 발견된다.

그림 8-20 스텝 모터에 방열판을 부착한 모습

그림 8-21 프린티드 파트를 이용해 제어 보드를 식히는 쿨링 팬을 장착한 모습

LED 부착하기

프린터헤드에 LED를 부착하는 것도 추천하는 업그레이드 방식 중 하나다. 출력물의 상태를 확인하기 위해 매번 플래시 손전등을 비추는 것은 상당히 귀찮은 일이기 때문이다. 형형색색의 LED를 사용하면 프린터를 멋있게 꾸밀 수도 있다. 방법은 간단하다. 시중에서 판매되는 12V짜리 LED 바를 구입해서 프린터의 전원 장치에 바로 연결하는 것이다. 이렇게만 하면 LED가 계속 켜져 있게 되므로, 스위치를 같이 연결해 끄고 켤 수 있도록 하면 더 좋다.

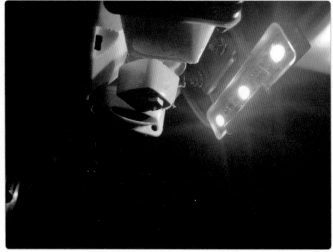

그림 8-22 *LED 바를 프레임 또는 프린터헤드에 붙인 모습*

그림 8-23 *LED를 이용해 나만의 프린터를 더욱 돋보이게 만들 수도 있다.*

원격 제어

일단 출력을 시작하면 좀처럼 프린터 앞에서 발이 떨어지지 않았던 경험은 3D 프린터 유저 누구에게나 있을 것이다. 집을 나선 후에도 프린터가 잘 작동하고 있는지 신경이 쓰이고, 집에 돌아올 무렵이면 혹시나 출력에 실패하지는 않았을까 하는 걱정이 앞선다. 이럴 때는 **옥토프린트**(OctoPrint)[2]만큼 도움이 되는 기능이 없다. 옥토프린트는 3D 프린터를 원격으로 제어할 수 있게 해 주는 오픈 소스 프로그램이다. 옥토프린트를 이용하면 외부에서도 프린터가 잘 작동하는지 확인하고, 출력물의 상태를 웹캠을 통해 관찰할 수 있다. 옥토프린트의 원격 제어 기능은 출력을 위해서 프린터 앞까지 가야 하는 귀찮음을 줄여주는데도 유용하다. 직접 SD 카드로 프린터에 파일을 옮길 필요 없이 원격으로 출력을 시작할 수 있기 때문이다.

옥토프린트는 미니 컴퓨터로 유명한 **라즈베리파이**(Raspberry Pi)에 탑재되어 프린터를 제어한다. Marlin 또는 Repitier-Firmware와의 호환성이 좋으므로 다양한 종류의 프린터에 연결해 사용할 수 있다. 옥토프린트의 설치 과정을 간단히 살펴보자.

그림 8-24 **옥토프린트 홈페이지**

---

2 https://octoprint.org/

먼저 준비물은 다음과 같다.

- **라즈베리파이**

  다양한 버전의 라즈베리파이가 출시되어 있지만, 일반적으로 B+ 이상의 버전이면 무난하게 작동한다.

- **와이파이 동글(Dongle)**

  라즈베리파이를 집에 설치된 공유 네트워크에 연결하기 위해서는 와이파이 동글이 필요하다. 최근에 출시된 라즈베리파이 3은 리시버가 내장되어 있으므로 별도의 동글이 필요 없다.

- **마이크로 USB 충전기**

  라즈베리파이에 전원을 공급하는 역할이다.

- **웹캠**

  출력 상황을 영상을 통해 관찰하고 싶다면 웹캠을 장착해야 한다. 옥토프린트와 호환되는 웹캠의 종류가 Github에 나열되어 있다.(https://github.com/foosel/OctoPrint/wiki/Webcams-known-to-work 참조)

- **SD 카드**

  옥토프린트 OS를 설치하는 데는 8GB 정도의 용량이면 넉넉하다. 그러나 웹캠을 통해 출력 영상을 저장하고 싶다면 16GB 이상을 사용하는 것도 좋다. SD 카드를 PC에 연결하기 위한 SD 카드 리더기도 필요할 것이다.

- **유전원 USB 허브**

  웹캠을 라즈베리파이에 직접 연결해 전원을 공급받아도 되지만, 별도의 유전원 USB 허브로부터 전원을 공급받도록 하는 것이 안정적이다.

- **라즈베리파이 케이스**

  라즈베리파이와 함께 구매해도 되지만, 직접 출력하는 것도 해봄직하다.

❶ SD 카드에 옥토프린트를 설치한다.

먼저 옥토프린트 홈페이지(https://octoprint.org/download/)에서 옥토프린트 설치 파일을 다운로드 받는다(그림 8-24 참조). .Zip 파일의 압축을 풀면 .img 파일이 나타나는데, 윈도우에서는 Win32DiskImager(https://sourceforge.net/projects/win32diskimager/)와 같은 프로그램을 이용해 SD 카드에 OS를 설치할 수 있다. MAC을 사용한다면 Apple-pi baker를 이용하면 된다.

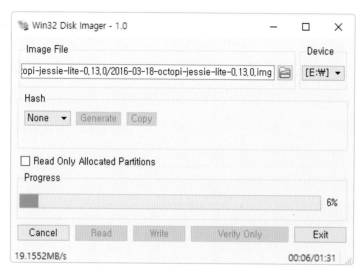

그림 8-25 Win32DiskImager를 이용해 옥토프린트를 설치하는 모습. 설치 파일을 불러온 후 Write 버튼을 눌러 진행한다.

2 사용할 네트워크를 설정한다.

SD 카드의 /boot 디렉토리에 있는 octopi-network.txt 파일을 열어서, 다음 박스를 참조해 수정하고 저장한다.

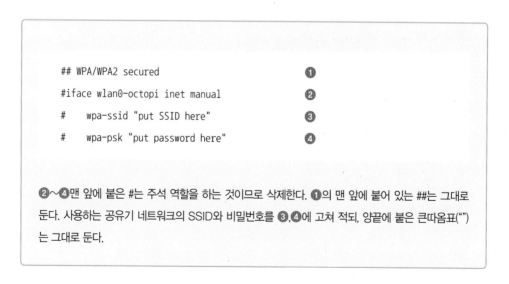

3 옥토프린트를 부팅한다.

설치가 끝난 SD 카드를 라즈베리파이에 삽입하고 마이크로 USB 충전기를 연결해 전원을 공급하면 옥토프린트가 자동으로 부팅된다. 라즈베리파이가 프린터를 제어하기 위해서는 당연히 라즈베리파이와 프린터 제어 보드(주로 아두이노)가 연결되어 있어야 한다. 유전원 USB 허브와 웹캠을 함께 연결하는 것도 잊지 말자.

4 옥토프린트에 접속하여 설정을 마친다.

이제 PC를 통해 옥토프린트에 연결해야 하는데, 이를 위해서는 공유기 관리 페이지에 접속해 옥토프린트에 할당된 네트워크 IP를 확인해야 한다. 사용하는 공유기마다 설정 방법이 다르므로 공유기 회사에 문의하거나 직접 검색해 보도록 하자. 라즈베리파이를 모니터에 연결하여 ifconfig 기능을 이용해 직접 확인해 볼 수도 있다. 예를 들어 확인된 IP가 123.456.789.000이라면, 인터넷 브라우저에서 http://123.456.789.000를 입력하여 옥토프린트에 접속할 수 있다. 이어서 Setup Wizard를 마치면 드디어 옥토프린트가 작동한다. 모바일 API 키를 발급받으면 스마트폰 어플로도 접속해 볼 수 있다.

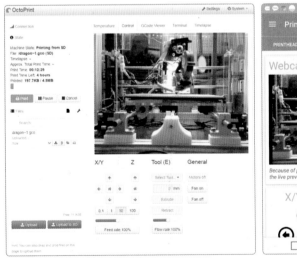

그림 8-26 옥토프린트를 PC에서 실행한 모습(왼쪽)과 모바일 어플로 접속한 모습(오른쪽)

옥토프린트는 단순히 원격으로 프린터를 지켜보는 것뿐만 아니라 여러 가지 플러그인 기능을 제공한다. 3D 프린터 유저 '박상호'님의 블로그에는 옥토프린트를 극한까지 활용하는 과정이 상세히 포스팅되어 있다. 특히 프린터의 전원과 LED를 원격으로 작동시키는 기능[3]이나, 텔레그램 앱을 이용해 프린팅 과정을 실시간으로 안내 받는 기능[4]이 유용하게 쓰일 것이다.

사고 예방

다행스럽게도 아직까지 3D 프린터로 인한 화재 사고는 극히 드문 편이지만, 안전에 주의를 기울여서 손해볼 것은 없다. 프린터의 제어 보드나 커넥터, 파워 서플라이 등에 문제가 생겨 타버리는 경우, 대부분의 경우 그 부품만 고장나는 것으로 끝나지만, 운이 나쁘다면 프린터가 전소되는 등 큰 화재 사고로 발전할 가능성도 있다.

사실 프린터가 고장나는 가장 큰 원인은 키트 조립 과정에서 배선을 잘못 연결하거나, SMPS의 입력 전압을 220V가 아닌 110V로 설정하는 것이다. 조립이 잘못되어 히팅 베드나 핫엔드의 온도 센서가 제대로 부착되지 않은 경우에도 문제가 생길 수 있다.

3D 프린터가 상당히 높은 전류를 다루는 데 비해, 이에 적합한 부품과 설계를 적용하지 않은 경우도 있다. 예를 들어 RAMPS를 비롯해 대부분의 제어 보드에는 MOSFET이 내장되어 있지만, 일부 저렴한 제품들은 충분한 성능의 MOSFET을 사용하지 않아 문제가 되는 경우가 있다. 또한 안전성이 검증되지 않은 보드 커넥터와 전선을 사용하는 경우에도 쉽게 화재 사고가 발생할 수 있다. SMPS 역시 검증되지 않은 제품을 사용하는 경우, 표기된 전력보다 실제 용량이 부족한 탓에 과열되어 고장나는 경우가 종종 있다.

---

3 http://vagabond-voyage.blogspot.kr/2017/08/3d-5.html
4 http://vagabond-voyage.blogspot.kr/2017/08/3d-6.html

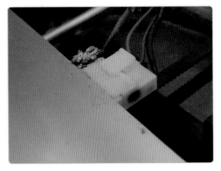

그림 8-27 히팅 베드의 커넥터가 타버리고 파손된 모습

3D 프린터 화재 사고는 어떤 제품에서나 발생할 수 있는 문제이지만, 전세계적으로 사용자가 많은 Anet A8의 화재 사고가 많이 알려져 있는 편으로 히팅 베드나 제어 보드의 커넥터가 타버리는 일이 종종 일어난다. 물론 3D 프린터 제조사들도 이러한 문제를 인지하고 있으므로 지속적인 개량이 이루어지고 있다. 유저들 사이에서도 다양한 안전 대책이 논의되고 있는데, 외장 MOSFET과 퓨즈를 추가로 연결하고, KC 인증을 받은 충분한 용량의 SMPS를 사용하는 것이 주로 추천된다. 사용하는 제어 보드에 따라 배선 방법이 조금씩 달라지므로 주의를 요한다(Anet A8의 경우 https://3dprint.wiki/reprap/electronics/heatbed_mosfet을 참조하라). 무엇보다 가장 좋은 예방 방법은 조립과 배선 과정에서 충분한 주의를 기울이고, 3D 프린터 점검을 게을리하지 않는 것이다. A/S가 믿을 만한 업체에서 구매하는 것도 중요하다.

그림 8-28 3D 프린터에 사용하는 외장 MOSFET

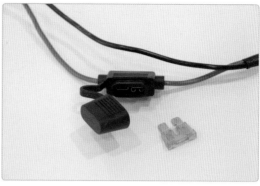

그림 8-29 Anet A8의 히팅 베드 커넥터(왼쪽)와 파워 케이블(오른쪽). 커넥터의 안전성을 높이고 10A 퓨즈를 장착하여 보다 안전하게 사용할 수 있도록 개선되었다.

02 | Repetier-Firmware 사용하기

🔗 https://github.com/repetier/Repetier-Firmware

Repetier-Firmware는 5장에서 이미 소개한 바 있는 유명한 3D 프린터의 펌웨어다. Marlin 다음으로 사용자가 많으며, 주로 델타 봇에 많이 쓰인다. Marlin에 비해 좀 더 세부적인 설정이 가능하다는 장점이 있지만, 설정에 대해 잘 이해하지 못한 상태에서는 다루기가 쉽지 않다. 대신 일일히 코드를 찾아서 변경해야 하는 Marlin과 달리 웹 페이지 형태로 제공되는 설정 툴(Configuration Tool)을 이용하면 설정을 간단히 입력할 수 있다. 호스트 소프트웨어와 슬라이서를 겸하는 Repetier-Host와의 호환성도 좋아 프린터의 상태를 보고 바로 펌웨어를 수정하는 등 보다 편리하게 응용이 가능하다.

설정 옵션의 명칭만 약간씩 다를 뿐 작동 원리는 Marlin과 동일하다. 배선 방법도 마찬가지다. 따라서 잘 이해가 되지 않는다면 5장을 다시 읽어 보기 바란다. 여기서는 설정 툴을 이용해 펌웨어를 수정하는 과정을 살펴보면서 각각의 옵션들이 의미하는 바를 간략하게 설명할 것이다.

Repetier-Fimware Configuration Tool 사용하기

🔗 https://www.repetier.com/firmware/v092

처음 웹 사이트에 접속하면 'Start' 단계의 화면이 나온다. 하단의 〈Next Step〉 버튼을 클릭하면 다음 단계로 넘어간다.

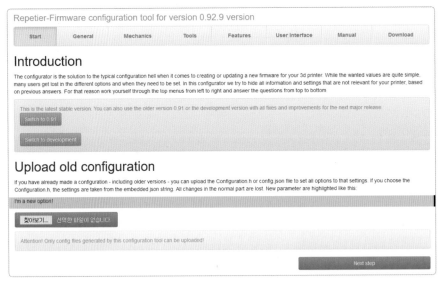

그림 8-30 **접속 화면**

General

'General' 단계에서는 여기에서는 기본적인 통신 및 프린터의 크기를 설정할 수 있다.

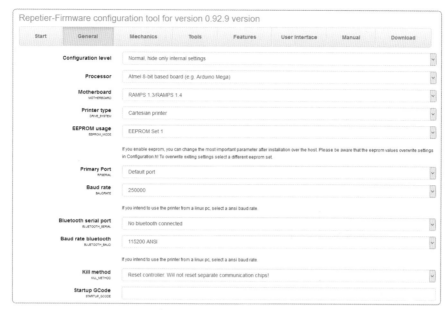

그림 8-31 *General 단계에서의 기본 설정*

- **Configuration level**

  설정 난이도를 조절할 수 있다. Minimum과 Normal은 큰 차이가 없으며, Expert는 외부에서 인터넷으로 프린터를 제어하는 것과 같은 고급 설정을 포함한다. 여기서는 Minimum을 택해 진행하기로 한다.

- **Processor**

  제어 보드의 CPU 종류를 지정한다. 아누이노 메가 보드를 사용한다면 [Atmel 8-bit based board]로 설정한다. 보다 고성능인 아두이노 두에 보드와 RADDS를 사용한다면 [Arduino DUE based board]로 변경한다.

- **Motherboard**

  제어 보드의 종류를 설정한다.

- **Printer type**

  어떤 타입의 프린터인지 설정한다. 카르테시안 봇과 델타 봇, Core-XY, H-BOT 등 자신의 프린터의 구동 방식에 따라 설정한다.

EEPROM usage

EEPROM 기능은 Marlin과 마찬가지로 나중에 설정을 수정하고 싶을 때 LCD 컨트롤러로 편하게 수 정할 수 있도록 하는 기능이다. [Set 1]으로 설정한다.

Primary Port/Baud rate

통신 속도와 포트를 설정한다.

Kill method

긴급 정지 방법을 설정한다. 별다른 이유가 없다면 [Reset controller]로 설정한다.

Startup GCode

Repetier-Firmware의 부가적인 기능으로, 처음 프린터를 켰을 때 수행되는 Gcode를 말한다. 예를 들어, 히팅 베드를 예열하는 Gcode를 여기에 넣어 두면 프린터를 켜자마자 바로 베드가 예열을 시작 하므로 간편하다.

Dimensions

프린터의 각 축의 최대, 최소 범위를 지정한다.

Dimensions

X min position X_MIN_POS	0	[mm]
Y min position Y_MIN_POS	0	[mm]
Z min position Z_MIN_POS	0	[mm]
X length X_MAX_LENGTH	200	[mm]
Y length Y_MAX_LENGTH	200	[mm]
Z length Z_MAX_LENGTH	120	[mm]

그림 8-32 *General 단계에서의 출력 크기 설정*

Z-correction

델타 봇의 **베드 비틀림(Distortion)**을 보상하기 위한 기능이다. 베드가 비록 기울었어도 휘지 않아 기울기가 일정하다고 가정하는 오토 레벨링과 달리, 베드가 기운 것뿐만이 아니라 비틀렸다고 가정했을 때 사용한다. 일정 크기의 그리드를 구성하여 각 점의 높이를 측정, 비틀림 지도(Distortion map)을 구성한다. 최대, 최소 높이와 그리드의 개수를 지정할 수 있다.

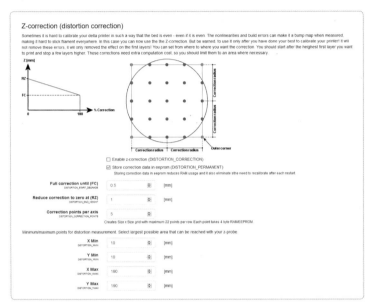

그림 8-33 *General 단계에서의 Z-correction 기능 설정*

Mechanics

'Mechanics' 단계에서는 스텝 모터와 엔드스탑에 관한 설정을 다룬다.

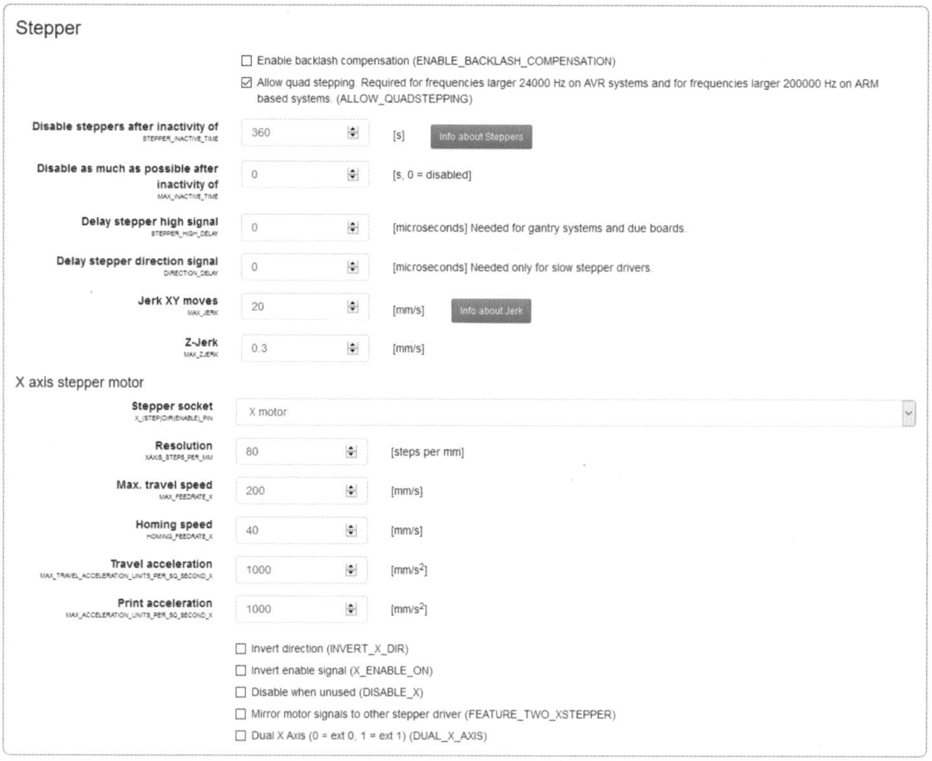

그림 8-34 *Mechanics* 단계에서의 스텝 모터 설정

다음 설정은 특별한 경우가 아니면 기본 상태 그대로 적용하면 된다.

- **Disable steppers after inactivity of**

  일정 시간 동안 작동하지 않으면 스텝 모터의 전원을 끈다.

- **Disable as much as possible after inactivity of**

  스텝 모터가 정지하는 최대 시간을 지정한다. 기본값인 0에서는 비활성화되며, 특별한 이유가 없으면 그대로 둔다.

- **Delay stepper high signal**

  아두이노 두에 보드를 사용하지 않으면 변경하지 않아도 된다.

- **Delay stepper direction signal**

  느린 모터 드라이버를 사용할 때만 활성화한다.

스텝 모터 관련 설정은 대부분 Marlin과 동일하다.

- **Jerk XY moves**

  X축과 Y축의 저크값을 지정한다.

- **Z-Jerk**

  Z축의 저크값을 지정한다.

- **Resolution**

  스텝 모터의 단위 당 스텝값을 지정한다. 계산법은 Marlin과 동일하다.

- **Max travel speed**

  최대 이동 속도를 지정한다.

- **Homing speed**

  호밍 속도를 지정한다.

- **Travel acceleration**

  이동 시 가속도를 지정한다.

- **Print acceleration**

  출력 시 가속도를 지정한다.

다음 내용들은 특별한 경우가 아니면 체크를 해제시켜 비활성화한다.

- **Invert direction**

  모터 방향의 반전 여부를 지정한다.

- **Invert enable signal**

  작동 신호의 반전 여부를 지정한다.

- **Disable when unused**

  X, Y축을 움직이지 않을 때는 스텝 모터에 전원을 공급하지 않도록 한다. 과열을 방지하고 에너지를 절약할 수 있지만, 불필요한 오작동이 생기기 쉬우므로 사용하지 않는 것이 좋다.

- **Dual X axis**

  X축 스텝 모터 두 개를 작동시킨다. 헤드 두 개를 따로 움직이는 프린터에만 필요한 옵션이다.

Prevent z stepper disabling on stepper timeout

Z축 스텝 모터의 작동이 멈추지 않도록 한다.

Mirror motor signals to other stepper motor

다른 스텝 모터 드라이버를 동일하게 작동시킨다. 특정 축에 스텝 모터를 2개 사용하는 경우 설정한다.

Modify acceleration with increasing z position

Z축이 상승할 때마다 가속도값을 변화시킨다. 기본 설정은 비활성화이나 가속도값을 줄이면 품질 향상을 기대할 수 있다.

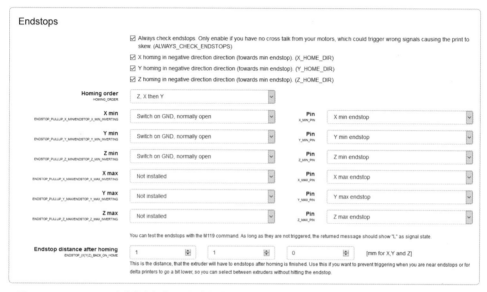

그림 8-35 *Mechanics 단계에서의 엔드스탑 관련 설정*

엔드스탑에 관련된 설정은 기본적으로 Marlin과 동일하다(그림 8-35). 엔드스탑을 연결하는 핀의 변경도 가능하지만, 배선 작업을 잘 했다면 굳이 설정을 건드릴 필요는 없다. 몇 가지 특이한 설정에 대해서만 간단히 알아보자.

Homing order

호밍 순서를 지정할 수 있다. 여기서는 [Z, X, then Y]로 설정되어 있으나 [X, Y, then Z]로 변경하는 것이 좋다. 호밍 도중에 예열(Preheat)을 시작하는 것과 같은 추가 설정도 가능하다.

Endstop distance after homing

호밍 과정에서는 안전 확보를 위해 엔드스탑에 닿자마자 정지하는 것이 아니라, 다시 몇 mm 정도 되돌아온 다음 정지하게 되는데, 이 간격에 대한 설정이다. 여기서는 1~2mm 정도로 설정하면 된다.

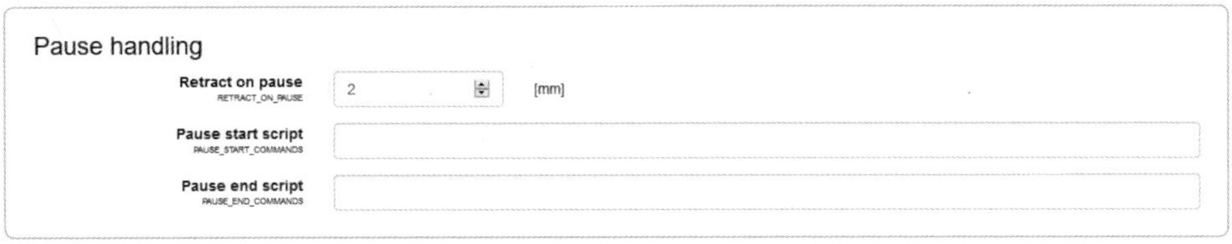

그림 8-36 *Mechanics 단계에서의 출력 중지 관련 설정*

호스트 프로그램이나 LCD 컨트롤러로 출력 중지 명령을 내렸을 경우에 대한 세부 설정이다(그림 8-36). 예를 들어 〈Pause〉를 누른 뒤 자동으로 Z축은 10mm 내리고 X, Y축은 원점으로 움직이게 할 수 있다.

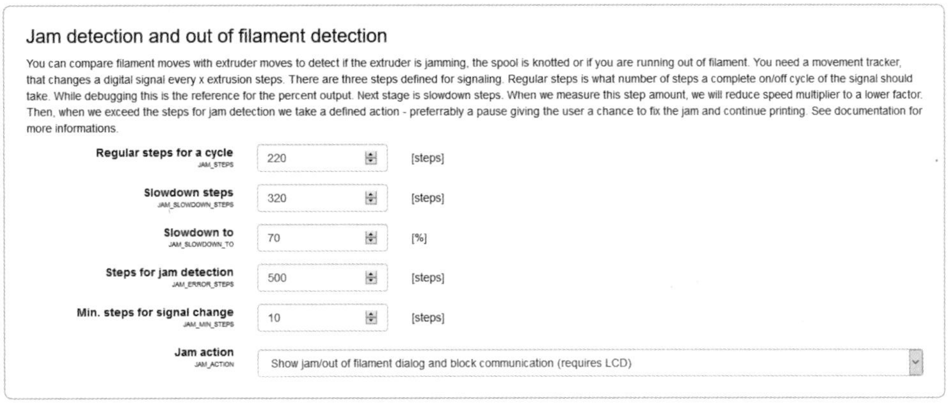

그림 8-37 *Mechanics 단계에서의 필라멘트 감지 설정*

익스트루더가 막히거나(Jam) 필라멘트가 다 떨어졌을 때 이를 감지할 수 있도록 하는 추가 옵션이다(그림 8-37). 이 기능을 사용하기 위해서는 필라멘트 움직임을 감지하는 별도의 센서가 필요하다.

Tools

Repetier-Firmware의 특징 중 하나는 헤드의 설정을 변경함으로써 이를 FFF 방식의 3D 프린터 이외에도 CNC나 레이저 커터 등에도 적용할 수 있다는 것이다. 우선 여기에서 는 3D 프린터에 사용할 것이므로 'Fused Filament Fabrication' 즉 FFF 방식으로 설정 한다(그림 8-38, 그림 8-39 참조).

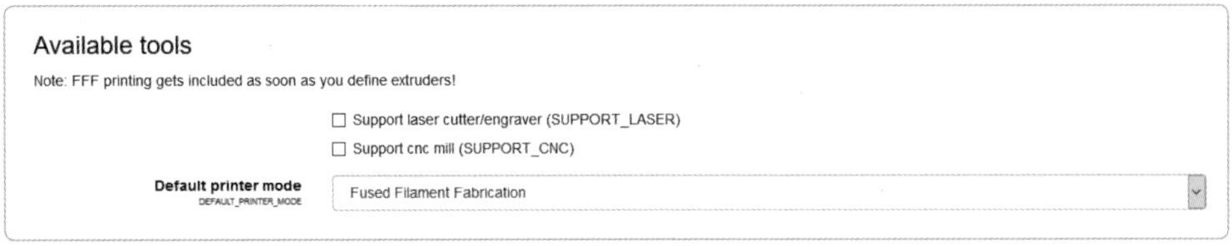

Available tools

Note: FFF printing gets included as soon as you define extruders!

☐ Support laser cutter/engraver (SUPPORT_LASER)
☐ Support cnc mill (SUPPORT_CNC)

Default printer mode
DEFAULT_PRINTER_MODE | Fused Filament Fabrication

그림 8-38 *Tools 단계에서의 툴 모드 설정*

Fused Filament Fabrication

Stabilize temperature corridor
TEMP_HYSTERESIS | 0 | [°C, 0 = disabled]
If enabled, the temperature must be for watchperiod seconds inside a +/- corridor of the target range, before it is finished.

Temperature control range
PID_CONTROL_RANGE | 20 | [°C]
Range where the selected heat manager controls output. Ouside this range extruder/bed are heated with full power.

Skip extruder temp. wait if within
SKIP_M109_IF_WITHIN | 2 | [°C]
Calling M109 (set bed temp and wait) will finish immediately, if the bed has already a temperature that close to target temperature.

Enable extruder cooler at
EXTRUDER_FAN_COOL_TEMP | 50 | [°C]
Enables the extruder cooler if extruder temp is warmer or value is higher then this value.

Minimum extruder temperature
MIN_EXTRUDER_TEMP | 150 | [°C]
Ignores extruder moves, if extruder is cooler then this value.

Maximum extruder temperature
MAXTEMP | 275 | [°C]
Maximum temperature you can define. Larger values get reduced to this value.

Minimum defect temperature
MIN_DEFECT_TEMPERATURE | -10 | [°C]
Temperatures below this lets the firmware assume, that the thermistor is defect.

Maximum defect temperature
MAX_DEFECT_TEMPERATURE | 290 | [°C]
Temperatures higher this lets the firmware assume, that the thermistor is defect.

Maximum extrusion length
EXTRUDE_MAXLENGTH | 160 | [mm filament going in]
When you try to extruder more then this in one move, the extrusion gets ignored. Protects for wrong defined extrusion commands, e.g. if you stopped printing and did not reset extrusion position to 0.

Decouple hold variance
DECOUPLING_TEST_MAX_HOLD_VARANCE | 20 | [°C]
Firmware tests for decoupled sensor - heater. When target temperature is reached, the temperature may only swing this amount or it will mark your combination as decoupled. If you get false alarams after reaching target temperature, increase this value.

Decouple min temp. rise
DECOUPLING_TEST_MIN_TEMP_RISE | 1 | [°C]
On heatup, we expect at least this temperature rise after the time period set in the extruder. If your measurement is stable, 1 is the value you want.

Heater PWM speed
HEATER_PWM_SPEED | 15Hz, 256 values

그림 8-39 *Tools 단계에서의 FFF 모드 설정*

Stabilize temperature corridor

기본적으로 비활성화 상태이지만, 활성화하면 ±범위 안에서 온도를 조정하게 된다. 기본값(0)에서는 설정 온도 그대로를 유지하며, 예를 들어 5도로 설정 시 ±5도 범위 안에서 온도값이 오르락내리락하게 된다. 별다른 이유가 없는 한 0으로 둔다.

Temperature control range

온도를 PID 제어할 때, 설정된 온도 범위를 벗어나면 예열 출력을 최대로 올린다. 설정 범위 안에서는 출력을 조정해 천천히 목표 온도로 다가간다.

Skip extruder temp. wait if within

목표 온도의 오차 범위를 설정한다. 예를 들어 설정한 값이 2도일 때, 출력 온도가 210도라면 실제로는 208도 또는 212도에서부터 출력을 시작한다.

Enable extruder cooler at

온도가 설정값 이상으로 올라갈 경우 핫엔드의 쿨링 팬이 작동한다. 그러나 보통 핫엔드 쿨링 팬은 일정 레이어 이상에서 가동되므로, 이 기능은 크게 쓸모가 없다.

Minimum / Maximum extruder temperature

익스트루더의 최소/최대 온도. Marlin에서의 MAXTEMP, MINTEMP와 같은 기능을 한다.

Minimum / Maximum defect temperature

측정된 온도가 설정값 이상/이하일 경우 온도 센서가 고장 난 것으로 판단한다.

Maximum extrusion length

한번에 압출 가능한 최대 길이를 설정한다. 압출 길이가 이 이상일 경우는 무시된다. 이 설정이 필요한 이유는 다음 출력을 시작할 때 압출 길이가 초기화되지 않으면 갑자기 수 미터가량 압출될 우려가 있기 때문이다. 30~200cm 정도의 값이 적당하다.

Decouple hold variance

센서가 정상인지 판단하는 값으로, Marlin의 온도 센서 이탈 방지 기능과 유사하다. 만일 목표 온도에 도달했음에도 불구하고 설정 범위보다 값이 크게 변하면 센서에 이상이 있다고 판단한다.

Decouple min temp. rise

가열 시 예상되는 온도 진폭이다. 온도의 증가량이 이보다 작을 경우 역시 센서에 문제가 있다고 판단한다.

● Heater PWM speed

핫엔드와 히팅 베드를 예열할 때 어느 정도의 정밀도로 출력을 조절하는지 설정한다. value값이 큰 [15Hz, 256 values]로 설정하는 것이 좋다.

그림 8-40 *Tools* 단계에서의 익스트루더 관련 설정

만약 프린터가 여러 개의 익스트루더를 사용한다면 〈+Add extruder〉 버튼을 눌러 설정 추가하도록 한다(그림 8-40).

- **Extruder stepper**

  익스트루더를 연결할 핀을 지정한다.

- **Invert motor direction**

  익스트루더의 작동 방향을 바꾼다.

- **Invert enable signal**

  익스트루더 작동 시 신호를 반전시킨다. 특별한 이유가 없다면 설정하지 않는다.

- **Enable motor mirroring**

  익스트루더의 작동 신호를 다른 모터 드라이버로 복제한다. 별다른 이유가 없는 한 설정하지 않는다.

- **Offset X/Y/Z**

  호밍 후의 익스트루더의 초기 위치를 설정한다.

- **Start speed**

  프린터를 처음 켰을 때 스텝 모터의 작동 속도를 지정한다.

- **Maximum speed**

  최대 작동 속도를 지정한다.

- **Resolution**

  익스트루더 스텝 모터의 단위 당 스텝값을 지정한다.

- **Acceleration**

  익스트루더 스텝 모터의 가속도를 설정한다.

- **Temperature sensor**

  온도 센서의 종류를 설정한다. 100k Epcos 센서를 흔히 사용하지만, 다른 센서를 사용한다면 그에 맞춰 설정해야 올바른 온도 제어가 가능하다.

- **Temperature sensor pin**

  온도 센서를 연결할 핀을 지정한다. 기본값은 0번이다.

- **Heater pin**

  핫엔드의 히터를 연결할 터미널을 지정한다.

- **Temperature manager**

  온도 제어 방식을 설정한다. Marlin은 PID 제어를 사용하나, Repitier-firmware는 데드 타임 제어 (Dead time control)를 사용한다. 보다 온도 진폭이 적으며, 쿨링 팬을 키거나 챔버를 여는 등의 외부 영향에도 강한 제어 방식이다. 물론 기존의 Marlin과 동일한 PID 제어도 사용 가능하다.

- **Max PWM value**

  히터의 최대 출력을 지정한다. 255까지 지정 가능하다. 높을수록 온도가 빠르게 오르나, 목표 지점 근처에서 온도가 요동칠 수 있다.

- **Decouple test period**

  온도 측정 및 제어 주기를 지정한다.

- **Power when on**

  예열을 시작할 때의 초기 출력을 지정한다. 클수록 목표 온도에 빠르게 도달할 수 있다.

- **Dead time lag**

  온도 변화까지 대기하는 시간을 지정한다.

- **Extruder cooler pin**

  익스트루더 쿨링 팬을 연결할 핀을 지정한다.

- **Wait retract distance**

  예열하는 동안 리트랙션 길이를 지정한다. 기본값인 0으로 설정한다.

- **Jam detection pin**

  익스트루더 막힘(Jam) 감지 센서를 사용할 핀을 지정한다.

Features

☐ Enable Z-probing

☐ Enable axis compensation (requires z-probing enabled, even without z-probe available)

☐ Enable servo support

☐ Enable ditto printing (send same signals to extruder 0 and 1)

☐ Enable watchdog. The watchdog resets the printer if temperature loop is not called every second.

☑ Enable arc support (G2/G3)

☑ Memory position/move to memory position (M401/M402)

☐ Force checksums once a checksum is received

☑ Echo commands when executed rather when received

☑ Send "wait" when firmware is idle. Helps solving communication problems when host supports it.

☑ Send line number along with receive confirmation.

☐ Enable sd support. Gets overwritten by ui-controller or board settings.

☑ Return extended directory information. Not compatible with all host software.

☑ Enable babystepping (change z position while printing when first layer bonding is bad).

☑ Enable fan control (M106/M107) for filament cooling. (FEATURE_FAN_CONTROL)

☐ Enable second fan control (M106/M107 P1) for cooling. (FEATURE_FAN2_CONTROL)

☑ Enable G10/G11 retraction and filament change and allow jam detection

☐ Enable JSON formated info output for ESP8266 Duet web interface, PanelDue (JSON_OUTPUT)

☑ Enable power on startup for switchable power units (ENABLE_POWER_ON_STARTUP)

☐ Invert signal for switchable power units (POWER_INVERTING)

그림 8-41 *Features 단계에서의 추가 설정 항목들*

이 단계에서는 다양한 추가 기능의 사용 여부를 결정한다. 만약 여러분의 프린터가 오토 레벨링 기능을 사용한다면, 다음 세 가지 기능에 체크함으로써 활성화시킬 수 있다.

● **Enable Z-probing**

Z 프로브를 사용하도록 설정한다.

● **Enable axis compensation**

오토 레벨링 기능을 활성화한다. 위 옵션이 먼저 활성화돼야 한다.

● **Enable servo support**

오토 레벨링 장치가 서보 모터를 사용하는 유형이라면 이 기능을 활성화시켜야 한다.

다음 기능은 필수적인 것은 아니지만, 사용하면 도움이 되는 기능이다.

- **Enable watchdog**

  온도 센서에 이상이 발생하면 프린터를 리셋한다.

- **Force checksum once a checksum is received**

  통신 오류가 발생했을 때 강제로 한 번 더 통신을 시도한다. 기본적으로는 비활성화한다.

- **Echo commands when executed rather when received**

  Gcode 명령을 받으면 이를 실행한 후 표시한다. 프린터의 상태를 정확하게 확인할 수 있다.

- **Send "wait" when firmware is idle**

  프린터가 아무 것도 안하는 상태일 경우 대기 명령을 보낸다. 호스트 프로그램에 따라 활성화하지 않으면 통신 오류가 발생하는 경우도 있다.

- **Send line number along with receive confirmation**

  출력 중에 한 레이어를 완성할 때마다 현재 몇 번째 레이어를 출력하고 있는지 표시한다.

- **Enable sd support**

  SD 카드를 지원한다. SD 카드 어댑터만을 사용할 경우 이 옵션을 활성화시켜야 하지만, LCD 컨트롤러를 사용할 때에는 자동으로 활성화된다.

- **Return extended directory information**

  컴퓨터와 연결되어 있을 경우, SD 카드에서 폴더에 진입했을 때 그 위치를 통신창으로 전송한다.

- **Enable babystepping**

  베이비스테핑 기능을 활성화한다. 프린트 도중 Z축을 스텝 단위로 미세조정할 수 있다.

- **Enable fan control**

  쿨링 팬을 사용한다.

- **Enable second fan control**

  두 번째 쿨링 팬을 사용한다.

다음 설정은 특별한 경우가 아니면 변경할 필요는 없다.

- **Enable ditto printing**

  익스트루더 0, 1에 동일한 압출 신호를 보낸다. 한 번에 동일한 물체 여러 개를 인쇄하는 프린터에 사용한다.

- **Enable arc support**

  곡선 출력을 가능하게 한다.

- **Memory position/move to memory position**

  출력을 일시 정지했다가 시작할 경우 기존 좌표를 기억하고, 그 지점으로 돌아갈 수 있도록 한다. 필라멘트 교환 시 활용 가능하다.

- **Enable JSON formated info output for ESP8266**

  웹 연결을 통해 프린터를 작동시킬 때 JSON 형태로 정보를 출력한다. 기본적으로 비활성화한다.

- **Enable power on startup for switchable power units**

  외부 신호로 온-오프가 가능한 SMPS(파워 서플라이)를 사용할 경우 필요하다.

- **Invert signal for switchable power units**

  파워 서플라이의 작동 신호를 반대로 사용한다. 별도의 이유가 없다면 비활성화한다.

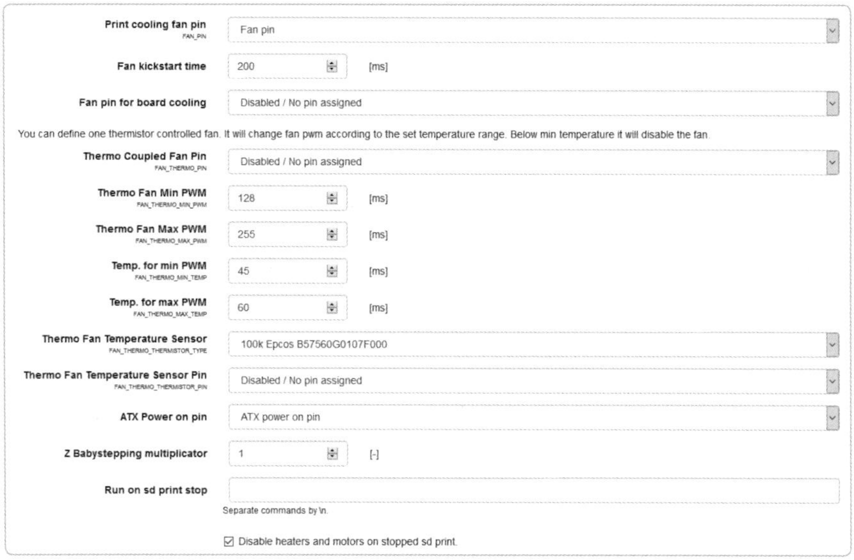

그림 8-42 *Features* 단계에서의 쿨링 팬 및 *SD* 카드 설정

다음은 쿨링 팬과 SD 카드에 관련된 설정이다(그림 8-42).

○ **Print cooling fan pin**

쿨링 팬을 연결할 핀을 지정한다.

○ **Fan kickstart time**

쿨링 팬의 반응 지연 시간을 설정한다.

○ **Fan pin for board cooling**

제어 보드를 식히기 위한 쿨링 팬을 연결할 핀을 지정한다.

○ **Thermo Coupled Fan Pin**

온도 센서와 연동되는 쿨링 팬을 연결할 핀을 설정한다. 원래 쿨링 팬을 연결하는 [Heater 3]의 위치로
설정하는 것이 좋다.

○ **Thermo Fan Min/Max PWM**

온도 센서에 연동된 쿨링 팬의 최소/최대 세기를 지정한다.

○ **Temp for min/max PWM**

온도 센서에 연동된 쿨링 팬이 최소/최대 세기로 작동할 온도를 지정한다.

○ **Thermo Fan Temperature Sensor**

쿨링 팬을 어떤 온도 센서에 연동할지 지정한다. 별도의 센서를 달지 않았다면 핫엔드 온도 센서로 설정
하면 된다.

○ **Thermo Fan Temperature Sensor Pin**

온도 센서에 연동된 쿨링 팬의 온도 센서 핀을 설정한다. 핫엔드 온도 센서와 동일하게 설정한다.

○ **ATX Power on pin**

PC용으로 쓰이는 ATX 파워 서플라이를 사용하는 경우, 별도의 신호선으로 파워 서플라이 자체를 끄
고 킬 수 있다.

○ **Z Babystepping multiplicator**

베이비스테핑 배율을 조정한다. 배율이 커질수록 값이 크게 변하므로, 1로 두는 것이 가장 정밀하게 조
정할 수 있는 방법이다.

Run on sd print stop

SD 카드로 출력하는 도중에 중지했을 경우 실행되는 코드이다.

Disable heaters and motors on stopped sd print

SD 카드로 출력하는 도중에 중지했을 경우 히터와 모터를 정지한다.

Bed Coating

If you switch between different bed coatings it can be handy to change the required start position with a simple variable. This is what bed coating does. It makes sure that a move to z=0 does include the bed coating thickness. The coating mode takes into account what a z-probe will measure so current coating setting is taken into account.

| Bed Coating Mode | Trigger is not influenced by bed coating |
| Z_PROBE_Z_OFFSET_MODE | |

| Bed Coating Thickness | 0 | [mm] |
| Z_PROBE_Z_OFFSET | | |

Bending correction adds a value to a measured z-probe value. This may be required when the z probe needs some force to trigger and this bends the bed down. Currently the correction values A/B/C correspond to z probe positions 1/2/3. In later versions a bending correction algorithm might be introduced to give it other meanings.

Bending Correction A	0	[mm]
BENDING_CORRECTION_A		
Bending Correction B	0	[mm]
BENDING_CORRECTION_B		
Bending Correction C	0	[mm]
BENDING_CORRECTION_C		

그림 8-43 *Features 단계에서의 베드 도포 관련 설정*

다음은 베드 도포 관련 설정이다(그림 8-43). Repetier-Firmware는 베드에 어떤 도포재를 사용할지를 미리 펌웨어에 반영할 수 있다. 이러한 설정은 특히 홀 센서나 근접 센서를 사용한 오토 레벨링 장치에 유용한데, 이들은 도포재가 아무리 두꺼워도 이를 인식할 방법이 없기 때문이다. 하지만 도포재의 종류를 자주 변경한다면 펌웨어도 이에 따라 설정해야 하므로 번거로워진다.

Bed Coating Mode

베드 도포 모드를 설정한다.

Bed Coating Thickness

베드 도포재의 두께를 설정한다.

Bending Correction A/B/C

오토 레벨링 사용 시 각각의 측정 위치에 대해 반영해 줄 보정 수치를 의미한다. 오토 레벨링을 사용하지 않을 경우 설정하지 않는다.

G10/G11 Retraction and Filament Change

This feature allows slicers to use the commands G10 and G11 for retracting and undo retracts instead of adding the moves on their own. These parameters can be changed in EEPROM later. Autoretraction converts pure E moves into G10/G11. For that reason it is when enabled not possible to extrude with only E axis. So if you want to use it, I would suggest to enable/disable it with **M209 S1** and **M209 S0** in the slicers start and end g-code so it is normally disabled.

☐ Enable autoretract conversion. Simple extrusion will not work when enabled!

Normal retraction	3	[mm]
Extruderswitch retraction	13	[mm]
Retraction speed	40	[mm/s]
Z-Lift on retraction	0	[mm]
Extra length on undo retraction	0	[mm]
Extra length on undo switch retr.	0	[mm]
Speed undo retraction	20	[mm/s]

Filament change allows to initaite a filament change procedure with M600 or the filament change command in the LCD interface. A LCD interface is required for this to work. Once initiated, the extruder will retract the short distance, move up, move to target x,y position and then do the long retract. Then you must replace the filament and insert new one until plastic comes out of the nozzle. Then click the ok button of the printer. While changing, the rotary encoder will move the extruder. If not moving, motor gets disabled to make insertion/removal easier. Then it goes back to starting position and continues printing. You can add a homing before going to target position. This may help if you moved the extruder by accident.

Filament change x	0	[mm]
Filament change y	0	[mm]
Filament change z lift	2	[mm]
Filament change first retract	5	[mm]
Filament change last retract	50	[mm]
Homing after Filamentchange	Home only x and y	

그림 8-44 *Features 단계에서의 필라멘트 교환 설정*

다음은 리트랙션과 필라멘트 교환에 대한 설정이다(그림 8-44). 필라멘트 교체 기능을 사용하기 위해서는 LCD 컨트롤러가 필요하다.

● Normal retraction

일반적인 경우의 리트랙션 길이를 설정한다.

● Extruderswitch retraction

듀얼 헤드를 사용할 경우, 다른 소재로 바꿀 때의 리트랙션 길이를 설정한다.

● Retraction speed

리트랙션 속도를 설정한다.

● Z-Lift on retraction

리트랙션 시 Z축 방향으로 약간 헤드를 들어 올리면 출력 품질에 미치는 영향을 줄일 수 있다.

- **Extra length on undo retraction**

  리트랙션 후 다시 압출할 때 추가 압출 길이를 설정한다.

- **Extra length on undo switch retr.**

  듀얼 헤드를 사용할 경우 다른 소재로 바꿀 때 재압출시 추가 압출 길이를 설정한다.

- **Speed undo retraction**

  리트랙션 후 다시 압출할 때의 압출 속도를 설정한다.

- **Filament change x/y**

  필라멘트를 교체할 때 헤드가 이동하는 좌표를 지정한다. 이동 후에는 모터 전원 공급이 차단되므로 손으로 자유롭게 움직일 수 있다.

- **Filament change z lift**

  필라멘트를 교체할 때 설정한 길이만큼 Z축 방향으로 헤드를 들어올린다.

- **Filament change first/last retract**

  필라멘트 교체를 시작하고 종료할 때의 리트랙션 길이를 설정한다.

- **Homing after Filamentchange**

  필라멘트 교체 후 좌표 초기화를 위해 호밍을 하도록 설정한다.

Extra Motor Driver

For some special functions you may need to drive extra motors. Here you can define how to drive the motors. You can control them with G201 - G204, see Repetier.ino for more infos.

Number Extra Motors   0

그림 6-45 *Features 단계에서의 추가 모터 드라이버 설정*

기본적으로는 모터 드라이버를 4~5개 사용하게 되는데, 추가적으로 모터 드라이버를 장착했을 경우는 펌웨어에 반영해야 한다.

User Interface

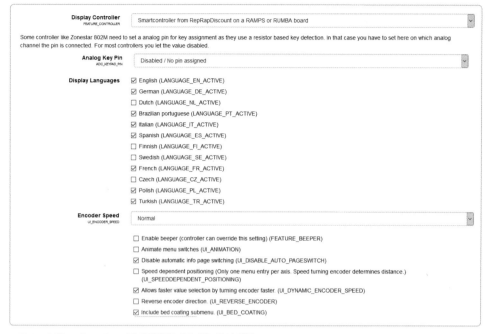

그림 8-46 *User Interface 단계에서의 LCD 컨트롤러 설정*

여기서는 LCD 컨트롤러에 관련된 상세 설정이 가능하다.

- **Display Controller**

  사용하는 LCD 컨트롤러의 종류를 지정한다. 가로로 매우 긴 20×4 LCD의 경우 [Smart controller...]
  로, 비교적 세로 길이가 긴 128×64 LCD의 경우 [ReprapDiscount...]로 설정한다.

- **Analog Key Pin**

  LCD 컨트롤러에 키패드나 조이스틱이 달려 있을 경우 이에 맞게 핀을 설정한다.

- **Display Languages**

  LCD의 언어를 설정한다. 한국어는 지원하지 않는다.

- **Encoder Speed**

  LCD에 부착된 다이얼의 속도를 조절한다. 크게 설정할수록 메뉴를 빠르게 오갈 수 있으나, 세심한 조
  절이 어려울 수 있다.

Enable beeper

LCD에 장착된 스피커를 작동시킨다. 다이얼이 눌릴 때마다 삑삑 소리가 난다.

Animate menu switches

메뉴 전환 시 전환 애니메이션을 설정한다.

Disable automatic info page switching

보통 LCD 컨트롤러는 일정 시간 입력이 없으면 자동으로 프린터 상태 창으로 전환된다. 이것이 싫다면 이 기능을 활성화시킨다.

Speed dependent positioning

다이얼을 돌리는 속도에 따라 설정값 조절 단위가 바뀐다. 빠르면서도 섬세한 조정에 유리하다.

Allows faster value selection

다이얼의 민감도를 높여 빠른 메뉴 전환을 가능하게 한다.

Reverse encoder direction

다이얼의 회전 방향을 반전시킨다.

Include bed coating submenu

베드 도포재 관련 메뉴를 추가한다.

Start screen delay UI_START_SCREEN_DELAY	1000	⏷	[milliseconds]
Time between page switches UI_PAGES_DURATION	4000	⏷	[milliseconds]
Printer Name UI_PRINTER_NAME	RepRap		
Printer Company UI_PRINTER_COMPANY	Home made		
Go to main menu after UI_AUTORETURN_TO_MENU_AFTER	30000	⏷	[milliseconds]
Key bounce time UI_KEY_BOUNCETIME	10	⏷	[milliseconds]
Repeat after UI_KEY_FIRST_REPEAT	500	⏷	[milliseconds]
Reduce repeat time by UI_KEY_REDUCE_REPEAT	50	⏷	[milliseconds]
Minimum repeat time UI_KEY_MIN_REPEAT	50	⏷	[milliseconds]
Preset bed temperature for PLA UI_SET_PRESET_HEATED_BED_TEMP_PLA	60	⏷	[°C]
Preset bed temperature for ABS UI_SET_PRESET_HEATED_BED_TEMP_ABS	110	⏷	[°C]
Minimum heated bed temperature UI_SET_MIN_HEATED_BED_TEMP	30	⏷	[°C]
Maximum heated bed temperature UI_SET_MAX_HEATED_BED_TEMP	120	⏷	[°C]
Preset extruder temperature for PLA UI_SET_PRESET_EXTRUDER_TEMP_PLA	190	⏷	[°C]
Preset extruder temperature for ABS UI_SET_PRESET_EXTRUDER_TEMP_ABS	240	⏷	[°C]
Minimum extruder temperature UI_SET_MIN_EXTRUDER_TEMP	170	⏷	[°C]
Maximum extruder temperature UI_SET_MAX_EXTRUDER_TEMP	260	⏷	[°C]
Extruder feedrate in menu actions UI_SET_EXTRUDER_FEEDRATE	2	⏷	[mm/s]
Retract distance UI_SET_EXTRUDER_RETRACT_DISTANCE	3	⏷	[mm]
Case Light Pin CASE_LIGHTS_PIN	Disabled / No pin assigned		

그림 8-47 *User Interface 단계에서의 LCD 컨트롤러 설정 2*

다음은 LCD 컨트롤러 기본 파라미터의 설정이다.

Start screen delay

초기 부팅 스크린이 뜰 때까지의 지연 시간을 설정한다.

Time between page switches

메뉴 페이지 전환 시 지연 시간을 설정한다.

Printer Name

프린터 이름을 설정한다.

Go to main menu after

설정한 시간 동안 작동하지 않으면 메인 스크린으로 돌아간다.

- **Key bounce time**

  설정한 시간 간격 사이의 다이얼 조작은 무시한다. 다이얼이 민감해 메뉴가 제멋대로 오가는 것을 막기 위한 옵션이다.

- **Extruder feedrate in menu actions**

  LCD로 익스트루더를 조작할 때의 익스트루더 작동 속도를 설정한다.

- **Retract distance**

  LCD로 익스트루더를 조작할 때의 리트랙션 길이를 설정한다.

- **Case Light Pin**

  외부 LED를 설치했을 경우 연결할 핀을 지정한다.

Manual

앞서 살펴본 설정 외에도 추가하고 싶은 설정이 있으면 직접 만드는 것도 가능하다. 하지만 실제로 이러한 작업을 하려면 펌웨어와 프로그래밍에 대한 심도 있는 지식이 필요하다. 이 책에서는 기본적으로 제공되는 설정들에 대해서만 살펴보고, Manual 단계는 다루지 않는다.

Download

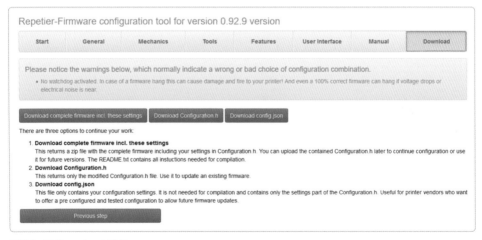

그림 8-48 *Download 단계*

드디어 모든 설정이 끝났다. 이제 완성된 펌웨어를 다운로드하는 일만 남았다. 〈Download complete firmware incl. these settings〉 버튼을 눌러 압축 파일을 다운로드한다. 압축 파일을 열면 Repetier.ino 파일이 있다. 이 파일을 아두이노 IDE에서 연 다음 아두이노 보드에 업로드시키면 된다.

03 | 3D 프린터 다양하게 활용하기

주변 사람에게 3D 프린터를 소개할 때는 이런 질문을 종종 듣는다. "그래서 그걸로 뭘 할수 있는데?" 매번 받는 질문인데도 대체로 말문이 막힌다. 할 말이 없어서가 아니라 할 말이 너무 많아서다. 3D 프린터로 할 수 있는 것은 어마어마하게 많다. 무엇을 만들까 고민하고 있는 독자를 위해, 이번에는 3D 프린터 활용 사례를 소개하고자 한다.

실생활 활용 사례

3D 프린터는 실생활에 필요한 다양한 물건을 만드는 데 굉장히 유용하다. 이에 대한 사례를 몇 가지 소개한다.

부품 제작

3D 프린터를 가장 잘 활용하는 방법 중 하나는 무언가의 부품을 만들어내는 것이다. 특히 국내에서는 판매하지 않거나, 대체 불가능한 부품이거나, 애초에 없는 부품이면 더욱 그렇다.

예를 들어, 내가 일전에 중고 노트북을 구매했을 때 하드디스크 커버가 없는 물건을 받은 적이 있다. 이걸 따로 구매하려면 부품 비용은 2달러가 채 안 되는데, 배송비는 5달러 이상인 데다 시간도 오래 걸렸다. 다행히도 나와 같은 고민을 한 누군가가 이 하드디스크 커버를 3D로 디자인해 싱기버스에 공개해 둔 덕분에 시간과 돈을 아낄 수 있었다. 나는 그 파일을 다운로드한 다음 출력해서 사이즈에 맞게 적당히 사포질을 해 주었다. 그러자 멋진 하드디스크 커버가 금세 완성됐다. 해외에서 어렵게 구했을 부품이 한 시간도 안 되어 만들어진 것이다. 이것뿐만이 아니라 싱기버스에는 무궁무진한 모델 데이터가 공유되어 있다(소개된 모델 출처는 부록 C 참조).

그림 8-49 *사포질 후 조립한 하드디스크 커버*

그림 8-50 *목공 DIY에서 자주 쓰이는 부품인 브라켓(왼쪽)과 힌지(오른쪽). 이런 부품도 3D 프린터로 만들 수 있다.*

가구나 물건을 DIY하려는 사람들에게도 3D 프린팅은 유용하다. 대부분의 규격 부품에 대한 데이터가 이미 3D 프린팅 커뮤니티에 공유되고 있기 때문이다. 부품들을 일일이 구입할 필요 없이 그저 출력하기만 하면 된다.

그림 8-51 3D 프린팅한 부품으로 드론과 RC 자동차, 로봇 팔까지 만들 수 있다.

드론이나 RC카, 로봇 팔에 이르기까지 기계 장치에 들어가는 다양한 용도와 모양의 부품을 개인이 마음 내키는 대로 제작할 수 있을 뿐만 아니라, 본인이 원하는 대로 디자인을 바꿀 수도 있다.

공구 제작

3D 프린터만 있으면 독창적인 디자인의 생활용품과 기능성이 다양한 공구를 언제든지 제작할 수 있다.

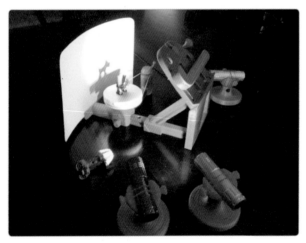

그림 8-52 3D 프린터로 만든 간이 촬영 스튜디오. 여러분이 만든 3D 프린팅 작품을 누군가에게 자랑하려면 사진 스튜디오 정도는 있어야 하지 않겠는가?

그림 8-53 노트북 케이블 홀더(왼쪽)와 데드풀 식칼 수납대(오른쪽). 3D 프린팅을 이용하면 유용하면서도 독창적인 모양의 생활용품을 마음껏 만들어 낼 수 있다.

그림 8-54 납땜을 할 때 편리한 바이스(왼쪽)와 드라이버 정리대(오른쪽). 3D 프린팅된 공구는 다시 3D 프린팅을 이용한 DIY 작업에 유용하게 쓰일 것이다.

나만의 아이템 제작

3D 프린터의 진정한 장점은 세상에 오직 단 하나뿐인 것도 저렴하고 쉽게 만들 수 있다는 데 있다. 재미난 모양의 스마트폰 케이스나 거치대를 만들 수도 있고, 좋아하는 캐릭터 모양을 한 이어폰 줄감개나 치약 클립을 만들 수도 있다. 심지어 이 모든 것에 자신의 이름을 새겨 넣어 선물로 줄 수도 있다.

그림 8-55 **문어발 모양의 스마트폰 스탠드(왼쪽)와 귀여운 동물 모양의 열쇠고리 겸 스탠드(오른쪽)**

인테리어 및 장식 활용 사례

3D 프린터는 생활용품뿐만이 아니라 예술품을 만드는 데에도 아주 훌륭한 도구다.

리쏘페인

리쏘페인(Lithophane)이란 본래 도자기 장식 기술의 하나로서, 얇은 도자기 파편에 문양을 얇게 음각하여 빛을 쬐면 비쳐 보이게끔 만드는 기법 또는 작품을 가리킨다. 거의 평평한 조각으로부터 입체적인 이미지를 투영시키는 독특하고 아름다운 수공예 기법으로, 유럽의 전문적인 장인들이 세공한 리쏘페인은 중요한 행사나 귀족들을 대상으로 하는 고가의 미술품이었다. 현대에 이르러서는 CNC 가공이나 3D 프린팅 기술에 힘입어 대중에 비교적 많이 보급되었다.

3D 프린터를 이용하면 원하는 이미지를 간단하게 리쏘페인으로 만들 수 있다. 3D 프린터로 만든 리쏘페인은 기본적으로 1~5mm 정도의 얇은 판의 형태를 하고 있다. 이미지의 채도와 명암은 리쏘페인에서 판의 두께로 표현되는데, 채도가 높을수록, 명도가 낮을수록 두껍게 나타난다. 두꺼운 부분은 얇은 부분에 비해 빛을 비추었을 때 투과되는 정도가 덜하므로, 이를 통해 입체적인 시각 효과를 나타낼 수 있다.

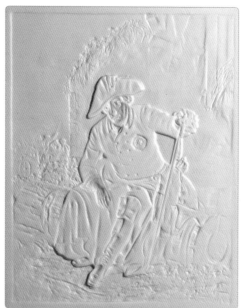

그림 8-56 빛을 비추지 않은 리쏘페인(왼쪽)과 빛을 비춘 리쏘페인(오른쪽)의 비교. 리쏘페인은 빛을 비추면 입체적인 이미지가 투영된다.

그림 8-57 리쏘페인에 조명 장치까지 갖추면 훌륭한 무드등이 된다.

리쏘페인은 3D 프린터로 만들 수 있는 가장 매력적이고 의미 있는 출력물 중 하나다. 3D 모델링 능력이 없는 사람도 몇 가지 작업만으로 세상에 오직 하나뿐인 기념품을 만들어낼 수 있다. 관심이 있는 독자들을 위해 3D 프린터로 리쏘페인을 만드는 법을 간단히 소개한다.

먼저 준비물은 다음과 같다.

- **흰색, 또는 내츄럴(Natural) 색상의 필라멘트**

  내츄럴 필라멘트란 염료가 첨가되지 않은 필라멘트를 말한다. 유백색을 띄고 있으며, 아이보리(ivory)라는 이름으로도 종종 판매된다. 빛이 잘 투과되는 밝은 색상의 필라멘트를 사용해야 좋은 결과를 얻을 수 있다. 필라멘트의 종류는 ABS와 PLA 중 어떤 것을 사용해도 상관없다.

- **리쏘페인 용도의 사진**

  어떤 사진이든 자유롭게 사용할 수 있지만, 일반적으로 배경이 깔끔하고 대비가 높을수록 묘사가 잘 된다. 묘사할 대상이 선명하게 드러나야 한다.

- **이미지 편집 프로그램**

  사진을 바로 사용해도 되지만, 리쏘페인으로 변환하기 전에 몇 가지 간단한 수정을 거치면 보다 좋은 결과를 얻을 수 있다.

- **리쏘페인 변환 도구**

  사진 파일을 STL과 같은 출력용 파일로 변환해야 한다. Cura를 비롯한 대부분의 슬라이서에는 이미 이 기능이 탑재돼 있다.

리쏘페인 변환 도구들

기본적인 슬라이서 프로그램 말고도 리쏘페인 변환을 전문적으로 다루는 여러 종류의 도구들이 있다. 그중에서도 국내에서 개발된 두 가지 훌륭한 솔루션이 있어 간략하게나마 소개하고자 한다.

리쏘피아(Lithopia)

리쏘피아(http://maker.dongguk.edu/)는 동국대학교의 홍정모 교수가 개발한 리쏘페인 슬라이싱 엔진이다. 웹사이트 기반이며, 윈도우용 툴도 제공되고 있다. 단순한 평판 형태로만 변환되는 슬라이서의 기본 기능과 달리, 리쏘피아에서는 실린더형, 프리즘형 등 다양한 형태의 리쏘페인을 만들 수 있어 아주 유용하다. 인터페이스가 간결하고 이미지 변환 시 해상도가 대단히 높다는 것도 장점이다.

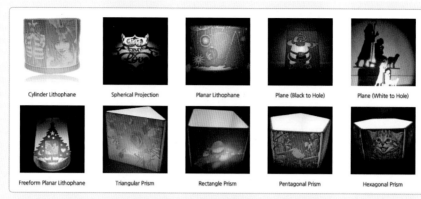

| Cylinder Lithophane | Spherical Projection | Planar Lithophane | Plane (Black to Hole) | Plane (White to Hole) |

| Freeform Planar Lithophane | Triangular Prism | Rectangle Prism | Pentagonal Prism | Hexagonal Prism |

그림 8-58 리쏘피아(Lithopia)에서 제공하는 다양한 변환 형태

픽타르트(PICtart)

그림 8-59 픽타르트에서 지원하는 다양한 액자 틀(타르트)

픽타르트는 PRINPLA 팀에서 개발한 안드로이드/iOS 어플리케이션이다. 사진(PIC)과 과자 그릇을 뜻하는 타르트(tart)의 합성어인데, 사진과 타르트라는 이름의 액자 틀을 이용해 리쏘페인을 만들 수 있다는 것을 의미한다. 이처럼 개성 넘치는 타르트들을 이용해 리쏘페인을 다양하게 꾸밀 수 있다는 것이 픽타르트의 가장 큰 특징이다. 타르트들은 무료 또는 유료로 제공되며, 주기적으로 업데이트된다. 접근성이 높다는 것도 큰 장점으로, 스마트폰 기반의 간결하고 직관적인 인터페이스 덕분에 초보자도 쉽게 사용할 수 있다.

여기서는 가장 기본적인 예를 들기 위해, Cura를 이용한 평판형 리쏘페인의 제작 과정을 살펴보도록 한다.

1 포토스케이프로 사진 파일을 수정한다.

먼저 사진 파일을 수정한다. 여기에서는 무료로 제공되는 프로그램인 포토스케이프를 사용할 것이다. 이 프로그램은 여러 가지 유용한 기능을 제공하며, 손쉽게 이미지를 수정하고 싶을 때 특히 도움이 된다. 만약 포토샵 같은 프로그램을 다룰 줄 안다면 이 단계는 넘어가도 된다. 만약 사용법을 잘 모른다면 다음의 '포토스케이프 기능 살펴보기' 박스의 내용을 참조하기 바란다.

그림 8-60 포토스케이프 실행 화면

A. 사진편집: 이미지 수정 작업을 하는 탭이다.

B. 자르기: 이미지의 원하는 부분을 골라 자를 수 있다.

C. 무채화(Grayscale): 이미지의 채도를 0으로 바꾼다. 무채화 옵션을 선택하면 이미지가 흑백으로 바뀌므로, 수정 작업을 할 때 실제로 리쏘페인에서 어떻게 표현될 것인지를 예측하기 편하다.

D. 밝기, 색상: 이미지의 밝기, 노출, 채도 등을 수정할 수 있는 옵션이다.

E. 자동 레벨: 이미지의 채도, 대비(콘트라스트)의 강약을 조절할 수 있다. 일반적으로 이미지의 대비를 높게 하면 밝은 부분은 더 밝게, 어두운 부분은 더 어둡게 바뀌므로 리쏘페인으로 변환했을 때 그 차이가 좀 더 명확하게 표현된다.

F. 여백: 이미지의 둘레에 검은색 여백을 넣어 테두리를 만들 수 있다. 검은색 테두리는 리쏘페인에서 가장 두껍게 나타나므로, 마치 액자 틀을 만드는 것과 같은 효과를 낼 수 있다. 이러한 틀은 리쏘페인을 보호해 줄 뿐 아니라, 출력 과정에서 진동으로 인한 품질 저하를 막아 주는 효과가 있다.

G. 이어붙이기: 리쏘피아 등의 도구를 사용해 평판이 아닌 실린더형 리쏘페인을 제작할 경우, 여러 장의 이미지를 이어 붙여 사용하면 좋다.

포토스케이프를 실행한 다음, 적절히 수정한다. 나는 무채화, 콘트라스트(강), 여백 기능을 적용했다. 적용한 결과는 그림 8-61과 같다.

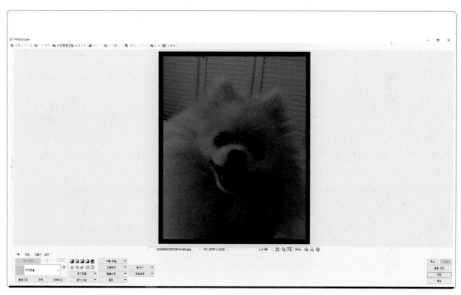

그림 8-61 편집이 완료된 이미지 파일. 배경을 잘라내고 무채화, 콘트라스트(강), 여백을 적용했다.

2 1번의 이미지를 Cura로 실행하고 다음 리쏘페인으로 변환한다.

이미지 편집이 끝나면, 이미지 파일을 Cura로 열고 리쏘페인을 생성한다. [File-load model file] 메뉴에서 사진 파일을 불러오거나, Cura 실행 화면에 사진 파일을 드래그 앤 드롭한다.

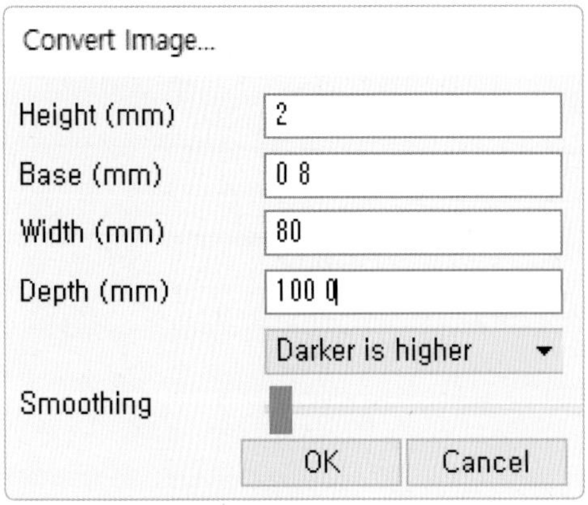

그림 8-62 *리쏘페인 변환값 설정*

처음 이미지를 리쏘페인으로 변환할 때 위와 같이 몇 가지 변환값을 설정하는 창이 나타날 것이다. **Height**(또는 Print depth)는 리쏘페인에서 어두운 부분의 최대 두께를 의미한다. 반대로 **Base**(또는 Base depth)는 리쏘페인의 바탕이 되는 판의 두께로, 리쏘페인에서 가장 밝은 부분의 두께로 나타난다. 가령 Height를 2mm, Base를 0.8mm로 설정했다면, 리쏘페인에서 가장 어두운(두꺼운) 부분의 두께는 2.8mm, 가장 밝은(얇은) 부분의 두께는 0.8mm가 된다. **Width**와 **Depth**는 리쏘페인의 전체 크기를 결정한다. 그 아래의 **Darker is higher**는 리쏘페인의 기본 원리대로 이미지의 어두운 부분을 두껍게 표현한다는 뜻으로, 반대인 **Light is higher**를 선택하면 이미지의 명암이 반전되는 효과가 나타난다. 마지막으로 **Smoothing**은 리쏘페인 상에서 두께가 급격하게 변하는 부분을 완만하게 처리하는 정도를 나타낸다.

다음과 같은 기준으로 리쏘페인의 변환값을 결정한다.

- **Base**: 사용하는 노즐 직경의 2배 정도가 적절하다(사용한 이미지가 전체적으로 밝은 편이라면 조금 두껍게 설정하는 것이 낫다).

- **Height**: Base값의 2~3배 사이. Base값이 0.8mm라면, Height값은 1.6mm~2.4mm가 된다.

- **Width/Depth**: 리쏘페인의 크기는 60×60mm 이상인 것이 좋다. 그보다 작으면 세밀한 묘사가 제대로 나타나지 않을 수 있다. 그러나 100mm보다 크면 출력 시간이 지나치게 많이 걸릴 뿐 아니라, 출력물의 상단부로 갈수록 흔들림이 심해져 출력을 망치기가 쉽다.

- **Smoothing**: 하지 않는 것이 결과가 좋은 경우가 많다. 하지만 배경에 잡음이 많거나 사진의 화질이 좋지 않은 경우 Light smoothing으로 설정하면 도움이 된다.

3 변환된 리쏘페인을 수직으로 세운다.

이미지를 처음 리쏘페인으로 변환했을 때는 바닥에 눕혀진 모양을 하고 있다. 그대로 출력하는 것도 물론 가능하지만, 리쏘페인을 수직으로 세워서 출력하는 것이 더 해상도가 높으므로 묘사가 훨씬 세밀해진다.

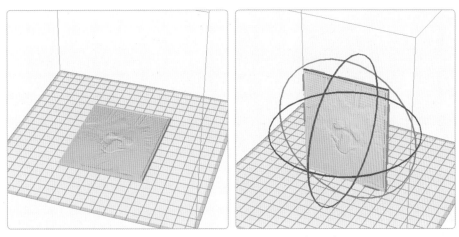

그림 8-63 리쏘페인이 생성된 상태(왼쪽)와 리쏘페인을 수직으로 세운 상태(오른쪽). 리쏘페인을 세워서 출력하는 것이 훨씬 좋은 결과를 얻을 수 있다.

4 출력 설정을 마치고 출력한다.

● **[Layer height] : 0.1mm**

0.2mm로 설정하면 출력 시간이 반으로 줄어들지만, 해상도도 마찬가지로 반으로 줄어들게 되므로 추천하지 않는다. 출력 시간이 너무 길게 느껴진다면 0.15mm로도 괜찮은 결과를 얻을 수 있다.

● **[Fill density] : 100%**

두께의 차이로 빛의 투과도를 다르게 하는 것이 리쏘페인의 원리인 만큼, 채움은 반드시 100%로 설정해야 한다.

● **[Print speed] : 20~50mm/s**

출력 속도가 느릴수록 품질이 높아진다는 원칙은 다른 모든 경우와 마찬가지로 리쏘페인에도 적용된다.

● **[Platform adhesion type] : Raft**

리쏘페인을 세워서 출력할 경우, 출력물이 약간만 흔들려도 출력 품질이 크게 나빠질 수 있다. 뿐만 아니라 바닥 접촉 면적도 작은 편이므로 안착도 불안정하다. 따라서 반드시 라프트를 설정해야 한다. 브림으로는 불안하다.

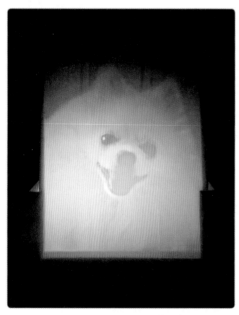

그림 8-64 내가 키우는 귀여운 강아지 '송이'의 리쏘페인이 완성되었다.

기타 장식 및 액세서리

그림 8-65 내가 처음 3D 프린터를 제작했을 때 출력했던 작품들. 지금은 전부 다 지인들에게 선물로 줬지만, 언제든지 다시 만들 수 있어 아쉽지 않다.

3D 프린터 사용자들이 가장 즐겨 만드는 것은 바로 꽃병이다. 특히 나선형 꽃병(Spiralized vase)이 가장 인기가 많은데, 복잡한 나선 구조가 출력하기 까다롭기 때문에 프린터의 성능을 검증하는 용도로도 종종 쓰인다.

그 밖에도 기하학적이고 독특한 모양을 한 꽃병이 싱기버스를 비롯한 커뮤니티에 널리 공유되며 인기를 끌고 있다.

그림 8-66 출력 성능의 상징과도 같은 나선형 꽃병(왼쪽)과 여러 가지 기하학적인 형태의 꽃병들(오른쪽)

그런데 종종 화병을 그림 8-67(왼쪽)처럼 내부가 비지 않은 솔리드(Solid) 형태로 디자인하는 경우가 있다. 이 경우 다른 출력물에 적용하는 표준 설정을 그대로 적용하면, 속이 채워진 결과물이 나오게 되어 꽃병으로 사용할 수 없게 된다. 단, 이것은 모델링 파일을 만든 제작자의 실수가 아니다. 병이나 컵처럼 얇은 벽으로만 이루어진 모델의 경우, 처음부터 속을 비워서 모델링한 다음 표준 설정으로 출력하는 것 보다는 솔리드 형태로 모델링하고 별도의 설정을 적용하는 것이 더 좋은 결과를 얻을 수 있기 때문에 그렇게 디자인한 것뿐이다.

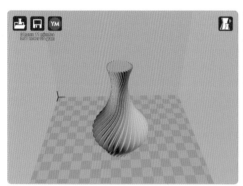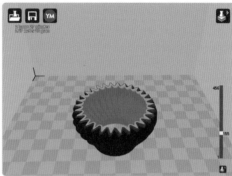

그림 8-67 막혀 있는 모델(왼쪽)을 슬라이싱 과정에서 정확하게 뚫어 줄 수 있다(오른쪽).

그럼 솔리드 형태로 된 모델링 파일을 속이 비어 있는 형태로 바꿔 출력하는 방법을 알아보자.

레이어 두께(Layer height)

0.1mm 또는 0.15mm로 설정한다. 두께가 얇아질수록 표면이 깔끔해진다.

쉘 두께(Shell thinkness)

1.2mm(0.4mm 노즐 사용)로 설정한다. 쉘 두께를 노즐 직경의 3배로 하면 내부가 비었더라도 충분히 튼튼할 뿐 아니라 물이 새는 것을 방지할 수 있다. 바닥 두께도 마찬가지다.

바닥 두께(Bottom thickness)

1.2mm(0.4mm 노즐 사용)로 설정한다.

채움 밀도(Fill density)

0%로 설정한다. 이 설정을 함으로써 속이 완전히 빈 모델을 출력할 수 있다.

● 솔리드 천장(Solid infill top)

비활성화시킨다. [Fill] 탭의 추가 기능에서 박스의 체크를 해제하면 된다. 이로써 바닥은 덮이지만 천장은 덮이지 않은 모델이 출력된다(다른 모델을 출력할 때는 다시 활성화시키는 것을 잊지 말자).

이러한 설정이 번거로우면 특별한 기능을 사용할 수도 있다. 바로 **요리스(Joris)** 방식, 또는 나선화(Spiralize) 기능이 그것이다. 이 기능은 앞서 소개한 설정을 자동으로 바꿔 주고, Z축 방향 이동을 조절함으로써 보다 부드러운 출력이 가능하도록 해 준다. Cura에서는 앞서 6장에서 했던 것처럼 [Setting visibility] 창을 불러내어 [Spiralize Outer Contour] 기능을 활성화시키면 된다.

그림 8-68 *매우 독특한 형태의 화분*

독특한 형태의 화분이나 필통을 만드는 것도 좋다. 얼핏 보기에 사이사이에 빈틈이 많아 일일히 서포트를 넣어야 할 것 같지만, 실제로는 서포트 없이 출력해야 성공할 수 있다. 핵심은 출력물 냉각이다.

반지, 팔찌, 열쇠 고리와 같은 액세서리도 얼마든지 만들 수 있다. 주로 독특한 기하학적 형태, 폴리곤, 본인의 이름, 좋아하는 캐릭터와 관련된 액세서리가 인기 있다. 그중에는 치수나 형상을 약간씩 변형할 수 있도록 커스터마이징 기능을 제공하는 것들도 있다. 3D 프린터는 세상에 하나뿐인 물건을 만드는 데 최적의 도구다.

그림 8-69 *캐릭터 열쇠고리*

자신의 방을 세계적인 건축물과 예술품이 전시된 미니 박물관으로 만들 수도 있다. 콜로세움과 에펠 탑, 성당과 모스크, 밀로의 비너스를 비롯한 유명한 조각상의 3D 모델은 인터넷 등에서 얼마든지 찾을 수 있다.

그림 8-70 **콜로세움**

그림 8-71 *술탄 아흐메트 모스크. 이만한 대형 작품들은 출력에 30시간 이상 걸리기도 한다.*

그림 8-72 피에타상(왼쪽)과 밀로의 비너스(오른쪽)

아이들에게 선물하기 좋은 장난감도 수없이 많이 공유되고 있다. 동물이나 포켓몬이 특히 인기가 좋다.

그림 8-73 오랜 시간 동안 인기를 끌고 있는 코끼리 피규어

제작 프로젝트

손재주 있는 사람들은 3D 프린터를 이용해 기발하고 재미있는 작품들을 만들어내기도 한다.

그림 8-74 3D 프린팅한 부품으로 드론과 RC 자동차, 로봇 팔까지 만들 수 있다.

3D 프린터를 이용하면 드론이나 RC카, 로봇 팔에 이르기까지 기계 장치에 들어가는 다양한 용도와 모양의 부품을 개인이 마음 내키는 대로 디자인하고 제작할 수 있다.

로봇에 들어갈 부품을 만들기 위해 3D 프린터를 배워서 사용하는 사람들도 있다. 3D 프린터 유저 '박상호'님이 제작한 OTIS는 사람을 인식해 따라다니고 장애물을 피해서 주행할 수 있는 재미난 로봇이다. OTIS를 제작하던 중 3D 프린터를 처음 접하게 되었다는 박상호 씨는 OTIS의 부품을 출력하기 위해 고군분투하다 어느 새 3D 프린팅 마스터가 되었다.

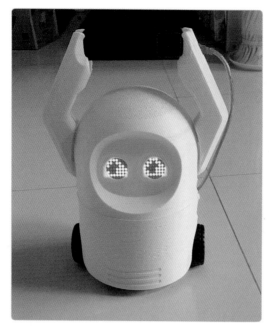

그림 8-75 *다양한 표정을 지을 수 있는 OTIS 로봇*

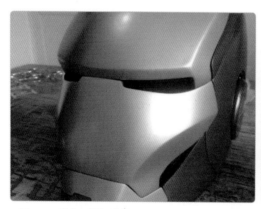 

그림 8-76 *실제로 착용 가능한 아이언맨 헬멧(왼쪽)과 깔끔하게 도색된 헐크 피규어(오른쪽)*

아무리 정밀한 프린터를 사용했더라도, FFF 방식으로 출력한 결과물은 어느 정도 후가공을 요구한다. 후가공 작업에는 서포트를 제거하는 기초적인 것부터 시작해서, 표면을 다듬고 도색과 코팅을 입히는 수준 높은 작업들이 포함된다. 다소 흠집이 있는 출력물이라도 장인의 손을 거치면 시중에 판매되는 제품들 못지 않은 외관을 가질 수 있을 것이다.

그림 8-77 **오락실일까?**

갑자기 웬 오락실 사진이냐고? 놀랍게도 이것은 실제 오락실을 찍은 사진이 아니라, 3D 프린터 유저 '김재훈' 님이 제작한 오락실 디오라마다. 3D 프린팅한 수많은 부품들과 열정적인 노력이 합쳐져 놀라운 결과물을 만들어냈다. 심지어 소형 액정과 조작 패널, 스피커까지 내장되어 있어 직접 게임을 즐기는 것도 가능하다.

그림 8-78 **오락실 디오라마를 이용해 고전 게임을 즐기는 모습**

이처럼 3D 프린터에 약간의 전기 지식과 프로그래밍 실력이 더해진다면 멋진 작품들을 만드는 것이 가능하다. 특히 그림 8-79에 보이는 '노트패드' 게임기는 '김재훈'님의 블로그에 제작 방법이 소개되어 있으므로 흥미가 있다면 도전해 보는 것도 좋을 것이다(http://blog.naver.com/kimgooni/221123164424 참조).

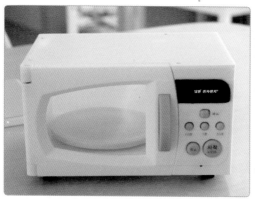 

그림 8-79 실제로 작동하는 전자레인지 미니어처(왼쪽)와 '노트패드' 게임기(오른쪽)

Appendix

부록 A.
용어 사전

부록 A에서는 이 책에 수록된 용어들을 정리하여 표 형태로 수록하였다. 용어가 궁금한 독자들은 이 부록을 참고하기 바란다.

3D 프린터 분야에서 주로 사용되는 용어 및 이 책에서 많이 사용한 주요 용어를 정리했다. 각 용어는 용어의 종류 및 성격에 따라 가나다 순으로 구분했다.

01 | 3D 프린팅 기술

본문 용어	영문 용어	설명
3D 프린팅	3D Printing	디지털 데이터를 바탕으로 3차원의 입체 조형물을 만드는 기술을 총칭하는 말
Core-XY 방식		H-Bot이 가진 뒤틀림 문제를 해결한 구조이나, 제작이 더 까다롭다.
DLP 방식	Digital Light Processing	광경화성 수지 조형 방식의 한 종류
FDM 방식	Fused Deposition Modeling	용융 적층 모델링. 뜨거운 노즐을 통해 원료를 녹여 압출하는 3D 프린팅 방식을 말한다.
FFF 방식	Fused Filament Fabrication	수지 압출 적층 방식. FDM 방식의 상표권을 피하기 위해 도입된 용어로, 같은 기술을 지칭한다.
H-Bot 방식		벨트로 연결된 모터 2개의 평면 협동을 통해 헤드의 XY 운동을 구현한다.
SLA 방식	Stereo Lithography Apparatus	광경화성 수지 조형 방식의 한 종류. UV 레이저를 이용해 수지를 광경화시킨다.
SLS 방식	Selective Laser Sinter	롤러를 이용해 분말 형태의 재료를 베드에 얇게 깐 다음, 레이저로 선택된 부분만을 녹여 굳히는 방식
XY-Z 방식		헤드가 한 차원에서 X, Y축 운동을 모두 수행하며, 출력이 진행되면서 베드가 아래로 내려오면서 Z축 운동을 수행하는 구조의 카르테시안 봇
XZ-Y 방식		베드는 Y축(또는 X축) 방향으로 운동하고, 헤드가 나머지 2축 운동을 하는 구조의 카르테시안 봇
델타 봇	Delta bot	카르테시안 봇과 달리 직교 좌표계를 사용하지 않으며, 3개 모터의 공간 협동을 통해 XYZ 공간을 구현하는 프린터
얼티메이킹 방식	Ultimaking	XY-Z 방식의 일종. 다른 것과는 달리 평면 협동을 하지 않고 각 축이 분리되어 움직인다.
잉크젯 방식	Inkjet	분말 재료 위에 액체 형태의 접착제를 분사하여 재료를 경화시키는 방식

본문 용어	영문 용어	설명
적층 가공	Additive Manufacturing	3D 프린팅을 달리 일컫는 용어로서, 재료를 층층히 쌓아 나가면서 3차원 입체를 만드는 기술을 총칭한다.
카르테시안 봇	Cartesian bot	X/Y/Z 직교 좌표계를 바탕으로 상대 운동을 수행하는 프린터. 헤드와 베드가 전후좌우(X, Y축) 또는 위아래(Z축) 방향으로 운동한다.
폴리젯 방식	Polyjet	헤드에서 분사한 레진을 즉시 UV 램프로 경화시키면서 적층하는 방식

02 | 기구부

본문 용어	영문 용어	설명
LM 가이드	Linear Motion guide	가이드 레일(Rail)과 블록으로 구성되며, 정밀한 선형 운동이 필요할 때 사용되는 부품
V-slot 방식	V-slot 방식	홈이 V자로 커팅된 알루미늄 프로파일이 프레임과 레일 역할을 동시에 하는 롤러 방식
갠트리	Gantry	XY-Z 방식 프린터에서 헤드를 XY축 운동시키는 구조를 가리킨다.
공차(公差)	Tolerance	기계 가공에서는 치수대로 정확히 만드는 것이 어렵기 때문에 어느 정도의 오차를 허용할 필요가 있는데, 그러한 허용 범위를 공차라고 한다.
기구(機構)	Mechanism	기계 장치를 움직이기 위한 구조 또는 움직이는 과정
로드	Rod	델타 봇의 구동축을 특별히 지칭하는 용어
로드 엔드 베어링	Rod end bearing	일종의 관절과 같이 2차원적으로 회전할 수 있는 베어링. 델타 봇에 사용된다.
리니어 베어링	Linear motion bearing	원통형의 구조에 내부에 베어링 볼이 들어 있는 형태의 베어링
리니어 베어링 블록	Linear slide bearing block	리니어 베어링에 케이스를 씌운 형태의 베어링
리드 스크류	Lead screw	축 전달 방식에 사용되는 부품
베어링	Bearing	축을 따라 운동하는 기계를 지지하고 마찰을 줄여 주는 부품
분해능(分解能)	Resolving power	물리량을 분해하는 능력. 모터 제어에서는 회전 각도의 정밀함을 뜻한다.

본문 용어	영문 용어	설명
서보 모터	Servo motor	각도 제어가 가능한 소형 모터의 한 종류
스텝 모터	Stepper motor	프린터의 각 축 운동을 위해 사용되는 모터의 한 종류
스페이서	Spacer	볼트 체결 시 간격을 더 주기 위해 사용하는 부품
슬라이드 블록	Slide block	델타 봇의 직선 방향 구동축에서 움직이는 블록
아이들러	Idler	벨트의 회전 중심에서 벨트를 받치기 위한 장치. 플랜지 베어링 두 개를 이어서 만드는 경우가 많다.
연마봉	Shaft	이송대가 직선 운동을 할 수 있도록 지지하기 위한 매끈한 긴 봉
유격(裕隔)		기계 장치의 헐거운 정도, 또는 부품 사이에 생기는 틈
이펙터	Effector	델타 봇에서 프린터헤드를 장착하는 부분으로 로드를 통해 캐리지에 연결된다.
전산 볼트	Threaded Rod	나사 머리가 없이 볼트의 몸 부분만 길게 늘여놓은 봉 형태의 볼트. 스크류 전달 방식에 사용한다.
캐리지	Carriage	델타 봇의 레일 위를 움직이는 부분으로 벨트, 로드와 연결되어 헤드를 움직인다.
커플러	Coupler	스텝 모터의 회전축과 스크류를 연결하기 위한 부품
타이밍 벨트	Timing belt	스텝 모터의 동력을 이송 장치에 전달하기 위해 사용하는 벨트로, 톱니가 달려 있어 정밀하고 안정적으로 동력 전달이 가능하다.
타이밍 풀리	Timing pulley	스텝 모터의 축 회전을 벨트로 전달하기 위한 기어의 일종
텐셔너	Tensioner	벨트의 장력을 조절하기 위한 장치
토크	Torque	물체에 작용하여 물체를 회전시키는 물리량을 말한다. 토크가 클수록 강한 힘으로 회전시킬 수 있다.
플랜지 베어링	Flange bearing	볼베어링의 한쪽 면에 돌기가 부착된 형태를 하고 있으며, 측면 방향으로 강한 힘을 견딜 수 있다.
플렉시블 커플러	Flexible coupler	형상이 어느 정도 변형될 수 있는 커플러

03 | 베드

본문 용어	영문 용어	설명
PEI 베드	Poly Ether Imide bed	PEI 소재로 된 두꺼운 판을 베드 위에 집게로 부착한 것이다. 반드시 히팅 베드를 사용해야 한다. 가격이 비싼 대신 출력물 안착성이 좋다.
로워 플레이트	Lower plate	베드의 아랫부분. 조형판을 움직이게 하는 이송 지지대를 가리킨다.
베드	Bed	출력물이 적층되는 조형판
베드 도포재		출력물의 베드 안착을 돕기 위해 사용하는 테이프나 판
블루 테이프	3M's Scotch Blue tape	페인트 보호용 테이프의 일종으로 탁월한 출력물 안착성을 가지고 있다.
어퍼 플레이트	Upper plate	베드의 윗부분. 출력물이 직접적으로 안착되는 조형판을 가리킨다.
캡톤 테이프	Kapton tape	베드 도포나 프린터 정비에 사용하는 내열 테이프
히팅 베드	Heated bed	자체적으로 가열이 가능한 베드

04 | 압출부

본문 용어	영문 용어	설명
J-head 핫엔드		노즐 홀더의 소재로 PEEK(Polyether-ether-ketone)를 사용하고, 그 안에 PTFE로 된 관을 넣은 형태의 핫엔드. 가열 장치의 열이 올라오지 않도록 차단해 준다.
가이드 베어링	Guide bearing	필라멘트의 움직임을 보정하기 위해 익스트루더(콜드엔드)에 사용하는 베어링
기어드 익스트루더	Geared extruder	스텝 모터에 의해 회전하는 기어가 다른 대형의 기어를 회전시킴으로써 강한 압출력을 얻는 방식의 익스트루더
노즐	Nozzle	핫엔드에서 녹여진 필라멘트를 가늘게 사출할 수 있도록 하는 통로
노즐 홀더	Nozzle holder	가열 장치 위로 결합되어 콜드엔드와 연결될 수 있도록 하는 배럴
노즐목	Nozzle throat	가열 장치 위로 결합되어 콜드엔드와 연결될 수 있도록 하는 가는 관

본문 용어	영문 용어	설명
다이렉트 드라이브 익스트루더	Direct drive extruder	스텝 모터에 의해 회전하는 압출 기어가 필라멘트를 바로 압출시키는 방식의 익스트루더
다이아몬드 핫엔드	Diamond Hotend	
멀티 헤드	Multi-head	여러 개의 핫엔드(노즐)를 같이 사용하여 동시에 여러 종류의 필라멘트를 사용할 수 있도록 하는 기술의 총칭
보우덴 방식	Bowden(extruder)	필라멘트 공급 장치가 헤드와 분리된 상태로 고정되어 있고, 둘 사이를 연결한 튜브를 통해 필라멘트를 공급하는 방식의 익스트루더
블로워 팬	Blower fan	송풍 효율이 좋고 풍압이 강한 쿨링 팬. 팬 덕트와 같이 사용하기 좋다.
스풀 홀더	Spool holder	필라멘트가 감겨 있는 스풀(Spool, 감개)을 잡아 줌으로써 필라멘트가 잘 풀릴 수 있도록 하는 보조 장치
스텝스트루더 타입	Stepstruder	히팅 블록과 노즐, 노즐목이 바로 콜드 엔드와 결합되도록 설계된 핫 엔드. 메이커봇의 MK7 스텝스트루더가 대표적이다.
압출 기어	Extruder drive gear	콜드엔드에서 필라멘트에 압력을 가해 밀어내는 역할을 하는 기어
열전도(熱傳導)	Heat conduction	열에너지가 고체 내부에서 고온부에서 저온부로 이동하는 현상
익스트루더	Extruder	필라멘트 압출 장치. 콜드엔드와 핫엔드를 포괄하는 용어.
직결식	Direct(Extruder)	헤드와 필라멘트 공급 장치가 결합되어 같이 움직이는 방식의 익스트루더
카트리지 히터	Cartridge heater	열저항이나 니크롬 발열체가 들어 있어 전원이 공급되면 가열되는 장치
콜드엔드	Cold end	익스트루더 내에서 필라멘트를 핫엔드로 공급하는 장치
쿨링 팬	Cooling fan	바람을 불어 넣어 부품을 식히기 위한 작은 팬
테플론 테이프	Teflon tape	테플론으로 된 얇은 테이프. 핫엔드에 사용한다.
테플론 튜브	Teflon tube	PTFE 소재로 된 튜브. 이 튜브를 통해 필라멘트가 공급된다.
풀 메탈 핫엔드	Full metal hotend	가열 장치의 열을 노즐 홀더를 통해 방출하는 방식의 핫엔드. 부품 전체가 금속으로 이루어져 있다.
프린터헤드	Printer Head	핫엔드와 이송 장치, 그리고 경우에 따라서 콜드엔드까지 실제 프린터에서 이동하는 부분을 통칭한다.
핫엔드	Hot end	익스트루더 내에서 필라멘트를 녹여 사출하는 가열 장치

본문 용어	영문 용어	설명
홉 볼트	Hobbed bolt	기어드 익스트루더에서 사용하는 압출 장치. 원통 가운데에 필라멘트에 맞는 홈이 나 있다.
히트 브레이크	Heat break	히팅 블록과 방열판을 연결하는 노즐목의 두께를 최대한 얇게 함으로써 열전도를 최소화시킨 노즐목의 일종
히팅 블록	Heating block	핫엔드에서 카트리지 히터가 연결되는 금속 육면체 형태의 가열 장치

05 | 역사, 단체, 제품

본문 용어	영문 용어	설명
다윈	Darwin	렙랩의 첫 번째 3D 프린터
렙랩, 렙랩 운동	Reprap, Replicating Rapid-prototyper	오픈소스 3D 프린터 보급 운동, 또는 그 운동을 추진한 단체. 다양한 모델들을 제작하며 개인용 프린터 보급에 크게 기여했다.
로스토크	Rostock	델타 봇의 초창기를 장식한 3D 프린터
리플리케이터	Replicator	메이커봇의 대표적인 3D 프린터
메이커봇	Makerbot	보급형 3D 프린터 제조사. 리플리케이터 시리즈를 출시하였으며, 3D 모델 공유 커뮤니티인 싱기버스를 설립하였다.
멘델	Mendel, Reprap Mendel	렙랩의 대표적인 3D 프린터
싱기버스	Thingiverse	메이커봇에서 설립한 세계 최대의 3D 모델 공유 커뮤니티
아몬드	ALMOND	오픈크리에이터즈의 대표적인 3D 프린터
얼티메이커	Ultimaker	오픈소스 3D 프린터 제조사, 또는 그곳에서 출시한 3D 프린터의 이름
오픈소스	Open source	소스 코드나 설계도를 누구나 열람할 수 있도록 공개할 뿐 아니라, 이를 바탕으로 한 2차 창작을 허용하는 배포 방식
오픈크리에이터즈	Opencreators	한국에서의 3D 프린터 보급에 큰 영향을 미친 3D 프린터 제조사, 또는 제조사가 설립한 커뮤니티
코셀	Kossel	가장 인기 있는 델타 봇 프린터
프루사	Prusa	요세프 프루사가 멘델을 개량하여 제작한 XZ-Y 방식 키트

06 | 전원부

본문 용어	영문 용어	설명
SMPS	Swiching Mode Power Supply	110V 또는 220V의 AC 전원을 받아 적절한 DC 전원으로 변환하여 3D 프린터에 인가하는 전원 장치
납땜	Soldering	회로 단자와 전선, 또는 전선과 전선의 접합부에 땜납을 녹여 연결하는 것
열수축 튜브	Heatshrink Tube	열에 노출되면 수축하는 특성을 가진 튜브로 납땜에 사용한다.
인가(印加)	Impression	전자회로 단자에 전원을 공급하는 것
절연(絶緣)	Insulation	납땜한 부위가 노출되지 않도록 전기가 통하지 않는 물질로 감싸 주는 것

07 | 제어 용어

본문 용어	영문 용어	설명
EEPROM	Electrically Erasable Programmable Read-Only Memory	전기가 끊긴 상태에서도 장기간 기억하는 기억 장치. 3D 프린터에서는 LCD 컨트롤러를 이용해 프린터의 설정을 하는 데 사용된다.
Gcode		3D 프린터를 작동시키는 명령어, 또는 명령어의 집합으로 된 파일
Marlin		가장 대중적으로 사용되는 오픈소스 3D 프린터 펌웨어
PID 제어		비례(Proportional, Kp), 적분(Integral, Ki), 미분(Derivative, Kd)의 세 가지 상수를 이용해 제어하는 피드백 제어 알고리즘의 한 종류
PID 튜닝	PID (Auto)tuning	PID 제어를 위한 적절한 상수값을 구하는 과정
Repetier-Firmware	Repetier-Host	Repetier-Host와 호환되는 오픈소스 3D 프린터 펌웨어
Repetier-Host		호스트 소프트웨어와 슬라이서의 기능을 동시에 갖춘 프로그램
Vref		모터 드라이버의 최대전류값을 결정하는 지표

본문 용어	영문 용어	설명
Z 프로브	Z Probe	노즐과 베드 사이의 Z축 방향 간격을 측정하기 위한 센서
Z축 오프셋	Z probe offset	오토 레벨링 장치에서 Z 프로브와 노즐 사이의 오프셋
단위 당 스텝값	Steps Per Unit	구동부를 1mm 움직이기 위해 스텝 모터가 몇 스텝 회전해야 하는가를 나타내는 단위
마이크로 스테핑	Micro Stepping	스텝 모터의 한 스텝을 더 작게 쪼개어 운동의 정밀도를 높이는 기술
아두이노 IDE	Arduino Integrated Development Software	아두이노 통합개발환경. 아두이노 코드를 수정하고 업로드하는 프로그램을 가리킨다.
업로드	Upload	제어 보드에 펌웨어를 전송하는 것
오프셋	Offset	기준점과 구하고자 하는 점의 차이
원점	Home	기계 장치의 구동 범위를 결정하기 위한 기준이 되는 점
저크	Jerk	시간에 대한 가속도의 변화율로서, Marlin에서는 순간적인 속도 변화의 최대값을 의미한다.
주석	Comment-out	코드 상에서 비활성화되어 프로그램의 작동에 아무런 영향도 끼치지 않는 부분
코드	Code	프로그램을 구성하는 명령문
펌웨어	Firmware	프린터의 기본적인 제어와 연산을 담당하는 소프트웨어
프론터페이스	Pronterface	Gcode 전송과 프린터 조작을 주 기능으로 하는 도구 패키지인 프린트런의 인터페이스를 시각화한 프로그램
호밍	Homing	기계 장치가 작동을 시작할 때, 원점을 지정하는 과정
호스트 소프트웨어	Host software	3D 프린터를 제어하기 위한 PC 유틸리티. 프론터페이스가 대표적이다.

본문 용어	영문 용어	설명
A4988 모터 드라이버		가장 대중적으로 사용하는 스텝 모터 드라이버. $\frac{1}{16}$의 마이크로 스테핑이 가능하다.
DRV8825 모터 드라이버		$\frac{1}{32}$의 마이크로 스테핑이 가능한 스텝 모터 드라이버
LCD 컨트롤러	LCD controller	프린터의 정보와 각종 기능들을 표시하는 LCD 화면과 다이얼 또는 터치 패드와 같은 간단한 조작 장치로 구성됨
RAMPS	RepRap Arduino Mega Pololu Shield	아두이노 위에 끼워서 사용할 수 있는 추가 기판(Shield)의 일종으로 3D 프린터를 제어하는 핵심 부품
근접 센서	Proximity sensor	대표적인 비접촉식 엔드스탑. 작동 원리에 따라 유도성 근접 센서와 정전형 근접 센서로 나눌 수 있다.
마그네틱 엔드스탑	Magnetic endstop	전도체에 자기장이 걸리게 되면 전압의 변화가 발생하는 홀 효과(Hall effect)를 이용하는 엔드스탑
메카니컬 엔드스탑	Mechanical endstop	스위치가 물리적으로 눌렸을 때 작동하는 방식의 엔드스탑
방열판	Heatsink	제어 장치나 모터 등에 붙이는 금속 판. 열을 분산하여 방출한다.
스텝 모터 드라이버	Stepper motor driver, Stepstick Driver	스텝 모터의 제어를 위해 사용하는 소형 제어 보드
아두이노	Arduino	기기 제어용의 오픈소스 제어 보드. 3D 프린터에는 아두이노 메가 2560을 주로 사용한다.
엔드스탑	Endstop	호밍을 위해 사용하는 센서의 총칭
온도 센서	Thermistor	핫엔드와 히팅 베드의 온도를 측정하기 위한 장치
옵티컬 엔드스탑	Optical endstop	빛을 감지하는 포토 다이오드(Photo Diode)를 이용한 센서로서, ㄷ자 형태로 되어 있는 센서의 가운데에 장애물이 들어오는 것을 감지한다.
유도성 근접 센서	Inductive proximity sensor	금속의 표면을 감지하는 근접 센서
점퍼	Jumper	회로에서 두 단자를 쉽게 결선하기 위한 부품
용량성 근접 센서	Capacitive proximity sensor	금속뿐 아니라 유리나 플라스틱 등도 감지할 수 있는 근접 센서

09 | 체결재 및 작업 도구

본문 용어	영문 용어	설명
스프링 와셔	Spring washer	나사가 풀리는 것을 막아 주는 와셔
와셔	Washer	너트 또는 볼트 머리 아래에 놓임으로써 압력을 분산시켜 작업 표면을 보호한다.
윤활제	Lubricant	부품 간의 마찰을 줄이기 위해 바르는 기름
잠금 너트	Lock nut	너트 안쪽의 나일론 막이 잠금 장치 역할을 하여 너트의 풀림을 방지한다.
체결(締結)	Locking	두 개 이상의 부품을 단단하게 결합하는 것
케이블 타이	Cable tie	홈이 나 있는 플라스틱 줄로, 앞부분을 뒷부분의 홈에 끼워서 당기면 쉽게 빠지지 않는다.

10 | 출력 용어

본문 용어	영문 용어	설명
3D 모델	3D Model	3D 프린터로 출력하고자 하는 3차원 형상
ABS	Acrylonitrile–Butadiene–Styrene	산업용 열가소성 플라스틱의 일종
Cura		얼티메이커 사가 개발한 무료 슬라이서로, 가장 대중적으로 사용된다.
HIPS	High Impact PolyStyrene	리모넨(Limonene) 용액에 녹는다는 점을 이용해, 3D 프린팅에서는 서포트용 소재로 사용한다.
PC	Polycarbonate	엔지니어링 플라스틱의 일종으로 내열성, 유연성, 가공성 등이 우수하고, 투명도가 높다.
PETG	PolyEthylene Terephthalate Glycol	흡습성이 낮고 유해 물질이 없어 식기와 그릇 등에도 사용되는 소재
PLA	Poly Lactic Acid	FFF 방식의 3D 프린터에서 가장 기본적인 소재로 통용된다. 옥수수, 사탕수수, 고구마 등의 전분에서 추출한 원료로 만들어진 친환경 수지이다.
PVA	Polyvinyl Alcohol	HIPS와 유사하게 3D 프린팅에서는 서포트의 소재로 사용되지만, 물에 녹기 때문에 HIPS보다 다루기 수월하다.

본문 용어	영문 용어	설명
STL 파일		모델의 입체 형상 정보만을 가진 3D 프린팅용 파일 포맷
TPU	Thermoplastic Poly Urethane	합성 고무의 일종으로 유연하고 탄성이 높으면서도 내구성이 좋다. 출력 난이도는 높은 편이다.
공급 비율	Flow rate	공급 오차를 보상해 주기 위해 압출량을 조절하는 비율
내부 채움	Infill	쉘의 안쪽을 특정한 패턴에 따라 부분적으로, 또는 완전히 채우는 것
노즐 직경	Nozzle size	노즐 구멍의 지름
돌출부	Arm	모델의 표면에서 바깥으로 돌출되어 있는 부분
라프트	Raft	출력물이 베드에서 떨어지지 않도록 하는 지지대의 한 종류. 3~5레이어에 걸쳐 바닥에 넓은 판을 먼저 깔고 나서 모델의 첫 레이어를 시작한다.
레벨링	Leveling	베드와 헤드(노즐) 사이의 간격을 일정하게 유지할 수 있도록 조절하는 작업
레이어	Layer	3차원 형상의 한 단면. 3D 프린팅은 레이어 여러 개를 쌓아가며 형상을 만드는 과정이다.
레이어 두께	Layer thickness	레이어 한 층의 두께. FFF 방식에서는 보통 0.05~0.4mm의 값을 사용한다.
레진	Lesin	광경화성(빛에 닿으면 굳음) 액상 수지. SLA, DLP 방식 등에서 사용한다.
리쏘페인	Lithophane	얇은 판에 문양을 얇게 음각하고 빛을 쬐면 비쳐 보이는 공예품
리트랙션	Retraction	순간적으로 압출 기어를 공급할 때와 반대 방향으로 회전시켜, 필라멘트를 빠르게 뒤로 잡아당기는 것
모델 소스	Model source	모델의 형상 정보를 담고 있는 데이터 파일
브리징	Bridging	받침이 없는 빈 공간을 건너뛰면서 출력하는 것
브림	Brim	출력물이 베드에서 떨어지지 않도록 하는 지지대의 한 종류. 모델의 첫 레이어 테두리를 따라 그리는 것을 여러 번 반복하여 폭이 넓은 접촉 면적을 형성한다.
서포트	Support	출력하는 동안 모델에서 돌출된 부분을 받쳐 주기 위해 같이 생성되는 지지대
쉘	Shell	레이어의 테두리
스커트	Skirt	첫 레이어 주변으로 일정한 간격을 두고 한 개 또는 여러 개의 테두리를 만드는 것

본문 용어	영문 용어	설명
스타트 코드	Start code	출력을 시작하기 전에 자동으로 실행되는 Gcode 명령
슬라이서	Slicer	3D 모델 데이터를 출력을 위한 Gcode 파일로 변환해 주는 소프트웨어. 이 과정을 슬라이싱(Slicing)이라고 한다.
엔드 코드	End code	출력이 끝났을 때 자동으로 실행되는 Gcode 명령
오버랩	(Infill) Overlap	출력 시 쉘과 내부 채움이 겹치는 정도
오버행	Overhang	돌출부 중에서도 특히 허공에 떠 있는 부분. 참고로 오버행 각도(Overhang angle)란 모델의 경사면과 Z축이 이루는 각도를 말한다.
오토 레벨링	Auto leveling	베드의 틀어진 정도를 자동으로 측정해 반영하는 레벨링 방법
위치 정밀도	Positioning accuracy	헤드와 베드를 얼마나 정밀하게 움직일 수 있는가를 나타내는 지표. 각 구동축에서 이동 가능한 최소 거리와 연관이 있다.
점착성		끈적끈적하게 잘 달라붙는 성질. 3D 프린팅에서는 재료가 용융되었을 때의 접착 정도를 말한다.
채움 밀도	Fill density	내부 구조물이 외부에 노출되어 있는 형태의 프린터. 주로 멘델 방식 프린터들이 해당된다.
챔버	Chamber	프린터 주변을 둘러싸 외부와 격리하기 위한 폐쇄 공간
최소 레이어 시간	Minimal layer time	한 레이어를 만드는 데 걸리는 최소 시간
출력 부품		부품 중 3D 프린터로 출력한 것
출력 속도	Print speed	3D 프린터가 출력물을 만드는 속도. 헤드, 베드 등 이송 장치가 움직이는 속도를 말한다.
출력 크기	Build volume, Scale	3D 프린터에서 한 번에 출력 가능한 최대 크기
출력물 냉각		자연적인 바람을 이용해 압출되어 나온 재료를 식히는 것
층간 접착력		출력물의 각 레이어 간의 접착력
팬 덕트	Fan duct	쿨링 팬의 바람이 원하는 방향으로 가도록 하기 위한 장치
폴리곤	Polygon	3D 모델의 표면을 구성하는 삼각형 단위체
플렉시블 PLA	Flexible PLA	신축성과 탄성이 높은 PLA. PLA와 특성이 비슷하지만, 유연성이 매우 높아 쉽게 휘어지고 출력물이 말랑말랑하다.
필라멘트	Filament	플라스틱 수지를 얇은 실 형태로 가공한 출력 재료. FFF 방식에서 사용한다.

본문 용어	영문 용어	설명
필라멘트 공급 거리		콜드엔드에서 압출된 필라멘트가 핫엔드까지 공급되는 거리, 즉 콜드엔드와 핫엔드 사이의 간격을 말한다. 이 거리가 짧을수록 안정적인 원료 공급이 가능하다.
필라멘트 직경	Filament diameter	사용하는 필라멘트의 직경
후가공		출력이 끝난 후에 출력물을 다듬는 작업

11 | 트러블슈팅

본문 용어	영문 용어	설명
계단 효과		출력물의 표면에 계단처럼 적층 자국이 남는 것
뒤틀림	Warping	열수축으로 인해 출력물이 뒤틀려 중간에 금이 가거나, 베드에서 떨어져 버리는 현상
베드 안착		출력 중에 출력물이 베드에서 떨어지지 않도록 하는 것. 히팅 베드나 베드 도포재를 사용해서 베드 안착성을 높인다.
스트링	String	필라멘트가 제어되지 않은 채 계속 흘러나와 출력물 주변에 실처럼 달라붙는 현상
열수축	Shirinkage	온도 변화로 인해 출력물의 길이, 부피 등이 줄어드는 현상. 3D 프린팅에서는 특히 출력물이 식는 과정에서 일어나는 열변형을 말한다.
열팽창		열가소성 수지가 가열됨에 따라서 부피가 커지는 현상. 정도가 심하면 압출 불량 현상을 일으킨다.
탈조(脫調)	Out of phase	구동 장치의 조절에 실패하는 것. 3D 프린팅에서는 보통 출력 중에 프린터헤드나 베드가 잘못 움직여 정위치에서 이탈하는 현상을 지칭하는 용어로 쓰인다.

Appendix

부록 B.
부품 구매

부록 B에서는 3D 프린터와 관련된 부품이나 공구 등의 구매
방법을 정리했다.

01 | 구매 방법

내가 3D 프린터에 입문했던 2013년 즈음에는 포털에서 검색을 해 봐도 원하는 부품을 찾기가 쉽지 않은 경우가 종종 있었다. 다행히 최근에는 3D 프린터 관련 업체가 많아지면서 필요한 물품을 구하기 쉬워졌지만, 전문 쇼핑몰에서 구매하는 것이 더 저렴하고, 제품의 정보도 얻기 쉽다. 여기서 모든 3D 프린터 제조사와 부품 쇼핑몰을 일일이 소개할 수는 없지만, 이 책에 소개된 회사들을 시작으로 내가 주로 이용하는 곳들을 소개하고자 한다.

메카솔루션

🔗 http://mechasolution.com
🔗 http://smartstore.naver.com/sondori

메카솔루션은 전자부품 종합 쇼핑몰로서, 아두이노부터 시작해 RC카, 드론, 3D 프린터에 이르기까지 다양한 DIY 키트와 부품을 판매하고 있다. 자체 개발한 무료 교재와 오픈랩 블로그(https://blog.naver.com/roboholic84)를 통해서 창의적인 교육 컨텐츠를 접할 수 있어 초보자들에게 유용하다. 최근에는 DIY 3D 프린터의 대중화를 목표로 3D 프린터 시장에 뛰어들어, Anet 사의 국내 총판으로서 Anet A8을 비롯한 3D 프린터 키트와 관련 부품을 판매하고 있다. 3D 프린터에 입문하거나 프린터를 이용한 제작 프로젝트를 꿈꾸고 있다면 한번쯤 들러 볼 만하다.

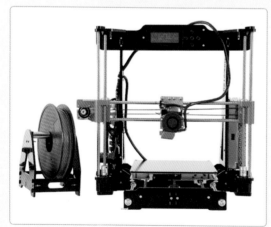

Anet A8

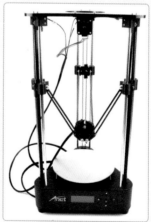

Anet A4

제페토

🔗 http://xepetto.com

제페토는 3D 프린터 키트 전문 쇼핑몰로서, 기본적인 프루사 i3과 이를 자체 개량한 제페토 프루사 아크릴, 그리고 애니큐빅 코셀 키트를 판매하고 있다. 키트의 완성도가 높고, 세밀한 가이드북과 함께 조립 교육 등 다양한 서비스를 제공하므로 조립에 어려움을 느끼는 3D 프린터 입문자에게 추천할 만하다. 키트뿐만 아니라 다양한 3D 프린터 관련 부품과 필라멘트를 저렴하게 구입할 수 있다. 최근에는 DLP 방식 프린터 보급을 위해 DIY 키트를 개발 중에 있다.

제페토 프루사 아크릴

애니큐빅 코셀

신도리코

🔗 https://www.sindoh.com/

복합기와 사무기기로 잘 알려진 신도리코는 2016년경 3D 프린터 분야에도 진출하여 3DWOX 시리즈를 개발, 출시하였다. DP200, DP201 등 사용자 편의성을 강조한 완제품 3D 프린터들이 오피스, 교육 시장을 중심으로 좋은 반응을 얻었다. 전남대학교를 시작으로 여러 대학교와 고등학교에 3D 프린터를 기증하는 등 프린터 보급과 교육에도 힘쓰고 있다. 최근에는 듀얼 노즐을 적용한 3DWOX 2X를 출시하는 등 전문가용, 산업용에 이르기까지 다양한 제품군을 내놓고 있다.

3DWOX DP201

3DWOX 2X

메이킹툴

🔗 http://smartstore.naver.com/coreserise
🔗 http://cafe.naver.com/makingtool

메이킹툴은 XY-Z 방식 키트 코어 시리즈를 개발, 판매하고 있다. 책에 소개된 코어200을 비롯해, 높이를 500mm로 늘린 코어500Z 등의 완성도 높은 키트와 관련 부품을 구매할 수 있다. 사용 교육과 조립 대행 서비스 등을 제공하므로 프린터 조립이 부담스러운 사람들에게 안성맞춤이다. 국내에서 가장 활발한 3D 프린터 커뮤니티 중 하나인 메이킹툴 카페(http://cafe.naver.com/makingtool)에서는 다른 사용자와 교류하며 조립 및 사용 노하우를 쉽게 얻을 수 있다.

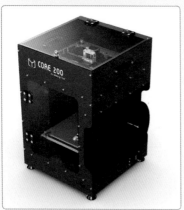

코어200

코어500Z

삼축 상회

삼축 상회는 오픈크리에이터즈와 자이지스트가 공동으로 운영하는 3D 프린터 전문 쇼핑몰이다. 3D 프린터는 물론, 공구와 부품, 원료 등에 이르기까지 월등한 품질로 제 값어치를 하는 물품만을 취급하는 것이 특징이다. 유용하지만 국내에서는 구하기 어려운 해외 제품들을 쉽게 손에 넣을 수 있다는 것도 큰 장점이다.

$\mathscr{O}$ http://xyzhyper.com

필라멘트 구입

3D 프린터나 부품은 판매하지 않고 필라멘트만 전문적으로 취급하는 업체들도 있다. 특히 플라실(http://plasil.co.kr)은 품질 좋은 ABS 필라멘트를 생산하는 곳으로 사용자들 사이에서 유명하다. PLABS(http://smartstore.naver.com/plabs)나 아이노바(http://jpm3d.com)는 필라멘트 전문사로 널리 알려졌으며, 여러 종류의 필라멘트를 다양하게 판매하고 있다.

기타 구매처

수프린터(http://storefarm.naver.com/3dprinter)나 다이마트(http://storefarm.naver.com/diymart) 등 3D 프린터 전문 쇼핑몰이 여럿 있다. 디바이스마트(http://devicemart.co.kr)와 같은 전자부품 쇼핑몰에서도 3D 프린터 관련 제품을 판매한다. 이러한 곳에서는 3D 프린터를 이용한 제작 프로젝트에 쓸 전자부품도 쉽게 구할 수 있을 것이다.

해외 구매

아마존(http://amazon.com), 알리익스프레스(http://aliexpress.com), 타오바오(http://taobao.com), 기어베스트(https://www.gearbest.com/) 등을 통해서 3D 프린터와 부품을 국내보다 훨씬 저렴한 가격에 구입하는 것도 가능하다. 국내에서 구하기 어려운 몇몇 부품들도 쉽게 찾을 수 있다. 그러나 주의사항도 있다. 중국의 저가 제조사에서 판매하는 3D 프린터 키트나 부품 중에는 충분한 정보가 없거나 불량품인 경우가 있다. 겉보기에는 큰 문제가 없어 보이지만 실제로는 사용이 불가능한 수준인 것들도 보인다. 이 책을 통해서 보았겠지만, 3D 프린터는 조립 과정과 그 후의 최적화 과정이 중요하다. 그런데 해외에서 키트를 구매할 경우 이 과정에서 문제가 생기면 제대로 된 피드백을 받기가 어렵다. 마지막으로, 3D 프린터 완제품을 구입할 경우 AS 규정이 어떻게 되는지 잘 확인해야 한다. 국내에서 AS 센터를 운영하는 3D 프린터 제조사는 상당히 드문 편이다. 월드 워런티가 적용되는가도 관건이다.

Appendix

부록 C.
참고 및
인용 자료

부록 C에서는 이 책에서 사용한 자료 가운데 외부에서 인용한

자료의 출처를 정리했다.

그림 출처

이 책에 사용된 그림 중에는 저자가 직접 촬영한 것도 있지만 외부의 자료를 인용한 것들도 있다. 다음 목록은 외부에서 인용한 그림들의 원본 출처를 정리한 것이다.

그림 1-1 ©http://reprap.org/

그림 1-2 ©http://www.faberdashery.co.uk/tag/adrian-bowyer/

그림 1-3 ©http://goo.gl/zLMjUo

그림 1-4 ©http://opencreators.net/

그림 1-6 ©http://goo.gl/NP2nIY

그림 1-8 ©http://goo.gl/mM8jsj

그림 1-9 ©http://www.kudo3d.com/tag/thingiverse/

그림 1-10 ©http://goo.gl/oGxw5s

그림 1-12 ©http://rinstruct.com/products/b9-creator/

그림 1-13 ©http://www.kudo3d.com/tag/3d-files/

그림 1-15 ©https://3dsourced.com/rankings/sls-3d-printer/#6_3D_Systems_ProX_SLS_500

그림 1-16 ©http://lastation.kr/2015/11/02/1015

그림 1-17 ©http://3dprintingindustry.com/news/63736-63736/

그림 1-18 ©http://goo.gl/GAkWlC

그림 1-19 ©https://goo.gl/Stv9Yu

그림 1-20 ©http://www.thingiverse.com/thing:862724

그림 1-21 ©http://goo.gl/1j8dx0

그림 1-22 ©http://goo.gl/GU4qJq

그림 1-23 ©http://goo.gl/qDfIsB

그림 1-24 ©http://goo.gl/ENQ7Dq

그림 1-25 ©http://goo.gl/BkHY8i

그림 1-26 ©http://goo.gl/MfGctB

그림 1-27 ©http://www.imprimalia3d.com

그림 1-28 ©https://3dprint.com/140012/aussie-woman-3d-printed-ear/

그림 1-29 ©https://3dprint.com/58602/3d-printed-heart-organoid/

그림 2-4 ©http://goo.gl/Qr7GyB

그림 2-5 ©http://ultimaker.com

그림 2-6 ©http://goo.gl/7aNWya

그림 2-7-1 ©http://goo.gl/HZde20

그림 2-7-2 ©http://goo.gl/fHZBSx

그림 2-8 ©http://www.clone3d.co.kr/K200.php

그림 2-9 ©http://goo.gl/HaBT1y

그림 2-10 ©http://goo.gl/fgWVOF

그림 2-11 ©http://www.thinkyhead.com/_delta/

그림 2-12 ©http://reprap.org/wiki/Kossel

그림 2-13 ©http://www.fsajf.com/

그림 2-15 ©http://goo.gl/6Jpxup

그림 2-16 ©http://www.3dcubicon.com/

그림 3-2 ©https://goo.gl/MxiaEf

그림 3-3 ©http://ultimachine.com

그림 3-4 ©https://www.aliexpress.com/

그림 3-5 ©http://www.daebong19.co.kr

그림 3-6 ©https://goo.gl/rHNoeY

그림 3-7 ©http://www.aliexpress.com

그림 3-8 ©http://www.aliexpress.com

그림 3-9 ©http://www.daesungshaft.co.kr/

그림 3-10 ©http://www.diy-india.com

그림 3-11 ©http://www.thingiverse.com/Bobnet/collections/i3

그림 3-12 ©https://goo.gl/xK1ECR

그림 3-13 ©http://www.tbimotion.com.tw/product/category/15/1/en.html/

그림 3-14-1 ©http://reprapmania.ro/shop/profile-aluminiu/profile/profil-v-slot/profil-v-slot-20x20/

그림 3-14-2 ©https://www.pinterest.co.kr/pin/445434219372343047/

그림 3-15 ©http://www.electroschematics.com

그림 3-16 ©http://www.3d-drucker-info.de/ramps-1-4/

그림 3-17 ©http://domoticx.com/prusa-i3-geeetech-firmware-ramps-1-4-gt2560/

그림 3-18 ©http://reprap.me/prusa-i3-hephestos-heatbed-kit.html

그림 3-19 ©http://reprap.org/wiki/Sanguinololu

그림 3-20 ©http://reprap.org/wiki/RUMBA

그림 3-21 ©https://goo.gl/QFJz3d

그림 3-23 ©https://goo.gl/fUe0ac

그림 3-24 ©http://e3d-online.com/DRV8825

그림 3-25 ©http://www.reprapdiscount.com

그림 3-27 ©https://goo.gl/k2LhN0

그림 3-28 ©http://www.reprapdiscount.com

그림 3-29 ©https://goo.gl/mKYzGx

그림 3-30 ©http://reprap.org/wiki/PCB_Heatbed

그림 3-34 ©http://goo.gl/Qr7GyB

그림 3-35 ©http://forums.reprap.org

그림 3-36 ©http://forums.reprap.org

그림 3-38 ©http://www.bilby3d.com.au

그림 3-43 ©https://goo.gl/arrBo0

그림 3-44-1 ©http://zoxoro.com.au

그림 3-44-2 ©http://e3d-online.com

그림 3-45 ©https://goo.gl/IzC7v8

그림 3-47 ©https://robosavvy.com

그림 3-48 ©http://www.aliexpress.com/

그림 3-49 ©https://goo.gl/Pva6Tx

그림 3-51-1 ©https://goo.gl/rUYgf5

그림 3-51-2 ©https://goo.gl/DbXrDg

그림 4-1 ©http://goo.gl/pdZ35X

그림 4-2 ©http://goo.gl/nO3OzU

그림 4-3 ©http://shop.prusa3d.com

그림 4-4 ©https://www.prusaprinters.org/original-prusa-i3-mk2-release/

그림 4-5 ©http://muz.so/JP8

그림 4-6 ©2018. 메카솔루션 All rights reserved.

그림 4-7 ©2018. 제페토 All rights reserved.

그림 4-8 ©2018. 신도리코 All rights reserved.

그림 4-9-1 ©2018. 신도리코 All rights reserved.

그림 4-9-2 ©2018. 신도리코 All rights reserved.

그림 4-10 ©http://reprap.org/wiki/Prusa_i3_Rework_Introduction

그림 4-11 ©https://www.reprap-france.com/support

그림 4-15-1 ©2018. 메카솔루션 All rights reserved.

그림 4-15-2 ©2018. 메카솔루션 All rights reserved.

그림 4-16 ©2018. 메카솔루션 All rights reserved.

그림 4-18 ©2018. 메카솔루션 All rights reserved.

그림 4-30 ©https://www.prusaprinters.org/original-prusa-i3-mk2-release/

그림 4-31 ©https://www.prusa3d.com/

그림 4-32 ©2018. 메카솔루션 All rights reserved.

그림 4-34 ©https://www.thingiverse.com/thing:2290361

그림 4-35-1 ©https://www.ideato3d.be

그림 4-35-2 ©https://all3dp.com

그림 4-36 ©http://www.3dcubicon.com/

그림 4-37 ©http://cafe.na5er.com/makingtool/62

그림 4-42 ©https://goo.gl/m7ToLs

그림 4-43 ©https://goo.gl/5trT7X

그림 4-47 ©https://goo.gl/oEGb8N

그림 4-51-1 ©https://goo.gl/JkKnQR

그림 4-51-2 ©http://reprap.org/wiki/Rostock

그림 4-52 ©2018. 제페토 All rights reserved.

그림 4-53 ©https://ru.aliexpress.com

그림 4-56 ©http://www.indiamart.com

그림 4-62-1 ©2018. 메카솔루션 All rights reserved.

그림 4-62-2 ©https://www.pinterest.co.kr/pin/445434219372343047/

그림 4-66 ©https://www.thingiverse.com/thing:2065512

그림 5-1 ©http://www.arduino.cc

그림 5-11 ©http://www.corecompute.com/reprap/reprap_20140611.html

그림 5-12 ©https://goo.gl/5jH8PX

그림 5-13 ©http://www.reprap.org/wiki/RAMPS_1.4

그림 5-14 ©https://goo.gl/9A1P2w

그림 5-15 ©http://reprap.org/wiki/RepRapPro_Huxley_Melzi_wiring

그림 5-16 ©http://smoothieware.org/delta

그림 5-19 ©https://goo.gl/QPpbvN

그림 6-2 ©https://goo.gl/OGea8n

그림 6-17 ©https://goo.gl/YsucbE

그림 6-23 ©https://goo.gl/ZMGCdB

그림 6-25 ©https://goo.gl/QMTkPy

그림 7-10 ©https://goo.gl/7lXiEv

그림 7-11 ©https://goo.gl/7lXiEv

그림 7-12 ©https://goo.gl/b9wWZi

그림 7-13 ©https://goo.gl/7lXiEv

그림 7-14 ©https://goo.gl/7lXiEv

그림 7-15 ©https://goo.gl/QDE4xA

그림 7-16 ©https://goo.gl/Uufe0C

그림 7-18 ©https://goo.gl/7lXiEv

그림 7-19 ©https://goo.gl/0FKqLR

그림 7-20 ©https://goo.gl/7lXiEv

그림 7-21 ©https://goo.gl/7lXiEv

그림 7-22 ©https://goo.gl/7lXiEv

그림 7-23 ©https://goo.gl/JyvrGK

그림 7-24 ©https://goo.gl/JyvrGK

그림 7-25 ©https://goo.gl/7lXiEv

그림 7-26 ©https://goo.gl/PuyC0U

그림 7-27 ©https://goo.gl/7lXiEv

그림 7-28 ©https://goo.gl/7lXiEv

그림 7-29 ©https://goo.gl/hHKsnJ

그림 7-30 ©https://goo.gl/7lXiEv

그림 7-31 ©https://goo.gl/J8fuSn

그림 7-32 ©http://www.thingiverse.com/thing:166045

그림 7-35-1 ©https://goo.gl/L8P5JU

그림 7-35-2 ©https://goo.gl/H88fFf

그림 7-36 ©https://goo.gl/aHfLDU

그림 8-1 ©http://thegioidien.com/?do=pricelist

그림 8-2 ©http://www.reprap.org/wiki/RAMPS_1.4

그림 8-5 ©http://www.reprap.org/wiki/RAMPS_1.4

그림 8-6 ©http://blog.daum.net/kimgyunghyun/1973

그림 8-7 ©http://reprap.org/wiki/Diamond_Hotend

그림 8-8 ©http://www.aliexpress.com/

그림 8-9 ©http://www.aliexpress.com/

그림 8-12-1 ©https://www.thingiverse.com/thing:996398

그림 8-12-2 ©https://www.thingiverse.com/thing:767317

그림 8-14-1 ©https://www.thingiverse.com/thing:1683070

그림 8-14-2 ©https://www.thingiverse.com/thing:1959208

그림 8-15 ©https://www.thingiverse.com/thing:2350276

그림 8-16-1 ©https://goo.gl/h3qJeF

그림 8-16-2 ©http://reprap.org/wiki/Fisher

그림 8-17 ©http://www.thingiverse.com/thing:1283737

그림 8-19 ©http://www.thingiverse.com/thing:1283737

그림 8-20 ©http://storefarm.naver.com/3dprinter/products/334334683

그림 8-21 ©http://www.thingiverse.com/thing:166045

그림 8-22 ©http://cafe.naver.com/makerfac

그림 8-23-1 ©http://www.instructables.com

그림 8-23-2 ©http://www.thingiverse.com/thing:136905

그림 8-50 ©http://www.thingiverse.com/thing:1551631

그림 8-51-1 ©http://www.thingiverse.com/thing:1221911

그림 8-51-2 ©http://www.thingiverse.com/thing:10526

그림 8-51-3 ©http://www.thingiverse.com/thing:1015238

그림 8-52 ©http://www.thingiverse.com/thing:1341828

그림 8-53-1 ©http://www.thingiverse.com/thing:130495

그림 8-53-2 ©http://www.thingiverse.com/thing:1477813

그림 8-54-1 ©http://www.thingiverse.com/thing:1203831

그림 8-54-2 ©http://www.thingiverse.com/thing:1596385

그림 8-55-1 ©http://www.thingiverse.com/thing:607518

그림 8-55-2 ©http://www.thingiverse.com/thing:1587568

그림 8-56 ©https://goo.gl/ELonsy

그림 8-58 ©http://maker.dongguk.edu

그림 8-59 ©http://goo.gl/Qmipj8

그림 8-66-1 ©http://www.thingiverse.com/thing:550604

그림 8-66-2 ©http://www.thingiverse.com/thing:645593

그림 8-68 ©http://www.thingiverse.com/thing:1446506

그림 8-69 ©http://www.thingiverse.com/thing:1596833

그림 8-70 ©http://www.thingiverse.com/thing:962416

그림 8-72-1 ©http://www.thingiverse.com/thing:628663

그림 8-72-2 ©http://www.thingiverse.com/thing:196037

그림 8-73 ©http://www.thingiverse.com/thing:257911

그림 8-75 ©https://www.youtube.com/watch?time_continue=19&v=Zk-e8nMvhAU

그림 8-76-1 ©http://www.thingiverse.com/thing:1191393

그림 8-76-2 ©http://www.thingiverse.com/thing:1191393

그림 8-78 ©https://blog.naver.com/kimgooni/221248575081

그림 8-79-1 ©http://cafe.naver.com/makerfac/39523

그림 8-79-2 ©http://blog.naver.com/kimgooni/221123164424

찾아보기